行好

乡土的逻辑与庙会

启真馆 出品

启真论丛
QIZHEN

行好

乡土的逻辑与庙会

岳永逸 著

ZHEJIANG UNIVERSITY PRESS
浙江大学出版社

图书在版编目（CIP）数据

行好：乡土的逻辑与庙会/岳永逸著. —杭州：
浙江大学出版社，2014.12
ISBN 978-7-308-13856-7

Ⅰ.①行… Ⅱ.①岳… Ⅲ.①乡村－庙会－风俗习惯
－研究－赵县 Ⅳ.①K892.1

中国版本图书馆 CIP 数据核字（2014）第216688号

行好：乡土的逻辑与庙会

岳永逸 著

责任编辑　周红聪
装帧设计　王小阳
出版发行　浙江大学出版社
　　　　　（杭州天目山路148号　邮政编码310007）
　　　　　（网址：http://www.zjupress.com）
制　　作　北京大观世纪文化传媒有限公司
印　　刷　浙江印刷集团有限公司
开　　本　635mm×965mm　1/16
印　　张　23.75
字　　数　308千
版 印 次　2014年12月第1版　2017年12月第2次印刷
书　　号　ISBN 978-7-308-13856-7
定　　价　58.00元

献给刘铁梁教授

对有约束力的习俗而言，其空间的和社会的本质曾经与其时间—历史的本质同样是根本性的：在习俗这里，通常所是和所做的一切，都与"总是已经"做过的同样重要。

——［德］赫尔曼·鲍辛格

自 序

本书是在我的博士学位论文《庙会的生产：当代河北赵县梨区乡村庙会的田野考察》（2004）基础上修订而成。说是修订，但为了熔铸了十年来我对个体、宗教和日常生活的进一步思考，即我所理解的"乡土的逻辑"，差不多过半篇幅都是在艰难而努力地重写。就本书，要特别交代下述几个方面。

首先，是"乡土宗教"这一概念。受官民和中西二元对立话语的规训，并以基督教等制度性宗教为高级宗教而生发的"民间宗教""民间信仰"以及"非制度性宗教""原始宗教"等当下学界惯用的学术概念明显有着先天缺陷。尤其是在这些术语的制约下，研究者首先将在中国的研究对象不自觉地置于了一种弱势、劣势甚至低端或"低级"的处境。有鉴于此，本书从中国广大信众的实践出发，提出了"乡土宗教"这一概念，并将作为一种文化体系的乡野庙会视为乡土宗教的基本呈现。由此，本书明确阐释了乡土宗教奉神为人和奉人为神的"神人一体"的辩证法、"家"与"庙"让渡的辩证法等诸多内涵。

因应芸芸众生的世界观、哲学以及惯习、社会风险、生命机会的失衡，神人一体的辩证法与时俱进地催生着新的灵验的神灵。顺势，基于民众对空间权力技术配置的理解和融会贯通、别有洞天的运用，家庙让渡的辩证法成为以灵验、敬拜和许愿还愿为核心的乡土庙会传衍的机制、策略与技艺。家居空间既是人生活起居、生老病死的所在，也是乡民认同的神神的住所。在空间的营造上，家与庙、村、城有着同构性、同质性。事实上，在少有村庙获准重建的当下梨乡，星罗棋布的仙家堂多少都扮演着"庙"的角色，有着"庙"的色彩。不仅如此，家居空间的神神还影响到现行的分家制度。与此相类，主要是神灵居所的"庙"，如果有规模不小的房屋建筑，日常多是专职守庙人、扮演了和尚（尼姑）或道士（道姑）等社会角色的"神职人员"、孤苦无依者以及乞丐等被社会边缘化的另类群体——江湖流民的"家"。而庙会期间的"庙"，无论是有房屋建筑还是临时搭建的神棚，则是赶庙的信众，尤其是香头、会头临时的"家"。虔信者、担责者不舍昼夜地住在"庙"中，像伺候祖先一样地祀奉神神，像照顾家居一样地维护"庙"。作为物象、言语和行动的"香火"在"家"与"庙"之间充当着摆渡的天使，有着绕梁不绝的余音、余韵和叠合互显的能指、所指。携手并肩、齐头并进的人神一体的辩证法和家庙让渡的辩证法也就成为变动不居的乡土宗教、乡野庙会的三魂六魄。

其次，对梨乡家中过会等庙会的浓描、细读有着双重目的。其一，意在指明学界对中国宗教研究既有的分别以"家"和"庙"为核心的两种取向的不足。以"家"为核心的研究取向是强调东西之异，欲说明中国人有"愚昧"的祖先崇拜、偶像敬拜，而没有"宗教"。以"庙"为核心的研究取向骨子里又是将东方的"庙"类比作了西方的教堂，试图发现东西之"同"的异。于是，朝圣代替了朝山进香、行香走会，"迷信"代替了"宗教"，晦涩的隐喻代替了情感，神圣代替了戏谑、玩笑，狂欢遮蔽了日常、热闹、红火，实用、灵验屏蔽了精神诉求，弥散性成为制度性的跟班、仆人……这两种取向都将在民众日常生活世界中和宗教实践中原本一体的"家—庙"强行割裂，使"家"与"庙"之间出现巨大的黑洞。中国人的宗教终至成为一种"流言"。其二，试图戳破深得人心的中国宗教、庙会等传统文化复兴论以及功利论的障眼法。因为忽视长时段民众生活世界的常态及其暗流，复兴论与功利论往往都是就事论事地由果推因，肤浅而片面。其大前提是中国宗教是低人一等的，是功利主义、机会主义、世俗实用主义、风险社会以及礼乐崩坏的杂交物；小前提则是基于基督世界事实归结出的工业革命以来的"去圣化"认知。这些照样是用西方的概念来框束中国的事实，此不赘述。

再次，结合微观细读（深描）的眼力与宏观判断（因世论事）的眼界，即从中观层面，我指明梨乡一贯有的自发、自为与自在的宗教生态，并探讨了表现这种生态的当代梨乡庙会的宗教学、政治学与经济学特征。与此同时，我也从庙会现场的鼓声、当当声、念佛声等音响构成及其混响、余音，从庙宇、神棚、塑像、圣画像等视觉符号，从旌旗、牌匾、碑铭、传说等灵验叙事学与乡土修辞术，从修庙塑像、念佛、请神送神、烧香上供、叩首敬拜和挂锁、拴娃娃、扫坛之类的许愿还愿的体化实践等多个角度，诊视参差也互动互为的乡土宗教和庙会的再生产与纠结。这一纠结正是作为方言俚语、心性、行动和心灵图景的"行好"，即本书的正题。

最后，社会生活总是在发生变化，人们的思想观念、行为也在或多或少、或快或慢地发生变化。因此，任何一项基于田野调查的经验研究或者说民族志（民俗志）书写都仅仅是当下的、阶段性的，都有着无法克服的局限。无论是昔日的博士学位论文，还是眼前的这本书都不例外。以梨乡的田野资料和近几年相关领域的后续调研为基础，我陆续写过几篇专题论文。这批新的研究就是2010年结集出版的《灵验·磕头·传说：民众信仰的阴面与阳面》。之所以在整整十年后还有些厚颜地将博士学位论文修正出版，除了提供关于中国宗教、庙会更多的经验材料外，也想为《灵验·磕头·传说》一书以及同一地域的其他相关研究做一个大的注脚。

尤为关键的是，近些年的调查、思考以及交流使我发现，尽管稚嫩甚或可能被视为肤浅，但这篇十年前完成的学位论文的基本观点仍然大抵是正确的。即：

1.在中国既有着传承也有着巨变的文化土壤中，以敬拜、行好（"好"的标准会因应时势与人的不同而发生变化）为核心，作为一种文化体系和生活方式的庙会是民众日常生活的延伸和集中展现；

2.与不同级序的社会空间相应的乡土庙会之间是一种双向互动和相互涵盖的矛盾关系；

3.犹如变形虫与变色龙，乡土庙会会因应外界的变化而变形或变色——可能变小、变色但绝不会消失，可能变大变浓却绝不可能改天换地——成为与时俱进的一种文化社会生态景观。

在作为本书基础的博士学位论文"后记"中，我曾尽可能列举了应该感谢的人的名字。但无论是那个初夏，还是这个仲秋，要将所有该感谢的人的名字都一一罗列出来是不可能的，也有些矫情。我只能说，作为乡土宗教与庙会的研究者，我自己始终怀着一颗感恩的心。这颗感恩的心，与其说是给神、鬼、仙、怪等"怪力乱神"的，还不如说是给生活中的人的。这里，我要再次提及这些人的名字：老辩、段光、覃山、范晓、老贾、张焕瑞、刘子宽、刘祥平和已经在2008年夏日不幸过世的武文祥老师，感谢他们一直对我这个异乡人的帮助与支持。与博士学位论文不同，虽然书中梨乡的诸多村名一如其旧，但人名我都采用了化名。这并非是我忽视这些生活在梨乡友善的合作者，相反是出于学术良知和友情而对他们最大的尊重与敬意。对我而言，这也即"行好"。

十年前答辩时，中国社会科学院刘魁立研究员、朝戈金研究员、金泽研究员、北京大学王铭铭教授、高丙中教授，清华大学郭于华教授，中国人民大学杨念群教授，北京师范大学赵世瑜教授、万建中教授等评审专家和答辩委员提出了诸多中肯的意见。本书的修订也是在这些意见基础之上进行的。

十多年来，哥伦比亚大学的欧大年（Daniel L. Overmyer）教授，约克大学的裴玄德（Jordan Paper）教授，神奈川大学的佐野贤治教授，剑桥大学的周越（Adam Yuet Chau）教授，台湾"清华大学"的王秋桂教授，现供职于浙江大学的庄孔韶教授，中国社会科学院的吕微研究员、尹虎彬研究员、巴莫曲布嫫研究员、叶涛研究员、安德明研究员，青海省社会科学院的赵宗福教授，中国人民大学的赵旭东教授，华东师范大学的黄剑波教授，中山大学的刘晓春教授，山东大学的刘宗迪教授、张士闪教授，复旦大学的郑土有教授、范丽珠教授，云南大学的洪颖教授，北京师范大学的董晓萍教授、萧放教授、杨利慧教授、康丽副教授、彭牧副教授，中国政法大学的赵丙祥教授，中国农业大学的梁永佳教授，中国传媒大学的王杰文教授，以及刁统菊博士、华智亚博士、王学文博士、曹荣博士、李华伟博士、祝鹏程博士、张青仁博士和早已学成回到韩国的朴广俊博士、黄金姬博士等诸多师友都在不同时期提供过不同程度的帮助，在此一并致谢。显然，本书所有的不足都是我自己的，与他人无关。

　　对于将我引领进民俗学大门、新见不断也率性的恩师刘铁梁教授，我只想说，没有他的感染、呵护、鞭策，我想我是很难走到今天的。从对在村落中研究民俗的倡导、对含有问题意识和作为一种研究方法的民俗志的理论阐释，到标志性文化统领式民俗志的提出与实践，一直到当下对民俗身体性特征的洞察、民俗内价值与外价值的阐释、感受生活的民俗学的厘清，他不但适时地引领着中国民俗学前进的方向，其深度思考也极大地提升了作为一种方法和方法论的民俗学的阐释能力及其与人类学、社会学、民族学等相邻学科的对话能力。所以，这本书也是献给他的，愿他的学术生命长青。

　　北京师范大学图书馆、中国国家图书馆、北京大学图书馆和我曾经工作、访学的香港浸会大学图书馆、英国剑桥大学图书馆等机构为文献的查阅提供了极大的便利，在此一并致谢。历经十年，修订数稿、几经磨难的本书终能出版，这要由衷地感谢浙江大学出版社启真馆总经理王志毅和周红聪编辑前前后后的辛劳。

最后，要感谢家人永远的理解和默默的支持。为了不影响我的工作，远在四川的家父与哥、姐、妹数年如一日地照顾病中的老母。同样，为了了解我的研究，妻子武向荣博士还曾于2008年那个寒冷的春天与我一同到范庄调查了龙牌会。儿子岳武已经八岁，从啼哭、欢笑到小大人式的理解，本书同样也是伴随着他的成长而成长。

博士学位论文是三十而立的产物，多少有些意气风发的轻浮、癫狂。十年后的这本书则与四十不惑连带一处，明显有着捉襟见肘的谨小慎微，左右手互搏的尴尬。是耶非耶？这或者不是巧合。

是为序。

2014 年 10 月 10 日晨曦中于京师寓所

目 录

第一章　迷信、文化与生活：
　　　　　乡土庙会的学界图景

一　受"戒"

　　单传的狗剩 1993 年出生，是延续了家中香火的宝贝。可是，刚呱呱坠地不久，体弱的狗剩就多病。不得已，瞒着他的父母，姥爷、姥姥偷偷将他"寄养"在了"香道的"段光家的神坛上。既是意料之中也是意料之外，此后的狗剩欢快成长，没了疾病和灾难。

　　2005 年 7 月 10 日，是段光在家中举办庙会——家中过会——的正日子。已经上小学五年级、成绩优秀的狗剩跟随父母，带着在范庄农贸市场新买的簸箕、笤帚、扇子和供品前来扫坛（堂）还愿。神案右侧的 TCL 红色座机电话不时叮玲作响。在人们善意的调笑声中，没有买扫坛必用品——毛巾的狗剩父亲再次驾着摩托车前往范庄买毛巾去了。协助段光准备给狗剩扫坛的行好的老年妇女一边摇着手中的扇子，一边嬉笑着温习、念诵扫坛的"佛"，云：

　　　　簸箕仙来簸箕仙，一桌大供在上边。你娘怕你不成人，把你送到佛堂前。从小吃的佛家饭，到大不是佛家人。堂中保你十二年，到大不是堂中人。这个笤帚天道苗，十道朱金把它包。虽说不是值钱宝，离了笤帚不能扫。扫扫佛家两广殿，扫扫佛家两廊房。扫扫佛家尘沙土，又扫佛家供桌上。又扫佛家这条路，扫了前心扫后心。一切灾星化灰尘，笤帚疙瘩赶出门……

这不是文学创作，而是发生在华北腹地小村的真人真事，也是当地庙会的常见场景。仅仅在段光家中过会的这两天，就有尚未满12岁的五个男孩和一个女孩前来例行性地"挂锁"，有年满12周岁的八个男孩和一个女孩前来最后一次扫堂还愿，还有一个不满周岁的小孩被祖母和母亲带来"寄"在了坛上。这些大大小小的孩子，有的和狗剩一样，是因为家人觉得难养"寄"在这里的；有的是在段光家的这个神坛上求来的。而且，不仅仅是"寄养"女孩，也出现了求女孩的情形。

在汪曾祺笔下，庵赵庄是个充满诗情画意、让人心仪的世界。年幼喜人的小明子"受戒"当和尚，仅仅是因为家中儿子多。这在庵赵庄合情合理，还是众人公认的聪明做法。[1] 与此不同，《红楼梦》中，原本出身富贵的妙玉带发修行做尼姑则是因为体弱难养，买了许多替身也不中用。[2] 因为孩子难养，怕养不大，大富人家常给孩子买替身；普通人家除了给孩子拜干爹干娘，长辈将其或象征性或实实在在地寄养在庙里、庵里、观里、寺里是传承已久的乡风俚俗。这在乡土中国并无城乡的差别。七八十年前的北京城内外，不少孩子其实都是"跳墙和尚（道士）"，又叫"记名和尚（道士）"。[3] 在鄱阳湖边的小村，学者张柠的父亲幼时就被惶恐不安的母亲"寄名"于寺庙，还取了一个

---

[1] 汪曾祺：《受戒》，第13-14页，北京：北京十月文艺出版社，2011。

[2] 曹雪芹、高鹗：《红楼梦》，第182页，北京：人民文学出版社，2000。

[3] 常人春：《老北京的风俗》，第251-253页，北京：北京燕山出版社，1990。

法号，"松和尚"。[1]

对当下以都市文明及其生活方式为尊的人而言，这些似乎早已不堪回首的陈年往事为何还在华北乡野有板有眼、津津有味地操演？狗剩、香道的、行好的究竟是什么样的人？锁、笤帚、簸箕是何圣物？神坛、佛堂、念佛、挂锁、行好、扫坛、还愿、家中过会、乡土庙会都是怎样的景致？为何会长盛不衰？传统和现代、科技和信仰、男女老少、家与庙在这里是怎样的一种格局？成年后的狗剩会再来此求子吗？会将自己的孩子寄托给哪个神坛或神灵吗？狗剩的孙子呢？

现河北省赵县东部范庄镇、谢庄乡以及相邻的宁晋、晋县[2]、藁城部分村庄，原为滹沱河故道，经过近两百年的发展，今天以产雪花梨为主。本研究将这片面积约两百平方公里、人口约十五万的区域称为"梨乡"。改革开放以来，梨乡村庄的庙宇修复远远滞后，甚或根本不可能，但在梨乡及与梨乡相邻的部分村庄，几乎每个村庄都有规模不一、以烧香敬拜、许愿还愿——"行好"——为核心的庙会。以50岁以上的男女为主体，乡民们纷纷前往与自己有往来、有关系的庙会"互串"过会，形成一个有意义的网络状的庙会"市场"。

1999年以来，我对梨乡的宗教和庙会进行了持续调查。本书就是以梨乡的宗教和庙会为研究对象，揭示在既有传统的基础之上，乡土庙会与宗教是如何因应现实而演化不绝的。但是，本研究既无意于对当下中国乡土庙会进行抽象分析和宏观判断，也无意于对某一个庙会进行见木不见林的微观深描，而是从乡民的逻辑和日常实践出发，把庙会作为一个有机的整体根植于当地传衍的文化体系、经济及生态环境中进行系统的考察。在避免堆砌概念，避免对庙会、宗教进行自上而下的抽象的意识形态建构、宏观分析的同时，本书也抛弃学界长期

---

[1] 张柠：《土地的黄昏：中国乡村经验的微观权力分析》，第226页，北京：中国人民大学出版社，2013。

[2] 编注：晋县即今河北晋州市，1991年撤县为市。

惯用的以小见大的个案研究技术，从而对活态的中国乡土庙会、宗教进行区域性的、体系化的中观层面研究。

二 乡土庙会研究的体位学

乡土中国的庙会是民众日常生活世界中活态的、间发的、周期性的民俗事象，是在特定地域，尤其是在可让渡、转换的家与庙等共享空间中生发、传承，由特定人群组织，以敬拜神灵为核心，私密性与开放性兼具，有着节庆色彩的群体性活动和心灵图景。随着鸦片战争后西学的强力东进，庙会渐渐要么被视为"淫祀""迷信""愚昧"的代名词，要么被视为社会的"另一种生命力"，始终争论不休。这也导致了对庙会与乡土宗教调研的俯视、蔑视和平视等不同的体位，既有在村落视域中将庙会视为文化体系认知的长足进步，也有始终将庙会置于"家"与"庙"这一二元话语框架下阐释的先天不足。

（一）"眼光向下"的俯视

在效法西方，倡导理性、科学、民主的浪潮中，在发奋图强、国/民族主义一统天下的总体语境下，民国时期对城乡庙会的调查研究多是要改造、教化民众和发展经济。

1925 年，北京大学风俗调查会的顾颉刚等一行五人，开风气之先，"假充了朝山的香客"[1]到京西妙峰山进行了为期三天的朝山进香调查。顾颉刚强调，此次调查首先是为社会运动着想，因为要教化民

---

[1] 钟敬文：《钟敬文文集·民俗学卷》，第 506 页，合肥：安徽教育出版社，2002。

众就不得不亲身前往了解民众的生活状况，其次才是学问的目的。[1]同年，陪同美国人甘伯（Sidney Gamble）等前往妙峰山调查的李景汉也是以"中国改良社会学家"自居。[2]与顾颉刚、李景汉的柔和并有学术的目的不同，坚信庙会是迷信发源地的学者、官员强烈地呼吁"废庙兴学""庙产兴学"。[3]中华平民教育促进会对河北定县[4]社会调查的目的是进一步清楚地认识中国乡村，改造"愚、弱、穷、私"的民众。其中，"愚"就与信仰、村落庙宇、各类神灵和庙会紧密相连。[5]

出于民众教育的需要，各地民众教育馆也纷纷关注庙会。20世纪30年代初期，山东民众教育馆发动了地方人士对山东各地庙会进行普查，欲一窥乡野庙会屡禁不止、迷信禁而不绝的根源。[6]大致同期，郑合成主持安国药市（药王庙会）和陈州太昊陵庙会的调查则直接是出于经济以及教育的目的。于是之故，安国药市成为一个与"农村交易"集市模型并列的庙会模型。[7]从陈州太昊陵庙会，调查者希望找出办理乡村教育之康乐教育、生产教育、娱乐教育、道德教育和关于语言文字教育、艺术教育与卫生教育等方面的参考资料。[8]教化、改造也是同期城市庙会调查的首要目的。1921年，王卓然对北京厂甸庙会商家、游人、车马的调查，就是希求改良厂甸庙会从而有利于国家社会进步。[9]十多年后，王宜昌主持的对北平庙会的调查同样是欲通过对庙

---

[1] 顾颉刚编：《妙峰山》，第1-10页，上海：上海文艺出版社影印本，1988。

[2] 李景汉：《妙峰山"朝顶进香"的调查》，载《社会学杂志》1925年第2卷第5、6期合刊，第1-2页。

[3] 邰爽秋编：《庙产兴学问题》，上海：中华书报流通社，1929。

[4] 编注：定县即今河北定州市，1986年撤县为市。

[5] 李景汉编：《定县社会概况调查》，第417-446页，北京：中国人民大学出版社，1986。亦可参见 Sidney Gamble: *Ting Hsien: A North China Rural Community*, pp.398-425, New York: International Secretariat, Institute of Pacific Relation, 1954。

[6] 山东省立民众教育馆编：《山东庙会调查》第1集，山东省立民众教育馆出版，1933。

[7] 郑合成：《安国药市调查（上）》，载《社会科学杂志》1932年第3卷1期，第95页。

[8] 郑合成：《陈州太昊陵庙会调查概况》，河南省杞县教育实验区，1934。

[9] 王卓然：《北京厂甸春节会的调查与研究》，北京：北京高等师范学校平民教育社，1922。

会经济的调查，"把庙会在社会发展过程中的地位和作用，加以体系的研究和说明"（杜叔林"序"）。[1]

强调庙会在经济学方面的意义，使得庙市更具有学理上的重要性。全汉昇曾叙庙市的起源和宋、明、清及近代城乡庙市概况，证明中国与西方一样，也有庙市（temple fair），并在相当意义上将庙市简单地等同于庙会。[2] 由于乡土庙会与市集重合、相交、相切、相离的多种关系，主流意识形态也竭力把有敬拜活动的庙会改造成为集市，并进而与物资交流大会、博览会、展览会等同起来。这成为民国以来，官方认可并支持的庙会发展的主导取向，也始终是学界研究中国庙会的学术取向之一。[3]

改革开放以来，随着民间文化、传统文化、非物质文化遗产等的再发现和重新诠释，力挺庙会之于地方重要者，同样是首先看重庙会的工具理性。先是在"文化搭台，经济唱戏"的框架下直言不讳地宣扬庙会的经济功能，将庙会办成以商品交易为主色的物资交流会、商贸洽谈会、招商引资会，三缄其口并存于庙会的敬拜活动。继而，在非物质文化遗产申报、评审、保护的洪流中，庙会的教育、娱乐以及宗教等文化功能也粉墨登场，诸如北京妙峰山庙会、上海龙华庙会等纷纷晋身第二批国家级非物质文化遗产名录。在凸显这些非遗文化特色的同时，与这些庙会相伴的信众敬拜实践有了其部分意义上的合理性。无论是偏重于经济功能还是文化功能，各地试图以有特色且历史悠久的庙会开发旅游，发展地方经济，顺势进行文化建设始终是核心目的。21世纪以来，景区和圣山进一步合流：一方面，原本没有宫观庙庵的景区不遗余力、想方设法地修建庙宇，使景区圣山化、灵验的香火制度化；另一方面，原本仅仅是庙会期间才热闹红火的圣山则尽

---

[1] 民国学院编：《北平庙会调查报告》，北平：北平民国学院，1937。

[2] 全汉昇：《中国庙市之史的考察》，载《食货半月刊》1934年第2期，第28-33页。

[3] 如 Gene Cooper：*The Market and Temple Fairs of Rural China：Red Fire*. London：Routledge, 2013。

力提高包括交通在内的配套服务设施的档次、规格，使圣山景区化、高价门票常态化。与旅游产业相伴的宗教经济、庙会经济成为国民经济，尤其是地方经济的重要组成部分。但是，间杂其间的依旧是将庙会定位为"迷信"的声讨，"靠迷信敛财""被承包的信仰"的批评声不时见之于传媒。[1]

无论初衷在于教育、改造，还是发展经济、弘扬文化，对庙会的调查、书写反而记录了可能会消失或以为已经中断消失的"迷信"，从而多了些考证和实录的意味。20世纪30年代，鉴于"酆都迷信在中国民间有非常普遍的势力"，卫惠林本着"研究中国宗教与中国社会风俗"的精神，对酆都香会进行了调查。[2] 同期，林用中、章松寿二人对杭州老东岳庙的民众宗教活动进行了"恐怕是妙峰山以后的第一回"有价值的记录。[3] 叶郭立诚等对北平东岳庙会调查的动因同样是基于"再过数十年民智大开，迷信破除，泛神信仰终必泯灭"的朴素认知，其保存的资料包括求子、求寿、求婚、求财、求官等信仰，香会的组织、活动、现状和东岳庙的神话传说等。[4] 21世纪伊始，不同级别的非遗申报、评审运动的展开，使得众多庙会的敬拜实践，尤其是"文革"期间潜伏的敬拜实践史通过非遗申报书的填写及其延伸写作成为史实。[5]

（二）新－旧言语冲突的蔑视

对围绕乡野宫观庙庵的宗教庆典，历朝历代的统治者一直都采取

---

[1] 如刘子倩：《承包"泰山"利益链》《疯狂的寺庙》《寺庙承包：多头管理监管难》，载《中国新闻周刊》2012年第2期，第24–31页。

[2] 卫惠林：《酆都宗教习俗调查》，四川乡村建设学院研究实验部，1935。

[3] 钟敬文：《钟敬文文集·民俗学卷》，第507页，合肥：安徽教育出版社，2002。

[4] 叶郭立诚：《北平东岳庙调查》，台北：东方文化书局，1970。

[5] 如周希斌主编：《尧舜之风今犹在：洪洞羊獬"三月三接姑姑迎娘娘"远古走亲传统习俗》，第43–45页，北京：中国戏剧出版社，2006。

"糖加棒子"的统治技艺：或招安从而纳入"正祀"系统，或贴上"淫祀"的标签进而打压封杀。正因为如此，强调正祀、淫祀互动转化的"变迁之神""道与庶道"也就日渐成为中国宗教研究的主流话语。[1] 就传统的本土写作，正祀是正史和方志等的内容，淫祀要么在乡野口耳相传，要么成为传奇、话本和戏剧家、小说家津津乐道的志怪、神话。自利玛窦进入东土以来，以香烛纸炮为表征，以磕头跪拜的体化实践为标志，在祠堂、墓地、庙宇等不同时空操演的本土宗教就经历着基督文明"迷信"命名的历程。迷信很快后来居上，全面成为乡土宗教和庙会的代名词。对庙会认知层面的"迷信"定格，最终演化为急迫地对庙会的庙市化改造，直至全面取缔。与俯视一样，蔑视成为百余年来精英对集中展演乡土宗教的庙会的体位学之一。这种"哀其不幸、怒其不争"的体位学既体现在清末以来的庙产兴学运动中，又更为集中地体现在 1949 年后重新彻底定义庙会和对庙会急切地去神化从而集市化以及将部分庙宇、神像文物化的改造之中。

就整体状况而言，新中国成立后到改革开放前，公开以敬拜为核心的庙会基本处于缺失状态。但是，在禁绝庙会最激烈的年代，"庙会"一词也不时出现在主流意识形态认同和推崇的文艺宣传作品中。像当时的人、社会、国家一样，"庙会"这个语词也经历由旧向新、由消极向积极的转化，并具有了一定的正价值和意涵。

在"大跃进"时期（1958—1960）的小演唱、相声以及诗歌等文艺作品中，新庙会是农业、工业和科技比武、新发明交流、社会主义建设成果展示的平台，以致当下的北京中关村不时还有"科技庙会"之类醒目的广告横幅。因此，新庙会要么是社员们心向往之的即将在

---

[1] Valerie Hansen：*Changing Gods in Medieval China, 1127-1276*, Princeton：Princeton University Press, 1990; Robert Hymes：*Way and Byway：Taoism, Local Religion, and Models of Divinity in Sung and Modern China*, Berkeley：University of California Press, 2002.

城里展出的割麦机、插秧机等先进成果的展览会[1]，要么是不烧香、不拜佛、没有泥菩萨、不求签、不看相的城市里工厂中的工人们就革新项目、技术、生产等展开的大比拼[2]。或者，庙会直接就是工农业大跃进展览会，包括：电气火车、小汽车、喷气式、大火轮、太阳灶等工业展览；亩产三万五的水稻、一斤重的棉桃、五尺三四高的洋葱、一百来斤的地瓜和插秧船、拖拉机等的农业馆；宣传节育等的文化棚。作为这个新庙会组成部分的百货公司是体现共产主义新风气的"无人售货"，娱人的戏楼子唱的都是紧扣时事的新词，诸如"总路线鼓足干劲"、畅想"那时候驾火箭乘卫星飞上天去，游月宫逛火星任意来回儿"，从而"活活气死迷信人儿"的"十五年展望"等。[3]

与此不同，参加旧庙会的人是头戴瓜皮帽，身穿紫红袍，腰束纺绸带，脚蹬风凉皮鞋，手拿小乌龟，口袋装泥娃娃，肩上扛五香豆的"二百五"。这些"二百五"所带的物品是"一股香，两支蜡烛，三串元宝，四个爆竹，五个铜钱敬菩萨，六个鸡蛋当午饭，七根甘蔗解口渴，八块饼干防肚饥，九张草纸，十瓶十滴水"。到庙会后，"二百五"们先给菩萨磕头，然后就傻不兮兮地看热闹。[4]

作为强力政治和主流意识形态延伸而无形的"手"，与其说这些很通俗也是应景的文艺宣传作品的作者是艺术家，还不如说是政治精英。尽管在他们的创作中，庙会的能指和所指都发生了转化，但上述作品从反面说明"旧庙会"的根深蒂固和庙会长期都是中国大多数民众喜闻乐见的生活方式，以至于执政者不得不借助它并赋予其新的内涵。于是，对"庙会"的基本言说、叙事与写作也就完全成为当时新好旧坏、新光明旧黑暗的主流意识形态的异文、神经末梢，并熔铸到"感

---

[1] 红光等：《赶庙会》，第1-17页，上海：新文艺出版社，1958。
[2] 水文祥等：《庙会花开十里香》，第16页，上海：上海文艺出版社，1958。
[3] 戏曲演唱资料第二辑：《小两口逛庙会 二人转》，第1-7页，北京：中国戏剧出版社，1958。
[4] 陈万镒等：《看庙会》，第1-6页，上海：新文艺出版社，1958。

恩型国家"[1] 形塑的洪流之中。对"庙会"的重新定义、言说导致了两种结果：直接的结果是在参与"感恩型国家"叙事的洪流中，与"旧"庙会相关的敬拜行为处于隐性、匿名甚至缺失的状态；间接的结果是在改革开放后，尤其是 21 世纪以来，在与庙会相关联的非物质文化遗产申报过程中，大小庙会都会强调当地人是如何在 1949 年后，尤其是在"文革"时期坚持过庙会。

近十多年来，在民族民间文化 / 非物质文化遗产 – 迷信两可表述的窘境中，前文提及诸多庙会申遗过程中，申报书、音频视频等立体化文本的制作、"非物质文化遗产"的命名等都表达着改革开放前、后两个不同的"新"中国。前一个新中国更多喻指的是政治强国，后一个新中国则更多喻指的是经济强国、文化大国、文化古国。两个"新"中国意识形态的建构都指向大众广泛参与的庙会，只不过前者是反向规训，后者是正向利用。

在落后挨打的大背景下，志在救亡图存的启蒙精英本意是学习西方所谓的科学、理性，因此作为大多数的民众就成为应该被改造、必须被改造，也可以被改造的民众。有着自己生活世界和价值观的民众顺理成章地被一分为二：愚、弱、穷、私的民众和孕育着民族希望的民众。改革开放前，"革命"的观念，尤其是政治革命的观念被发挥到了极致，在彻底打破文化传统，拒斥被称之为"资本主义""帝国主义"的西方的同时，以"封建主义"的名义从文化层面展开了史无前例地"去中国化"运动。改革开放后，对庙会的态度有所改变，但这对所谓"复兴"的民间文化 – 传统文化进行新的言语表述，实则是对乡土宗教和庙会蔑视体位学的变形，更缺乏了启蒙精英的忧患意识及其连带的批判精神。

---

[1] 郭于华：《倾听底层》，第 58–72 页，桂林：广西师范大学出版社，2011。

（三）时空阶序中的"好奇"

与上述基于教化、改造、保护的庙会调查、书写不同，更多的研究是将庙会作为与宗族同等重要的认知中国社会与文化的基本入口的。由此，村庙与宗族有着同等重要的意义。早在 1915 年，就有人指出中国的村庙更像一个社会生活的中心，而非宗教生活的中心。[1] 由于各地情况的差异，村庙及庙会在村落生活世界中的分布和角色并非整齐划一。或是在某种程度上与村民日常生活分隔[2]，或者庙宇祭神是祠堂祭祖的延伸，同样是宗族固结（clan solidarity）的机关[3]，或者与并立的教堂和祠堂一道，村庙使村庄日常生活有着巨大的张力[4]。为此，到 20 世纪 40 年代初，出现了基于村庙乃社会公共空间认知基础之上的"庙宇宗教"的命名与研究。[5]

一度住在北平东岳庙附近的古德里奇（Anne Swann Goodrich）对东岳庙的调查更多是出于因陌生而有的好奇：东岳庙这个寺庙是干吗的？里面的神祇都是谁？他们能干什么？为什么人们前来烧香敬拜？[6] 古德里奇的"好奇"回响在杜博思（Thomas D.D.）对当下河北沧州民间宗教教派的研究中，其研究同样是始于对中国人个体宗教精神的质

---

[1] Y. K. Leong & L.K.Tao：*Village and Town Life in China*, p.32, London：George Allen & Unwin Ltd, 1915.

[2] 费孝通：《江村经济——中国农民的生活》，戴可景译，第 35-36、100-101 页，北京：商务印书馆，2001。

[3] 林耀华：《义序的宗族研究》，第 32-33、52-55 页，北京：生活·读书·新知 三联书店，2000。

[4] 杨懋春：《一个中国村庄：山东台头》，张雄、沈炜、秦美珠译，第 50、192、154-157 页，南京：江苏人民出版社，2001。

[5] 陈永龄：《平郊村的庙宇宗教》，北平：燕京大学法学院社会学系学士毕业论文，1941。

[6] Anne Swann Goodrich：*The Peking Temple of the Eastern Peak*, pp.1-2, Nagoya：Monumenta Serica, 1964.

疑。[1] 与古德里奇的"好奇"不同,"南满洲"铁道株式会社的《中国农村惯行调查》(《惯调》)则是有意地记录了 20 世纪三四十年代华北农村大量的村庙及庙会情况。[2] 调查者的侵略者身份和报告人有限度的合作使得调查者对其所调查的内容进行了反复询问。[3] 沿着问答脉络,我们会发现日本人将庙会与宗族置于了同等重要的地位,他们想了解村落中的庙会与宗族等村落组织、村落经济、村落教育和村民日常生活之间的动态关系。

改革开放后,随着中国民俗学、人类学、社会学等学科相继恢复,一直被不同学科的学者强调的畛域也很快因为学科自身发展的需要、学科之间的交流而迅速打破。伴随同一时期大量的乡土庙会纷纷浮出水面,学术界对庙会的研究既秉承了新中国成立前的学术传统,也深受海外相关领域既有研究的影响,在深度观察众多庙会的基础之上,力求认清庙会的本质。

在 20 世纪 90 年代,由台湾地区的学者王秋桂主编的以调查为主的 85 种"民俗曲艺丛书"中的多本均与乡土庙会有关。学者劳格文(John Lagerwey)主编的"客家传统社会丛书",系统性地辑录了粤、闽、赣等地客家村落的庙会调查资料。与之相应,由欧大年和范丽珠共同主编的"华北农村民间文化研究丛书"中的诸多篇幅也是对华北乡村庙宇与庙会的调查。与此同时,不同角度、不同层次、不同范围

---

[1] Thomas David DuBois:*The Sacred Village*:*Social Change and Religious Life in Rural North China*, Honolulu:University of Hawai'i Press, 2005.

[2] [日] 中國農村慣行調查刊行会:『中國農村慣行調查』, 1–6 卷, 東京:岩波書店, 1985。

[3] 黄宗智专章论述《惯调》的学术价值,认为调查材料的质量"甚至可能高于"同一时期世界任何其他小农社会的有关资料,参阅 [美] 黄宗智:《华北的小农经济与社会变迁》,第 31–45 页,北京:中华书局, 2000。

的研究庙会的论文集纷纷出版。[1] 在国内，相关论文集的出版意味着对庙会等社会惯习在一定程度上的正视，尽管并不是为了同一目的：一方依然是想改造、发展，一方则是想按照自己祖传的规矩顺其自然地生活。这使庙会无论是作为一种宗教仪式活动、庆典，还是作为一种言说，都有了一定的相互公开认可的或默认的合理性。这些论文集中，不乏对庙会的性质、特征、渊源与发展的探讨及对某个庙会研究的力作，它们均在不同程度上推动了庙会研究的发展，实现了1928年容庚在《妙峰山》"序"中所期望的，对"南方的神庙游神赛会，也有应行实地调查的必要"。

由于一直未曾中断的学术传统，学者对港台的庙会研究是蚕食性的，并产生了社会空间、生活节律以及经济理性等多种不同的路径。

出于对弗里德曼（M. Freedman）为代表的宗族模式的反思，对施坚雅 (G.W.Skinner) 市场圈和巨区理论的反动，地缘社会的组织、地域崇拜的研究成为20世纪后半叶汉学界的热点。桑高仁（P.S.Sangren）将台湾的地域崇拜分为了聚落（neighbour）、村落、跨村落与朝圣四个层次。[2] 在其系列文章中，林美容将"祭祀圈"和"信仰圈"进行了严格区分。祭祀圈是结合不同层次的地方性人群的义务性的共同祭祀组织，"本质上是一种地方组织，表现出汉人以神明信仰来结合与组织地方人群的方式"。信仰圈则是以某一神明或其分身信仰为中心的区域性信徒之志愿性的宗教组织。一个祭祀圈有可能发展成为信仰圈，二者

---

[1] 如高占祥编：《论庙会文化》，北京：文化艺术出版社，1992；宋孟寅编：《庙会文化研究论文集》，兰州：甘肃人民出版社，1994；李丰楙、朱荣贵主编：《仪式、庙会与社区：道教、民间信仰与民间文化》，台北："中研院"文哲所，1996；刘锡诚编：《妙峰山·世纪之交的中国民俗流变》，北京：中国城市出版社，1996；郭于华主编：《仪式与社会变迁》，北京：社会科学文献出版社，2000；康豹主编：《民俗曲艺》2005年147期"庙会与地方社会"专辑。

[2] P. Steven Sangren: *History and Magical Power in a Chinese Community*, pp.51－92, Stanford：Stanford University Press, 1987.

均表现出台湾民间社会基本上是一种地域构成。[1] 同样，打醮在香港不同社区的延续与变化和社区本身的特质密切关联。[2]

与此空间视角不同，受范·根纳普（V.Gennep）、维克多·特纳（V.Turner）的仪式研究和巴赫金狂欢化理论的影响，李丰楙以海峡两岸的庙会为例，将有仪式表演并象征着宇宙观重建的庙会视为民众非常生活的集中体现，再现出与常态生活迥异的狂欢文化特征，"常－非常－常"之间的循环交替使民众的生活流形成工作与休闲起伏的节律。[3] 除关注进香仪式空间的阶层性，张珣也关注进香等庙会行程中异质时间及其流变所蕴含的象征意义。以大甲妈祖进香为例，她指出与个人时间、社会时间等世俗时间相对立的神圣时间的"无分别"（formless, non-dimensional）特征，并将妈祖进香的时间分为妈祖庙的制度时间、香客在参加进香过程中的静止时间、妈祖权威赖以建立的系谱时间以及少数修行香客所体验的无分别时间。在进香过程中，香客经历了由物理、钟表、世俗、社会、制度的时间向静止、封闭、不朽、系谱、错置的时间转换，经历的是超越世俗的神圣之旅。进香作为一种修炼过程，也就包含了不同架构时间之经验和超越。[4]

由于庙会本身在特定社区中的节庆性质，以及中国人春祈秋报的农耕文化传统，从生活节律的角度来剖析庙会同样为赵世瑜等学者重

---

[1] 林美容：《由祭祀圈来看草屯镇的地方组织》，载《"中研院"民族学研究所集刊》1986 年总第 62 辑，第 53-114 页；《由祭祀圈到信仰圈——台湾民间社会的地域构成与发展》，见张炎宪主编，《中国海洋发展史论文集》第三辑，第 95-125 页，台北："中研院"三民所，1988；《彰化妈祖的信仰圈》，载《"中研院"民族学研究所集刊》1989 年总第 68 辑，第 41-104 页。

[2] 蔡志祥：《打醮：香港的节日和地域社会》，香港：三联书店（香港）有限公司，2000。

[3] 李丰楙：《由常入非常：中国节日庆典中的狂文化》，载《中外文学》1993 年第 3 期，第 116-150 页；《台湾庆成醮与民间庙会文化：一个非常观狂文化的休闲论》，见林如编，《寺庙与民间文化研讨会论文集》，第 41-64 页，台北：天恩出版社，1995。

[4] 张珣：《文化妈祖：台湾妈祖信仰研究论文集》，第 63-106 页，台北："中研院"民族学研究所，2003。

视。[1]庙会在民众生活之中体现出"一静一动、一平常一非常"的律动（rhythm）之美被广泛认可。与神圣和世俗一样，狂欢与日常也成为中国庙会研究中出现频率最高的词汇之一。

毫无疑问，对庙会在时空体系中的"位置"和庙会内的时空观念的分析有着重要意义。但是，这些看似逻辑清楚的理性书写究竟在多大程度上反映了中国民众的宗教实践和庙会？乡土庙会和民众生活之间的关系仍然是需要追问和厘清的问题。

（四）功利化的复兴？

整体而言，改革开放后对庙会的研究主要集中在大都市郊区那些与国家或当政者关系密切的城乡庙会。除对妙峰山庙会持之以恒的学术热情之外[2]，围绕泰山、武台山、普陀山、黄山、武当山以及天安门前的毛主席纪念堂[3]，女娲、盘古等庙会经常都是学者关注的对象和研究的重点。与此同时，国内外不同学科的学者纷纷从港台、闽粤等地，从泰山等名山大川以及北京等大都市郊区走出来，走向了华北、西北乡村。因时应景，同样是在"家"与"庙"对立的二元语境下，由果溯因的"复兴论""功利论"成为庙会阐释的主流。

景军描述了改革开放后兰州附近的大川、小川两村孔姓人对孔庙

[1] 赵世瑜：《狂欢与日常——明清以来的庙会与民间社会》，北京：生活·读书·新知 三联书店，2002。

[2] 如 Susan Naquin：*Peking Temples and City Life,1400-1900*, pp.528-547, Berkeley：University of California Press, 2000；王晓莉：《碧霞元君信仰与妙峰山香客村落活动的研究——以北京地区与涧沟村的香客活动为个案》，北京：北京师范大学博士学位论文，2002；吴效群《妙峰山：北京民间社会的历史变迁》，北京：人民出版社，2006，张青仁：《个体的香会——百年来北京城"井"字里外的社会、关系与信仰》，北京：北京师范大学博士学位论文，2013；岳永逸主编：《中国节日志·妙峰山庙会》，北京：光明日报出版社，2014。

[3] 如 Susan Naquin and Chün-fang Yü edited：*Pilgrims and Sacred Sites in China*, Berkeley：University of California Press, 1992；叶涛：《泰山香社研究》，上海：上海古籍出版社，2009。

的修复，分析现今这个孔庙庙会语言、仪式种类、结构，参与者与其所吃食物种类之间的关系等。[1] 虽然景军研究的本意不是庙会，而是庙会承载、体化实践的记忆与政治，但是围绕孔庙所举行的仪式在村民公共生活中的重要性显然不容置疑。该研究表明庙会不是一个孤立的事件，它与村落公共生活的现状、过去以及对将来的期待都紧密相连，隐喻了村落历史的群体记忆和村民对当下生活秩序的认知及应对策略。换言之，利用西北乡野"孔庙"的不可复制性，景军从记忆角度对乡土庙会进行了让人为之耳目一新的定义。与景军的庙会的政治学不同，梁景文 (Graeme Lang) 等人对广州和浙江金华黄大仙庙会的研究是"信仰的法则"支配下的经济学路径，凸显的是经济力。[2] 顺势，整合宗教、政治、经济、文化、生态、市场的旅游经济学视角下的庙会研究异军突起。[3]

与上述研究偏重于庙会的政治或经济不同，周越直接把陕北榆林地区龙王沟的黑龙大王庙会作为研究对象。虽然同样涉及政治、经济、生态、市场、文化、旅游等诸多因素，也有着资本、庇护人等在港台庙会研究中常见的经济学术语，周越的研究更强调信众实践的宗教的内发性，即他所言的"做宗教（doing religion）"。由于有老王这样经历丰富、能干的庙首，今天的黑龙大王庙已经拥有了自己的学校、植物园等产业，成为当地一个有影响的"产业公司"，能从不同角度给当地

[1] Jing Jun：*The Temple of Memories*：*History, Power, and Morality in a Chinese Village*, Stanford：Stanford University Press, 1996.

[2] Selina Ching Chan and Graeme Lang："Temples as Enterprises", in Adam Y. Chau edited, *Religion in Contemporary China*：*Revitalization and Innovation*, pp.133−153, London：Routledge, 2011; Graeme Lang, Selina Chan and Lars Ragvald："Temples and the Religious Economy", in Yang Fenggang and Josrph B. Tamney edited, *State, Market, and Religious in Chinese Societies*, pp.149−180, Leiden：Brill, 2005.

[3] Tim Oakes and Donald S. Sutton edited：*Faiths on Display*：*Religion, Tourism, and the Chinese State*, Lanham：Rowman & Littlefield Publishers, 2010.

不同阶层和角色的人带来相应的回报。[1]与罗红光关注黑龙大王庙会中的灵签不同[2]，周越在当地历时五年的田野调查是想以此为例，探究改革开放后，宗教在中国农村社会的复兴、红火之因，并建构了其注重过程和实践的"做宗教"范式。[3]

对传统庙会今天的兴旺，学界大致有两种观点："复兴论"和"世俗功利化论"。二者共有的假设是，社会的变迁、经济的发展、主流意识形态监控的松动、信仰的需求和传统的惯性为现今乡土庙会的繁荣提供了充要条件。复兴论者认为，与宗族等传统文化在改革开放后的兴旺一样，庙会是在国家政策的松动，主流意识形态放松了对民间的监控后，长期潜伏的传统重新浮出了水面。政治、经济、文化传统以及宗教是复兴论者写作的关键词。世俗功利化论者则将现今乡土庙会的繁荣归结为中国民众宗教信仰在回应现代社会变迁、迎合现代人的生存压力后的世俗化和功利化之结果。风险社会、投机主义对之重要莫名。如果考虑到历代统治者都将乡野庙会视为淫祀并大力禁止或将其正统化，所有宗教都有的弥散性（diffused）、实用主义和功利主义等特征[4]，风险之于人类社会的常态性和个体迥异的生命机会（life

---

[1]　Adam Y. Chau：*Miraculous Response：Doing Popular Religion in Contemporary China*, Stanford：Stanford University Press, 2006.

[2]　罗红光：《权力与权威——黑龙潭的符号体系与政治评论》，见王铭铭、王斯福主编，《乡土社会的秩序、公正与权威》，第333-388页，北京：中国政法大学出版社，1997。

[3]　Adam Y. Chau："Modalities of Doing Religion", in David A. Palmer, Glenn Shive and Philip Wickeri edited, *Chinese Religious Life*, pp. 67-84, New York: Oxford University Press, 2011; "Modalities of Doing Religion and Ritual Polytropy：Evaluating the Religious Market Model from the Perspective of Chinese Religious History", *Religion*, vol. 41, no.4(2011), pp.547-568.

[4]　遗憾的是，这些特征经数代中西学者的合力，尤其是杨庆堃的经典写作，成为中国宗教的代名词。参阅 Yang C.K：*Religion in Chinese Society：A Study of Contemporary Social Functions of Religion and Some of Their Historical Factors*，Berkeley：University of California Press, 1961.

chance)[1]，上述两类观点的解释力也就会减弱。

与这两种观点相较，周越对乡土庙会、宗教的复兴研究有了新的突破。他从个体、庙会组织对庙会的组织——做（doing）——中去找原因，并将其与民间的社会组织和地方政府官员的民俗性（自己或家人对神的敬畏）结合起来思考。他认为，在陕北，以黑龙大王庙会为主要表现形式的乡土宗教的复兴原因有三：一是民众宗教活动的社会组织是乡民红白喜事等世俗生活的组织原则与机制的复写，活态且同构的组织是乡土宗教在高压松动之后迅速复兴的核心动力。二是庙会的主动参与者把庙宇、庙会视为可以增值的政治、经济和象征资本。作为权力生发和引起争论的场域，庙宇重修、庙会举办的同时也相伴产生了新的地方精英。庙首及其正当化策略说明在当代中国乡村有着流变的社会政治场域。三是因欲从庙会中获利，地方政府不但给予了庙会复兴、做宗教以大量空间，还在相当程度上扮演了红火庙会的操盘手。

应该说迄今为止，把庙会本身作为考察对象来研究庙会的复兴，又未陷入功利论的叙事陷阱，周越的论证最为翔实、全面。但像黑龙大王庙这样的庙会在陕北也是独一无二的，华北更多的乡土庙会是散漫的，并没有强有力的组织者，也很难发展成一个公司，它们多数都是很随意、自然地存在，资本主义仍然是一个遥远的名词。而且，也并不是所有的庙会组织者都有像老王那样强烈的成名欲望，多数庙会组织者和神媒并不一定就能成为中国乡村多变的政治场域中一呼百应的新生精英。即，周越虽然研究的是一个乡土庙会，但同样是一个很

---

[1] 生命机会指受到社会关系、责任以及期待所影响的人的行动选择。张茂桂进一步指出，不公平的生命机会既会影响到个体或群体生活的选择机会，同时也会影响到他们对世界的主观看法，包括宗教和价值等。分别参阅 Ralf Dahrendorf，*Life Chance*：*Approaches to Social and Political Theory*. London：Weidenfeld and Nicolson, 1976；张茂桂：《社会化的冲突性：理论与实际》，载《"中研院"民族学研究所集刊》1985 年总第 60 辑，第 165—194 页。

特殊的乡土庙会或者说强化了其特殊性的庙会。在一定意义上，他也忽略了庙会生活在中国乡村生活中的常态性、结构性和不可缺失性，以及作为一种文化体系的庙会是老百姓一种日常生活方式和庙会自身所具有的再生产能力。这种忽视使得周越仍然从庙会外部，如红白喜事的组织等方面去寻找新时期乡土庙会及宗教的复兴之因。

康笑菲对陕北榆林地区石佛寺狐仙信仰研究也是以当代中国农村宗教文化活动复兴为背景，在考察石佛寺的空间构成、石佛与狐仙的文字记载和口头传说以及当地人以石佛寺为中心所进行的宗教活动后，想说明的是国家与社会之间的文化控制与反控制的问题[1]。与李慰祖 (Li Wei-tsu) 对北京郊区胡（狐狸）黄（黄鼠狼）白（刺猬）柳（蛇）"四大门"宗教研究[2]相呼应，康笑菲的研究也说明北方普遍存在的狐等仙家和被这些仙家附体的神媒对乡土庙会的影响，即不少庙会香火兴旺的本因是居住在庙中的仙家而非庙神。如后文表明的那样，梨乡庙会也在相当意义上受了仙家及附身仙家的灵媒的影响。仙家与梨乡庙会同样是混融的。

（五）文化体系：村落视域中的乡土庙会

20 世纪 30 年代中期以降，在诸如村落、社区这样具体的时空中研究民俗是摆脱文学、史学桎梏后社会科学化的中国民俗学的基本取向。[3] 因为战争等历史缘由，中国民俗学重新回归这一传统则与改革开放后和人类学、社会学、日本民俗学等相关学科的交流密切相关。受福田亚细男等日本民俗学家村落民俗调查研究范式的影响，刘铁梁明

---

[1] Kang Xiaofei: "In the Name of Buddha: The Cult of the Fox at a Sacred Site in Contemporary Northern Shaanxi",《民俗曲艺》2002 年总第 138 期，第 67—107 页。

[2] 李慰祖：《四大门》，第 42—43 页，北平：燕京大学法学院社会学系学士毕业论文，1941。

[3] 岳永逸：《忧郁的民俗学》，第 24—42 页，杭州：浙江大学出版社，2014。

确提出了村落作为一个具有实体性的时空单元,是"民俗传承的生活空间"的命题。[1] 自此,如同刘晓春[2] 等已有的研究,在村落生活中考察庙会、宗教,把庙会和村落两个领域有机结合起来描述、阐释成为国内学者庙会研究的一种新趋势。

对于特定的村落生活而言,"经常惯以某种严肃性的主题"的村落集体仪式性文艺表演活动是宗教信仰和民间文艺相结合的产物,它创造出人神交流的象征性情景。庙戏、祠堂戏、菩萨巡游等象征性行为的规模、范围与村民的社会组织观念紧密勾连,体现出村民的"生存地域观念",在不同的级序上整合着特定时空范围内的群体,世俗与神圣在这些表演中很难划清界限。[3] 尽管还是在"家"与"庙"、公与私二元对立的话语下进行研究,但在其系列研究中,刘铁梁显然是将村落庙会作为一个文化体系、图示或者说有机体,始终放置在村落内外的日常生活和民众的情感世界中进行观察的,并试图说明或者说提出了下述问题:

1. 村落庙会的多元性。村落庙会作为村落生活中一个大型的中心事件有着特定时间、空间、物体、语言和行为。通常,在庞杂的村庙神祇中,男性人神对于村落社会公共秩序的意义明显,女性人神则与家庭生活命运关联更紧。位于村落外围的村庙乃护卫村落的象征性屏障,与村民的"地界""份"等观念相连,使得村落庙会大致可分为村落内部型、聚落组合型、邻村互助型、联村合作型、地区中心型等五种。不同类型的庙会之间可能有着互动。

---

[1] 刘铁梁:《村落——民俗传承的生活空间》,载《北京师范大学学报》1996年第6期,第42-48页。

[2] 如刘晓春:《仪式与象征的秩序——一个客家村落的历史、权力与记忆》,第127-224页,北京:商务印书馆,2003。

[3] 刘铁梁:《村落集体仪式性文艺表演活动与村民的社会组织观念》,载《北京师范大学学报》1995年第6期,第1-7页。关于乡民艺术,结合鲁中四村的具体实践,张士闪对刘铁梁此文中的这些基本理念进行了进一步的阐释和生发。参阅张士闪:《乡民艺术的文化解读:鲁中四村考察》,济南:山东人民出版社,2006。

2. 村落庙会的公共性与开放性。具有更多"公共仪式"性质的庙会把村民共同关注的生存状态问题作为仪式主题，超越血缘关系的限制而更多地具有公共社会制度的意味。对村落内部而言，对宗族而言，人们对庙会的参与冲破等级亲属关系的限制，拥有更多的平等机会，庙会是人与神之间的直接对话和交流。对村落外部而言，庙会也为村落与外部世界和上层各级权力机关之间提供交流的平台和机会。这都使得庙会期间每个人在一定程度上摆脱了日常生活中等级秩序、权力格局的规训，有不同程度表现、张扬和放松自己的机会。

3. 村落庙会的象征性与生产性。村落庙会是村民对所处社会空间的想象，更多地表现出文化的地方性与村落的个性，并内在群体性地表达了民众对其所处的自然与社会地域空间中经济、政治、生活诸多关系和历史变化的认识，与各种现实的社会关系有着宽泛的同构或对应关系，并在实践层面强化这些关系、秩序，增强村落自我或村落联合体的意识。家户和村落间的自主性联合及对权力中心的确认是大部分庙会仪式所产生的共同结果。

4. 村落庙会的自足性。村落庙会是一个自足的有机体，作为村落生活的有机组成部分，它能主动地调适自己以适应不同条件下的村落生活，从而成为官方与民间、国家与社会较量的试纸与晴雨表。因为极强的适应性，村落庙会就较容易被村民世代传承并为时下的村落社会生活服务。[1]

与刘铁梁着力于从村落生活把握庙会不同，多数研究更关注地方社会、神职人员对于庙会的意义。康豹（Paul R. Katz）主编的《民俗

[1] 刘铁梁：《村落庙会与公共生活秩序》，见财团法人中华民俗艺术基金会编，《两岸民俗文化学术研讨会论文集》，第135-147页，台北：台湾文化管理部门，1999；《村落庙会的传统及调整——范庄"龙牌会"与其他几个村落庙会的比较》，见郭于华主编，《仪式与社会变迁》，第252-309页，北京：社会科学文献出版社，2000；《作为公共生活的乡村庙会》，载《民间文化》2001年第1期，第48-54页；《庙会类型与民俗宗教的实践模式——以安国药王庙会为例》，载《民间文化论坛》2005年第4期，第12-18页。

曲艺》"宗教与地方社会"专辑（137、138 期）、"天灾与宗教"专辑（143 期）、"庙会与地方社会"专辑（147 期）、"神职人员与地方社会"专辑（153、154 期）和李丰楙主编的"礼仪实践与地方社会"专辑（158 期）虽各有主题，但其中的论文却多少都与乡土庙会有着关联。这些研究多"结合了历史文献的耙梳与系统化的田野调查"，欲通过与庙会关联的异质性群体、信仰、仪式、剧场表演等来"探索其如何反映乃至形塑地方社会的发展"，进而"借由地方社群的案例讨论，直探中国文化内部的大问题"。[1]

在"庙会与地方社会"专辑的"导论"中，康豹严谨地指出，与港台等汉人社区的庙会"仍然是展现当地特色及巩固权力网络的场合"不同，在国内，"庙会形成一种受到谨慎控制但合理的宗教表现"，国家及地方政府对庙会的高度重视既因为其衍生的观光资源，也因为它内在的提升当地并不总是能符合国家政策的议题的能力。鉴于已有的研究侧重于仪式、经济层面和庙会与当地历史的关系，该专辑的焦点就"集中在参与庙会的个人，以及他们的参与所衍生出来的文本（写本及口传）"。[2]对人的关注，自然引发了"神职人员与地方社会"专辑对于学界长期以来在地方社会有着重大影响的住持、庙祝、道士、阴阳先生、主礼以及会首或香头等神职人员的关注，并重视这些神职人员在当地社区与代表政府并力图执行政策的官员、控制社区社会及经济事务者之间的互动。由于这些专辑都在不同意义上强调要改变"对中国的地方宗教传统的理解的方法论上的突破"[3]，欲打通宗教史与社会史等不同的学科界限，从而深度理解地方社会与文化以及中国文化，有内在生命力的庙会和作为一种文化体系的庙会再次沦为客体、对象，

---

[1] 康豹：《"宗教与地方社会"专辑（Ⅰ）前言》，《民俗曲艺》2002 年总第 137 期，第 6-8 页。

[2] 康豹：《"庙会与地方社会"专辑"导论"》，《民俗曲艺》2005 年总第 147 期，第 9-14 页。

[3] 康豹：《"神职人员与地方社会"专辑（Ⅰ）引言》，《民俗曲艺》2006 年总第 153 期，第 11-24 页。

位居末路。

虽然新时期以来有了很多精深的研究，但无论是哪种取向或侧重哪方面的庙会研究，多数研究都是将庙会作为其他研究或特定认知论、方法论阐释的载体、工具。不仅如此，作为其他研究布景的庙会研究还深受神圣与世俗、狂欢与日常等学术话语的制约，经常沦为一种偏重于客位的和似乎理性机械的功能分析。在这多数调查研究中，传承、操演庙会的行动主体——民众虽然已非被动的、会接受改造的愚民，但也非拥有自我意识、思考与行动能力的积极行动者。更重要的是，乡土庙会不但似乎是与现代生活格格不入的民众生活世界中的一块"飞地"，与民众生活方式少有关联，而且还是简单地放置在"家"与"庙"二元结构的叙事框架下，乃静态的客体。

如果说宗教是一种文化体系[1]，那么在中国传衍千年并整体性呈现宗教生活的乡土庙会同样也是一种文化体系。这种文化体系不仅指陈灵验的神祇等人们对宇宙万物的感性把握和宗教认知、实践与生产，庙宇建筑、雕塑等空间艺术，庙戏等舞台艺术，朝山进香、神祇出巡等时间艺术，灵验传说等口头艺术，还指陈因应这些多重因素互动而形成的乡土庙会犹如变形虫和变色龙般的适应性与强大的生命力——政治艺术。换言之，不仅每个乡土庙会是一种文化体系，如网状的乡土庙会整体也是一种文化体系，这种短暂却周期性生发传衍的文化制度涵括了中国乡民生活的全部。对乡土庙会及其行动者——民众的认知需要将乡土庙会视为与特定群体和地域相关联在家与庙之间让渡、转换的动态过程，并把庙会放在民众生活世界的庙会体系中考察，而不是仅仅将其视为一个特殊的事件或庆典。同时，研究者也需要打破微观与宏观、传统与现代、国家与社会、时间与空间、神圣与世俗、

---

[1] Clifford Geertz：*The Interpretation of Cultures：Selected Essays*, pp.87-125, New York：Basic Books, Inc., 1973.

狂欢与日常、常与非常、个人与社会、客位与主位、客体与主体等二元话语所建构的樊篱，尤其是人与神、家与庙、公与私的对立，将二者在变化的过程中有机结合起来。不仅要注意庙会异质行动者之间的互动，还要注意到异质行动者－民－与庙会－俗之间的互动，以及庙会－俗对其行动者－民的约束和支配力。

如此，我们或者能更好理解民众以及当下的新农村建设和绝非仅仅是"记得住乡愁"的城镇化建设的应有之道。作为研究者的文化精英或者也才能秉持其独立的思考，而不仅仅是在政治与民众之间扮演着墙头草的尴尬角色：一方面自觉或不自觉地停留在为当政者出谋划策而变相安抚民众的水准，成为帮闲；另一方面以所谓的恢复传统文化、促进文化（虚假）繁荣，以民众的代言人自居。本研究就是在这一点上做些努力和尝试，试图以当代梨乡庙会为例，说明在当地民众生活中，作为民众一种生活方式也是人神一体、家与庙频繁转换的庙会的常态性和庙会作为一个自足的有机体的生发机制。

三　委以重任的"家"与"庙"

改革开放的大背景使对华北社会各个方面的研究成为事实。区域史、社会史研究重在大范围的历时性考察乡村两级的社会结构及其演变，全景式地研究特定历史时期的农村社会状况。就重社会组织的专题性研究而言，除因用水问题而生的水利组织外，另外两类醒目的研究取向是"家"里"家"外，即以重宗族的"家"为核心和以重宗教仪式的"庙"为核心。

出于对弗里德曼、林耀华、许烺光等前人对华南宗族研究的反思和从整体上把握中国社会特质的目的，新一代学者也展开了对华北宗族的研究，关注祖荫下的"家"。杜赞奇（Prasenjit Duara）认为北方宗族"并不是苍白无力的",并将北方村落大致划分为宗教型和宗族型两类,前者邻近城市,较富裕,后者远离城市,较贫穷。[1]傅建成直接从家庭的成立、结构、关系、功能、物质生活、文化模式等层面研究民国时期华北农村家庭这个"社会的缩影"。[2]着眼于分家这一动态过程,麻国庆从文化层面探寻中国社会结构的方式,在与制度化的华南宗族的比较中,他将华北的宗族称为非制度化宗族。[3]针对"北方无家族"、改革开放后所谓家族的"复兴"或"再生"等论题,唐军主要以当代河北翼村恽家为个案,将家族视为可生产的实体,家族成员自觉努力下的家族行动不间断地延续着家族的生长历程。为此,他也从观念意识、关系模式、组织方式等层面区分了传统意义上的家族主义和他所界定的新家族主义。[4]

如今,在国内学界产生深远影响的,对华北乡村社会的研究莫过于主要以《惯调》为基础进行研究的杜赞奇和黄宗智,二人均涉及当时华北农村内卷化的问题。杜赞奇研究的是近现代中国国家政权建设在乡村社会的渗透,和在权力的文化网络中,国家、社会、地方精英如何利用宗教、庙会等共有的文化资源来为自己谋利益,并最终形成一种无奈的"共谋"状态,展现出的是现代民族国家政权的建设与传统文化在一定程度上的脱节导致的权力"内卷化"问题。[5]黄宗智则是分析小农经济模式在何种程度上阻碍了华北农村经济现代化的历程,从而使华北农村经济发展同样出现"内卷化(过密化)"趋势。对他而

[1] [美]杜赞奇:《文化、权力与国家:1900—1942的华北农村》,王福明译,第62、8、78—79页,南京:江苏人民出版社,2003。

[2] 傅建成:《社会的缩影——民国时期华北农村家庭的研究》,西安:西北大学出版社,1993。

[3] 麻国庆:《家与中国社会结构》,北京:文物出版社,1999。

[4] 唐军:《社会变革中的家族生长——从事件入手对当代华北村落家族群体的一项实地研究》,北京:北京大学博士学位论文,1997。

[5] [美]杜赞奇:《文化、权力与国家:1900—1942的华北农村》,王福明译,南京:江苏人民出版社,2003。

言，世界资本主义的入侵并未改变华北小农经济的本质。[1]

时隔半个多世纪，无处不在的行政权力、小农经济的本质仍在相当程度上影响到梨乡庙会的经济学特征和庙会有限度的发展。

与对华北乡村社会宗族、经济等研究相较，对"家"之外，以"庙（会）"为核心的当代华北乡土宗教的研究仍然比较薄弱。除中国民间宗教与制度化宗教的关系这一经典话题外，多数宗教学者关注的是过往的民间秘密宗教、民间宗教教派、民间宗教的历史，以及新教的蓬勃，等等。就当代经验层面的研究，值得一提的是英国学者钟思迪（Stephen Jones）。在华北与宗教敬拜关联紧密的活态的乡野音乐会研究中，他扮演了领头羊的角色。1991 年，他与中国学者薛艺兵一道系统介绍了当地音乐会的组织构成，传承情况，节庆仪式、祈雨、葬礼等表演场景，音乐会演奏时的乐器，乐谱、曲调、音乐分类与风格以及当地音乐会可能有的与北京宫廷和寺庙音乐之间的联系，等等。[2] 从河北到山西，他也从音乐会本身的研究扩大到对仪式和道士踏查、寻觅。[3] 新近，他又以河北音乐会衰败的现状，质疑宗教复兴论的有效性。[4]

大致延续钟思第的路径，张振涛花费数年心血对涞水、易县依附在宗族、宗教名义下的，以音乐艺术为手段，服务于社区不同礼俗仪式的民间组织音乐会进行了全景式的扫描。[5] 与此不同，薛艺兵在后续研究中更加注意乐社、祭祀组织、祭祀群的社会结构关系，并从这些角度来分析民间音乐祭礼的类型特征，特别强调音乐会在翼中平原作

[1] ［美］黄宗智：《华北的小农经济与社会变迁》，北京：中华书局，2000。

[2] Jones Stephen & Yibing Xue："The Music Associations of Hebei Province, China, A Preliminary Report". *Ethnomusicology*, vol.35, no.1(1990), pp.1–29.

[3] Stephen Jones：*In Search of the Folk Daoist of North China*，Aldershot：Ashgate, 2010.

[4] Stephen Jones："Revival in Crisis：Amateur Ritual Association in Hebei"，in Adam Y. Chau edited, *Religion in Contemporary China：Revitalization and Innovation*, pp.154–181, London & New York：Routledge, 2011.

[5] 张振涛：《冀中乡村礼俗的鼓吹乐社——音乐会》，济南：山东文艺出版社，2002。

为一种地缘组织的重要性和其在宗教祭祀活动的组织与主导功能，音乐会演奏的音乐对神圣空间营造的重要性及其构成仪式行为本身——引导、串联和表现仪式程序。[1] 这些音乐本位学的民族志研究显然有助于理解梨乡庙会仪式为何主要是在香会组织"念佛"（唱诵传抄的经文或宝卷）的声音中完成。同样在易县、涞水等地进行调查研究的尹虎彬将以洪崖山后土庙为中心地的后土敬拜与现今仍流传演唱的相关宝卷结合起来，分析与信仰相关的宝卷等口头叙事传统。[2] 出于对中国宗教弥散性认知范式的反动，欧大年基于众多经验材料的新著就是要证明在华北，诸如庙会这样的社区仪式组织与结构的严密性，从而为被污名化的中国宗教实践正名。[3]

河北省赵县今天在学界已经不是一个陌生的名字。梁思成曾研究过赵县的大石桥（赵州桥）。1992 年，罗伦斯（Susan Lawrence）曾在赵县高村乡北王村蹲点调查，研究当代村民选举和乡村自治问题。[4] 麻国庆对分家的研究也是部分建立在对赵县北王村的调查材料基础上。赵旭东对乡土社会的纠纷解决与权威多元的讨论，完全是以他在梨乡南庄的田野调查为基础。他专章描述了村庙仪式，解析村庙仪式在纠纷解决中的重要作用，充分展现了庙会在当今南庄人生活中的重要意义，并剖析了梨乡庙会组织之间的"互串"赶会。[5] 位于赵县县城的柏林禅寺，因为净慧法师倡导的"生活禅"，这个在改革开放后才重整的佛教寺庙的香火迅速兴旺起来，在全国范围内有着广泛的影响，成

[1] 薛艺兵：《神圣的娱乐：中国民间祭祀仪式及其音乐的人类学研究》，北京：宗教文化出版社，2000。

[2] 尹虎彬：《河北民间后土信仰与口头叙事传统》，北京：北京师范大学博士学位论文，2003。

[3] Daniel L. Overmyer：*Local Religion in North China in the Twentieth Century: The Structure and Organization of Community Rituals and Beliefs*, Leiden·Boston：Brill, 2009

[4] Susan V. Lawrence："Democracy, Chinese Style", *Australian Journal of Chinese Affairs*, 32(1994), pp.61–68.

[5] 赵旭东：《权力与公正——乡土社会的纠纷解决与权威多元》，第 160–212 页，天津：天津古籍出版社，2003。

为官方宣传的文化品牌之一。梨乡众多香道的和行好的因寻求自己宗教实践的合法性纷纷前往皈依。偶尔，它也在梨乡出资修建观音小庙。作为佛教的代表，对柏林寺红火之因的探讨也就出现了简单的自上而下的偏见，诸如归结为净慧的个人能力、魅力及其革新的佛教教义，尤其是官方的支持等。[1]

更多学者是从范庄龙牌会来认知赵县的。除刘铁梁将龙牌会作为北方乡土庙会的代表与江浙的乡土庙会进行比较研究外，也有人对之进行了"民俗意识的回归""龙崇拜的活化石"等醒人耳目的标签化命名。[2] 郭于华较早地论及学者对龙牌会再生产的参与。[3] 王铭铭将龙牌会与福建溪村陈氏家族的观大灯仪式相比照，讨论的是在现代乡土社会，这些承继着社会记忆的传统仪式所蕴含的象征的秩序。[4] 王斯福（Stephan Feuchtwang）则以龙牌会为例，对中国农村地方性的结社进行研究，提出了中国乡土社会中公共空间存在的可能性和中国农民在其公共活动中表现出的建立民主制度或市民社会的资源。[5] 高丙中始终力求在民间文化中发现"公民社会"的因子。因而在以龙牌会为例证的系列文章中，他讨论的是龙牌会组织这样的草根性团体在社会中存在的合法性问题，以及它们怎样为自己谋求合法性。[6] 赵旭东

---

[1] Yang Fenggang and Wei Dedong："The Bailin Buddhist Temple：Thriving under Communism", in Yang Fenggang and Joseph B. Tamney edited, *State, Market, and Religions in Chinese Societies*, pp.63-86, Leiden：Brill, 2005.

[2] 如陶立璠：《民俗意识的回归——河北省赵县范庄村"龙牌会"仪式考察》，载《民俗研究》1996 年第 4 期，第 34-43 页；刘其印：《龙崇拜的活化石》，载《民俗研究》1997 年第 1 期，第 87-91 页。

[3] 郭于华：《传统亲缘关系与当代农村的经济、社会变革》，载《读书》1996 年第 10 期，第 48-54 页。

[4] 王铭铭：《象征的秩序》，载《读书》1998 年第 2 期，第 59-67 页。

[5] [英]王斯福：《农民或公民？——中国社会人类学研究中的一个问题》，见王铭铭、王斯福主编，《乡土社会的秩序、公正与权威》，第 1-19 页，北京：中国政法大学出版社，1997。

[6] 高丙中：《民间文化与公民社会：中国现代历程的文化研究》，第 11-22、245-258、293-306 页，北京：北京大学出版社，2008。

从龙牌会等梨乡庙会仪式中解读出的是庙会对日常生活的否定和庙会建构出的有异于日常生活之自由、平等的等级秩序，并关注梨乡庙会中的毛崇拜和庙会在村际交往中寻求认同的表达功能。[1] 从民俗学主义（folklorism）出发，岳永逸探讨这个因时应景的乡土庙会的生存智慧与策略，即他所谓的乡土庙会的"政治学"，并由此反思"民"与"俗"这一对民俗学的基本概念。[2] 刁统菊则为龙牌会中的女性行动者叫屈，指出萦绕龙牌周围，主内的女性实际上是汉族父系社会文化在民俗宗教上的一种实践，是男性对女性的又一种桎梏。[3] 与刁统菊作为女性并从女性主义视角的审视结果迥异，因重乡土的医疗观念与实践，博格（Mikkel Bunkenborg）从龙牌会中看到的是男女内外的复杂关系和女性的主导性。[4] 华智亚将龙牌会放置在非遗语境下，将之视为民间宗教的集合体，从其与国家、知识分子、时下政策的规律性关系，阐释其复兴重整与热闹的应然和必然，时有灼见。[5] 同样是关注龙牌会，周星更感兴趣的是与之相关，在华北广泛存在的四大门等仙家信仰，并从历史的深度和地域的广度勾画出了四大门在华北的变迁图景。[6] 前赴后继的学者对龙牌会的尽情书写，使这个原本默默无闻的华北腹地的乡土庙会已经名列河北省省级非物质文化遗产名录，并向国家级非物质文化遗产名录发起冲击。

---

[1]　Zhao Xudong & Duran Bell：" Miaohui：The Temples Meeting Festival in North China"，*China Information*，vol.XXI.，no.3(2005)，pp.457-479；赵旭东：《本土异域间：人类学研究中的自我、文化与他者》，第163-197页，北京：北京大学出版社，2011。

[2]　岳永逸：《灵验·磕头·传说：民众信仰的阴面与阳面》，第85-168页，北京：生活·读书·新知 三联书店，2010。

[3]　刁统菊：《女性与龙牌：汉族父系社会文化在民俗宗教上的一种实践》，载《民族艺术》2003年第4期，第104-108页。

[4]　Mikkel Bunkenborg："Popular Religion inside out：Gender and Ritual Revival in a Hebei Township"，*China Information*，vol.26，no. 3(2012)，pp.359-376.

[5]　华智亚：《龙牌会：一个冀中南村落中的民间宗教》，上海：上海人民出版社，2013。

[6]　周星：《乡土生活的逻辑：人类学视野中的民俗研究》，第48-78页，北京：北京大学出版社，2011。

从非制度化家族到新家族主义，从现代民族国家政权的内卷化到小农经济的本质，从乐社到祭祀群，从民俗意识的回归、龙崇拜的活化石到非物质文化遗产的成功申报、民间／俗宗教的定位，从象征的秩序、公共空间到市民社会，从否定的逻辑、民俗学主义到学者的参与和女性的发现，赵县远近的家族、音乐会、龙牌会显然都被委以重任，提升到意识形态的行列，融入学术生产的链条。原本实在，可知可感也始终处于过程中的华北家族、音乐会和龙牌会被虚化，成为一个个抽象、冰冷的语词。至今仍少有学者走进龙牌会之外的梨乡其他庙会，不仅龙牌会在学术写作中突兀也是孤苦伶仃地存在着，原本连带、相互让渡、两位一体的"家"与"庙"也犹如隔着银河遥望、泣涕的憨牛郎和巧织女，脉脉不得语。

四　非典型的典型：主旨及结构

本书关注的是普通的，常态的乡土庙会，乃"非典型的典型"。自下而上的对中国社会的研究，应该是从乡民的文化、逻辑出发，而不是从乡民出发。乡民的文化一旦成为习惯，其日常实践也就"服从于因其自身作为象征系统的属性而拥有根本自律性的秩序的特定程式"，这即萨林斯（Marshall Sahlins）所言的具有中介作用的"文化图示"。[1]与此同时，本研究将存在于乡村的不同宗教信仰同时纳入考察范围，解读其与乡土庙会之间的结构性关系以及产生的张力与赛局图景。虽然天主教传入梨乡已经有数百年的历史，但它仍然没有能像佛教那样与本土宗教、文化有机融合在一起，没有形成和而不同的复合文化

---

[1] ［美］马歇尔·萨林斯：《文化与实践理性》，赵丙祥译，第72页，上海：上海人民出版社，2002。

和呈现出杜蒙 (L. Dumont) 所指称的融于一体、相互包容的矛盾涵盖 (the encompassing of the contrary) 的等级结构[1]，而是与本土宗教处于一种隔膜甚或敌视的状态。这使得梨乡呈现出独具特色的宗教生态学，犬牙差互、此消彼长地满足着人们的需求。因此，涂尔干（Émile Durkheim）主要由同质的土著部落而来的集体表征、集体欢腾等概念[2]对当下的梨乡也就缺乏足够的解释力。

总之，本书从乡民的文化图示出发，在当地关于庙会文字材料依然欠缺的情况下，基于常年的田野观察，运用民俗志的叙述策略，把现今在乡村传承的以敬拜为核心的庙会放在民众生活世界中分析，探讨特定村落中发生、传承的庙会与民众生活之间的关系，考察乡土庙会的传衍机制与逻辑。本研究认为，在梨乡：

1. 作为日常生活延伸和集中呈现的庙会是一个具有再生能力和生长点的肌体，它能发生裂变，从而自己对自己进行再生产。经济、娱乐和社区整合等功能仅仅是庙会的属性和在民众实践生活中的表现，它们能在一定程度上影响庙会的存在与表现形式，但并不能从根本决定庙会的兴衰。庙会的生长点是"行好"，是民众因生活失衡而对圣化生活的恒久追寻、重复。流变的乡土宗教的人神一体的辩证法和家与庙让渡的辩证法是庙会生发、传衍的逻辑基础。

2. 庙会的再生产可能是一个自下而上、由小到大的过程，在不同的外界环境下，也存在逆向运动的过程，即能自然转型和变形，具有自如的伸缩性。如为发展经济而兴起的旅游热对景区庙会的促生，对圣山庙会的助燃，非遗运动从传统文化层面对乡土庙会的庇护，等等。与不同级序圣化空间相对应的梨乡庙会之间并非单线的升降，而是全息互显和相互涵盖的矛盾关系。从满足人们的日常生活和精神

---

[1]　Louis Dumont：*Homo Hierarchicus*, pp. XII, 66, 240, Chicago：University of Chicago Press, 1970.

[2]　[法] 爱弥尔·涂尔干：《宗教生活的基本形式》，渠东、汲喆译，第 285~290 页，上海：上海人民出版社，1999。

需求而言，庙会是乡民互动交往的一种重要形式。如以石击水产生的波纹，庙会是由家庭圣化生活，尤其是家中过会向外逐步扩展的，内圈常涵盖外圈。梨乡的家中过会乃梨乡庙会的原点，梨乡庙会是以家居中的神案为中心一步一步向外扩散开去，并形成新的更大范围内群体信仰活动中心。在此过程中，能通神的"香道的"和热心的组织者起了至关重要的作用。道教、佛教等官方认可的宗教仅对梨乡庙会产生有限的影响，它们无法决定庙会规模的大小和香火的兴衰。

3. 不同范围的乡土庙会的庙会组织为了办好自己的庙会，在彰显灵验神力的过程中赢得个体的心理满足及在俗世的声誉，梨乡近百个大小不同的庙会组织之间也就形成了相互借重与依赖的关系，从而形成了一个庙会市场。庙会组织作为一个集体性的经纪人，其本身的交际能力、组织能力所决定的与其他庙会组织之间往来的亲疏也就在相当意义上决定了庙会香火的兴衰和规模的大小，直至庙会最终是否能传承下去。这样，当下梨乡庙会也就成为一种可以人为操作的交易、人与人的关系，并非全由神力大小和灵验与否决定。受梨内卷化生产和梨乡人仍在沿袭的小农意识的影响，梨乡不同庙会之间的"夸富宴"倾向，并未使梨乡庙会规模无限扩大，反而使梨乡庙会限定在一定规模内，以村庙或乡土庙会为依托的产业公司及其资本主义最终无法形成。但是，庙会组织也渐渐地吸引了本身就是"民俗人"的当地村落中文化层次较高的中老年人、还乡安居的不同级别的干部的参与，为庙会在当下的调适性生存及将来的延续提供了部分契机。"庙产兴老"已经成为部分社会事实。

4. 在当下的乡村社会，庙会仅仅是在其所属范围内一部分人的事情，它并不具有祭祀圈意义上的全民性和义务性。乡村中还有着无神论、崇信上帝的天主教等不同的信仰群体，基层政府基本上也不会公开支持过会——行好，必要时还会打击、压制。就是在同一个家庭中，丈夫/儿女只是不反对妻子/母亲的过会——行好热情，而会将自己置身事外。因此，当地庙会组织也是松散的，并使庙会呈现一种多方"共谋"的生存实况。在当地多种不同的信仰背景下，不同的信仰也在不停地拓展其生存空间，因此梨乡庙会是竞争性存在的，尤其是与来自异文化的天主教之间，庙会组织及其参与者习惯性地和张扬性地将自己称为"行好的"或"行善的"，以与"奉教的"（天主教徒）相区分。

为了力证上述观点，本书特设九章。首章交代研究的对象，在详细地对近百年来庙会及乡土宗教研究体位学分类回审的基础上，勾画学界既存的以及可能有的乡土庙会的繁杂图景，说明研究的目的，初步阐明本书主旨。由于本研究是对当代华北乡土庙会、宗教一项以田野调查为基础的实证研究，这就有了第二章。该章交代民俗志、情景分析法和中观研究等研究方法，呈现研究历程和心路变迁，界定行好、庙会和乡土宗教等基本概念。第三、四章描述的是赵县东部乡土庙会生发、传承的文化场景和来自中西的多种声音杂糅的乡土宗教等地方文化氛围，重在介绍赵县的天灾人祸，梨的生产和仍存的娃娃亲的婚姻模式，乡村中存在也互现的多种信仰及其传承和主流社会的宗教政策对庙会、乡土宗教的影响。但这些并非仅仅是梨乡庙会生产的场景，它们与庙会互动互生，也是梨乡庙会再生产的一部分。

第五、六、七章分别结合民众对家居、村落和跨村落空间的建构，以段光、何计等家中过会、大夫庄老母会、常信娘娘庙会和铁佛寺庙会等为例，描述家中过会、村落型庙会、跨村落型庙会等不同层次的梨乡庙会，展现其各自的样态、相互之间的关联以及双向运动的事实与潜在可能。同时，在家中过会部分间杂讨论集中体现于香道的乡土宗教人神一体的辩证法和呈现在仙家坛中的乡土宗教家庙让渡的辩证法，在村落型庙会部分点明无庙的宗教的自发自为的现状，在铁佛寺庙会部分展现乡土宗教在九龙口这个荒郊野地的和谐生态与小农理性。

第八章从时间、空间、行动者、乡土叙事学、庙会组织等角度，就乡土庙会的再生产进行分析，揭示梨乡庙会"满天星"式兴旺的本质所在。尾章在指明本研究不足的同时，也再次强调家中过会对于中国宗教、庙会研究的意义，指明行好过会与行好的之间犹如风与物般的辩证关系。

第二章 方法论和田野

一 标志性文化统领式的民俗志

通常而言，从马林诺斯基（Bronislaw Malinowski）以来，在长期田野作业基础上写成并能完成某种理论证明的民族志一直备受学界关注。《西太平洋的航海者》也被人类学界公认为是民族志的范本。长期、艰苦及科学的田野作业、实地获得的民族志资料和相关理论三者的结合也成为人类学界所强调的科学的民族志的充要条件。在该书的前言、导论和第18章，马林诺斯基反复论述民族志方法，认为：一是在经过科学的田野作业写成的民族志中，"可以分辨出哪些材料是由直接观察与土著人的陈述和解说得来的，哪些材料是作者基于他的常识和心理领悟得来的"。[1] 二是民族志不仅是展现田野作业劳动所得的手段，还应该通过方法上的改进、深广度上超过以往，且在表达方式的简洁、流畅等方面展现其价值。换言之，尽管近四五十年来，对民族志客观性的质疑之声频出，但对人类学而

---

[1] ［英］马林诺斯基：《西太平洋的航海者》，梁永佳、李绍明译，第2—3页，北京：华夏出版社，2001。

言，记录、叙述和方法、理论同在的民族志仍然是该学科的主要表达方式。

作为一个有着悠久历史的文献大国，虽然中国有着大量的史传、方志、风俗专书以及文学作品等记录不同时代、地方的风俗，史家通常都是将现代学科意义上的中国民俗学追溯到北大发起的歌谣征集运动，但"民俗志"在中国民俗学界的提出则是较晚近的事情，而且明显受了民族志的影响。与主要描述、阐释异文化的民族志不同，民俗志描述阐释的是本土文化。

作为该学科重要的奠基人之一，有"中国民俗学之父"之称的钟敬文对民俗资料的收集、保存与民俗研究的理论、方法和民俗史并重，把民俗志与民俗学原理、民俗史、民俗学史、民俗学方法论、民俗资料学并列。他强调民俗志（学）是民俗学的基础，"是一种对全国、全民族或某一地区的民俗事象进行科学记述的作品"。在时间上，民俗志以现代客观存在的资料为主，记述有综合和单项两种，编著存在直接记述和间接类钞之别。从编撰者的角度而言，民俗志则明显有着游客、土著和寓公之别。[1]

随着改革开放后涌现出的众多不同区域范围的民俗志，以及对人类学等相关学科的借鉴，民俗学者对民俗志的理性思考也日趋精细。刘铁梁认为，民俗志"不单是为别人的研究提供资料，它自身还是一种复杂研究过程和认识表达方式"，其撰写是与深入田野的民俗学者"对民俗的本质认识"和"推进学科发展"的"问题意识"密切相关。这里的"问题意识"强调的是研究者主动带着问题去实地研究，所带问题应该对于学科基本理论及前沿课题研究的开展具有检验的和创新性的意义。民俗志研究者应"自觉地运用自己的研究方式从两个方面

---

[1] 钟敬文：《钟敬文文集 民俗学卷》，第 20~24、38~47、387~390 页，合肥：安徽教育出版社，2002；《婪尾集》，第 139、233~234 页，北京：新世界出版社，2002。

为本学科的前进做贡献：一是对原有理论概念系统和个别推论进行实地检验，发现可能存在的问题，进而给予重新判断与纠正；二是实地发现新的现象和新问题，填补原有研究中的空白和补充原有的不足，同时通过这种拓展的努力使学科的理论方法更臻完善，对其他人文社会学科也给予积极影响"。在此，田野作业、理论或主题、民俗志三者是有机统一的整体。从对现实中的民俗研究而言，"民俗志的研究和撰写首先代表了民俗学学科的根本特征，甚至是关系着学理能否向前发展的基本研究方式"。[1]

田野作业本身就是一个知识增值和理论个性化的过程。民俗志的撰写存在着由访谈对象的民俗知识（地方性知识）到调查者的知识，再到民俗学的知识这样一个知识逐渐被驯化的过程，经历着从民俗知识向"科学"知识的提升。[2] 董晓萍认为，田野民俗志的写作应抓住民俗环境、民俗承担者、民俗标志物三个标志性视角，并应借助相关的历史文本进行学术上的恢复，借助民间口碑对这些历史文献进行再度阐释。[3]

因此，作为代表民俗学学科特点和占据主体位置的"研究方式"的民俗志既是本研究的展开方式，也是本书的叙述策略。与之一体的田野作业不仅仅是材料的获得手段，也是本研究展开的基本方法。在写作体例上，本研究不会像当下学界常见的民俗志那样，采取物质、精神、社会组织等泾渭分明的纲目式结构，而是采取"标志性文化统领式"的民俗志来展现一个地区的民俗。[4] 具体而言，本研究是以庙会、宗教来统领梨乡其他民俗，也是将梨乡庙会放在梨乡人所创造、

[1] 刘铁梁：《民俗志研究方式与问题意识》，载《北京师范大学学报》1998年第6期，第44-48页。

[2] 周星：《乡土生活的逻辑：人类学视野中的民俗研究》，第112-126页，北京：北京大学出版社，2011。

[3] 董晓萍：《田野民俗志》，第418-463页，北京：北京师范大学出版社，2003。

[4] 刘铁梁：《"标志性文化统领式"民俗志的理论与实践》，载《北京师范大学学报》2005年第6期，第50-56页。

传承和享用的民俗文化整体中来考察，并力求通过对庙会的描述整体上再现和把握梨乡的文化与社会生活。

二　田野之旅：从个案到区域

1999 年 3 月 15 日到 19 日，初涉民俗学之门的我随同刘铁梁教授调查了梨乡范庄的龙牌会。范庄龙牌会的龙牌是一块写有"天地三界十方真宰龙之神位"字样的牌位，牌位周边饰有龙形图案，信众惯称其为"龙牌老人家""龙祖"或"龙神"。牌位每年由十八户祖传会头轮值祀奉，在农历二月二前后两户先后轮值的会头之间交接。交接龙牌时，人们会举行盛大的巡游仪式。因其地处范庄镇镇政府所在地，再加之当地人因应改革开放收入的好转等多种因素，龙牌会这个原本与当地其他庙会一样默默无闻的庙会日渐热闹红火起来。

在 1990 年前后，时任河北省民俗协会秘书长的刘其印早年曾在这里教过书，正是在他的引介荐举下，这个华北腹地小村庄的庙会进入了北京学者的视野。此后，在刘铁梁教授的引领下，龙牌会日渐成为中国民俗学会的调查基地。北京师范大学、北京大学、中央民族大学和中国社会科学院等在京高校、科研院所师生每年都会例行性地前往调查。石家庄、保定等地高校、研究机构的学者、南开大学、山东大学等多所外省市的大学师生也纷纷前往。紧随学者身后的是带着照相机、摄像机的媒体人以及摄影爱好者等。王斯福、李福清、赵世瑜、王铭铭、郭于华等海内外知名学者纷纷来到这个华北腹地小镇观察访谈。1999 年，当时还在北京大学任教的周星教授同样例行前往龙牌会继续他关于华北"民间信仰"的调查研究。北京大学高丙中教授不但多年连续前往范庄调查，进行相关的学术写作，还于 2006 年将龙牌会的两位会头请到北京参加中国民俗学会的学术会议。

这些典型的人和事都被永久性地铭刻在了龙祖庙前两座高耸的石碑上。在此持续了二十多年的学术热潮中，赵旭东、博格、华智亚等都是以这个小镇为基地，进行深入的田野调查，分别完成了关于乡土社会的权威格局和纠纷解决、医疗观念和乡民的医疗实践、民间宗教复兴等不同主题的博士学位论文。[1]

当年在龙牌会现场，在震耳欲聋的鼓声和绵长的念佛声中，面对龙牌前红火的香火、络绎不绝的磕头敬拜，我这个原本在乡下长大的人被深深地震惊了。因为我所接受的家庭教育和学校教育都将这些视为"封建陋习"。也因为在我生活了二十余年的那个川北小村槐树地，虽然附近有白鹤寺、回龙观、开封庙、锦坪寺等很多带有"寺""庙""观"等字眼的地名，可不但没有庙会，连寺庙都难寻片瓦。我也自小就生活在一个远离庙与庙会的世界里。一年四季，萦绕绿意盎然的故乡的多是鸡鸣、狗吠、牛哞。磕头、烧香、烧纸、上供也仅仅是清明、七月半、春节在祖宗的坟头，丧葬时主家内外才有的动作。

1999 年 3 月 17 日，龙牌会调查期间，随同刘铁梁教授，我们一行三人租借了所住旅社的老旧自行车，从范庄骑车前往范庄东北部，踏访了距离范庄约 8 公里的铁佛寺。当地人说，会期在四月初八到十二的铁佛寺庙会规模远大于龙牌会。铁佛寺所在地叫九龙口，在二州三县四村交界处。二州是历史上的赵州和晋州，三县乃今天的赵县、晋州市（县级市）和宁晋县，四村指赵县的秀才营、大夫庄、大安和东朱家庄。晋州的尚庄、宁晋的朱家庄都在其左近。同样是在惊奇之中，我尽可能地记录了这片荒野之地上大大小小、高高矮矮的二十多座庙

[1] 赵旭东：《乡土社会中的权威多元与纠纷解决——一个华北村落的法律人类学研究》，北京，北京大学博士学位论文，1998；Mikkel Bunkenhorg："Porous Persons and Empty Disorders：Producing Healthy People in Rural North China", A Dissertation of University of Copenhagen, 2009; Hua Zhiya："Revitalization of Folk Religion in Contemporary China：A Case Study of Dragon Tabet Festival in Central and Southern Hebei Province", A Dissertation of City University of Hong Kong, 2011。

宇的名称、方位，各个庙宇中供奉的神灵。在梨乡，对于学界惯常使用的神灵、神祇，行好的常以"神神"（shénshen）称之。它包括行好的信奉的伴其生活左右的种种超自然力量，诸如儒、道、释诸神和四大门等。在梨乡人的日常交流中，神神有时是个概称，有时则有具体所指。为了叙述方便，后文我混用了神灵与神神这两个等义词。

当时，天气阴晦，寒意十足，除了寺庙东边的梨树地中有零星的村民在闲散地劳作，整个九龙口冷清、凄冽。大小的庙门都上了锁，透过门缝能看到屋内色彩鲜明的神灵塑像的局部，也只能在远处拍摄庙宇群的远景。自此之后，这个在荒郊野地上，供奉着不同神神的庙群就记挂在心了。

我对"民间信仰"相关研究产生了兴趣，也开始利用寒暑假回家乡的机会重新审视我原本以为熟悉的故乡。原来，长期固守学校的我对故乡竟然是陌生的。梓潼县七曲山大庙是海内外供奉文昌帝君的祖庭。它距离槐树地不足百里。直到今天，当地很多人在升学时都会前往大庙烧香许愿。当地人又将文昌作为瘟神供奉，除现今依然存在的修建于光绪年间的瘟祖殿外，当地还有着种种传说。[1] 20 世纪 80 年代中期，春节期间还曾有人抬着文昌的行身在大庙周边的村子出巡、扫荡，甚至到了槐树地。1999 年的暑假，我在大庙进行了为期半个月的调查。在祭祀圈和信仰圈理论的影响下，我一度曾打算以大庙庙会作为自己硕士论文题目。虽然后来以老北京杂吧地儿天桥艺人为题撰写了硕士学位论文，但我一直关注对以龙牌会为代表的乡土庙会的调查及相关研究。鉴于学界对当代华北乡土庙会研究的薄弱，也想圆我硕士阶段"一窥究竟"的梦想，在考虑博士论文选题时，我选择了一直关注的梨乡庙会。

---

[1] 四川省梓潼县民间文学三套集成编委会编：《中国民间文学集成梓潼县资料集》（内部资料），第 30-34 页，1987。

如前文所述，对梨乡庙会的研究，很少有人将视野从龙牌会移开，多数调查研究也就在一定意义上将龙牌会从当地庙会体系中剥离出来，更未充分重视其与家户空间及其生活之间的关联。同时，由于学者事实上已经成为龙牌会活动的一部分，并直接影响着龙牌会的外在形态以及发展变化，龙牌会也就有了更多"表演"的因素，以至于在龙牌会现场，不仅仅是答案已有定论，受访者对初次造访者问啥问题似乎都清清楚楚。因此，我首先把自己关注的焦点转向了曾经去过的铁佛寺庙会。从1999年的庙群和老人的回忆，铁佛寺庙会的规模远大于龙牌会。但自明代正德年间以来的赵州、晋州和宁晋县等方志、乡土志，只有光绪年间的《赵州志》卷三"建置志·坛庙"有一句话提到了铁佛寺，云："铁佛寺在大夫庄、大安村、秀才营、朱家庄四村之间，地基阔大，殿宇森严，为一方巨观。"[1]经过清末以来在欧风美雨主导下的精神洗礼、政治变动与"文化自觉"，铁佛寺曾有的众多碑刻都已荡然无存。显然，铁佛寺及其庙会不但处于地理学意义上的边缘，也位居主流文化的边缘。因为其边缘性，铁佛寺庙会也就在更大程度上代表了华北乃至中国乡土庙会的常态和草根性，对其研究也就有着学理意义上的典型性。

2002年5月13日至25日（四月初二到四月十四），我前往九龙口对铁佛寺庙会进行了调查。同门同届的韩国留学生朴广俊也不畏艰难地与我同行了一周。正是因为这一周，他学会了喝老乡家的小米粥；也因为这一周，他体重骤减五公斤。当年四月初六，我们骑自行车到达铁佛寺时，三年前我见到的庙群荡然无存。面对满地断垣破壁，一片狼藉的九龙口，我错愕不已。秀才营几个正在为庙会做准备工作的村民对我俩的突然出现非常警觉，率先开口盘问我们的身份和来意。后来，我才知道，庙群在2000年铁佛寺庙会前被县政府组织的人用推

---

[1]　孙传栻纂修：《直隶赵州志》，第15a页，光绪二十三年（1897）刻本。

土机等重型机械在两个深夜摧毁。这件事情留下的后遗症就是本来十分好客的当地村民，尤其是行好的，对外来人的恐惧和担忧。但是，这并没能有效阻止人们赶会的热情和实践，2000年前来铁佛寺赶会的人更多。没有了庙，人们就搭棚过会。以往为前来过会的香客提供茶水、饭食及住宿的茶棚完全担负起了庙宇的职能。

根据这次调查，我整理出了十余万字的调查报告。在撰写报告的过程中，我对铁佛寺庙会有了更为清楚的认识和把握，也确定了进一步调查的提纲，自信通过重访，能弥补包括对1949年前铁佛寺过会了解不足在内的诸多欠缺。因此，我决定以此为个案，撰写博士学位论文。我的问题是：现今，在国家对乡村的渗透强于以往任何一个历史时期，当然同时也是部分行政能力"内卷化"的当下，伴随生产条件改善，村民经济生活状况、教育水准和文化程度较之以往好很多的情况下，这个屡遭打压的铁佛寺庙会为什么一直会存在？换句话说，地处华北乡野的这个草根庙会的生机究竟在哪里？

为了能对当地庙会有比较全面的了解和较为准确的把握，2002年7月7日至12日，农历五月二十七到六月初三，我前往梨乡常信村，调查了规模近似于龙牌会和铁佛寺庙会的水祠娘娘庙会（当地人习惯称娘娘庙会）。当时，一道同行前往的除赵旭东博士和师弟华智亚、姜炳国外，还有时任赵县文化馆馆长的张焕瑞和长年在县文化馆工作的范庄人书法家刘子宽。张焕瑞、刘子宽二人长年关注当地的民俗文化，都有"百事通"之称。这些年我前往梨乡调查时，他们都是知无不言，言无不尽的帮助者。张焕瑞写作了多篇关于赵县庙会、民俗的文章，为乡村文化鼓与呼。他也是赵县政协文史资料主要的编撰者之一。前往龙牌会、铁佛寺庙会赶会的各村的香会组织对我在娘娘庙会的出现非常惊讶。"你是不是每个村的庙会也都赶？"是我在常信回答的较多的问题之一。对于在当地不同的庙会都能看见他们的身影，我的惊奇程度远大于他们对我这个学生热衷于赶会的惊讶。

这些香会组织实际上就是其所在村庙会组织的成员，外出赶会时，他们基本上都是以××村庙会的名义，打着自己的会旗，敲锣打鼓前往。因为在每个香（庙）会组织到来时，主办方在神棚前一进一退的隆重的欢迎仪式，个体香客在这些庙会中相对就处于一种不起眼的匿名状态。就龙牌会、铁佛寺庙会和娘娘庙会，每个庙会差不多都有40个或更多的香会组织参加，并趁机散发自己村过会的会启。在娘娘庙会现场，面对这些香会，我不禁想：要是这些香会或庙会组织不来，这些村的庙会将会是一种什么状况？一个在村内外人缘都好的香会组织——其所在村的庙会组织——会不会使其所在村的庙会更加兴旺？一个小规模的庙会可能会因此发展成一个大规模的庙会吗？反之，因其人缘不好，一个香会组织是否也可能迅速导致其所组织的庙会的衰败，或者是在相当程度上影响其庙会的规模，从而可能使一个较大的庙会变小？

其次，我也发现这三个庙会都是搭棚过会。因为各种机缘，龙牌会在2003年修建了对外称龙文化博物馆的龙祖庙/殿，使得"作为政治艺术的双名志"[1]、民俗学主义等学术话语在此有了用武之地。龙牌也自此固守庙中。龙牌会原本从会头家户之间龙牌的交接仪式也发生了较大的形变。尽管如此，过会期间，龙牌会还是要在庙前庙后搭建神棚。同时，这三个庙会的神棚中的每进都有专门给香客"看香"（当地人又叫"打香"）的人。这些人在梨乡不同的村有不同称谓，香道的、仙家堂的、打香的、看香的，等等（后文皆以"香道的"称之）。香道的给人看香经常是通过观察一炷香或三枝香的燃势，借助特定的神神给香客断言吉凶祸福及其原因和辟邪祛灾之法。香道的男女都有，年龄在50岁以上者居多。也就是从常信庙会调查现场开始，我重点对

---

[1] 高丙中：《民间文化与公民社会：中国现代历程的文化研究》，第293-306页，北京：北京大学出版社，2008。

香道的进行了跟踪观察和深入访谈。

原来，这些香道的家中也一年一度地例行性过会。除村庙之外，香道的家居成为其所在村落的宗教活动中心地之一。闲时夜晚，村中行好的一般都会到香道的家中神案前磕头烧香和念佛。事实上，在村庙被毁并很难重建的情况下，香道的家居成为以行好的为代表的村民宗教活动的主要场所。在香道的家中过会也就成为村落中，尤其是行好的较为重要的事件，他们会纷纷前往香道的家中帮忙。为了把自己家的会办得大些，有的香道的参加他村的庙会时也顺便散发自己家中过会的会启，邀请他村的庙会组织参加自己家的会。这样，原本在家居中举行的"会"就可能逐渐长大。在没有庙会的村落，它也就成为一个代表其所在村落的村落型庙会。不愿声张的香道的则尽可能把自己家的会过得小些，基本上只是自己的病人、徒弟以及本村中关系好的行好的参加。这又引发我进一步思考：这些不同规模和层次的庙会之间的多向流动是否是梨乡庙会"处处花开"的原因之一？庙会作为一种文化图示、社会制度和心灵图景是否本身就规示了当地庙会活动的必然？把庙会深入到家庭、家居层面后，我们是否还一定要说庙会是在村民生活中，与常态生活相对应的一种非常态生活？村民是怎样想象、建构其生活空间并将其圣化的？家居与庙宇之间、圣化空间与庙会之间有着怎样的关系？以香道的、行好的为核心的乡土宗教究竟是怎样的图景？

在常信庙会调查期间，通过深夜与房东回娘家过庙会女儿的闲聊，前往当地调查数年的我"意外"知晓了梨乡仍然普遍存在的娃娃亲的婚俗。但真正明白这一婚俗与梨乡庙会常见的挂锁、扫堂（坛）仪式之间的"互文"关系则是在2005年7月10日段光家中过会的仪式现场。[1]

---

[1] 岳永逸：《灵验·磕头·传说：民众信仰的阴面与阳面》，第7-12、228-231页，北京：生活·读书·新知 三联书店，2010。

在 2003 年 3 月对龙牌会再次调查时，除对前几年的主要报告人进行了不同程度地回访，我十分关注前来赶会的香会组织、香道的、各种规模的庙会相互之间的关系，以及这些庙会与相对应的空间之间的关系。在一个村落中，存在多少种信仰？它们之间的关系怎样？像龙牌会这样的乡土庙会究竟是多大范围内的乡民参与？这些问题也成为我关注的焦点。在 2003 年铁佛寺庙会之前，我仍想以铁佛寺为个案进行研究，并对即将到来的对铁佛寺庙会的重访寄予厚望。为此，从龙牌会归来后，在准备再次前往调查铁佛寺庙会前，我拟定了繁杂的调查提纲，涉及调查合作者个人情况、香会及其在铁佛寺庙会期间的表演、庙会之间的交易和庙会所在村落情况等。

很多因素都使我不得不对已定的题目做适当的调整。2003 年 3 月上旬，我仍然顺利地前往范庄，对龙牌会进行了为期一周的调查，并在赵县档案馆查阅梨乡相关的档案材料。随后，突如其来的"非典"阻止了我进一步田野调查的行程。同年 5 月 5 日，已经在北京西客站上了火车前往梨乡的我，被刘铁梁教授友善而严厉地召回了学校。后来，村民告诉我，因为"非典"，铁佛寺周边的村落都设有路障，有专人查验过往行人的健康状况。当地政府严厉禁止聚会，铁佛寺庙会没有能像往年那样大规模举行。情非得已，我只好利用 2003 年暑假前往梨乡做补充性的调查。是年 7 月 20 日到 31 日，作为助手，学弟王学文与我一同前往梨乡。因为"非典"刚结束不久，为了使调查能更为便利地开展，我们前往赵县县政府请时任副县长赵祥军向梨乡的村、乡政府开具了介绍信。在前半期的调查中，我沿用上述调查提纲对范庄、大安、秀才营、朱家庄、大夫庄、曹庄等村我已经熟识的香道的、行好的重访，同时也关心非典对当年铁佛寺庙会的影响，但依旧格外关注 20 世纪前半叶铁佛寺庙会的情况。

很快，我就发现，我犯了一个田野工作者常见的"一厢情愿"的错误。因为在一个村子中，我们认为阅历丰富的老人的"地方性知识"

的丰富仅是理想的假设和完美的状态。首先，健在的老人，有的年轻时根本就不在意或不参与庙会，他们对庙会相关的知识、经验、经历基本上是一片空白。就是当年参与其中，由于人微言轻，他们也不可能对庙会组织及其运行了解太多。其次，在事过数十年之后，老人的回忆通常是模糊的。访谈中，经常能听到"那时，铁佛寺庙会热闹得很，方圆百八十里地的人都来赶会，就数这个会大"，"茶棚搭得满满的，不少行好的都住棚，唱戏还唱过对台戏"，"是四个村轮流组织过会"等表述，但很难再有下文。改革开放后，较早张罗铁佛寺过会的秀才营的老张今天依然健在，已经80岁，但就是他这个庙会热心人对二十年前的情况也说不清楚。民众记忆的"无事件境"特征[1]和文字资料的缺乏使我对1949年前铁佛寺庙会的复制遇到了不可逾越的障碍，仅以铁佛寺庙会为个案对乡土庙会进行历时性的研究成为非分之想。

在2003年暑假的后半期调查中，我调整了调查方向。尽可能多地调查梨乡其他庙会，行好的之外的天主教等其他乡土宗教情况以及不同信仰之间的"对话"。除前往毗邻梨乡的藁城马邱调查了兴隆驾会、往宁晋县北朱家庄调查天主教之外，还幸运地现场参与观察了与龙牌会有着千丝万缕联系的豆腐庄皇醮会。[2] 在尽可能历时性把地握各个庙会演变的情况下，将现今梨乡个体庙会放在与其他庙会的关系、与其他信仰群体的关系和当地经济文化发展演变的总体背景下来考察梨乡庙会，即将梨乡庙会作为一个有机的整体，并将这个系统放在其生发、传承的文化场域中进行研究。[3] 这样，我就将情景分析法（situational

---

[1] 方慧容：《"无事件境"与生活世界中的"真实"》，见杨念群主编，《空间·记忆·社会转型——"新社会史"研究论文精选集》，第467-586页，上海：上海人民出版社，2001。

[2] 王学文、岳永逸：《嬗变的醮会：河北赵县豆腐庄皇醮会调查报告》，载《民俗研究》2009年第1期，第190-208页。

[3] 关于田野现场思想历程转变更加具体的过程，可参阅拙著《田野逐梦：走在华北乡村庙会现场》，南宁：广西人民出版社，2007。

analysis），也即延伸个案分析法（extend-case analysis）进行了一定的革新。[1] 不但将个案产生的社会脉络或情景纳入考察范围内，注意个案的前历史（prehistory）和个案的后果，而且在一定历时性的背景下，从面中看点，把点联系起来考察，从梨乡庙会制度或者说庙会集合来反观个体庙会，再得出这个庙会集合的特征和本质。

学界对浓描、细读村落模式的反思、修正，对大小不同的区域的研究，以地域崇拜（territorial cult）为代表的研究对施坚雅市场圈理论和巨区理论的反思都说明界于宏观审视和微观细读之间的中观研究的可行性。以劳格文主编的"客家传统社会丛书·闽西卷"为例，董晓萍分析认为：由于中国历史上统一的行政管理和移民等关系，中国的地方小社会存在多样性的同时，也有着彼此程度不同的文化，从而形成小社会外层的一种民族文化共同体文化。因此，劳格文根据"当地文化的生态分布选点，兼顾民族志调查的深层化与整体性的方法是对的"；研究者应该把握所要研究的地方小社会共享文化的范围，根据不同课题的需要，突破一村论的模式，采用多元的标准；对中观话语研究的好处在于，发现了一种比"村"大，比"国家"小的中介层面，这样更有利于解释中国民间的日常生活和农业社会的地方模式。[2] 中观层面的研究也回响在同期的中国史学界。与布罗代尔（F. Braudel）强调时间和时间流的"中时段-局势"迥异，杨念群的"中层理论"欲整合的是中国社会史界一直在寻找的"宏大叙事"和乾嘉式的史料钩沉，从而"建构起诠释民间基层历史的有效框架"，尽力避免"空洞宏观"和"琐碎微观"的任意论证，使"空洞宏观"成为"具体微观"、

[1] Bruce Kapferer：*A Celebration of Demons*, pp. X–XI, Berg Smithsonian Institution Press, 1991；朱晓阳：《罪过与惩罚：小村故事 1931–1997》，第 36–37 页，天津：天津古籍出版社，2003。

[2] 董晓萍：《田野民俗志》，第 180–187 页，北京：北京师范大学出版社，2003。

使"琐碎微观"成为"有关联的微观"。[1]

本研究关注的是一个经济生态区的庙会，而非该区的某一个庙会；关注的是发生在村落中的又不仅仅是该村落的庙会，就正是界于宏观和微观之间的中观研究；整合的是"空洞宏观"和"琐碎微观"，试图避免将个体庙会剥离出梨乡庙会整体，也避免抽象空洞的分析。也正因为是对梨乡这样一个地域社会的中观研究，虽然官方的统计数据存在诸多不足，可信度、准确度均需质疑，但来自官方的统计数据仍然能在面上反映一定的社会事实，所以本研究也借用了大量来自官方的统计数据。

田野调查永无止境。2003年8月，在北京师范大学乡土中国研究中心举办的"首届历史人类学高级研讨班"中场休息的间隙，当谈及我的调查研究时，曾深入调查研究香港醮会的蔡志祥博士反问道："你为什么要调查完这所有的几十个庙会呢？"在我还想利用有限的时间，尽可能多做调查时，蔡博士的诘问深深地触动了我。考虑到任何研究都是阶段性的，亦非所有田野资料的一一铺陈，在自己仍然相对有限的田野作业基础之上，我才大胆地进行了本研究的写作。除了深入到梨乡现场调查，我还经常借助电话、书信等与梨乡的诸多合作者进行交流，也经常与前往梨乡调查过龙牌会的师友沟通，以求最大限度地弥补个人调查的局限与不足。在博士论文完成之后，我对梨乡的田野调查一直持续到现在。除对龙牌会、娘娘庙会和铁佛寺庙会的持续调查、关注外，2005年7月重点重访了家中过会，2010年还将调查范围扩大到了宁晋和与梨乡行好、庙会关联紧密的井陉苍岩山庙会。

---

[1] 杨念群：《中层理论——东西方思想会通下的中国史研究》，第193页，南昌：江西教育出版社，2001。

三　基本概念

（一）庙会与乡土宗教

目前学界对庙会的界定重在强调由其宗教功能引发的商贸、娱乐与对社区的整合等世俗性功能。与前引的全汉昇对庙市的界定雷同，《辞海》对庙市的界定同样忽视了庙会、集市和庙市三者之间的差别，在庙会与集市之间，通过庙市画了等号，把在社会发展过程中有着一定关联的不同事项等同起来。如已经提及的那样，将庙会与庙市混同起来进行简单的功能描述与分析依旧是庙会研究的经济学路径之一。从庙会外显的宗教、集市、娱乐、教育、审美以及对民间社会组织等功能来定义庙会，[1] 显然是受了功能主义的影响，其理性基础是自然生态决定经济生产，经济决定文化，物质决定精神，最终则从人们对自然的乏力、社会风险等方面寻找原因。如果说经济不发达、科技落后之时的庙会是合乎情理的，那么为什么国家控制加强了，经济发达了，交通便利了，乡民的生活和观念也"现代"了，人们还是热衷于过祭祀性很强、敬拜氛围浓厚的庙会？

有鉴于此，已经出现了从仪式结构对庙会的定义。景军将庙会仪式分为支配性仪式结构（dominant ritual structure）和变动性仪式结构（variant ritual structure）两种，前者包括空间、时间、物体、言语和行动；后者包括仪式参加者对这五个规定的仪式因素的不同的反应。[2] 薛艺兵则分为形态结构和关系结构，形态结构是可见、可感的外显结构形式，包括仪式地点、场所、对象、参与人、组织者、角色、行动、

---

[1]　高占祥编：《论庙会文化》，第1-14页，北京：文化艺术出版社，1992；刘锡诚编：《妙峰山·世纪之交的中国民俗流变》，第106-130页，北京：中国城市出版社，1996。

[2]　Jing Jun：*The Temple of Memories*：*History,Power, and Morality in a Chinese Village*, p.145, Stanford：Stanford University Press, 1996

声音等因素，关系结构指仪式构成因素的相互关系和关系配置方式所体现的结构形式，包括人与人、人与神两种不同的关系配置，是非直观的，抽象的内隐性结构形式。[1] 本研究正是根据乡民当下的实践，从庙会的结构来界定庙会的。具体而言，庙会指一种以祭祀神灵为核心的群体组织和周期性的活动方式，也是行动者的完美直觉与心灵图景的基本组分并反向支配实践。其仪式结构大致可分为具象和抽象两部分：具象部分是感官可观察和可感知的部分，如空间、时间、物体、言语、参与者和行动等；抽象部分是由信众贯穿于一体的这些可视可感部分之间的互动关系及关系配置，是具象中诸多因素组合配置的惯例和规则。在此意义上，庙会可以说是庙宇建筑、神神、神媒、信众、香烛纸炮、庙戏及庙市和各自相应的传说故事等基本质素的综合叙事。

梨乡庙会包括：神圣空间（如庙宇、神棚或家居）、神灵造像与神马、香炉、香烛纸炮供品等固化因素；香道的、香会、行好的等行动主体；烧香上供、磕头礼拜、念佛、请神送神、看香、挂锁扫坛、许愿还愿、抽签算卦看相测字以及庙戏（包括现代歌舞、游艺）等行动；燃放的焰火、喧闹的鼓声、弥漫的香烟、飞升的纸灰（冥币和表文的灰烬等）等冲击感官的动感因素，以及琳琅满目、讨价还价、人声鼎沸的集市等因素。其中，神圣空间、神神、香炉、香、纸、香道的、行好的、烧香念佛、磕头跪拜、请神送神、许愿还愿、鼓声是梨乡庙会的基本质素。不同因素的不同组合、配置就呈现出梨乡规模大小不同的庙会。对于学界一贯强调的体现社会构成之交换的庙市和十分受经济条件影响的庙戏已经不是当今梨乡庙会必备的质素。

同时，本研究中的庙会也是一个本体论层次上的存在。它是一个自足的肌体和行动主体，是具有自我再生能力、伸缩性和生长机制的

---

[1] 薛艺兵：《神圣的娱乐：中国民间祭祀仪式及其音乐的人类学研究》，第140-152、230-239页，北京：宗教文化出版社，2003。

生命体。庙会集中呈现乡土宗教，但又不仅仅是一个乡土宗教的场域。在群体活动、休闲生活仍较匮乏的当下梨乡，庙会在某种意义上已经成为老年人的休闲娱乐的中心。"庙产兴老"已经成为部分的社会真实。

乡土庙会是本书界定的庙会的等义表述，主要强调其始终源自泥土和民众日常生活的草根性、自生性和民众的主体性。这原本是较为纯质的农耕文明时期乡土中国庙会的共性，无论这个庙会生发在城市还是乡村，无论在五岳等名山大川还是默默无闻的乡野小庙。但是，经过百余年以西方为标杆的现代化历程，当下都市和名山大川的庙会多发生了或多或少的质变，与休闲、旅游、"文化（遗产）"展示[1]以及物资交易、商品博览关联更紧。乡土庙会的传衍地域就有了中心地和乡野的区隔。因此，本书有时也使用乡野庙会，却放弃了长期使用的仅仅强调生发空间的"乡村庙会"一词。就组织权而言，乡土庙会常常属于庙宇所归属的特定村落（可能是庙宇所在地的村落，也可能是非庙宇所在地村落）或村落中的部分群体，但前来赶会的香客则可能是多村的。在不同程度上，乡土庙会常蕴积着其所归属的村落的历史和村民的记忆，不但是村落群体记忆的内化，而且是村民的直觉和心灵图景，并且浓缩了村落文化，彰显了村落个性和村民心性，表达了人们对其生活空间的理解，铸造、强化了村落的生活秩序、伦理道德及权威。乡土庙会的兴衰不仅在一定程度上能动地反映了乡土社会特定范围内的经济状况、村民的生活水准和精神生活，也反映了国家与社会、官方与民间、主流与边缘、传统与现代、不同宗教之间，尤其是神人之间、家与庙之间是怎样的一种交流、交际技艺。

摒弃一神教、上层文化等不同色彩的意识形态的偏见和自上而下

---

[1] 岳永逸、王耀鳳：「信仰か、餘暇か：妙峰山廟會百年の流れ」，『比較民俗研究』，No.28 (2013)，pp.58-90；岳永逸主编：《中国节日志·妙峰山庙会》，第1-36、192-395页，北京：光明日报出版社，2014。

的意识形态的建构，从民众的实践出发，本书用"乡土宗教"代替学界惯用的"民间宗教""民间信仰""民俗宗教"等术语。[1] 正如后文，尤其是第四章叙及的那样，这些术语基本都是参照基督教认知范式再融合不同时代的霸权话语、精英意识，主观建构的结果，有着萨义德（Edward Said）析辨出来的浓郁的"东方主义"[2] 色彩。裴玄德长期的研究表明，"民间宗教"有着浓郁的殖民主义阴影，是传教士和后续的主流学术写作对中国宗教事实的蔑视的结果。[3]"民间信仰"则存在对民众的蔑视的体位学，不是与"怪力乱神""淫祀""迷信"等同，就是与"陋俗""愚昧""封建""浪费"粘连一处。21 世纪以来，虽然政府部门有了"民间信仰司"之类的管理部门，学界对民间信仰也有了"非物质文化遗产"的定位、命名，但是上述标签已经在相当意义上内化为信众自觉意识的一部分。"民俗宗教"同样是"跨语际实践"后的命名，主要是日本学者在与道士的道教对比之下建构出来的话语。而且，将"民俗"和"宗教"两个属概念并置，明显有着语义上的含混性。

因此，自下而上，强调其"泥土"根性的乡土宗教不关心职业宗教人士的言说与意识形态，指称的是民众实践的宗教，是普通信众行出来、做出来的宗教，而非他们自觉或不自觉已有意识形态规训后，或真或假、或主动或被动地对自己宗教归属、认同的分类言说。鉴于"信众经验的宗教真实是直接通过目的明确的行为，尤其是仪式"[4]，

---

[1] 2011 年，我首次使用了"乡土宗教"一词，并进行了初步界定，参阅岳永逸：《多面的胡仙与另一只眼——评＜胡仙敬拜：帝国晚期和现代中国的权力、性别与民众宗教＞》，载《开放时代》2011 年第 9 期，第 149、158 页。

[2] E. W. Said：*Orientalism*, London：Routledge and Kegan Paul, 1978.

[3] Jordan D.Paper：*The Spirits Are Drunk：Comparative Approaches to Chinese Religion*, pp.4−12, 15−17, Albany：State University of New York Press, 1995; "A New Approach to Understanding Chinese Religion"，*Studies in Chinese Religion* [Taipei],vol.1, no.1(2013), pp.1−32.

[4] Steven Harrell："The Concept of 'Soul' in Chinese Folk Religion", *Journal of Asian Studies*, vol.38(1979), p.520.

乡土宗教也就没有城乡之分、男女之别以及古今之异。人神一体的辩证法和家庙让渡的辩证法是乡土宗教和庙会源源不绝的核心驱动力。乡土宗教与庙会混融互现、互为表里,但庙会更多是乡土宗教的衍生形态。无论是过去还是现在,梨乡的乡土宗教都呈现出一种赛局图景,并会延续至将来。要指明的是,尽管都是在强调过程、动作、实践,乡土宗教明显有别于周越的"做宗教",后者的根本旨趣仍在于创建一种新的中国宗教的认知范式,回归到了自上而下的意识形态。

(二)家中过会、村落型庙会和跨村落型庙会

《圣经》中圣父、圣灵和圣子三位一体,亦如伊甸园中夏娃与亚当之关系:女人是作为男人的对立面而存在的,但他们又都是人,夏娃仅是亚当身上的一根肋骨,这样亚当又涵盖了夏娃,而成为人的代称。在杜蒙那里,涵盖(encompassment)打破了学界惯常对矛盾双方对立的强调,而是强调对立的双方也有一种相互包含以及一统的关系。[1] 在杜蒙、桑高仁等人的基础上,梁永佳明确提出云南大理地域崇拜的等级结构,并强调是高一级的地域崇拜涵盖了低一级的地域崇拜。[2] 在本研究中,我所指陈的涵盖不是单向的,而是双向的,是一种你中有我,我中有你的关系。

家中过会、村落型庙会和跨村落型庙会这三个概念是乡土庙会的子概念,主要是从庙会发生的地点、规模的大小和对乡村生活的影响及其互相之间的关系而言的。三类庙会之间有着地方社会"空间级序"的内在关联,但与桑高仁、梁永佳所强调的由小到大逐步扩张的地域崇拜之空间级序不同,也与王斯福所指称的民间宗教及庙会仪式对帝

---

[1] Louis Dumont: *Homo Hierarchicus*, pp.xii, 66, 240, Chicago: University of Chicago Press, 1970.

[2] 梁永佳:《地域的等级:一个大理村镇的仪式与文化》,第 225–229 页,北京:社会科学文献出版社,2005。

国的隐喻[1]相异，我更强调梨乡三类庙会之间的多向互动，全息互显和相互涵盖的矛盾关系及其对庙会再生产的意义，也即乡土庙会因人、因时、因地、应景的变形能力和伸缩性特征。

家中过会，当地人又惯称平安会、仙家会、神婆会，或"×××家中过会"，指在某个香道的及行好的家中，在根据香道的（人神一体）所定的日子，主要由该香道的病人、徒弟和他村以及本村的行好的等次生群体参加，规模、影响大小不一的庙会。根据过会期间举行请神等仪式时是否动响器，家中过会又有"响棚会"和"清静会"之别。在梨乡，家中过会是村落庙会和跨村落庙会的基础，并可能发展成后两类庙会。相反，因不同原因，后两类庙会也可能内缩为家中过会。与后两类庙会相较，家中过会具有一定的封闭性和排他性，规模一般偏小，会期也仅一天或两天，是在家居这个私性的公共空间（家-庙）中举行。一般意义上，虽然家中过会发生在特定村庄，但它并不必然就代表其所在村庄并被同村所有村民认同。它属于村落生活的一部分，却又与相当一部分村民的生活不发生关联。悖谬的是，长时段观之，在梨乡的庙会体系之中，因应乡土宗教神人一体的辩证法和家庙让渡的辩证法，家中过会又是影响最为深远、生命力最强的庙会，它不仅是当下梨乡庙会的子类之一，还是梨乡行好的成功传承乡土宗教与庙会的"游击"战术，制胜法宝。

村落型庙会是在村庙或相当于村庙的圣化空间，如临时搭建的醮棚、神棚中举行，主要是村"庙"所在村落的大部分或部分村民参与的，在特定时日对特定神神的敬拜、唱诵、求祈。因为庙宇重建的滞后，或双名制策略而有的"博物馆"之类的命名术，村落型庙会整体上呈现出的是一种"无庙的宗教"。在一定意义上，村落型庙会是能表

---

[1] Stephan Feuchtwang：*The Imperial Metaphor：Popular Religion in China*, London：Routledge,1992.

征并彰显村落个性的乡土庙会。与家中过会和跨村落型庙会相较，村落型庙会在当今乡村中能集中其所在村落多数人的注意力，是吸引不少村民参与的核心事件，是村民团结协作的一次大演练。同时，它也是对村落历史的追述、记忆与复制，庙宇、神神与其所在的村落性格（村民心性）是三位一体的。就今天梨乡庙会的具体情况而言，村民对村落型庙会的参与是以其心灵图景为引导而自愿的，并非义务和强制性的，"份"的观念没有被强调，它也允许并邀请外村人参加。村落型庙会不论在多大范围内的村民中举行，它仍然表现出松散的特征。当一个村落型庙会发展壮大，再加之其所在地的交通、经济等因素的影响，它完全可能发展成一个跨村落型的庙会；相反，它也可能萎缩成由一家人或几家人管束的家中过会。

由于村落本身的发展演变以及不同时期的行政区划变更等原因，原先可能是整个村子的庙会也可能会演变成该村落中，主要是处于同一方位的人参加的村落型庙会。对于此种村落型庙会和一直就只是村中处于同一方位的人参与的村落型庙会，本书又称之为聚落型庙会。

跨村落型庙会是从庙宇所在的地理位置、参与主体和庙会的影响等三个指标来考量的乡野庙会。跨村落型庙会的地理位置要么是在交通枢纽，要么就是在数村交界的边缘地带，亦或乡村的政治、经济和文化中心。其空间属性是开放的、叠合的。各色人等都可以按照自己的心灵图景对其点染，安放自己的心意、言语和行为。也即，跨村落型庙会可能与集镇、集市存在互动，亦可能与世俗意义上的商贸中心和行政中心之间不存在任何意义上的关联。跨村落型庙会的参与主体完全没有任何限制，其影响主要是从庙会历史的悠久和所供神神的灵验两个指标而言。一般而言，跨村落型庙会历史悠久，主祀神灵验，并有着不少神话传说播布着神神的灵验，神神和相关的神话传说一道成为一种生活法则潜在地规训着人们的生活。

（三）民众、行好的和奉教的

针对具体的研究对象，研究者已经充分认识到民众一词所指的复杂性。[1]

因为庙会是发生在乡村的群体性事件，生活在其中的人无论参加与否都表明了其对庙会的理解，从而也间接表明他们对其生活世界的认知。所以，本研究的民众是属概念，指现下村落生活中的所有人，包括行好的和奉教的、地方精英与普通村民等根据不同标准划分的种概念。从大的信仰背景而言，"行好的"是与"奉教的"相对出现的，指烧香磕头念佛，经常过会的群体或个人。他们是梨乡村落中庙会热心的参加者，多数也是庙会组织中的成员，以中老年人，又尤其是以女性为主。在梨乡，口语中的行好与行善是混用的等义词。

"行好/善"是梨乡人使用频率非常高的一个词。在汉语语境中，好与坏相连，善与恶相对，因此，行好有多重含义。一是广义的，指所有对他人有好处的行为和品德，除烧香念佛等外，还包括有正义感、一心为公、修桥铺路、善待他人、不欺生、不骂人打架、乐于助人、孝敬父母、善待公婆、尊老爱幼等所有传统美德和今天主流意识形态所宣扬的精神文明。它更强调的是善的具体行为，其动作性和操作性强，并将所有群体和个人有利于他人的言行都纳入其中。行好的第二层含义是在佛教、儒教、道教和曾经在华北相当盛行的其他宗教等不同层次的传统文化孕育下，有着浓厚的乡土色彩和民众所领受的这些宗教精神的一种抽象的，也是形象化的草根性表述。今天民众口中的行好是历史化累积表达的结果，它委婉地表达出"对现实社会状况的不满而试图加以影响改

---

[1] 董晓萍、欧达伟：《乡村戏曲表演与中国现代民众》，第9-10页，北京：北京师范大学出版社，2000。

造或教化的意味"[1]，表达出村民与基层官员之间一定的对立，也表达出本土宗教、价值观念与尚未完全融入中国文化的天主教等西方信仰之间的对立，蕴含了东西之间曾有的、现存的和将来可能有的冲突以及妥协。在此种意义上，行好指的是民众所认同的价值观念、伦理道德及体现这些观念、道德的行为与行为主体。同时，它也是民众的一种思维模式和分析工具，是将我群体与他群体区分开的标志，自我描述和评价的重要指标；是从"我群体"出发，对好坏善恶、是非美丑、正邪真假区分之结果。再次，在经常过会的行好的看来，行好所指的就是她们经常参与的过会、烧香拜佛、念佛等具体行为，香道的给人打香、看病看事儿、占卜都是行好的具体表现。

乡村精英指在村落中有着特殊身份和地位，从而对村落生活有一定影响的人，包括制度型权威（如现任的乡村领导）、非制度型权威（如庙会的会头、香道的等）、现退休赋闲在家的城乡政府机关工作人员和乡村教师等有"文化"的人、以商人为代表的富庶之人等，即通常所说的有钱、有权、有势以及拥有超常能力进而拥有一定话语权的人。行好的与乡村精英的区分是相对的。在一个村落中，不少人同时兼具数种身份，扮演着几种角色。普通村民是村民的主体，是村落中没有特殊身份、地位的人，其对村落公共生活的影响明显逊色于前两类人。

"奉教的"指天主教徒。梨乡不少村庄如今都有天主教徒，村民习惯将其称为奉教的，本书将沿用这一地方性称谓。在梨乡庙会中，奉教的虽然是庙会现场缺席者，但乡土庙会也正是在奉教的缺席、注视和源自两种不同文化的信仰及其活动之间的对立、攀比所产生的张力场域中进行的。因此，作为民众的一部分，奉教的也是乡土庙会重要的结构性因素与力量。

---

[1] 梁景之：《清代民间宗教与乡土社会》，第 298 页，北京：社会科学文献出版社，2004。

（四）庙会组织、香会组织与念佛会

　　庙会组织指由村民围绕特定庙会形成的群体对该庙会的组织，有两层含义：作为一个偏正结构，它指代的是一个与某个乡土庙会相关的组织群体；作为一个主谓结构，它指的是这个群体按照一定规则或习俗惯例对庙会的组织。前者强调的是由人构成的群体及群体内的运行机制，后者强调的是组织庙会的动作或行为。不同庙会组织之间的互惠赶会形成了当地的庙会市场。周越曾强调陕北乡村红白喜事的组织制度对改革开放后当地庙会、宗教重整的重要性，甚至强调二者之间的同构关系。从形式层面而言，似乎确实如此，但本质并非如此。梨乡庙会的组织原则是以神神为中心铺陈开来的，基于行好和为神神当差等核心理念，再辅之以继承祖宗的文化、弘扬地方文化等时髦语词。在一定程度上，庙会组织之间的这种带有期待性、契约性的互惠交往左右了一个庙会的兴衰，使梨乡的乡土宗教与庙会表现为一种"人与人的关系"，人神的关系退居幕后。礼尚往来、人情世故、面子等也可以用来阐释梨乡庙会与宗教。

　　庙会组织主要是由村落中行好的和热心庙会等公益活动的村民构成。庙会组织的分工延续了日常生活中的"男主外，女主内"的社会分工原则。会头或会长，庙会期间伙房的大厨、安保、写戏、接待记者、学者、政府官员等他者一般都是男性会员担任。神棚中，伺候神灵、添加香油、照看香炉、迎接前来赶会的香会组织则一般都是女性会员承担。现在，梨乡庙会组织的成员已经发生一定的变化，不少退休后回居乡里的县乡干部回乡随俗、纷纷参与庙会组织中，很快在其中处于外事、会计等核心位置，拥有了对庙会的解说权。部分地方精英的直接参与在极大程度上影响着当下梨乡庙会的性质，也在相当意义上影响着梨乡庙会的发展，使庙会和庙会组织在一定意义上具有了以团体格局为基本特征的"俱乐部"属性。

这些庙会组织在代表其所在庙会外出赶会时，因其主要是上香、念佛、磕头，所以我称之为香会组织。虽是同一组织，但与庙会组织稍异，香会组织中女性居多。一般而言，除非关系特别好的庙会，庙会组织中的男性成员较少外出赶会。香会组织中的角色分工同样明晰。一般都有懂得接待规矩和礼仪的人，有能熟练念佛的，有一个由铛、鼓、钵、锣、镲等组成的伴奏乐队。这样，香会总人数常在十人或更多。乐队人数的变化主要是在钹和镲的数量上。香会组织中，会念佛的持铛者是核心。铛是悬挂在龙头形状、约60厘米高的小木架上的一种打击乐器。梨乡庙会的仪式基本都是在鼓乐声的伴奏下，以念佛为主要形式完成的。代表某个庙会的香会组织是否在别的庙会中出现意义深远：一是意味着它自己当年庙会的组织情况与收支情况，二是意味着它与别的庙会及其组织之间的关系，三则可能影响到将来它自己所在庙会的举办情况。因此，庙会组织或者说香会组织既是庙会的生产主体，也是庙会的生产客体；它们既生产着当地的庙会，也被当地的庙会所生产。

要说明的是，在庙会现场，这些香会组织主要的仪式实践是念佛迎送、唱诵神神，所以对这些组织，梨乡行好的也有"念佛会"的说法。但"佛"并非"金刚经"之类的佛经，而是残留在华北乡村的诸多教派的宝卷，或上香、上供、上茶、扫坛等科仪经文。其中，梨乡行好的普遍信奉的三皇姑宝卷最为常见。为了使自己在庙会现场念的佛完美动听，能够长时间持续，一个香会组织会主动向别的香会组织学习。除相互之间交换、传抄残留的宝卷外，能提笔写字的行好的会留心记录自己香会组织没有的"佛"，并融进自己的理解和村落特征，然后群体性念唱。这使得同一名称的佛在梨乡有着很多异文。不仅是庙会期间，平常行好的之间互相学习念佛也是梨乡夜空常常回荡的声音。如今，梨乡每个香会组织几乎都传留有厚厚薄薄的"佛"的手抄本。因为有着行好的情感、认知和实践，本书所引之佛均按照原本抄录，未作任何改动。当然，念佛会称谓的由来，也与他们在庙会现场念佛时，众人常常会以"陀佛，阿弥陀佛"或"南无，南无阿弥陀佛"应和持铛者的唱念相关。因应这些实践，在梨乡人的口语中，行好和念佛经常是连带使用的，或"行好念佛"，或"念佛行好"。经常念佛不仅是行好的具体表现，很多时候在口语交流中也直接等同于行好。

第三章 传统的动力学：
梨乡的生产生活

　　赵县位于东经 114° 36′ 至 115° 4′，北纬 37° 37′ 至 37° 53′，在河北省中南部，隶属于石家庄市，地处石家庄市东南，县城距离石家庄 42 公里，距离北京 370 公里。据 2001 年的统计，全县总面积为 675 平方公里；550,441 人，人口密度 815.47 人/平方公里；有耕地 77.26 万亩，人均耕地 1.40 亩。[1] 到 2003 年，赵县虽有了 22 个民族，但少数民族人口共计仅 330 人。[2]

　　赵县古称赵郡、赵州，乃燕赵旧地。与众多华北州县一样，赵县历史悠久。举世闻名的赵州桥在县城南二公里处。魏文帝黄初元年（公元 220 年）修建的柏林寺，屡遭劫难，因玄奘曾在此求学，乾隆皇帝三次在此停留小憩等原因，今天仍香火远播，佛名远扬。[3] 现依然矗立在县城中央的赵州陀罗尼经幢是中国最高、保存最完好的石经幢。战国时期赵之李牧，汉之耿纯，唐之李德裕、李阳冰、李嘉佑，宋之

---

[1] 赵县统计局：《赵县统计年鉴 2001 年》，第 1、4-7 页，2002。

[2] 资料来源：赵县宗教局。

[3] 中国人民政治协商会议赵县委员会编：《赵县文史资料》（内部资料）第二集，第 45-46 页，1989。

宋敏求及当代作家铁凝都诞生在这片热土。

　　1999 年初春，当我们一行人乘着有些破旧、脏乱的中巴路过古旧的赵县县城前往范庄时，同车的本地人对我们去看龙牌会颇为不解："那有什么好看的？还不如去看看赵州桥和柏林寺！"当地人的感觉是对的，历史悠久的赵州桥和新近重整雄风的柏林寺确实代表着赵州；但当地人的感觉又有偏差，因为他们自己的日常生活同样代表赵州。所幸的是，对这些都一无所知的我，后来注意到了这二者之间的隔膜、关联和互动。就在那位好心的本地人表达不解的那一瞬，面对倏然从车窗外后退的陀罗尼经幢，我多少有些茫然地走向了自己十余年来奔走的这片土地。

一　天灾人祸：历史上的赵州

　　赵州古为棘蒲，汉曰平棘，后魏立郡，北齐改州。唐以前，多以平棘县称之。至唐，赵州之名延续下来。宋代因避讳而用名庆源府。金天德三年将其改名为沃州。元代，赵州属真定路。明代属真定府。清雍正二年升为直隶州，统辖柏乡、隆平、高邑、临城、宁晋五县。

　　元末明初，"燕王扫北"使冀、鲁、豫诸地地广人稀、田地荒芜，朝廷不得不在永乐年间两次大规模移民。由于仍存十之二三的荒地，朝廷又采取军屯的办法充实赵州。这些直接影响到后来当地村庄名称的由来和村落个性的差异。《隆庆赵州志》卷十"杂考·集览"载：

　　　　本州与宁晋县境内田地，国初大半抛荒。永乐迁山西屯留、长子等民实之，听令开垦，永不起科，而抛荒者尚存十之二三。永乐宣德等年，乃拨神武右卫，左千户等所军余屯种，每一屯计卒二三十名，每屯计地数十余顷，如杨扈、柏舍诸屯是也。其法，军余一名，给田五十亩。[1]

明以后，虽屡遭天灾人祸，赵县却生齿日繁，如表 3-1 所示：

表 3-1 明清赵县人口的增长

朝代	户	人口	资料出处	备注
明·洪武	2,340	11,265	《直隶真定府赵州志》、蔡懋昭纂修《赵州志》、阎永龄等纂《赵州志》	以平棘县入户
明·弘治	2,982	27,984	《直隶真定府赵州志》	
明·隆庆	2,978	38,773	蔡懋昭纂修《赵州志》、阎永龄等纂《赵州志》	
清·康熙九年	18,012	63,589	《直隶赵州志》《赵州乡土志》民国抄本	全是汉户，无旗户
清·光绪九年	28,324	145,283	《直隶赵州志》《赵州乡土志》民国抄本	
清·光绪三十二年	28,496	151,652	《赵州乡土志》民国抄本	男丁 80,533，女 71,099

明初，赵州以平棘县 2,340 户入户，洪武初分为在城、棘蒲、冯公、明德、名信、唐兴、轮城、苏村、大诰、沙河、永安、乐业、新安、安仁、安宁、永宁、永丰等 17 社。后来，渐增讲信、修睦、新民、政通、人和、治隆、化洽七社，共计 24 社。[2] 这些社又有分别：

---

[1] 蔡懋昭纂修：《赵州志》，第 4a-b 页，上海：上海古籍书店影印宁波天一阁藏明隆庆元年（1567）刻本，1962。

[2] 程遵纂修：《直隶真定府赵州志》，卷一"户口"，第 6a 页，上海：上海书店影印宁波天一阁藏明正德十年（1515）刻本，1990。

"内称上社者六，中社者八，下社者有十"。[1]清代延续了这一制度。但无论哪部方志都未标明上述里社的管辖范围，也因村集之类的琐屑而不载。至光绪年间，赵县的村庄分化基本定形并形成其集市体系。范庄在赵县东部乡村生活中的重要性也日渐凸现。光绪《赵州志》卷一"舆地志"中，赵州共有村庄 234 个，除州城的两个市集外，逢五和十的范庄集在 13 个四乡集之列。

到隋唐，随着安济桥（赵州桥）、永通桥在洨河、清水河上的建成，赵州成为南下洛阳、北上涿州、西通长安、东至齐鲁梁的必经之所。水路沿洨河，船只可以北经冶河直达真定，东经滏阳河达天津。清朝的乾隆南巡、慈禧、光绪回銮均途经赵州。[2]当然，中国历史上的大多数农民起义、分裂时期的征战都波及赵州。频繁战乱使当地村庄的历史和人们对这些历史的记忆都呈现不同程度的断裂。不论具有何种意义上的真实性，作为民间记忆具化和象征物的祠堂、家谱、村庙、碑刻等在 20 世纪的前七八十年都有组织地持续受到摧毁。复制、粘连村落历史的最基本的文字材料在当地乡村几乎处于缺失状态。

如果说战乱是人祸，那么随着人类对自然肆虐的开发破坏而引发的天灾对当地人生活的影响则不亚于人祸。赵县自然灾害频繁，属于生态环境和自然条件相对恶劣的地区，旱涝年与正常年各占一半。从东晋大兴四年（321）到 1986 年这 1665 年中，赵县发生的自然灾害和灾异（瘟疫和风灾等）共计 205 次，其中水灾 68 次，旱灾 53 次。光绪以来赵县发生水灾 16 次，旱灾 13 次（20 世纪二三十年代有 8 次），虫灾 11 次，雹灾 8 次，灾异 7 次。[3]人们对 1920 年的大旱更是记忆犹

[1] 蔡懋昭纂修：《赵州志》，卷一"地理"，第 4b 页，上海，上海古籍书店影印宁波天一阁藏明隆庆元年（1567）刻本，1962。
[2] 中国人民政治协商会议赵县委员会编：《赵县文史资料》（内部资料）第二集，第 128-129 页，1989。
[3] 河北省赵县地方志编纂委员会编纂：《赵县志》，第 79-87 页，北京：中国城市出版社，1993。

新，天地干裂，禾苗不吐穗，不少人外出逃荒。天主教、基督教也趁机依托赈灾而大规模传教。

滹沱河改道是方志中确切记述的事情：

> 据赵鉴衡考：乾隆间，河由藁城入本郡，经南北中马村，东折而南，经大马圈、谢庄、大小东平、范庄等村至杨户、孔家营，西折而南，入宁邑境。道光三年，由北中马村分一支，西折而南，经南中马村、大小郝庄、圪塔头、姚家庄，至常信营、孝友等村，分为二支。东支经贤门楼、解家寨，南入宁邑境；西支经唐家寨至北李疃，东折而南，经南、北李疃东南入宁邑境。二十二年，支流涸、大河迁徙。由南北中马村、邬家庄东南入宁晋境。咸丰九年再迁徙，由藁城入晋州境，支流亦涸。[1]

因频繁改道，发源于山西繁峙县泰戏山下的滹沱河在其为害的州县方志中多有记载。除康熙十八年和民国十七年的《宁晋县志》卷一"封域"提及外，《晋县志料》记载更详：康熙五十七年，滹沱河"又改于射佛兔、大尚村流入赵县之朱家庄，西南流经宁晋县赵平邱入宁晋泊"；乾隆五十九年，滹沱河南徙经赵兰庄、孔目庄、大尚村及赵县大夫庄入宁晋界。因河流湍急，多挟泥沙，每次改道之后，故道尽成沙漠，一望无垠，草木不茂，昔日肥壤都成沙丘，且"涨落无常，河流不定，每年春季干涸，夏秋多泛滥，水大时可以行舟，有水运之利，但用以灌田者则绝迹无有"。[2]与方志的纪实不同，在滹沱河沿岸生活的百姓是用凄美动人的传说来表达他们对滹沱河的记忆与认知的。[3]

正是因为滹沱河在数百年前的频频改道，梨乡都变成了沙土地和

---

[1] 孙传栻纂修：《直隶赵州志》，第28—29页，光绪二十三年（1897）刻本。

[2] 王召棠纂：《晋县志料》，第2a—3b页，晋县修志局编印，1934。

[3] 河北省石家庄地区文联编辑：《滹沱河的传说》（内部民间文学资料），1983。

流沙地，不适合庄稼生长。每年春天滹沱河故道都要刮几次大的西北风，风一来，飞沙扬尘，遮天蔽日，有"黑风"之称。正如俗语所云："春旱刮黑风，白天屋内点上灯。"1911年春天，赵县"西北大风，满天蔽日，对面不见人"。[1] 传闻为使在地里干活的人能安全回村，每村都吊有大钟，黑风来时就双人鸣钟，但人畜被风刮伤刮死、刮走他乡等仍是常事。抗日战争时期，日寇在贤门楼到大安之间挖的三丈宽、一丈五深的界限沟，就被几场大风夷为平地。[2] 尽管明正德、隆庆年间的《赵州志》还有"牧马草场""南畦稻熟"等美景的描述，但日益恶劣的自然环境使粮食作物及经济作物生产受到限制。在完全靠天吃饭的岁月，这强化了当地人对神神的信仰和依赖。

二　苦乐梨乡与内卷化的梨生产

赵县有着悠久的培育梨的历史。公元502年，赵县的梨就是宫廷贡品，有"赵郡，真定贡梨，洁白如雪"之誉。隆庆《赵州志》亦云："唯梨枣杏李，擅名一时。"赵县梨的生产主要集中在赵县东部的滹沱河故道。本研究的梨乡比《赵县志》中的滹沱河故道果林区[3] 要稍大一些，除现今范庄镇、谢庄乡所辖范围外，还涉及与范庄、谢庄相邻的西边乡镇的部分村庄以及周边藁城、晋县和宁晋县的部分村庄。范庄镇包括范庄、杨户、大夫庄、大安4个办事处，18个自然村，36个基层委员会，共计18,947户，71,445人，耕地面积90,062.96亩，

---

[1]　转引自河北省赵县地方志编纂委员会编纂：《赵县志》，第87页，北京：中国城市出版社，1993。

[2]　中国人民政治协商会议赵县委员会编：《赵县文史资料》（内部资料）第一集，第133页，1987。

[3]　河北省赵县地方志编纂委员会编纂：《赵县志》，第106页，北京：中国城市出版社，1993。

梨园 65,531 亩。谢庄乡包括谢庄、北中马、圪塔头 3 个办事处，23 个自然村、24 个基层委员会，有 12,454 户、69,740 人、耕地 68,642.34 亩，梨园 38,808 亩。[1]

成为全国雪花梨生产基地县，与曾经流淌在赵县东部的滹沱河改道有着天然的联系。咸丰年间滹沱河改道后，梨乡人通过"卜卜丁"，柳子、杆子和荆条等的栽植后，才慢慢在当今的梨乡培育出成片梨树。"桃三杏四梨五年，枣树当年就换／还钱"，但当地人还是选择了梨树。对此，民间的解释是浪漫而诗意的，把其归于神的恩赐。[2] 虽如此，新中国成立前梨乡人的生活是艰辛的，正所谓"梨乡苦，泪交流，风吹雨打晒日头；累弯腰，罪受够，吃糠咽菜没尽头"。

1947 年土改后，有了土地的农民种植梨树的积极性第一次高涨。当年，全县有 26 个村庄有挂果的梨树，铁佛寺东边的朱家庄就是在这一年有了成片的梨园。新中国成立后，政府开始有计划地防风造林。1958 年，遍布赵县东部地区的石津灌区的一条干渠和四条分干渠及相应的支渠网络的贯通，从根本上改变了当地的生态系统及种植条件。此后，梨树的栽植有了大规模发展。到 1975 年，梨树发展到全县 98 个村庄，秀才营、大安和大夫庄都有了成片的梨园。1986 年，梨树地达到了 20.8 万亩，遍及全县 28 个乡镇 193 个村庄，赵县至此成为名副其实的雪花梨生产基地县。

百余年来的梨树栽培史使村民对其生活的口传记忆与梨联系在了一起。受革命和阶级斗争等主流话语的影响，1949 年以后关于梨溢于言表的喜爱和颂扬的叙写与言说有着鲜明的泛政治化色彩，多了积极的意味：在太平天国起义时，人们曾在梨树地中躲避太平军；在 1920 年大旱之后，庄稼颗粒无收，人们于是大面积种植梨树；抗战时期，

[1] 赵县统计局：《赵县统计年鉴 2001 年》，第 1-9、228-229 页，2002。

[2] 中国人民政治协商会议赵县委员会编：《赵县文史资料》（内部资料）第一集，第 134-135 页，1987。

人们利用梨树林与鬼子周旋，使鬼子在 1942 年毁掉了 200 亩梨树地，近 5000 余株梨树，并几乎将曹庄村梨树砍光，还烧毁村庄。[1] 在这些记忆中，不会言说的梨树是梨乡人的守护神，还在抗日战争中铸就了民族的尊严，成为不屈的象征。

当梨乡的耕地几乎都变成梨树地时，如普里查德 (E. Evans-Prichard) 笔下非洲努尔人的牛，[2] 梨也就成了梨乡人的命根子。包产到户时，集体的梨树分到各户。由于各个家庭人口的变化，梨乡的村庄一般在数年之后就会重新分配原本属于集体的梨树，各村重分梨树的时间有五年、八年及十年的差别，朱家庄则于 2001 年将原先集体的梨树收回让专人承包。有限的梨树使梨乡村庄的乡规民约对外来人入村有了诸多限制，并直接影响到今天梨乡人对其生活世界内外的认知和婚姻制度。

包产到户给农民生活带来的新气象在梨乡体现得尤为突出。包产到户后不几年，梨乡的人均收入远远高于周边非梨乡的人均收入。1986 年，赵县全县人均收入仅 624 元。梨乡北花邱人均收入则高达 2,060 元，乃全县之最。梨乡的南庄、贤门楼一村、郜家庄、大寺庄、大东平、安家庄、谢庄、小东平、西花邱、北中马、大马圈、范庄等 12 个村庄人均收入在千元以上。超过 624 元但又低于千元的 62 个村庄中，梨乡的村庄有 24 个。[3] 尝到甜头的梨乡人很快将属于自己家的耕地栽种上了梨树。梨的生产也在相当意义上改变了当地人的生产知识、生活知识、物质生活条件及自然景观，并从根本上影响着包括庙会在内的日常生活。

---

[1] 中国人民政治协商会议赵县委员会编：《赵县文史资料》（内部资料）第一集，第 130–143 页，1987。

[2] ［英］埃文思·普里查德：《努尔人——对尼罗河畔一个人群的生活方式和政治制度的描述》，褚建芳、阎书昌、赵旭东译，第 20–63 页，北京：华夏出版社，2002。

[3] 河北省赵县地方志编纂委员会编纂：《赵县志》，第 515–518 页，北京：中国城市出版社，1993。

梨树的育苗、移栽、嫁接、护苗、土壤深翻、浇水、施肥、除虫、除草、整枝、疏花疏果、套袋、收梨、冷冻储藏、运销以及相关深加工产品的制作等系统知识都是梨乡人必须熟悉的。现今，为了使梨健康生长，从梨树开花到梨的成熟，常需要给梨树喷洒不同的农药十次上下。这就需要人们了解熟悉农药的药性。同时，梨乡人也得明白何时翻地松土、翻多深，何时浇水、浇多少，何时施肥、施多少，以及判断一个梨是否可能长成形美水多的好梨，从而有效地疏花疏果。显然，无论是理论知识还是具体辛劳的技术性操作，要把知识经验熟练地运用于实际的技术性操作中需要一个漫长的习得过程。不是出生、成长在梨乡的人，或初到梨乡的外来人，是很难在短时间掌握这些知识与技术的。当我在梨树地中事无巨细地询问时，小孩子们常常会无邪地说："这个人咋啥都知不道？"[1] 当我在梨树地中笨拙地舞弄梨袋时，也会在梨农们"你不会这个"等友善的声音中从梯子上给拉下来。所有这些都意味着梨的生产是劳动密集型和技术密集型融合的生产。

由于石津灌渠的修建和机井的遍布已经从根本上解决了梨树灌溉的问题，影响梨生长的暴风雨、冰雹等灾难性天气就成为人们关注的新焦点。难以预料和抗拒的自然灾害也使部分梨农增强了对神神的祈祷，并一如既往地讲谈天灾与神神之间的联系。2003 年 5 月，铁佛寺西边的秀才营等村下了不小的冰雹，不少行好的相信这与前两年政府把行好的修建在铁佛寺的大小庙宇推倒有关：神发怒了，要惩罚人。再者，尽管梨乡人早已经外出四处卖梨，但市场运作本身的机制常常又是梨农们琢磨不透的。他们不能从根本上理解为何前些年梨卖得好，近些年梨卖得糟。同样，他们也无法预测来年的梨价。这些都很容易使他们陷入一种对未来生活、命运不可知的惶惑之中。风险社会之于他们更加真切。2012 年 5 月 22 日，在《新京报》《经济日报》等平面

---

[1] "知不道"是当地方言，即"不知道"。

媒体报道了赵县五万吨雪花梨滞销，果农亏本卖梨的消息之后，央视新闻也播报了此消息。之所以会如此，就是因为2011年梨农囤积的梨卖了好价钱。

梨的生长周期未完全改变传统的农业生产周期。一般而言，从阳历四月到十月是梨乡人的忙季，人们基本都围绕着梨树转。从十月到次年三月是人们的闲季，人们可以在梨树地之外的地方较自由地活动。当地中小学的忙假也是顺应梨树地中活儿最多的时候放的。

大面积梨的生产改变了梨乡的自然景观。阳春三月，梨花盛开，洁白一片，千里飘香。基层政府尝试着举办梨花节，以吸引对农村生活陌生又好奇的城市人。炎炎夏日，葱绿一片，通常在南国才有的大雾也不时地弥漫在梨乡人家。当大人在梨树地中劳作的时候，属于半劳力的老人和放了暑假的小孩则在梨树地中寻找蝉蜕，或卖钱或食用。秋天，千梨万梨压枝低的盛景洋溢梨乡各个角落，不管梨可能面临什么样的卖价，人们都是怀着喜悦和期盼的心情繁忙地收获。冬天，仅剩枝干的梨树重给大地以简洁，在迎接白雪光临的同时也与梨农一样蕴集着来年的生机。梨收获后，对最大的梨——梨王的评比，也成为激动人心的时刻。[1] 这些美景中也常间杂着不和谐的音符：打农药之后渗透天际和心扉的阵阵恶臭；狂风暴雨后遍地的幼梨；冰雹声中，梨农无言的沉默；梨的滞销和入不敷出的伤痛，等等。

由于产梨，围绕梨的罐头厂、纸箱厂、梨袋厂、化工厂等乡镇企业和经销梨的公司在梨乡比比皆是。这为人们提供一些可以打工和创收的地方。"父母在，不远行"等传统观念、"千好万好不如自己家好"等乡土情结或者说保守观念、升学的艰难、还过得去的生活、可能有的多样化的生活方式和梨生产的劳动密集型属性等因素，使当地刚刚中学毕业的年轻人很少外出打工，绝大部分都留在村里。但

---

[1] 李生田、李永辉、刘其印编：《南庄村志》，第107页，石家庄：河北科技出版社，1993。

梨的生产与销售也同时给村中年轻人提供了比以往任何一个时期更多的走四方的机会。相对而言，女主内的传统观念仍使梨乡女性少有经常或长期外出的机会，这在50岁以上的老年女性中体现更为明显。

按照女方21岁，男方23岁就可以结婚的现行婚姻法，梨乡三世同堂、四世同堂的家庭非常普遍。如果本人愿意的话，50岁以上的人就可以扮演半劳力的角色而较少下地干活，并不用担心他人耻笑。这些都造成了梨乡村落人口繁多的事实，人口聚居的梨乡村落通常都有数千人，约占1/3的老龄群体比要养老育小的30—50岁的人有着更多的闲暇时间。因此，这些多数在20世纪50年代前后出生的老人，也就有余闲把自己从小耳濡目染的庙会等惯习拾掇起来。梨的生产和运销对劳动力的需求，"养儿防老""不孝有三，无后为大"等传统观念都影响到庙会仪式。在梨乡众多庙会中，求子，拴娃娃、保佑孩子健康成长的挂锁、扫坛等许愿还愿活动十分普遍，以至于范庄的龙牌也能保佑生儿子，铁佛寺庙会专门有一个为人拴娃娃的茶棚。

与梨的生产配套，既能做运输工具也能作动力工具的拖拉机成了家家必备的生产工具。能装一吨的药罐、铝合金的轻便梯子等纷纷进入农家。因为停靠拖拉机的需要和经济条件的改善，人们的家居建筑也发生了大的改变。土坯房屋已经是凤毛麟角，大多数都是钢筋混凝土结构、铝合金门窗。以前只有豪门大户才有的高大华丽的门楼成为梨乡民居的常见景观。作为拖拉机的停靠地，门楼的修建成为除主房北屋之外重要的一部分。人们会在统一规划的半亩地上精心设计自己住房的结构，在注重适用的同时，也兼顾到感官上的舒适。玻璃、水泥、瓷砖等共同营造出的干净、亮堂，庭院中直刺天空的枣树和井旁的绿叶鲜花给人的阵阵新意，照壁上颇有讲究的山水画、院门门扇和匾额上含义深远的书法等，都从不同的角度使家居成为这个时代梨乡人"可取生活方式的诠释"[1]。

作为现代化表征的电视、电扇、电话、洗衣机、电冰箱乃至燃气灶等也纷纷地走进了梨乡人家，尤其是新婚夫妇的新房。自包产到户后，婚礼的花销也长时间地维持在数万元的水准，从两三万到六七万元不等。彩礼或陪嫁常包括自行车、摩托车、拖拉机、微型小汽车等生产、交通运输工具，彩电、冰箱、电扇、洗衣机、收录机等家用电器，以及各种家具、日常生活用品。对住房舒适的追求、外表的装饰、彩礼嫁妆的铺陈等，并不意味着梨乡人生活的奢侈。实际上，当地人的生活十分节俭。或者与北方人简单的饮食习惯有关，除红白喜事、寿诞以及春节或家中有客人等特殊日子外，一般人家平常很少吃肉，也很少像南方人那样大盘炒新鲜蔬菜吃，通常都是小米粥、咸菜和干粮（馒头）。

梨短时期的好收成、有限的土地与增加的人口之间的矛盾和村民对收益的最大化追求等多种因素合力使梨在当地的生产很快就演化成增产不增收甚至减收的"内卷化"生产[2]和"过密型"增长[3]。对此，新中国成立后赵县人口和土地的变化也能说明一些问题。

表3-2　1949，1986，2001年赵县人口、土地变化情况[4]

	户数	人口（万人）	耕地（万亩）	人均耕地（亩）	人口密度（人/平方公里）
1949		25.6	83.1	3.2	379.36
1986	104,552	44.5778	77.8	1.75	700
2001	146,054	55.0441	77.26	1.40	815.47

[1] [美] 卡斯腾·哈里斯：《建筑的伦理功能》，申嘉、陈朝晖译，第11页，北京：华夏出版社，2001。

[2] Clifford Geertz：*Agricultural Involution*：*The Process of Ecological Change in Indonesia*，Berkeley：University of California Press，1963.

[3] [美] 黄宗智：《长江三角洲小农家庭与乡村发展》，第88，200-201、238-242、247-248、305-317页，北京：中华书局，2000。

[4] 表中2001年的数据来自赵县统计局：《赵县统计年鉴2001年》，第4-7页，2002；1949和1986年的数据分别来自河北省赵县地方志编纂委员会编纂：《赵县志》，第1、92页，北京：中国城市出版社，1993。

由表 3–2 可知，2001 年比 1986 年的户数、人口数和人口密度分别增加了 41,502 户、104,663 人、115.47 人 / 平方公里；耕地面积减少了约 0.54 万亩，人均耕地减少了 0.25 亩。与 1949 年比，2001 年赵县人口增加了约 29.4 万人，增加了约 1.15 倍；耕地面积减少了 5.74 万亩，人均耕地减少了 1.8 亩。

1986 年，如今范庄镇所辖村庄的总人口是 54,455 人，现今谢庄乡所辖地的总人口是 52,585 人。[1] 到 2001 年，在同样多的土地上，范庄镇的人口增加了 16,990 人，谢庄乡的人口增加了 17,155 人，分别在原有基础上增加了 31.2% 和 32.6%。[2] 剧增的人口所产生的巨大生存压力自然使人们想在有限的土地上耕作出更多的财富。在刚刚包产到户好收成的鼓舞下，梨乡原有的耕地很快变成梨园，但梨树的密植度有限，最高限度是行距三米、株距二米。疏花、疏果、打药等技术的采用都强化了梨生产的劳动密集型性质，并对梨农的物力、财力提出了更多的要求。最终在自由市场抑或垄断市场竞争机制下造成的梨的滞销，使增产不增收甚至减收的"内卷化"生产在梨乡成为现实。

依据加入 WTO 谈判的原则，2004 年我国的农产品关税水平降低到平均 17% 左右，降幅为 20%。早在 2002 年 1 月农产品关税下调后，洋水果已部分抵京、津和羊城等地。为抢占中国水果市场，许多洋水果价格已相应下调。这对当地脆弱的梨生产有着不利影响。虽然近些年来，官方的统计数据表现出的是梨农收入仍在小幅上涨，但事实上梨农的收入已经呈现出持续下降的趋势。就官方的统计数据而言，与 1986 年在整体上远远高出非梨乡不同，2001 年梨乡的经济状况整体上低于非梨乡，并低于全县的人均收入 3,110 元。范庄镇的人均纯收入仅 2,803 元，谢庄乡仅 2,918 元，贤门楼三村仅 2,450 元，[3] 分别比全县

[1] 河北省赵县地方志编纂委员会编纂：《赵县志》，第 55–59 页，北京：中国城市出版社，1993。

[2] 赵县统计局：《赵县统计年鉴 2001 年》，第 4–7 页，2002。

[3] 赵县统计局：《赵县统计年鉴 2001 年》，第 198–209 页，2002。

的水平低 9.87%、6.50% 和 21.22%。因此，无论是在梨价看好的年代，还是整体上不景气的今天，梨都是梨乡人生活的核心，并影响到梨乡人对世界的认知模式。

除了梨树叶作为养羊的主要饲料，废弃的幼梨、腐烂的以及卖不掉的成品梨都成了猪、羊的食物。它们是"坏梨"，其属性是小、歪、粗、涩、生，是内向的、收敛的和萎缩的。对具有交换价值的"好梨"而言，梨是梨乡人与人之间、梨乡人与非梨乡的外人之间、人与神之间交往的中介，其属性是大、正、光、甜、熟，是外向的、张扬的和显赫的。好梨是梨乡人招待客人的佳品，是馈赠亲朋好友的礼品，是为了拉关系给干部、上级送礼的贡品，也是神案前的供品。作为佳品的梨代表着主人的面子和热情，主人扮演的是施恩者的角色。作为礼品的梨凝聚、强化的是亲情、友情，联结的是血缘关系、地缘关系以及拟亲属关系。作为贡品的梨代表着梨农对自己在科层制体系中位置的重新确认和对社会金字塔式层级体系的认同或者说无奈。作为供品的梨则在相当意义上代表着梨农对神灵的认同、感恩，以及对现世的批判与不满。同样是梨，人们相信作为供品的梨带着福气，吃了曾经供给神神的梨会得到神神的保佑。

这些对梨的不同使用过程，蕴含着主人对梨不同的价值判断并隐含了梨农对社会的评判。即，在对梨的使用过程中，梨完成了由一种物品向一种象征符号的转变，也成为一种隐喻，由对物质世界的价值判断和秩序安排转为对人类社会的价值评判和秩序安排。[1] 因此，梨乡的梨不仅仅是梨。它兼具人性和神性，有着道德、经济、伦理、政治、宗教、审美和情感等多重内涵，不仅是人们对社会言说和分类的一种方式，还是梨乡社会生活的整体呈现。源于梨的生产的这种思维方式

---

[1] 赵旭东：《权力与公正——乡土社会的纠纷解决与权威多元》，第47-48页，天津：天津古籍出版社，2003。

74 | 行好：乡土的逻辑与庙会

与梨的生产一道，共同影响了当地"换小帖"婚俗的延续，并使通婚圈向村内收缩。

三　换小帖与通婚圈的内敛

近代华北，无论是从订婚年龄还是结婚年龄看，早婚"实际上已经成为人们在建立家庭过程中共同追求的一种模式"。[1] 当然，因贫富之别、地区不同，早婚会出现一些差异。一般而言，贫者偏于女子早嫁、男子晚娶，富者偏于男子早娶、女子晚嫁。河北、山东、河南诸省男子早婚超过女子。早婚的原因除习惯的驱使外，最为主要的原因就是华北农村无本质变化的小农经济。作为基本生产单位家庭对劳动力和财力的需求，使男家要早添丁，女家要添金——彩礼收入。《清稗类钞·婚姻类》"直隶娃娃亲"条亦云：

> 燕赵之间，居民家道之小康者，生子三五龄辄为娶及笄之女。家贫子多者，辄利其聘赀，从俗遣嫁焉。女至男家，先以父母礼见翁姑，以弟呼其婿，一切井臼、烹调、缝纫之事悉肩任之。夜者抚婿而眠，昼则为之着衣，为之饲食，如保姆然。子长成，乃合卺。[2]

辛亥革命后，此种习俗逐渐受到一些开明人士温和的抵制，略有变通。民国十六年（1927）《晋县志》"婚礼"云："晋俗，男女幼时结婚，父母作主，类多使有终身之怨，宜略为变通；学山西俗，将订婚，

---

[1]　傅建成：《社会的缩影——民国时期华北农村家庭的研究》，第 29-43 页，西安：西北大学出版社，1993。

[2]　徐珂编撰：《清稗类钞》，第 1993 页，北京：中华书局，1984。

男家女长辈偕同媒妁率儿亲到女家，入门男女相视，犹存古人相攸遗意，相视毕，始立婚书。"[1] 显然，从父母全权做主到让年少的男女当事人见面并未改变娃娃亲这一婚姻制度本身，这也使得娃娃亲在民国时期的河北仍普遍存在。新中国成立前，无极县人的提亲期一般在十岁左右，也有三至五岁就提亲的，最晚也不会超过十五岁。在当地，作为婚姻模式的一种，娃娃婚"指父母为幼小童孩缔结的婚姻，提亲多在男孩十岁左右进行，亦有更早甚或在孩子刚刚出生就经双方老人议订的，但要等成人以后方可举行婚礼"。[2]

作为早婚程序之一的换小帖普遍存在于河北各地。民国二十三年（1934）的《元氏县志》记叙的颇具代表性，其"礼仪民俗·婚礼"条云：

> 婿家遣媒妁通言于妇家，妇家诺，则各书子女之尊亲姓字互换，曰"小柬"，亦曰"允帖"。虽片纸只字，人民颇重视之。又各书男女之生年、月、日及时，互换之，曰"大柬"。婿家以钗钏、簪珥之属馈赠女家，女家还以笔墨、书籍等物，名曰"四色礼"。（此礼不普通，有者居少数。）贫民多有议聘金者。婿家择定婚期，先一月具柬告知妇家，名曰"娶帖"。[3]

新河、邯郸和有"中国民间故事第一村"之称的藁城耿村等地亦与此相类。[4]

---

[1] 丁世良、赵放主编：《中国地方志民俗资料汇编 华北卷》，第 87 页，北京：书目文献出版社，1989。

[2] 王立仁主编：《中山民俗》，第 3、5 页，北京：中国民间文艺出版社，1990。

[3] 丁世良、赵放主编：《中国地方志民俗资料汇编 华北卷》，第 125 页，北京：书目文献出版社，1989。

[4] 傅振伦纂：《民国新河县志》第 4 册，第 5b—6a 页，民国十九年（1930）铅印本；王永信、杜学德、戴月：《赵都民俗趣话》，第 29—33 页，北京：中国民间文艺出版社，1989；袁学骏主编：《耿村民俗》，第 30—35 页，北京：中国民间文艺出版社，1990；王立仁主编：《中山民俗》，第 12—26 页，北京：中国民间文艺出版社，1990。

在今天的梨乡，换小帖还普遍存在。孩子在八九岁左右定亲时，写的帖子叫小帖、姻帖，换小帖叫"写小帖"或"准亲"。各家写小帖的具体时间不一，在孩子六七岁至十二周岁不一。换小帖是在男女双方父母的操持之下完成的，它大致要经过中人说合、见面换帖两个过程。中人说合这个并不一定真正有帖的联系过程，当地人又叫"飞帖"。女方在知晓了男方的情况后，如同意，就让男方家长带着孩子到女方家见面。见面时间常选择阴历逢三、六、九等人们习惯上认为吉利的日子。在选定日子的中午，双方见面寒暄，午饭后半小时，换帖即告结束。换完帖后，男方径直回家。小帖的写法是传统的书写形式，繁体竖排，格式称呼都有一定的讲究，但内容简单，既无时间，也无孩子名姓、年龄，小帖中的人名是家长的名字。小帖所用的纸是普通的红纸。今天梨乡常见的小帖格式如下：

（A）男方写给女方的 　　　　　（B）女方写给男方的

敬求
金诺　乔眷×××鞠躬

允从
台命　姻眷弟×××鞠躬

与以往换小帖烦琐的规矩不同，今天梨乡人换小帖要简化得多。部分村男方可能会给女方买一辆自行车或者一块手表之类的东西等，也存在不互赠礼物的情形。

写了小帖的孩子在十七八岁时，即初中毕业前后，双方家长会把曾经给写小帖的事告诉孩子，让孩子互相见面。要是已有了自己判断力的孩子双方中有一方不同意，就可以把小帖退掉，并不赔偿对方什么损失。从换完小帖之后到男女孩子相见，自己定夺终身大事之前，两家人一般不相互往来。如两个孩子互相同意，两家就会再换一次帖，这就是换大帖，当地人又叫"大亲"，即传统意义上的订婚。因此，大帖又叫订婚书。大亲比准亲在形式上要正规严格得多。大亲时，要请介绍人、男女两家交好的人参加，并由男家办一桌酒席，商议相关事宜。在男女双方正式"过帖"时，双方都要买东西相互赠送并有较多的讲究。

虽然，今天人们心中的"小""准"都喻指了准亲只是"暂时说在那里"，是预约性的、不完全正规的订婚。但根据当地人粗略估计，准亲的成功率仍有 60% 左右。

无论是出于对最大利润的追求，还是出于对基本生活的维持，面对有限的梨园和可能有好价的梨，人们都会有种风险感、紧张感。因此，不论是什么样的境况下，梨乡人都表现出保护自己生存资源的一贯心态：自己家的梨树、自己村的梨树不能丢失，不能让陌生人与之分享。现实状况和人们相近的心态，使村领导与村民在限制与非梨乡的人缔结婚姻关系上有着潜在的共识。梨乡村庄的村规中一般都有限制给非梨乡的外来人分梨树的规定，如不上本村的户口或者要交了多少钱之后才能上户口，等等。因为一旦有了户口，当事人就会向村里要梨树。然而，原本属于村组集体的梨树要间隔较长的时间才会根据家庭人口的进出情况重新调整，如果是非梨乡的人娶到村里，她自然就暂时面临着生存资源短缺的问题。本村人如果嫁到外村，当初分在其名下的梨树也就面临着被集体重新收回的危险。这样就会给原来收支基本平衡、生活也趋于稳定的相关家庭带来重负，甚至抛入生存危机之中。

村落的归属感强于宗族，再加之"街坊辈"习惯的约束，近代华北农村遵循的是同村不婚、同姓不婚的婚配原则。[1] 但是，由于平原村落相距并不是很远，其通婚范围仍然是在较狭小的区域进行，基本都在"二三里至二三十里之间"。[2] 改革开放后，华北乡村婚姻圈发生了

---

[1] 傅建成：《社会的缩影——民国时期华北农村家庭的研究》，第 15-19 页，西安：西北大学出版社，1993。

[2] ［日］中國農村慣行調查刊行會：『中國農村慣行調查』卷三，pp. 99、114、116、118；卷五，pp. 499，東京：岩波書店，1985

较大变化。在河北省泊头市东村，108 户人家中村内婚有 29 户，一半的家庭拉入了村内婚。[1] 赵县西南部的北王村村内婚的通婚比例是 36.9%。[2] 围绕梨的生产、生活，嫁妆、彩礼这些不成文的惯习和生存资源紧张的实际状况，合力使得梨乡村落当下年轻人的婚姻圈有明显内缩的趋势：常常是在梨乡甚或本村找对象。梨乡南庄人的婚姻圈就"牢牢"地限制在梨乡这个范围内，向村内收缩趋势明显。[3] 除非万不得已，非梨乡的姑娘、小伙子很难进入到梨乡。虽然梨乡村落密集，村落人口众多，但郎才女貌、门当户对等匹配性人选是永久性的紧张，不愿远嫁与远娶使人们早早地对有限的可婚配资源展开一种调和性的、妥协性的争夺与占有。这也成为换小帖这一传统婚俗在梨乡持续、传衍的近因。

从心理层面而言，面对明显紧张的生存资源，换小帖在当地得以传承也因为它还满足了历经风霜和熟悉梨乡生活、生产知识的父母的心理需求，为父母、为孩子、为家庭，进而为整个村落及梨乡早早地明确了归属感，使人获得安全感。[4] 梨乡人对生态环境、生存境况和对当今社会认识并试图主动把握的群体心性也就自然导致以"我"为中心，对外地人、非梨乡人、外在世界、穷富的分类认知体系：

本地：外地 :: 梨乡：非梨乡 :: 本地人：外地人 :: 熟悉：陌生 :: 富裕：贫穷

---

[1] 王思斌：《婚姻观念的变化与农村社会亲属化》，载《农村经济与社会》1990 年第 5 期，第 53–56 页。

[2] 麻国庆：《家与中国社会结构》，第 112–114 页，北京：文物出版社，1999。

[3] 赵旭东：《权力与公正——乡土社会的纠纷解决与权威多元》，第 48–54 页，天津：天津古籍出版社，2003。

[4] 社交、地位、安全是在群体生活中的个体的三大基本的社会性需要，其重要性大于人之生物性需要，参阅 [美] 许烺光：《宗族、种姓、俱乐部》，薛刚译，第 147–156 页，北京：华夏出版社，1990。

对当地人而言，外地人不熟悉产梨的知识技能，是陌生的，没有梨的外地人在某种意义上也就是贫穷的。贫穷的外地人来了，会抢夺有限的生存资源。所以，他们不愿意本身已呈紧张趋势的生存资源受到外来的威胁，他们不希望外地人进入本村，更不愿意自己的儿女（尤其是女儿）到外地受穷受累。"肥水不流外人田"的传统观念与保护其生存资源的一贯心态共同使梨乡人自发地对与非梨乡人通婚进行限制。这也就是通婚圈内敛最为根本的群体心理。尽管如此，今天梨乡人还是更愿意在本村婚配，这样可以减少许多麻烦，以至于梨树甚至都用不着调整并可以作为嫁妆。如今梨乡村落全是杂姓村、人数常在几千人以上的事实都为在村内找对象提供了事实上的可能。

与其说村民保护有限生存资源的心态是一种积极主动的心态，还不如说是一种消极保守的心态。这种心态除明显使当地通婚圈内敛之外，换小帖也是这种保守心态的间接产物。换小帖不仅是延续数千年惯习驱动的结果，更因为在今天它能给潜意识中有危机感、紧张感的人们以安全感。这种危机感、紧张感是当今的父母感受到的，也是他们想象中的将要长大的儿女会遇到的。虽然换小帖的时刻不能让父母想象中会有危机感和紧张感的孩子直接感受到那种安全感，但却让一手操持这个事件的父母在心理上象征性地解除了这双重的危机感、紧张感，也就使个体在"心理场"中获得双倍的安全感——至少在数年或十年内，在孩子名下的梨树有了不被收归集体或被他人占有的可能性，家庭现有的生活可能会长久甚至永久性地维持。

在众多自诩为文明的西方人看来，原始野蛮落后的萨摩亚人对儿童的教育方式有很多值得其学习的地方。萨摩亚人那种发展缓慢，人们安于现状、轻视任何强烈感情的"成人式"文明，不但很少诱发人们精神上的恐慌、分裂，而且还给先天性有着这样那样缺陷的人提供了平等的生存机会和环境。[1] 与此类似，作为梨乡社会生态链和人们心态链上的一环，换小帖较早地给予当地人的那种归属感使梨乡的社会生活出现较平稳的态势：相对均等的生存机会和可预期的生活使得梨乡人在一定程度上缺乏冒险精神，趋于保守。"风萧萧兮易水寒"的豪迈苍凉与梨乡当下的社会生活没有了关联。

如今梨乡的小帖在形式上依然是传统的，繁体、竖写、文言。当然，换小帖在梨乡并非是机械地传承。现代主流文化对换小帖的影响随处可见，如换小帖仪式的简化，婚姻自主权基本掌握在年轻人手中，对官办结婚证的认同，等等。虽然换小帖、通婚圈内敛和村内婚增多在梨乡普遍存在，但并非每个村庄都趋于一律，更不能将其扩大到华北。[2] 在有奉教的梨乡村庄，或者说奉教的比较多的村庄，换小帖和通婚圈内敛就会出现一些变数。奉教的通常只能和奉教的婚配。同一个村庄内奉教的毕竟是少数的事实使得奉教的通婚范围常以外村为主。

梨生产的内卷化与换小帖及通婚圈内敛一道强化了梨乡所共享的文化，加强了原本在滹沱河故道这个生态区基础上形成的经济区的一体化和文化上的整体性与认同感，并在事实上将自己与非梨乡和外在社会对立起来，成为有着多种共享文化和感觉结构（structure of

---

[1]　[美] 玛格丽特·米德：《萨摩亚人的成年——为西方文明所作的原始人类的青年心理研究》，周晓虹、李姚军译，杭州：浙江人民出版社，1988。

[2]　山西沁县南阳村的人就"并不太愿意与本自然村的人结婚"，参阅李银河：《生育与村落文化·一爷之孙》，第63-64页，北京：文化艺术出版社，2003。

feeling) [1] 的地方文化圈（the sphere of local culture）[2]。在此基础上强化的保守心态，反过来促进了人们对这种保守心态的进一步维护。除换小帖外，国家、地方精英和民众多方都参与其中的梨乡成体系的繁多庙会不但是行好的政治学与心灵图景，更是在承传基础上保守心态的产物，还是维护这种心态的方式之一。

正如第五章将指明的那样，作为婚姻制度仍局部适应性传承的"换小帖"与家中过会等梨乡庙会中"扫坛"这一似乎纯粹属于宗教范畴的仪式，实乃一种"互文性"关系，各自都是梨乡文化网络中的一个结点而已。进一步言之，经济生产、生活习惯、婚姻制度、伦理道德、价值评判、世界观和宗教信仰在梨乡人，尤其是行好的日常生活中是互为一体的，也是互相涵盖的矛盾关系。

---

[1] Allen Pred："Structuration and Place：On the Becoming of Sense of Place and Structure of Feeling"，*Journal for the Theory of Social-Behavior*, vol. 13, no.1(1983), pp.45－68.

[2] Thomas David DuBois：*The Sacred Village* ：*Social Change and Religious Life in Rural North China*, pp.24－29, Honolulu：University of Hawai'i Press, 2005. 如果考虑到换小帖这种传统婚姻形式在梨乡传承的灵活性、时代性，文墨人等也在其中发挥作用，那么张小军指一个象征意义的共享空间，包含国家、地方精英和百姓在内的，避免简单地将国家与社会对立的文化场（cultural field）概念在这里也是适用的。参阅张小军：《阳村的境社与宗族：一个文化场的观点》，载《民俗曲艺》2002 年总第 138 期，第 199－238 页。乡土社会的娃娃亲婚俗显然有上流社会的影响，就中国传统社会上层文化中的娃娃亲婚俗概况可参阅岳永逸：《灵验·磕头·传说：民众信仰的阴面与阳面》，第 22－25 页，北京：生活·读书·新知 三联书店，2010。

第四章 乡土宗教的赛局

一 叠合的乡土宗教

作为经典研究，杨庆堃把中国宗教分为了制度性宗教（institutional religion）和弥散性宗教（diffused religion）。制度性宗教指的是有独特的神学或宇宙与人事的阐释系统，有由神灵及其形象和仪式等形成的形式化的独立的祭祀系统，有进行神学观点的阐释和从事祭祀敬拜活动的独立的人事组织。伴随上述特征，制度性宗教最大的特点是可以独立于世俗体系之外，并在一定程度上与之分离。弥散性宗教指的是虽有神学祭祀与人事运作系统，但均是与世俗社会制度有机融合在一起，其自身没有独立存在的价值。[1] 这是为了迎合西方人的宗教认知而对中国宗教事实技术性的理论建构[2]，也是基于西方话语的"误导性比附"（misleading comparisons）[3]。

---

[1] Yang C.K.：*Religion in Society：A Study of Contemporary Social Functions of Religion and Some of Their Historical Factors*, pp.294-340, Berkeley：University of California Press, 1961.

[2] Jordan D.Paper：*The Spirits Are Drunk：Comparative Approaches to Chinese Religion*, p.23, Albany：State University of New York Press, 1995.

[3] Daniel L. Overmyer：*Local Religion in North China in the Twentieth Century：The Structure and Organization of Community Rituals and Beliefs*, pp.4-5, Leiden; Boston：Brill, 2009.

之所以完全没有沿用弥散性宗教，除该概念的误导性与陷阱，马西沙、欧大年、田海（Barend J. ter Haar）等中外学者关于白莲教等民间宗教教派的研究已经从不同的角度证实中国乡土社会同样有符合制度性宗教特征的宗教或教派的存在。不仅如此，从社区仪式的结构、组织层面而言，华北乡土庙会同样存在明显的制度性特征。在 2009 年新著中，欧大年正是以此为突破点，来反思制度性宗教定义的信度与效度。[1]

　　与中国他地诸多乡村一样，梨乡的宗教信仰十分驳杂，从来都不是死水一潭。旧的信仰在消逝，新的信仰在生发，外来的信仰要进入。不同历史时期的不同信仰都在梨乡有限的空间中为自己尽可能地拓展空间，并竭力为其生存争取社会文化、法律和行政等多种合法性。这些新、旧信仰在作为乡村生活一部分的同时也从不同层面影响着其他信仰和乡土社会，从而使中华大地的宗教生态始终呈现一种动态的场景。携手儒家文化的释、道二教在梨乡的长期渗透深深影响了当地民众的宗教实践，道教影响尤深。1920 年，周作人就曾有"支配国民思想的已经完全是道教的势力""中国人的确是道教徒了"的断语。当然，周作人的道教并非后人追认的以老子为首的道家，而是指"有张天师做教主，有道士们做祭司的，太上老君派的拜物教"。[2] 但民众绝不是被动的信奉者，而是始终按其理解，灵活巧妙地借用这些在社会

---

[1]　关于这些用来指称中国宗教的术语的语义学演变，可参阅 Jordan D.Paper：*The Spirits Are Drunk*；*Comparative Approaches to Chinese Religion*, pp.4-12, 15-17, Albany：State University of New York Press, 1995。就在众多的学者强调中国民间宗教的组织性、制度性特征时，梁景之则对这些观点进行了补正。他认为常态下的民间宗教所谓的组织一般表现为一种简单的群体形态，乃初级（社会）群体即小群体形态，是结构较为松散，但人际关系亲密的集体形式，常以面对面的直接交往合作达到活动目标。参阅梁景之：《清代民间宗教与乡土社会》，第 4-5、102-139 页，北京：社会科学文献出版社，2004。

[2]　周作人：《谈虎集》，第 239 页，北京：北京十月文艺出版社，2011。要说明的是，1925 年，因批判川湘两地督长的礼教思想中的法术成分，周作人也曾认为"国民的思想全是萨满教的（Shamanistic 比称道教的更准确）"。参阅周作人：《谈虎集》，第 236-238 页，北京：北京十月文艺出版社，2011。

中有着一定正统性、合法性的宗教来为自己服务。虽然水乳交融，难分彼此，但民众自己所声称的佛教或道教，与和尚、尼姑、道士等专业神职人员所信奉的佛教、道教及学者笔下的佛教、道教有着根本的区别。

天主教是近两个世纪以来才在中国乡村大面积、有规模地播布。它同样成为梨乡信仰中重要的一极。或许并不均衡，天主教却深刻影响着梨乡民众对自己生活世界的分类，并在梨乡形成行好的与奉教的之间的对峙。改革开放以来，传播方式相对灵活的基督教也蔓延到当地，且支派众多。以上诸多宗教对梨乡庙会的影响与主流社会对这些宗教的政策密切关联，共同构成当今梨乡庙会发生场景的一部分。

再次，因应在革命意识形态下现代民族国家的建构和乡土社会的再造、重塑，虽然明清以来的白莲教等道会门自 20 世纪 50 年代以来因外力在梨乡渐趋消逝，但其遗迹仍在。[1] 不少行好的家中所挂的全神神马常常囊括了儒、释、道三教和人们信奉的天地三界十方的神神。不但韩飘高位列其中，全神神马顶端中心的神祇常常就是无生老母，而非太上老君、孔子或释迦牟尼。庙会期间，神棚中无生老母神马以及新生的与红色崇拜相关的神马也屡见不鲜。[2]

如同"文化自觉"一样，"多元"是费孝通晚年用来指代中华文化的一个关键词，是他重要的学术贡献之一。[3] 正如新近的一些研究所表

---

[1] 鉴于这是一个庞杂的话题，笔者将专文另述，本书暂不提及。与此同时，本书也回避了在华北乡野普遍存在的毛泽东等红色敬拜。

[2] 分别参阅 Adam Yuet Chau: *Miraculous Response: Doing Popular Religion in Contemporary China*, p.51, Stanford：Stanford University Press, 2006；李向平：《信仰但不认同：当代中国信仰的社会学诠释》，第 106-115 页，北京：社会科学文献出版社，2010；刘志军：《乡村都市化与宗教信仰变迁：张店镇个案研究》，第 119-133 页，北京：社会科学文献出版社，2007；Yu Luo Rioux："Pilgrim or Tourist? The Transformation of China's Revolutionary Holy Hand", in Tim Oakes and Donald S. Sutton edited, *Faiths on Display：Religion, Tourism, and the Chinese State*, pp.79-102, Lanham：Rowman & Littlefield Publishers, 2010.

[3] 费孝通：《费孝通文集 第 11 卷》，第 381-419 页，北京：群言出版社，1999。

明的那样，多元文化并存的地方，或者说多元一体的文化内部之间并非泾渭分明，而是相互影响，犬牙差互，即"叠合"的。[1]因应外在环境、交流和自我表达的需要，多元文化内部的某种文化会呈现出不同的面相。梨乡驳杂的宗教实践正是这样一种情形，尤其是到了信众层面，很难将某个家庭或某个个体定格于哪种宗教的信徒。在乡民那里，和尚、尼姑、道士、神父、牧师等更多是一种职业、身份与社会角色。正如本章后文描述的那样，与远离乡民日常生活并高高在上的宗教从业者不同，真正深入到乡村的传教者更多了乡民的气息。首先像个乡民并与乡民亲近的传教者的宗教身份、角色反而被淡化。所以，我将梨乡多元、驳杂更是参差、叠合的宗教事实或宗教实践称之为"乡土宗教"。这也是力避自上而下的意识形态的建构，而是自下而上的对宗教的观照。

在当下中国，不要说城市和沿海地区发达的乡村，就连地理意义上最边缘的乡村也都有了工业文明、信息文明这些后农业文明的气息和味道，但是绝大多数乡村和绝大多数中国人做人处事的基本原则和世界观并未远离我们农业文明时期的先祖。因此，将当下的中国视为"乡土中国"仍然有其实在的认知意义。较早从学理意义上强调中国乡土性特征的费孝通对此有专门的解释：

> 这里讲的乡土中国，并不是具体的中国社会的素描，而是包含在具体的中国基层传统社会里的一种特具的体系，支配着社会生活的各个方面。它并不排斥其他体系同样影响着中国的社会，那些影响同样可以在中国的基层社会里发生作用。搞清楚我所谓乡土社会这个概念，就可以帮助我们去理解具体的中国社会。概

---

[1] Yang Fenggang：*Chinese Christians in America*：*Conversion, Assimilation, and Adhesive Identities*, Pennsylvania：Pennsylvania State University Press, 1999.

念在这个意义上，是我们认识事物的工具……从基层上看去，中国社会是乡土性的。我说中国社会的基层是乡土性的，那是因为我考虑到从这基层曾长出一层比较上和乡土基层不完全相同的社会。[1]

正是有鉴于任何一种宗教实践在中国民众、信众那里的乡土性，我才将中国民众的宗教实践，也即实践层面的而非意识形态层面的宗教信仰称之为乡土宗教，将展示乡土宗教的庙会称之为乡土庙会。也即，这里的乡土虽然沿用了费孝通的"乡土（性）"的内涵，但更主要又是从民众宗教信仰实践层面而言。与专业的神职人员不同，对中国民众而言，宗教信仰实践的乡土性没有城市与乡村之分，也没有发达乡村和落后乡村之别。与"乡土"有明确的能指和所指不同，在本研究中，"宗教"则泛指与超自然力相关的思想和行动，并无制度与非制度、高级与低级、正祀与淫祀、官方与民间、城乡、男女等分野。

对于爱里亚斯（Norbert Elias）而言，社会过程犹如一个一直处于此消彼长、交错状态的"赛局"。[2] 任何一方参赛者并不拥有绝对的优势或取胜的必然，仅仅是在步步博弈中拥有相对的竞争力。参赛者越多，过程性就越强，结果就更难预料。参赛的每一方在他方影响下的每一个举动都成为结局的关键性因素和决定性因素。以此审视乡土宗教，那么它既囊括了中国社会过去、当下、未来有的与可能有的不同宗教、教派，也指这些教义不同的宗教在梨乡的实践，相互之间的博弈和永远竞争性生存，此起彼伏、攻守易位、强弱转换的"赛局"。学界传统意义上的制度性宗教、民间宗教（教派）和民众信仰等概念都仅仅是乡土宗教的这个属概念的种概念。

---

[1] 费孝通：《乡土中国 生育制度》，第4、6页，北京：北京大学出版社，1998。

[2] ［德］爱里亚斯：《什么是社会学》，郑义恺译，第79-120页，台北：群学出版有限公司，2007。

简言之，乡土宗教强调的不是意识形态，而是意识形态的实践或者说实践的意识形态。从认知层面而言，乡土宗教可以有效地防止他者对宗教信仰先入为主的主观的价值评判。从方法论层面而言，乡土宗教要求研究者角色的转化，在研究时先从经验事实入手，直面事实。如果注意到在中华文明体系下宗教的乡土性特征，那么对中国当下宗教市场仅仅以与政治为准绳的红、灰、黑的三色划分以及短缺经济学的分析也就显得单一、片面。[1] 在梨乡，与神人一体辩证法和家庙让渡辩证法联动的行好就是乡土宗教的核心和庙会的原动力。

二　我是在柏林寺皈依了的：佛教的强势

如果把柏林寺的前身观音院的修建时间看作是佛教在赵县产生影响的起点，那么佛教在赵县已经有了 1700 多年的历史。俗语云，"唐代修塔，明代修寺"。明代赵县的乡村寺庙遍地。明正德年间，州志中记录的乡村寺观有 40 座。其中，州东方向有常信村明德寺等 18 座。明清两代主管寺观的僧正司则设在柏林寺。[2] 佛教对赵县社会生活的影响鲜明地体现在历代方志及其他文献对柏林寺的记述和文人的吟唱之中。[3] 从依然屹立在柏林寺内，立于金世宗大定七年（1167 年）的《大金沃州柏林禅院三千邑众碑记》之碑阴所载众多信众及组织中，今天属于梨乡的大安、杨户、长信、柏舍、东平等村及其信众都碑上有

---

[1]　对此，杨凤岗本人已经有了反思，关注到了中国之外的情形。参阅 Yang Fenggang：*Religion in China：Survival and Revival under Communist Rule*, pp.159-179, Oxford：Oxford University Press, 2012

[2]　程遵纂修：《直隶真定府赵州志》卷一"寺观"，第 14a-15b 页；卷一"僧正"，第 32b 页，上海：上海书店影印宁波天一阁藏明正德十年（1515）刻本，1990。

[3]　孙传栻纂修：《直隶赵州志》卷十六"艺文志下"，光绪二十三年（1897）刻本。

名。[1] 与柏林寺作为北方佛教圣地不时享有的辉煌不同，乡村寺观多废而不兴，后来的州志也基本上只详述州城的坛庙。光绪年间的《赵州志》提及的乡村寺庙仅有西林寺、金山寺、铁佛寺、弥陀庵和泰山圣母庙。其中，仅铁佛寺是现今梨乡的庙宇。

在明清两代鼎盛期，庙宇究竟对乡村生活产生了怎样的影响已经无法考证。自清末以来，乡村庙宇及其中的和尚、道士等专职宗教人士对乡村生活的影响却是有限的，因为村中小庙已少有和尚、尼姑、道士。就是有，其宗教知识也有限。对乡村庙宇中的这些专业人员而言，宗教仅仅是其谋生的手段和不得已而从之的行业，众多清规戒律形同虚设。平常，他们得自己耕种庙地维持生计。在某种意义上，甚至可以说，这些人只是常年住在庙中的农民。民国元、二年，在庙产兴学的时代潮流中，新河县的"主持僧道藉以糊口者，惟敛香资，募化分文而已，开道场，荐亡执乐，送葬形同吹手者，亦复不少"。[2] 1930 年，定县全县共有和尚 24 人，平日均耕种庙产，有时死人之家约请念经；全县的 15 个道士仅三人无妻，平日亦种地为生，有时也到死人家诵经。[3] 在饶阳县五公村，新中国成立前村中三官庙的和尚乔曾骠买了邻近的观音庙中 18 岁的尼姑田常谨为妻。[4]

新中国成立前晋县东、西石村之间显通寺的尼姑出家原因有四：许愿的结果；家道中落；遗弃在庙前的或私生或残疾的女婴；克父母等其他特别原因。出家的尼姑通常都在六七岁时随师父识字念经、学女红，尤其重要的是要学习吹奏唢呐和长管，此乃其谋生最为重要的手段。一个尼姑如果在十七八岁仍学不会吹奏唢呐，师父就会让其还

[1] 蔡寿臻、查辂辑：《赵州石刻全录》中卷，同治年间刻本。
[2] 傅振伦纂：《民国新河县志》第 4 册，第 33a—b 页，民国十九年（1930）铅印本。
[3] 李景汉编：《定县社会概况调查》，第 420 页，北京：中国人民大学出版社，1986。
[4] ［美］弗里曼、毕克伟、赛尔登：《中国乡村，社会主义国家》，陶鹤山译，第 43 页，北京：社会科学文献出版社，2002。

俗。除办好其所在庙宇的庙会，她们也到别村参加醮会，为富裕人家丧事念经超度亡灵和吹奏唢呐。[1] 乡村宗教人士不地道、不规矩的宗教生活现况也成为民国时期庙产兴学运动的主要理由之一。[2] 于是，发生在村庙中一些重大的仪式都要请州城、县城或其他较大庙宇中的神职人员来做。新中国成立前，范庄、豆腐庄的醮会都是州城关帝庙中的道士前来主持醮棚中的仪式的。

新中国成立前，梨乡铁佛寺和尚的主要职责就是看守庙宇。除庙会及平时的香火钱外，这些和尚主要靠种庙地为生。土匪可以在铁佛寺栖身，附近的农民也可以到寺庙上来随意撞大钟或捉蛇玩。虽然庙会期间寺庙殿宇中的香油钱都归和尚，但铁佛寺庙会的组织权却在四围村落的乡绅手中。对庙地，寺中的和尚只有使用权，其所有权是施主的。当寺观中的和尚或道士等把土地随意买卖时，村民可以较容易地把这些和尚、尼姑或道士赶走。[3] 乡绅也可以轻而易举地刁难他们。[4] 因此，杜博思指出，华北乡村历史上村庙中的和尚等专职宗教人员在仪式等方面的宗教知识、技能的不足，使之对村落的宗教生活影响有限，多数仅是在葬礼等仪式时烧香，其所扮演的角色也容易被村中非宗教人员所取代。[5] 这种状况一直延续到今天。在陕北，和尚、道士等乡村专职的宗教人士现今仍然只具一定程度的象征意义，很少在乡村庙宇重建和庙会活动中发挥重要作用。[6] 在现今梨乡专职的宗教人士缺乏的情况下，个别主要由行好的组成的香会组织也就担负起了超度死人、念经送佛的职责而往来于乡间。

---

[1] 田振庄编：《晋县文史资料》（内部资料）第四辑，第184-188页，1991。

[2] 邰爽秋编：《庙产兴学问题》，第39-40页，上海：中华书报流通社，1929。

[3] ［日］中國農村慣行調查刊會：『中國農村慣行調查』卷三，pp.414，東京：岩波書店，1985。

[4] 田振庄编：《晋县文史资料》（内部资料）第四辑，第183页，1991。

[5] Thomas David DuBois： The Sacred Village： Social Change and Religious Life in Rural North China, pp.30-33, 49-50, Honolulu：University of Hawai'i Press, 2005.

[6] Adam Yuet Chau： Miraculous Response： Doing Popular Religion in Contemporary China, pp.57-58, Stanford：Stanford University Press, 2006.

与当下乡村庙宇几乎没有可能重建相反，作为佛教象征的柏林寺不但大规模快速重建、扩建，其对社会各界的影响也日益加剧。河北省佛学院设在柏林寺内。近些年，每年夏天柏林寺都举办吸引各地善人的"生活禅"夏令营活动。净慧法师结合时代倡导的生活禅已经得到社会各界的广泛认可，并成为柏林寺以及中国当代佛教文化和赵县地方文化建设的一面旗帜。但是，这些都主要是针对读书多的高知阶层与生活相对闲暇的都市群体，更注重的是意识形态层面的引导。同时，虽然柏林寺也偶尔在梨乡扩建活动场所，广收门徒，颁发皈依证，但对乡村生活和民众宗教实践的影响仍然十分有限。主要走上层路线的策略使柏林寺很快名声远播，多位国家领导人都曾来此造访。这些使得柏林寺拥有了同一地域其他宗教场所无法比拟的社会资源与强势。

　　相反，对于赵县乡村众多的庙会，除频频见之于笔端的范庄龙牌会现今被基层政府一定程度地认同外，其他庙会仍然在理论上被视为非法。因此，村村有庙会的梨乡很难见到像样的庙宇。梨乡行好的，尤其是香道的，不论各自具体情况怎样，为了使其存在具有正当性，"使将来上面查下来时有个说法"，都纷纷到柏林寺皈依。在现今的皈依仪式中，柏林寺要收少量的手续费，并给这些"善人"颁发证书，起法名。到 2003 年，柏林寺拥有信徒 21,896 人。柏林寺出钱在梨乡曹庄修建的有 3 间屋的观音院也成为官方认可的佛教临时登记的活动场所，有信徒 229 名。申请登记的北中马办事处田庄的佛教活动场所目前尚在一农户家中，有信徒 638 人。[1]

　　行走在梨乡时，面对合作者信任或者不信任的目光，我经常听见的一句话就是："我是在柏林寺皈依了的！"从某种意义而言，宣扬佛法的柏林寺成为梨乡庙会生存的安全屏障和庇护人之一，也在一定程度上影响了这些乡土庙会。在行好的将自己归属到柏林寺并被柏林寺

---

[1]　赵县宗教局：《赵县民族宗教工作概况》（打印稿），2003。

认同时，国家领导人到柏林寺等有关的任何消息都会在行好的中间飞速传播。还没有像曹庄那样修有观音院的村庄就希望有朝一日柏林寺也在自己村子修建观音院。

从制度层面等外显特征而言，道教今天在赵县的影响似乎远小于佛教。根据赵县宗教局 2003 年的统计，今天自称是道教信仰的人主要分布在赵县中、西部的前大章、韩村、新寨店和北王里四乡镇 20 村，总计仅 84 人。其中，祭祀人祖伏羲、女娲的双庙村的 39 位信徒是在被柏林寺拒绝承认其为佛教徒后，才加入道教协会。面对信众的这些举措，梨乡信众自我定义和命名的"佛教徒""道教徒""居士"等语词、标签实际上没有多少意义。唯一能统合他们的是同时指称其言与行的"行好"。

三　教堂钟声与晨钟暮鼓

从西方传入的天主教虽也起伏不定，但始终是梨乡乡土宗教结构性的一部分。天主教在清末传入赵县，先是隶属于正定教区，后从正定教区中分离出来，成为一个独立的教区。[1] 义和团运动后，天主教在赵县有了较快发展。20 世纪 20 年代，华北的持续干旱加剧了天主教及基督教在赵县的传播，以至于民间有"吃教"一说。如"你为什么信天主，我为吃二斗玉黍黍"，"你为什么进教堂，我为吃二斗红高粱"，等等。[2]

当然，因生活窘困而加入天主教等洋教一直都仅仅是中国人入教

---

[1]　河北省赵县地方志编纂委员会编纂：《赵县志》，第 522 页，北京：中国城市出版社，1993。
[2]　1920 年前后华北地区的传教情况，亦可参看傅汝凤等纂：《井陉县志料》"风土·宗教"第三册，第 1 页，天津：天津义利印刷局印，1934；傅振伦纂：《民国新河县志》"风土考·西教"第四册，第 34b 页，民国十九年（1930）铅印本。

的原因之一。周锡瑞（Joseph W. Esherick）曾指出，在义和团运动之前，由于种种不平等条约和天主教等洋教给自己的定位，天主教等洋教在相当长的时期拥有种种世俗特权，并越来越多地干预清政府的内政和司法，滥用其本身就不合理的特权，使天主教成为"政府中的政府"。因此，除了纯粹因信仰原因入教的外，加入天主教等洋教的主要是秘密宗教成员、土匪和穷人。前两类人主要是因为天主教等洋教拥有很多的世俗权力而寻求洋教的保护，部分穷人也不排除逃避地主经济上勒索的原因。[1] 作为 1948 年山西潞城县张庄土改工作队的观察员，韩丁（William Hinton）认为，在张庄四十来年的天主教传承中，不少人入教是违心的，只是权宜之计，或为了租种教会的土地，或为了能从育婴堂买到老婆等。[2]

由于东西文明之间的冲突和政治背景等因素，天主教在传播过程中也吸收、容纳了一些本土传统，有一些变通。洪秀全的拜上帝教更是将天主教有效本土化的直接操演。[3] 通过明清时期基督教和反基督教绘画艺术中耶稣基督形象的呈现形态，褚潇白对天主教、基督教在中国传播的本土化努力的视觉形态进行了有意义的人类学和符号学分析。[4] 就视觉形态和符号建构而言，在梨乡当下天主教的传承与传播也显现出本土化或者说乡土化的努力。与赵县（东）朱家庄相邻的宁晋县北朱家庄教堂南侧不远的一户天主教人家，从其大门的装饰布局，我们就可以看到天主教的中国化或者说中国化的天主教：一般人家院门匾额上的"家和万事兴"之类的字句被"主赐平安"代替，院门上

[1] ［美］周锡瑞：《义和团运动的起源》，张俊义、王栋译，第 91—100 页，南京：江苏人民出版社，1998。

[2] ［美］韩丁：《翻身——中国一个村庄的革命纪实》，韩倞等译，第 75 页，北京：北京出版社，1980。

[3] Jordan D.Paper：*The Spirits Are Drunk：Comparative Approaches to Chinese Religion*, pp.245–264, Albany：State University of New York Press, 1995

[4] 褚潇白：《圣像的修辞：耶稣基督形象在明清民间社会的变迁》，北京：中国社会科学出版社，2011。

依然是两个硕大的镏金的"福"字，影壁上的土地神位被"恒自省赐，咸仰仁和"八个字取代。虽然有着这些本土化的努力，但天主教在乡土中国的发展仍然十分缓慢。与宁晋县北朱家庄半数人信奉天主教不同，与北朱家庄连成一片的赵县东朱家庄至今几乎没有奉教的。同样，北京门头沟的桑峪村，有着数百年历史的后峪的圣母山、教堂和教民也并未将前峪"大教"村民度化到自己麾下，使得同一个村的村民有着两种时间制度。

通过对中国道会门的研究，欧大年分析认为中国民众信仰的根基是女性神祇、奇理斯玛式领袖和期待未来佛，所以中国民众对于耶稣和教会的教义天然就存在抵触心理。[1] 与此不同，史学家周锡瑞则认为中国人对洋教的排斥不仅因为它是外来的而受到中国人排外情绪的抵制，还因为它相信超自然的力量和灵魂拯救并男女不分，因此使清廷朝野上下都把其与白莲教等同起来，视为异端、邪教。[2]

到 1926 年，赵县有 8 座教堂。其中，位于梨乡的有修建于 1880 年大马圈圣家三口教堂，修建于 1911 年的谢庄圣母堂和修建于 1912 年的大夫庄圣家三口教堂。到 1970 年，赵县信奉天主教的有 86 个自然村，1,937 户，计 7,903 人。[3] 2003 年，根据赵县宗教局的统计，天主教徒分布的村落没有发生变化，人数上升为 12,331 人。与赵县西南边的北王村一样，[4] 梨乡天主的传承基本是家庭内部的纵向传承，教徒人数的增多主要是由于原有教徒的后代增多了，曹庄、秀才营、大夫庄、藁城县马邱等梨乡村庄莫不如是。

虽然梨乡天主教徒仅约全县天主教徒总数的 26.7%，约占梨乡人

---

[1]　[美]欧大年：《中国民间宗教教派研究》，刘心勇译，第 239 页，上海：上海古籍出版社，1993。

[2]　[美]周锡瑞：《义和团运动的起源》，张俊义、王栋译，第 94 页，南京：江苏人民出版社，1998。

[3]　河北省赵县地方志编纂委员会编纂：《赵县志》，第 522 页，北京：中国城市出版社，1993。

[4]　麻国庆：《家与中国社会结构》，第 123-125 页，北京：文物出版社，1999。

口的 2.6%，但从天主教这种异质文化一进入中国乡村开始，它就成为原本较为纯一的乡土社会生活的一部分，二者之间的不协调深刻地影响着或分裂着近现代中国乡村。[1] 今天，梨乡奉教的生活对包括庙会在内的乡村生活同样产生着深远影响。天主教是政府认可的合法宗教，改革开放后修复或新修教堂也较容易批准，因此在教徒比较集中的村庄都有其较为固定的活动场所。有的教堂修建得异常宏伟，使当地今天少而小的村庙黯然失色。宁晋北朱家庄的教堂投资约在 50 万元以上。其辉煌的外观、高耸入云的十字架和响彻方圆十里的钟声成为远近乡村一景和不同信仰者常常谈论的话题。

在中国城乡，完整的大型寺庙建筑都有钟楼、鼓楼。与这些中心、公共景观相连的是给人们报时辰并让文人士子和乡民都思念的"晨钟暮鼓"。这些从悠远的历史深处走来的声音、从迷茫的天际传来的声音不但构筑着士绅的品性，也混融在日出而作、日落而息的乡民的身心之中，成为其感觉结构与心灵图景。在早期传入梨乡时，教堂强行鸣叫的时钟是对梨乡人熟悉也亲切的晨钟暮鼓的挑衅，是奉教的地位和身份的象征，是由现代的、崭新的外面"神奇"世界力量支持下的一种文化宣示，是一种"殖民的现代性权力"的再现[2]。复杂的是，在梨乡人信仰已经分裂的今天，普遍接受时钟计时的占梨乡人绝大多数的行好的依然还固守着与晨钟暮鼓相连的"偶像"崇拜或"多神"崇拜。对于已经完全世俗化、去圣化的曾为教堂专有的钟声而言，[3] 梨乡奉教的和行好的感触都是矛盾的，因为谁都不是信仰上的最终胜利者。

---

[1]　可参阅李亦园：《宗教与神话论集》，第 291—295 页，台北：立绪文化事业公司，1998；[美]韩丁：《翻身——中国一个村庄的革命纪实》，韩倞等译，第 39、75—76 页，北京：北京出版社，1980；杨懋春：《一个中国村庄：山东台头》，张雄、沈炜、秦美珠译，第 154—156 页，南京：江苏人民出版社，2001。

[2]　夏铸九：《公共空间》，第 79 页，台北：艺术家出版社，1994。

[3]　[法] 阿兰·科尔班：《大地的钟声：19 世纪法国乡村的音响状况和感观文化》，王斌译，桂林：广西师范大学出版社，2003。

如今，晨钟暮鼓只在人们心灵深处回响，但"时钟时间"与梨乡人的"生活时间"已大致相符。在人们的感官世界中，强行介入的教堂钟声也发生了从敌视、漠视、默然以及习以为常甚或依赖的转变，如同已经习惯使用的洋火、洋水壶、洋马儿等一样。在梨乡的日常生活中，教堂钟声在相当意义上已经被剥离出了教堂，剔除了它原本有的孤傲与所谓的神圣，成为当下乡村的晨钟暮鼓。

　　平常，梨乡多数教堂的门是锁上的，有的则一直有专人看管。礼拜日上午八点多，奉教的纷纷走向教堂，外村前来礼拜的教徒要么骑摩托车，要么乘坐三轮车，带着垫子，前往教堂礼拜，很是壮观。不认识的、衣冠不整的外人都禁止入内。2005 年前往调查龙牌会期间，随我同行的一位调查者想进曹庄天主堂一探究竟，结果就被拒之门外。这让我的房东觉得很没面子，差点与那位手握教堂门钥匙、原本也交好的邻居争吵起来。主日，神父拉丁语的诵经声，唱诗班的歌声回响在教堂上空，余音袅袅。除孩子出生后要受洗、老人死了要请神父做弥撒、婚配范围等不同，早课，晚课、主日等呈现出的奉教的有规律的宗教生活使他们与行好的生活明显不同，并构成当今梨乡生活的一部分。奉教的很强的组织观念、集体感和有规律可循的宗教生活让村中行好的颇另眼相看。

　　就外在的生活景观而言，虽然行好的与奉教的信仰不同，但世俗生活中的生产劳动、红白喜事等如果需要，还是会出现互相帮忙的情况。虽不磕头，奉教的也会去庙会上看看。

　　乔大卫 (David K. Jordan) 和武雅士（Arthur P. Wolf）等人的研究表明，中国乡村民众习惯于以自我为中心，根据亲疏远近，在神、鬼与祖先的三极思维中来构筑自己的信仰世界和划分不同的群体。[1] 外来的、

---

[1]　David K. Jordan: *Gods, Ghosts, and Ancestors: Folk Religion in a Taiwanese Village*, Berkeley: University of California Press, 1972; Arthur P. Wolf: "Gods, Ghosts,and Ancestors", in Arthur P. Wolf edited, *Religion and Ritual in Chinese Society*, pp. 131-182, Stanford: Stanford University Press, 1974。

不熟悉的、陌生的很容易被视为是不能亲近的、邪恶的和能带来灾难的鬼，并拒而远之。虽然天主教等洋教在中国大规模的传教是在坚船利炮的伴随下进行，并有着一种居高临下的不光彩的一面，但相当一部分的中国民众也表现出了自己的固执。更关键的是，太平天国运动对"上帝"的本土化移植，借用和单复数形式的"差遣"——严肃认真的戏仿，[1] 使得自上而下地形成了对洋教同仇敌忾的氛围，直至义和团运动的最终爆发。《辟邪纪实》也就是在这样的大背景下一再重刊复印，四散传播的。同样，清末传教士在西南边陲的贵州也留下邪教和匪两种形象。[2] 由于洋教在帝国主义的支持下享有的种种特权，洋教从其强行进入的那天起就与本土宗教之间形成强大的张力。[3]

2003 年 3 月，龙牌会费尽力量，完全是行好的自己想方设法筹钱、募捐，设计修建了并不大的龙祖庙。庙会期间，在县、镇领导和外来学者为龙祖庙（龙文化博物馆）揭幕后，龙牌会会首、范庄行好的和梨乡他村行好的都是兴奋的。龙牌会会首、行好的经常都强调自己行为的正、真、善、公，并自觉将自己与政府统一起来，诸如 2003 年庙会期间对在暗地前来散发法轮功传单的行径进行痛斥，2004 年庙会期间对自称是玉皇大帝女儿的外来者迎头痛击，等等。[4] 范庄龙祖庙的修建就像曹庄修建了观音院、国家领导人到柏林寺视察一样在梨乡飞快播布。

行好的内部也有着分歧。不少人都叹息行好的艰难，正所谓"行好难，行好难，又赔功夫又赔钱"。房东老辩曾对我说："行好的要求

[1] 褚潇白：《圣像的修辞：耶稣基督形象在明清民间社会的变迁》，第 80—119 页，北京：中国社会科学出版社，2011。

[2] 游建西：《绅士与苗民对基督教文化的不同态度》，载《二十一世纪》2003 年第 8 期，第 105—107 页。

[3] [美] 柯文：《历史三调：作为事件、经历和神话的义和团》，杜继东译，南京：江苏人民出版社，2000。

[4] 岳永逸：《灵验·磕头·传说：民众信仰的阴面与阳面》，第 149 页，北京：生活·读书·新知三联书店，2010 年。

不是很严，比较自由，时间长了，行好的也就有松劲的了，有的会因此也组织不起来。"此时，他们反而有些羡慕奉教的组织性、纪律性和集体性了。或许正是这些分歧和认同形成的张力，再加之地缘关系、血缘关系，梨乡村庄整体上才呈现出紧张而又和谐的生活景观，各种生活有条不紊地与时间一道前行、消逝。

民国初年，基督教就在赵县传播，但其发展一直缓慢。1970年，全县仅有6户18人是基督徒。改革开放后，尤其是20世纪90年代以来，基督教有了较快发展，由90年代初的70名教徒发展到2003年的1,441名。尽管梨乡还没有基督教的公开活动点，但按照近十年来基督教在赵县乡村的传播速度，它也完全可能成为梨乡乡土宗教的一极并对庙会产生影响。

四　庙产兴学：霸权话语的流变

白菱（Judith A. Berling）曾精辟地指出：在中国，宗教信仰是多元的也是和平共处的；自战国时期开始，宗教一直都从属于政治，或者说与政治合作；诸如佛教，外来宗教只有充分和中国既有文化合流后，才完全本土化，与儒教、道教鼎足而立；唐代的灭佛，或者佛儒之争，并非是意识形态的问题，而是政治问题，关键在于大兴的佛教寺院的庙地减少了政府的税收、大量的人丁进入寺院减少了劳动力，从而威胁到统治，由此在极盛时遭到灭顶之灾。[1]

清道光年间，《辟邪详辩》典型地代表了包括统治者在内的精英阶层对乡土宗教的责难：异端信仰不但是让统治者寝食难安的祸患，而

---

[1]　Judith A.Berling: *A Pilgrim in Chinese Culture: [Chin lin]: Negotiating Religious Diversity*, pp.41–71, Maryknoll: Orbis Books, 1997.

且也被认为是不合圣贤之道，对民众本身而言也是危险的。《辟邪纪实》中的《圣谕广训》亦云：

> 释氏之教不管天地四方，只是理会一个心，老氏之教只是要存得一个神，此朱子持平之言，可知释道之本旨矣。自游食无籍之辈阴窃其名以坏其术，大率假灾祥祸福之事以售其诞幻无稽之谈，始则诱取赀财以图肥己，渐至男女混淆，聚处为烧香之会，农工废业，相逢多语怪之人。[1]

也即，在当政者那里，展示乡土宗教和庙会的庙宇这一传统社会的公共空间一直是让统治者揪心、恼火的地方，也长期被置于"非法"地位，没有存在的价值、意义与合理性。自然而然，在内忧外患的搅扰下，1898 年戊戌变法开始的庙产兴学运动就明确地将矛头对准了乡村庙宇。是年，在西教日炽、释道二教式微的大背景下，张之洞写道："今天下寺观，何止数万，都会百余区，大县数十，小县十余，皆有田产，其物皆由布施而来。若改为学堂，则屋宇田产悉具，此亦权宜而简易之策也。"这样，"儒风振兴，中华又安"，释道二教亦蒙其保护矣。[2]

如果说清末的庙产兴学是当时清政府因国库空虚而又欲兴西学，不得已而为之的权宜之计，那么与辛亥革命、五四新文化运动倡导的民主、科学等效仿西方的近代化努力同步，民国时期的庙产兴学运动的动机和原因就复杂得多。回观之，当时的启蒙精英、政治精英等智识阶层因急欲奋发图强，重塑公民、社会和国家，同时从时间制度和空间制度两个面向进行了努力。时间制度上重构的重中之重就是废除

---

[1] 天下第一伤心人：《辟邪纪实》，第 1b 页，同治十年（1871）重刻本。

[2] 张之洞：《劝学篇》，李忠兴评注，第 120–121 页，郑州：中州古籍出版社，1998。

旧历，推行新历。空间制度上换颜的焦点除在都市设置、兴建公园、革命烈士纪念碑、中山纪念堂、国货陈列馆等标志性景观外，就是全国范围内的庙产兴学。对乡土中国时空的重构都是将旧的时间制度和空间制度与民众的"迷信""愚蒙"捆绑一处，从而使现代民族国家的时间制度的重构和空间制度的改造互为表里，也相互依托。[1] 因此，将旧历明确定义为"阴阳五行的类书，迷信日程的令典"或"迷信的参谋本部"[2] 是国民党强力推行新历的基本表述。废除旧历也就成为国民革命和随后的新生活运动的基本方针和旨归。正是富国强民的强大群体心性和内在诉求，民国政府出面组织、发动的对乡村庙宇的摧毁力度也要大得多，大有连根拔起、天翻地覆慨而慷的雄心与气势，并成为自上而下，意味着新、好、进步的主流运动。

民国三年，国民政府颁布的"寺庙管理条例"规定：各寺庙得自立学校；仅有建筑属于艺术，为名人之遗迹、为历史上之纪念、与名胜古迹有关的寺庙可由主持负责保存；凡寺庙久经荒废，无僧道主持者，其财产由该管地方官详请长官核处之。20 世纪 20 年代，李宗仁、冯玉祥曾分别在广西、甘肃、河南实行庙产兴学。[3]

学者也参与到庙产兴学运动之中。在 20 世纪三四十年代，因极力倡导民生本位教育，并在上海、重庆等地开展实验，现今学界较少提及的邰爽秋一度与晏阳初、梁漱溟、陶行知有"中国教育界四大怪

---

[1] 对此，学界已经有多有省思。左玉河详细梳理了民国政府废除旧历的艰难历程。张倩雯 (Rebecca Nedostup) 关于迷信一词在现代中国语义学生成背后的政治和宗教动因的深层解读，就主要是立足于庙宇等公共生活空间、社区仪式的重构进行阐释的。与之不同，以 1900—1937 年的广州为例，潘淑华 (Shuk-wah Poon) 对清末以来尤其是民国期间政府从时间制度和空间制度对广州的双重重构进行了精彩的描述与分析。分别参阅左玉河：《拧在世界时钟的发条上：南京国民政府的废除旧历运动》，载《中国学术》2006 年总第 21 辑；Rebecca Nedostup: *Superstitious Regimes: Religion and the Politics of Chinese Modernity*. Cambridge: Harvard University Asia Center, 2009; Shuk-wah Poon: *Negotiating Religion in Modern China: State and Common People in Guangzhou, 1900-1937*. Hong Kong: The Chinese University Press, 2011.

[2] 《中央宣传部电告元旦宣传要点》，《申报》，1928 年 12 月 28 日。

[3] 邰爽秋编：《庙产兴学问题》，第 37-38 页，上海：中华书报流通社，1929。

杰"之称。与其他三杰不同，20 世纪 20 年代晚期，时任江苏大学教授的邰爽秋就竭尽自己所能，极力鼓吹庙产兴学运动。由此，作为一种潮流和时尚并有着站位、自我认同等复杂政治意涵的庙产兴学运动在 1928 年到达高潮，并影响到政府的立法。

南迁后的国民党政府在 1928 年到 1931 年之间先后颁布了《废除卜筮星相巫觋堪舆办法》《神祠存废标准》《严禁药签神方乩方案》《取缔经营迷信物品办法》《取缔以党徽制入迷信物品令》等一系列法令。[1] 在认为社会进程的权力革命存在从神权、君权到民权的线性进化的背景下，这些法规将迷信视为"妨碍人类之进化"的主要障碍。为避免在"文化日新、科学昌明之世"，一个民族"腾笑列帮"的命运，要坚决破除"锢蔽民智"的陋俗，以此实现中华民国整个社会"精神更新"。[2] 其中，最为重要的《神祠存废标准》欲谴责并制止迷信而保护宗教自由，专门制定了应取缔的迷信和应保护的宗教的区分标准。由于迷信与宗教之间的含混性，"标准"亦是摇摆的。如它将土地、灶神信仰视为合法，将龙王、财神和城隍等信仰则视为非法。[3] 这也自然导致该标准执行中许多不了了之的事情。如前所述，复杂的庙产兴学运动除新开财源外，其核心的反迷信运动也成为政治斗争的一种工具，直至到 20 世纪 30 年代中期成为一种新的"精英传统"[4]。

无论如何，民国时期的庙产兴学都取得辉煌战绩。光绪八年（1882）到 1928 年，河北定县东亭乡 62 村被毁的 331 座庙宇中，民国以来毁掉的有 259 座，其中仅民国三年就毁掉 200 座。[5] 新河县的众多

[1] 立法院编译处编：《中华民国法规汇编》，第 376、794-796、807-814 页，上海：中华书局，1934。
[2] 立法院编译处编：《中华民国法规汇编》，第 807 页，上海：中华书局，1934。
[3] 立法院编译处编：《中华民国法规汇编》，第 813 页，上海：中华书局，1934。
[4] [美]杜赞奇：《从民族国家拯救历史：民族主义话语与中国现代史研究》，王宪明译，第 86-102 页，北京：社会科学文献出版社，2003。
[5] 李景汉编：《定县社会概况调查》，第 422-423 页，北京：中国人民大学出版社，1986。

寺庙也在民国元年、二年基本改建为学校，庙地充公，主持僧道借以糊口者，惟敛香资，募化分文而已。[1] 20 世纪 40 年代初期，时任赣南行政督察专员公署专员的蒋经国曾亲自率先斧劈安远城隍神像，以激励下属拆庙、捣毁神像的勇气。[2] 所有这些与同时期旨在开启民智的庙会调查、轰轰烈烈的民众教育运动形成互补之势。

历史有着其内在的连续性，政权的更迭、意识形态的不同并未完全将历史分割成断裂的板块。在比较视野中研究欧、亚、非烹饪、菜肴的杰克·古迪（Jack Goody）指出，饮食习惯是自主性很强的个体自小随亲情群体习得，持久力强。因此，某些菜肴的延续是"相对缺乏社会文化体系其余部分之承继的一种反映"，且在骤变式的革命性社会变迁语境下，烹饪的自主性、延续性对于个人有着非常特殊的重要意义。[3] 其实，不仅是个体的饮食习惯、菜肴制作有着延续，上层意识形态同样在革命性社会变迁前后有着延续。无论是就 1949 年前后当政者所奉行的宗教政策而言，还是就共产党一贯奉行的宗教政策而言，柯文提出的"打破 1949 年"障碍，寻求内在延续性，而不仅仅是断裂的观点[4]均有鲜明的体现。民国政府和共和国政府的宪法都明确规定了宗教信仰自由，同时也极力区分开迷信和宗教，对有害的宗教均进行取缔。

使以前受压迫的民众政治上解放，并将其满头脑的封建迷信用社

---

[1] 傅振伦纂：《民国新河县志》第四册，第 33a-b 页，民国十九年（1930）铅印本。

[2] 何柏达：《安远庙会——以城隍庙会为例》，第 27 页，见罗勇、劳格文主编，《赣南地区的庙会与宗族》，国际客家学会、海外华人研究社、法国远东学院。反之，民国时期的宗教政策对兴办学校、医院、育婴堂等事业的基督教是比较支持的。曾任民国政府内政部长的薛子良在庙产兴学运动最盛的 1927、1928 年，因曾发表了褒扬基督教的言论，遂被媒体安上了"薛牧师"之雅号。参阅邰爽秋编：《庙产兴学问题》，第 79 页，上海：中华书报流通社，1929。

[3] ［英］杰克·古迪：《烹饪、菜肴与阶级》，王荣欣、沈南山译，第 214-215 页，杭州：浙江大学出版社，2010。

[4] Paul A.Cohen: "The Post-Mao Reforms in Historical Perspective", *Journal of Asian Studies*, vol.47, no..3 (1988), pp. 518-540.

会主义伦理和科学取代，使他们完全"翻身"，成为社会主义新人，一直是中国共产党人坚定不移的革命信念。新政权的建立使得这一理想更加成为可能，并衍生为举国上下的集体欢腾。1949年后至改革开放前，党和政府在历次运动中都一直延续了土改以来塑造社会主义新人的使命。大跃进伊始的1958年，饶阳县境内幸存的道观和佛寺被拆毁，其北部的一个村庄，三座残存的寺庙均在该年大炼钢铁的运动中被毁，寺庙的木墙和木椽都成了炼钢的燃料。[1] 在赵县，因修建岗南水库、石津灌渠、道路、桥梁，没有任何存在理由的梨乡所有村庙、祠堂乃至坟地的石碑几乎都成了天然的修建材料，本已残壁断垣的铁佛寺的数十通石碑也就在此时永远从九龙口消失。

可是，对乡村基层干部而言，他们生长的民俗环境，使他们本人或多或少地有着"村里人"的认同，不时扮演着"村里人"的角色，始终是"集体信仰者"[2]中的一分子。这使得改革开放前的乡土宗教与庙会有了成为暗流的可能。改革开放后，"文化搭台，经济唱戏"的大政方针，所谓民俗旅游、原生态旅游的燎原之势和非物质文化遗产申报、命名运动的潮流，使得地方干部允许乡土庙会存在，并冠之以发扬地方文化传统、保护民间文化、振兴地方经济等口号。

然而，像陕北榆林黑龙大王庙那样，地方政府和庙宇之间类似于庇护人和委托人的关系并不具有普遍性。在梨乡多数乡村，基层干部对乡土庙会的态度仍然非常谨慎。在赵县，每年三月县委和县政府都要开展"科技文明进庙会"活动，力求改造、主导或者至少说影响庙会，必要时还会集中精力打击封建迷信活动。这更增添了梨乡庙会生存的两可性。当把一个庙会视为民间文化、民俗文化以及非物质文化

---

[1] [美] 弗里曼、毕克伟、赛尔登：《中国乡村，社会主义国家》，陶鹤山译，第325页，北京：社会科学文献出版社，2002。

[2] Adam Yuet Chau: *Miraculous Response: Doing Popular Religion in Contemporary China*, pp.69–72, Stanford: Stanford University Press, 2006.

遗产时，当认为一个庙会可以发展旅游并带动地方经济时，它是积极的，其存在也就具有了一定正当性，如龙牌会。当一个庙会被视为迷信时，则会面临被制止、打击和摧毁的危险，如铁佛寺庙会。但对一个庙会来说，究竟面临的是风雨还是晴则很难预料。

在范庄镇的官方叙事中，原本起源于醮会，现今主要祭祀写有"天地三界十方真宰龙之神位"的木制龙牌的庙会是定位于发展范庄经济之龙头的。因此，龙牌会在赵县被公开地认为是"合法"的存在，并默许修建了供奉龙牌的龙祖庙。由于学界和传媒持续地积极参与和政府的默认，龙牌会的合法性在当地是公共知识。

与行好的私下里称"龙祖庙"不同，在县、镇两级政府对外的公开语本中，这个公共空间是弘扬龙文化的"博物馆"。官民双方在公开场合共同认可的称谓则是"龙祖殿"。官民双方都将龙牌进行了适当的提升。龙牌会能发展到今天的地步，也与地方学者、外来学者以及新闻工作者对其正面价值的发掘有着不可分割的关系。对这些拥有表达权的他者而言，部分范庄人信奉的龙牌成为体现中华民族精神的龙文化的具体形式。后文将要详述的常信水祠娘娘庙会，敬拜的是传闻中救过汉光武帝刘秀命的当地姑娘贾亚茹。这个庙委会也采取与龙牌会一样的策略，坚持不懈地申请修建"刘秀走国文化博物馆"。

虽然赶会的人群没有太大的变化，但铁佛寺及其庙会就有着截然相反的命运。2000年5月30日，河北省省会精神文明办公室下发的《河北省省会精神文明建设简报》第16期就表彰了赵县"以拆除农村非法庙宇为突破口，集中精力打击封建迷信活动"所取得的成绩。此次打击的主要对象就是铁佛寺。赵县"县委组织公安、民政、交通等职能部门出动400多人次，动用大型作业机械4辆，对占地200多亩的30余座乱建小庙进行了集中拆除。对拆除后的闲散地块，乡村两级提出了筹建经济园区的规划方略"。这次活动使"全县封建迷信势头得到有效的遏制"。

出于民族的振兴，部分五四以来的启蒙精英，尤其是民俗学者对民间有着浓郁的浪漫主义想象，他们能从民间流传的歌谣、传说、故事等口传文学中找到自己思想上的共鸣。20世纪二三十年代"到民间去"这场"眼光向下的革命"蕴含了知识分子对民众的想象、知识分子对自己的想象，也诱发了知识分子愿意到民间去的趋势和实践。[1] 对民间文学的重读、发掘和到民间去的实践使稚拙、淳朴、乐天知命的积极的民众和狭隘、愚昧、迷信、行动盲目之消极的民众同时呈现在了多少带有原罪感、使命感的知识分子面前，蕴藏了民族精神和潜力的民众同时也就成为要被改造和批判的对象。整个20世纪，与对民间文学的礼赞相反，不同意识形态支配的改造者对民众的"迷信"一直是鞭笞和痛斥的。但改造者们对民众会接受改造也是能教育好的积极想象和对民众所拥有的愚昧、迷信的消极想象分离了民众与民众自己生活于其中的文化，也忽视了乡土宗教的惯性及其对民众生活调适引发的存在的合理的一面，最终使"有关向现代化转变的途径启蒙叙述结构在中国一再碰上民间宗教的暗礁"[2]。

当将乡土宗教偏重于民间文化、优秀的传统文化表述、言说时，乡土庙会也就变得积极并且应该存在；而当侧重于描述其不轨或异端即"迷信"的一面时，乡土庙会和它存身的场所、空间也就理所当然地应该被压制。虽然可能在规模、组织、仪式上等都会发生应景性的调适，但庙宇一直在拆毁中重修，人们一直都在或大或小地过会。

在栾城县寺北柴村，民国四、五年重修过观音庙，民国十七年

---

[1] Hung Chang-t'ai, *Going to the People: Chinese Intellectuals and Folk Literature, 1918—1937*, pp.164-168, Cambridge: Council on East Asian Studies, Harvard University, 1985; 赵世瑜：《眼光向下的革命——中国现代民俗思想史论（1918—1937）》，第275—284页，北京：北京师范大学出版社，1999。

[2] ［美］杜赞奇：《从民族国家拯救历史：民族主义话语与中国现代史研究》，第104页，北京：社会科学文献出版社，2003。

（1928）重修过五道庙，民国二十五年（1936）前后重修真武庙。[1] 到1930年，定县全县仍尚存庙宇至少879座，有庙会的庙宇至少有50座。[2] 民国二十九年（1940），藁城马邱供奉三皇姑的菩萨庙在其旧址上重修，并立《重修兴隆驾会菩萨庙记》碑志一座。铁佛寺虽然屡建屡毁，其四围村庄行好的都没有放弃重建的努力，屡毁屡建。不能公开地赶会，在家户中也要进行，龙牌会就这样传衍下来。在梨乡，至今仍然有很多在村内部分家户中轮值供奉一个神马并定期过会的情况。鉴于多数行好的在家居空间中进行的非血缘群体的信仰活动，将家庭重新定义和解释为"免遭国家干涉的神圣的保留地"[3] 也就具有了合理性。因为忽略了家居层面的非血缘次生群体的仪式实践，以庙会为表征的中国当代宗教的复兴论也就自然被国家、政治、经济、文化、旅游、市场等大词包裹，对中国宗教和庙会的认知也就停留在外围和表层。

[1] ［日］中國農村慣行調查刊行会：『中國農村慣行調査』卷三，pp. 42-43，東京：岩波書店，1985。

[2] 李景汉编：《定县社会概况调查》，第417、419页，北京：中国人民大学出版社，1986。

[3] ［美］弗里曼、毕克伟、赛尔登：《中国乡村，社会主义国家》，陶鹤山译，第325页，北京：社会科学文献出版社，2002。

第五章　家中过会：乡土宗教的辩证法

一　黑森林农舍

在前工业文明时期，人在改造自然的同时，更强调自身与自然、存身空间的一体关系。伊利亚德（Mircea Eliade）曾强调，"安居一处土地就是建构一个世界"。在某种意义上，神圣建构了世界，规定了世界的疆界和秩序。换言之，"在一块土地上定居，也就是对它的圣化"。[1] 在海德格尔（Martin Heidegger）看来，人是"诗意地安居"，其"黑森林农舍"是天、地、神、人的合一。[2] 20 世纪初叶，范·根纳普对"地域通过"（the territorial passage）的研究表明：对于内外不同的人而言，森林、庙宇、家居等同一个地域空间的神圣与世俗意义并不相同。不但在该空间内的人要遵守相应的行为禁忌，外来者必须经过相应的仪式才能进入到对他而言陌生的空间，从而被在该空间中生活的人和社会接纳。[3] 因此或者可以说，不论用于什么世俗的目的，人所

---

[1]　[罗马尼亚] 米尔恰·伊利亚德：《神圣与世俗》，王建光译，第 19、7、10 页，北京：华夏出版社，2002。

[2]　Martin Heidegger: *Poetry, Language, Thought*, pp.146–153, New York: Harper & Row, 1971.

[3]　Arnold van Gennep: *The Rites of Passage*, pp.15–25, Chicago: University of Chicago Pres, 1960.

生活的不同层次的空间都是圣化的空间，也即神圣是人生活在其中的空间的本性。

一反学界对时间的倚重，列斐伏尔（Henri Lefebvre）鲜明地强调空间的主体性与能动性，认为空间是生产出来的，而不是自然、静止的一种存在。[1] 在乡土中国，建房是一个人、一个家庭的大事，常蕴集了所有家庭成员的力量，甚或是一个家庭数代人的向往和梦想。同时，建房也是一件村落中引起众人关注的大事，牵涉到村落布局、人文景观和邻里关系的微妙变化。[2] 家居修建过程中的择地、勘址、堪舆、定向、择期、破土、奠基、上梁、合脊、安门、砌灶以及乔迁等诸多仪式，学界描述颇详。但是，房屋建造不仅是空间重新分割和再造，物化的房屋在修建过程中也获得其生命和灵魂。建房之中的诸种仪礼就如同人出生、成人、婚配等诸多通过仪礼。[3] 也即，民居的修建是特定的人把用特定物质材料隔离的空间，按已有的文化法则，通过诸多仪礼将之圣化的过程，是人使一度被破坏的自然、社会以及人际关系等重获平衡、和谐的过程。当然，在强调民居修建过程是一个圣化过程和围绕民居修建众多仪礼的象征含义的同时，我们不应该忘记这些仪式的直接目的是祛灾辟邪，确保修建过程的顺利与生死两界的平安。

在不少研究关注中国乡村家居空间与亲族相连的分类认知意义[4]

---

[1] Henri Lefebvre: *The Production of Space*, Oxford: Blackwell, 1991.

[2] 周星：《浙江民间的建房礼仪》，见福田アジオ编，《中国江南の民俗文化：日中農耕文化の比较》，第 217-227 页，1992。

[3] 李乾朗：《台闽建屋工匠习俗》，见财团法人中华民俗艺术基金会编辑，《两岸民俗文化学术研讨会论文集》，第 175-183 页，台北：台湾文化管理部门，1999。

[4] Hsu L.K.: *Under the Ancestors'Shadow: Chinese Culture and Personality*. pp.29-42, 56-58, London: Routledge & Kegan Paul, 1949; Liu Xin: *In One's Own Shadow: An Ethnographical Account of the Condition of Post-reform Rural China*, pp.35-51, Berkeley: University of California Press, 2000.

和家居空间日渐私密化[1]的同时，也有不少研究注意到中国的民居实际上也是神灵居所的这一基本事实[2]。在乡土中国，家居空间既是家又是庙，是人、神、祖先、鬼共享的空间[3]。而且，家居的扩展是在供奉着祖先和神灵的堂屋的左右两翼，与寺庙、道观、社稷坛、宗祠以及中国古代城市的布局有着同构性，只不过一般人家的堂屋具有敬拜、就餐、睡觉、娱乐、待人接物等多种功能。[4]

考虑到"民居"一词惯常使用偏重于"民"和本章聚焦于家庭生活空间之初衷，我将使用"家居"一词。也鉴于不少论著对民居修建过程中的诸多仪礼已经有详尽的描述、分析，[5]我将不再对修建的这些仪礼进行浓描，要强调的是在家居空间修建好之后的进一步圣化和在圣化家居空间中生发的家中过会。家庭是"免遭国家干涉的神圣的保留地"，圣化的家居空间也就天然地成为当下梨乡家中过会的基石，它与家中过会一道成为梨乡庙会的"息壤"。

家是一个人人熟悉，却又众说纷纭的语汇。有时，家非常具体。就是远在天边，母亲的微笑、祖母的小脚、祖父的皱纹、父亲的训斥、绕膝的黄狗、房前屋后的翠竹、房顶袅袅升起的炊烟、堂屋中挂着的远祖遗像、灶台上的张爷等，都给人真切的家的感觉。如同近在咫尺，

[1] Yan Yunxiang: *Private Life under Socialism: Love, Intimacy and Family Change in a Chinese Village, 1949-1999*, pp.112-139, Stanford: Stanford University Press, 2003.

[2] Anne Swann Goodrich: *Peking Paper Gods: A Look at Home Worship*, Nettetal: Steyler, 1991; Po Songnian and Johnson, D., *Domesticated Deities and Auspicious Emblems, the Iconography of Everyday Life in Village China*, The Chinese Popular Culture Project 2, University of California Press, 1992; Ronald G. Knapp: *China's Living Houses: Folk Beliefs, Symbols and Household Ornamentation*, Honolulu: University of Hawai'i Press, 1999.

[3] Wang Sung-hsing: "Taiwanese Architecture and the Supernatural", in Arthur Wolf edited, *Religion and Ritual in Chinese Society*, pp.183-192, Stanford: Stanford University Press, 1974.

[4] Jordan D.Paper: *The Spirits Are Drunk: Comparative Approaches to Chinese Religion*, p.42, Albany: State University of New York Press, 1995.

[5] 除周星、李乾朗的专文外，亦可参阅［韩］金镐杰：《土楼的民俗研究——以闽西、闽南地区方、圆土楼为主》，北京：北京师范大学硕士学位论文，1998;《山西省吕梁西部地区窑洞民居民俗研究——以柳林县三个窑洞村落为个案》，北京：北京师范大学博士学位论文，2001。

伸手可及。有时，家又特别遥远，慵懒地躺在自己熟悉的床上，面对镜子中的自己，心里却慌闷无比，这是我的家吗？家在哪里？人诞生于家中，却至死都在虔诚地、不遗余力地追寻自己的家。显然，房子、房子中的床、生养自己的父母、一道成长的兄弟姊妹、家中供奉的神灵等都仅仅是家的一个组分，它们是家，又不是家。在一定意义上，家是"由人、房屋、情感、传统等构成的实体"，也是一个人"虚拟的精神地图"。[1]

我们尽可以这样诗人般地将家虚化，但家居却是家基本的物化形式。故海德格尔强调"安居"，卡斯腾·哈里斯（Karsten Harries）认为建筑应该是"一个时代可取的生活方式的诠释"，强调今天建筑应该有的并应该追寻、遵循的伦理功能。对一个传统文化氛围浓厚的乡村社区来说，家居空间是个体生活的核心空间，个体是以家为基点，逐步向村落和村落外的世界扩展，甚或因时应景地流动迁徙，在异地建立新家。家居空间就是我所指称的个体生活的第一层次的空间，村落和村落外的空间顺次为个体生存的第二层次和第三层次的空间。

二　人神共处的家

近百年来，梨乡人修建家居的材料和家居外观发生了不小的变化，但家居的基本布局是稳定的。一般而言，梨乡人四合院式的家居以北屋为上房，东、西房为配房，东、西房一时未建者，常常也修建有各种简易的院墙。主房例开门于中间，配房无常规。门楼以内，有影壁，院内中央是便于采光的天井。

土地改革对农村生活最大的影响不仅是尽可能的均田地、分财富，

---

[1]　董晓萍：《说话的文化：民俗传统与现代生活》，第195页，北京：中华书局，2002。

还有就是解决乡村中无屋可居者的住房问题。村中富户、地主多余的房屋与村中的祠堂、庙宇等一样成了重新分配的对象，有的还发生了功能上的转换，成为村政府驻地或标志科学与理性的学校。因此，在革命史、政治史和大历史中称道的土改不但改变了同一块土地上人与人的关系，也改变了与之共生一体的人地关系、人神关系。人远离了地，更远离了神。在土改之后的相当长时期，同一村中的人的住房呈现出大致平均化的状态，土坯房也是改革开放前梨乡家居的常态。

改革开放以来，随着经济条件的改善，在 20 世纪 80 年代初期和 90 年代中晚期先后掀起了两次大的建房高潮。家居修建都是在基层政府统一规划的半亩地（20m×16.67m=333.4m²）范围内进行。第一次建房高潮中有相当一部分是土坯房，这些土坯房在 90 年代的重建潮中基本被砖木结构的房屋取代。同时，由于地处平原，也出于节约土地资源等多方面的原因，当地基层政府较早地对房屋修建进行了整体规划，再加之生产的需要，梨乡家居除天井扩大之外，人们也十分注意在门楼和主房上下功夫。除南北、东西走向的主街道两侧的家居外，梨乡家居少有楼房。

新时期城镇规划只是限定了建房面积的大小，梨乡家居的高矮大致一样则是人们传统观念维系的结果，当然也暗含有经济因素。今天，并非梨乡的每一个村庄都有风水先生。但在修房之前，梨乡人也会请风水先生择期，并在其指导下，举行一些必要的保护自己阳宅风水的仪式。当村落建筑也城镇化的时候，人们没有其他的选择余地，只能在离村落中心地、主街道的远近上做一些选择，院门的朝向在城镇化的建设中都是既定的。对离主街道地理位置远近的选择更多的是一种现实利益的驱使，如交通的便利，有门脸可以开店铺、做生意等，而非这些地段风水的好坏。

在梨乡，风水观念也体现在主房划一的高度上。梨乡家居通常都是一层，主房的高度大体一样。如果谁家主房高出了邻居的主房，矛盾就会在邻里之间产生。人们相信，主房高的人家会在"气势"上压制主房低的家庭。换言之，主房的高矮成了维系一家香火相传、兴旺发达、尊严、地位、身份、荣辱的象征。在梨乡村庄，高出居民住房的房子通常都是学校、村委等明显有别于"私"的公共性建筑。另外，梨乡家居少有楼房也与北方风沙大，楼房在村民的生产生活中没有太多的实用价值等相关。

梨乡家居的内部主要包括门楼、天井和北屋（上房）。古典小说和民间戏曲中常常饱含多种情感的"高门大院"目前已经是梨乡家居的常态。镶嵌在高大院墙中的宽大院门多数都是铁等金属制成，气派、庄严。在院门上方都有表明该家户心愿、特征或是该家户希望具有的特征的匾额，如"庭绕瑞 /紫气""和气生财""家庭和睦""幸福之家""家和万事兴""鹏程万里""吉祥如意""鸿福照千秋""满院生辉""吉星高照"，等等。与匾额的形制相较，匾额上的这些字句并无太多变化，少有时代特色。这也说明虽然经济条件、物质生活比以往有了很大改观，但梨乡人的幸福观、人生观却沿袭以往。院门向里，与院门正对的是比院门稍小些的影壁，好的影壁用瓷砖装裱，上常有"迎客松"或者其他含有福禄寿等寓意的图案。

庭院内，一般从天井上七八级台阶才能到达上房。上房通常三间，居中者是主房，主房宽大，面积常是两间偏房的总和。两间偏房或为卧室，或为储藏室。主房通常是家中长辈居住的地方，当有尊贵的客人时，这里就是客房。有时，人们也会把宴席摆设在主房，招待客人。上房开门一定在中间，而配房无此限制。因为主房的多重功能，梨乡人常常花费比较多的财力来装饰主房。现在的天井都较宽阔，常有名副其实的井，有的是储藏村落集体水塔中放来的水，有的井则本身有水，不论哪种，取用水很是方便。对有条件的人家，厨房一般在西厢房，东厢房则多为厕所、猪圈以及储藏室，南屋也通常是储藏室。对于子女结婚后仍未修建好新房而又分灶吃饭的复合家庭，西厢房通常也是住人之所，新增灶台也就设在东厢房与上房连接处或东厢房中。

长久以来，与乡土中国的其他乡村一样，梨乡家居也是神神的居所。

同处燕赵之地，今天梨乡行好的家居中所供家神与民国新河县人家供的神祇大致相似。[1] 老辩家居中供奉的神神在今天的梨乡颇具代表性（如图 5-1）。

图 5-1 行好的家居中的分布

说明： 1. 该家居院门朝西，与梨乡其他家居一样，上房坐北朝南。2. 图中标注的神神并不完备，其他还有院门外的路神，水井处的龙神，等等。

门和门槛是宗教的象征，代表着一种空间连续性的中断。伴随着鞠躬、跪拜和虔诚的握手等，门与其守护者——众神和精灵——一道禁止恶魔、瘟疫、邪祟的进入。[2] 因此，对门的跨越这一空间上的通过仪礼同时是精神上的通过仪礼。[3] 在长期处于农耕文明的乡土中国，门不仅是对领地的声明和捍域行为的物化，[4] 而且是内外、人鬼、正邪、

---

[1] 傅振伦纂：《民国新河县志》第 4 册，第 33a 页，民国十九年（1930）铅印本。

[2] [罗马尼亚] 米尔恰·伊利亚德：《神圣与世俗》，王建光译，第 4 页，北京：华夏出版社，2002。

[3] Arnold van Gennep: *The Rites of Passage*, pp.20, 22, Chicago: University of Chicago Press, 1960

[4] 俞孔坚：《理想景观探源——风水的文化意义》，第 90 页，北京：商务印书馆，1998。

善恶的间隔和阴界与阳界、现世与往世的分野[1]。人们将与门相关的神灵称作门神，有着神祇、符箓、装饰和记载等多种功能。[2] 在梨乡家居院门常见的色彩、形制不一的门神神马是神荼、郁垒，秦琼、尉迟恭等。春节前，行好的人家都要张贴新的门神神马，并给门神烧香。不仅是在婚礼和葬礼等重大场合，人们进出门时有诸多求吉辟邪的仪式，平常外出归家的人都是在有一定的洁净行为之后，才进入家门，诸如跺脚、掸尘，等等。对于一个回家的人，"尘"不仅是肉眼可视的灰尘，它也喻指可能会在外界沾染的晦气、不洁及所有可能给家人带来不幸的气息与感觉。

与外显的门神不同，主管行路平安的院门外边的路神没有任何标志。祭拜路神是华北人的传统。梨乡行好的除春节祭祀路神外，阴历的每月初一、十五也要例行祭拜路神。铁佛寺庙会期间，在离铁佛寺约五百米的南端路口大夫庄行好的搭建的"敬奉路神"茶棚。因为是不少香会、香客的必经之地，铁佛寺庙会期间，到该茶棚的敬拜者络绎不绝，使得这个茶棚事实上担负了没有庙殿的铁佛寺庙门或者山门的角色。同样，在今天的苍岩山庙会现场，山上山下的众多庙殿中，与三皇姑、关公、财神一样，各种各样的路神是出现频率最高的神祇之一。

门楼内的影壁是梨乡家居必备的部件。它不仅遮挡风沙或行人的视线，还一直与土地神联系在一起，有着挡煞、避煞之象征功用和国人讲究幽曲、含蓄的审美功能与情趣。[3] 在直接使家居处于一种不可知的神秘状态的同时，影壁再次给闯入者以威慑。[4] 今天，无论影壁怎样装饰，面对院门，其正中距地面一米五六的地方通常都有凹进去的空

---

[1] 王子今：《门祭与门神崇拜》，第 31 页，上海：上海三联书店，1996。

[2] 朱青生：《将军门神起源研究：论误解与成形》，北京：北京大学出版社，1998。

[3] 刘沛林：《风水：中国人的环境观》，第 197—198 页，上海：上海三联书店，1995。

[4] 俞孔坚：《理想景观探源——风水的文化意义》，第 91 页，北京：商务印书馆，1998。

间，供奉土地。与后文提到的观音牌位的位置一样，供奉土地的这个位置是房屋修建过程中主人吩咐留下的。对此，生长于梨乡的建筑工匠了然于胸。在家居中，影壁和土地是一体的两面，甚或可以说影壁是因土地而存在的。今天，影壁的普遍存在，在一定程度上影响到了同样主要是用于辟邪的石敢当存在的数量，成为与高大院门一样梨乡建筑的标志性景观。[1]

如果说院门主要是将不同的家居区分开来，将内与外、生与熟区分开来，那么影壁则成为家居空间的第二道屏障，二者之间的门洞也就成为家居内外的过渡带。一个外来者，不论是长期的还是临时的，在面对主人或冷淡或热情的面孔时，他同时也潜在地经历着门神与土地的洗礼，接受着来自该家居中人与神的双重审视。从土地神位两边的对联"早晚一炷香，晨昏三叩首"，就可知土地神之重要性。

主房中供奉着该家庭所信奉的神灵——家神。在梨乡人家中，全神是主要的家神。与华北传统土布的尺寸和敬拜空间的大小紧密相关，[2] 梨乡神马的尺寸有大、中、小之别。家神神马通常是高约二米、宽约一米的大神马，上面绘制了当地人信奉的天地三界十方的神神，从上到下常有约十棚（行）、多达百余位的神神。另外，也有单供观音、关公，以及三皇姑、九莲圣母、无生老母等神神的。在阴历每月初一、十五，春节等其他节日，所供奉神神的诞辰日等时日，人们都会在晚饭后给神神烧香磕头。家中如有虔诚的信仰者则每天都会给神神烧香。相当一部分村民都把自己烧香说成是一种习惯。诸如："一直都这样做，实际上并不怎么相信！"现在这些家神神马一般都是绘

---

[1]　在梨乡，可能土地的神位没有了，但乡、村两级基层政府的办公地和梨乡的工厂、企业，无论大小，在这些建筑院内，迎着大门的首先是能够完全挡住来者视线的高大影壁。另外，如上文所叙，奉教的虽然舍弃掉了土地，影壁却依旧矗立。

[2]　石军良：《民间信仰仪礼文化空间中的图像文本研究》，第 54 页，石家庄：河北科技大学硕士学位论，2012。

制在布帛上的画像，偶尔有木制牌位或瓷器制品，简单的也有用一张纸写的"×××之神位"。无论哪种神马，在供奉之前都有一个开光的过程。与家神处于显性位置迥异，目前在梨乡家居的主房内看不到祖先牌位与家谱案。

开光过程与后文提到的梨乡庙会中给新添加的或新换神马的开光过程一样，只不过参与人数、念诵的佛等存在一定的差别。在梨乡，一张神画像只有经过开光之后才具有神性。开光要用洗脸盆、毛巾、梳子、镜子、笔、本子各一和七针八宝五色线，新盆中要盛清水。八宝是用锡铂纸做的铜钱大小的"宝"，它与七根针和五色线一同分布在长约 20 厘米、直径约 0.5 厘米粗，左右有枝丫，呈树状的高粱秆上。开光时，在由铛、鼓、钹、锣、镲等乐器组成的乐队伴奏下，持铛者边敲铛边念佛，其他行好的要么与持铛者齐声念佛，要么应和诵佛号"陀佛，阿弥陀佛"。同时，手拿一根燃香的行好的站在持铛者旁边，当给神像开光到什么部位时，就用那根香遥指到神像身上相应的部位。开光时，必须将神神从头到脚都要开到，使神神"活"起来。

除家神外，一个行好的家居中通常都还供奉天地、灶王、南海大士、关帝、财神、仓官、车神、龙王等。灶王的神位一般在厨房，仓官则在储藏室，马王在牲口棚。龙王的神位在井口旁边，除年关在井口烧香外，井口旁并无龙王的神马。有的人家厕所中还供有厕神。灶神是家家户户都供奉的神灵之一。[1] 由于现今多数人家的灶台从北屋移到了东西厢房或天井中，灶神神位也就可能发生了相应的变化。一般而言，尽管主房中没有了灶台，多数人家还是习惯性地将灶神神马张

---

[1]　关于灶王的专题研究，可参阅杨堃：《灶神考》，载《汉学》1944 年第 1 辑，第 107-166 页；Robert L. Chard: "Folktales of the God of the Stove", *Hanxue Yanjiu* (*Chinese Studies*), vol.8, no.1 (1990), pp.183-219; "Ritual and Scriptures of the Stove God". in Johnson David edited, *Ritual and Scripture in Chinese Popular Religion: Five Studies*.pp.3-54, Berkley: Institute for East Asian Studies, University of California Press, 1995.

贴在原先灶台所在的主房，在现灶台处仅设有一个油碗。

通常，在新房修建好之后，主人就要把家中的这些神位摆设好。在山西吕梁地区，新房修建好，安设神位是房屋修建的收束程序之一。在柳林县，请神灵入住新房，为其设神位是新房谢土的两个过程之一。谢土后，在新房内安置神位，供奉神灵。[1] 梨乡也大抵如此。过去在梨乡，有门就有门神，一口锅就有一个灶神，一个门口就有一个土地。如今，梨乡家居中这些神神是可以异地发生作用的。在曹庄，一位老人仅一个儿子，儿子新修的房没有供奉任何神。老人的解释是："因为与儿子没有分家，我们供就行了，我们这边供了，也就等于儿子那边供了。"同样，只要没有分家，就是异地居住，分灶吃饭，也只供一个灶神。当然，这些神灵通常都供奉在老人住的房子中。因此，分家不仅是财产的分割或人们熟知的分灶，分神也是传统分家一个重要的组成部分。在此种意义上，神神是一个完全独立的家庭和家居构成的基本条件。

家居空间的圣化不仅体现在村民日常对神灵的供奉，更为突出地体现在红白喜事等人生仪礼和岁时节日等与家居生活紧密相连的重大事件与特殊时刻。新娘出娘家们和进婆家们时脚不沾地等多种禁忌的实质是从维护家居的圣洁出发的，葬礼时要将死者的尸体抬离家居等多种讲究也与圣化家居相连。在新旧交替的春节，梨乡人常见的扫尘、贴对联、换神马、放鞭炮等都是重新赋予家居圣洁的行动之一。在山西柳林这些盛产煤的地方，乡村中家居的门窗外还要摆放炭、棍、刀等实物，并称之为把门炭、把门棍和把门刀。

实际上，家居中不论神位有无，还是祭拜仪式怎样淡化，这些神位和相应的神神在老人的心目中是永远存在的。虽然供奉的神灵名字

---

[1]　[韩] 金锦杰：《山西省吕梁西部地区窑洞民居民俗研究——以柳林县三个窑洞村落为个案》，第93~97页，北京：北京师范大学博士学位论文，2001。

可能一样，神马也可能来自同一画匠、小贩或店铺，但每家的神是不同的。神供在了这个家中，它就是这个家的神，有着这个家的属性。由于灵验程度不同，这些原本供在家中的神也就有了高低的分化，有着升迁起伏的不同。在台北艋舺早期的历史中，就有由于个别家户神龛上的神的灵验，这个家户的神龛终而发展成为庙宇的情形。[1] 不言而喻，当灵媒家户里的神龛成为一种成功的仪式实践中心的时候，这种演化也会存在。[2] 与此相类，梨乡多数家神永远就仅仅是其所在家庭的守护神，蜷缩在特定的家户中。对于香道的家中的神灵而言，由于香道的成功的仪式实践，其家神是"灵"的，香道的家居也就有别于普通家居，更多彰显的是神性，因此有可能进一步演化成为一个特定村落（并不一定就是其所在的村落）或地域的神圣活动场所，实现"家"与"庙"让渡转换的辩证法。进而，在香道的家居中神案前的仪式实践也就可能成为庙会中的主要仪式实践。不论上述哪种情形，同一家居中的人、神交织，形成了该家居灵动的部分，并给该家居以生命。正因为有了这些神灵的存在，与人共居共处，家居也才有了安全感。因安全感，人们也才进一步产生皈依感。

要指明的是，在日常生活中，中国人又会淡化家居以及神庙的神圣性。作为最主要的祀神场所，小龙村的祀祖公厅完全不只是仅仅举行神圣仪式。在这里，人们招待客人，家人座谈聚会，小孩玩耍或做功课，妇女聚坐编织草帽；同时这里还贮藏稻谷、肥料、堆放甘薯，有时还存放打谷机和扬谷器等农作器械，因此公厅常常凌乱不堪。[3] 行

---

[1] Stephan Feuchtwang: "City Temples in Taibei under Three Regimes", in M. Elvin and G. W. Skinner edited, *The Chinese City Between Two Worlds*, pp.268-278, Stanford: Stanford University Press, 1974

[2] Stephan Feuchtwang:*The Imperial Metaphor: Popular Religion in China*, p.130, London: Routledge, 1992.

[3] Bernard Gallin: *Hsin Hsing, Taiwan: A Chinese Village in Change*, pp.239-240, Berkeley: University of California Press, 1966.

好的家居北屋同样如此。摆设有家神神案的北屋常常安放了意味着这家社会、政治、经济地位的电视、VCD或DVD机、电话、收录机等常用的家电,摆放着好看舒适的沙发、茶几等家具,部分人家也不时会在此堆放一些其他物饰。这里是迎宾待客之地,也是家人常常聚首休憩娱乐之地,是接待他者也是接受外界信息的地方。这看似与家居空间的圣化完全相反的取向从另一个层面说明了乡土宗教形式、内容与意涵组合的混搭,随意与错位。

总之,作为梨乡行好的给自己营造的第一层次的空间,家居既是一个实体,也是一个具有象征意义的想象性空间,是神神等虚像与砖瓦等浊物有机的结合,不同家居有着截然不同的象征意义。对家户之间而言,每一家居都是一个"私"的空间,对家庭内部的个体而言,它又是一个公共空间。[1] 他者要进入这个"私"性空间要具备很多条件:宗亲、姻亲、朋友、邻居、同事同学、师徒、上级或下级,等等,是在血缘、地缘、业缘、姻缘、趣缘、宗教等连带关系中有一定关联的人。获准进入者必须通过实体的门和虚拟的门(主人的心灵、眼睛和神神编织的门)的双重检验。一旦进入这个空间,冥冥之中的神神也在净化、同构着这些"异物",使这些他者也具有一定的该家庭的气息,如俗语云"进哪家门像哪家人"。

在要摧毁一切牛鬼蛇神的年代,神人共居的私性的家居空间也才成了中国老百姓耳熟能详、根植于心的神神最后的避难所。当政者可以摧毁宗祠、庙宇及其中的神像、香炉,但却无法将所有的家居一道摧毁。何况香道的家中"灵验"的神案与一般人家的家神神案在形制上并无明显分别。这样,对有着数千年传统的乡土宗教也就无法根除。

---

[1] 要说明的是,在经济较为发达的农村,"单元房"已经成为一种时尚,并影响到乡村人的隐私权观念、家庭内的私人空间和家庭内外不同成员间的关系,参阅 Yan Yunxiang: *Private Life under Socialism: Love, Intimacy and Family change in a Chinese Village, 1949—1999*, pp.112-139, Stanford: Stanford University Press, 2003.

"宁可信其有，不可信其无"的敬畏心理、惩戒传说的播布，使得最坚决彻底反"迷信"的人也不会过分与家居中的神神为难。同时，谁又能一天二十四小时待在别人家中死守不走呢？于是，神案的私下相传使得象龙牌会这样的梨乡庙会得以传承，也使得围绕被香道的附体神神——灵为人附的家中过会成为当下梨乡庙会一种普遍的方式。

三 灵为人附的老根儿

香道的在梨乡还有"仙家""道儿上的"等不同称谓，指当地能使特定神神附体，给人看"事儿"、看"病"的人，即通常意义上的神媒、灵媒、巫、童乩等，乃人神之媒。通常，在神案前根据香的燃势，香道的为求助者预言吉凶祸福，并提出和缓、禳解之策。因此，香道的仪式实践被梨乡人形象地称为"看香""打香"。香道的有男有女，女性居多，年龄多数在 50 岁以上，大多是文盲，也有的是党员或者离任的村干部，个别还上过高中。除个别香道的将自己归为道教外，绝大部分香道的都在柏林寺皈依，自称佛教徒、行好的、行善的，替人看香都属业余。无论从外貌还是家居外观而言，香道的与左邻右舍并无明显不同。

在梅州杜里，一位普通妇女得神（神仙附体）大致有疯与病、天生的、路遇（某种巧遇）、突然等五种情况。得神的条件包括当事人现世人品与前世姻缘、以女性为主的信神群体、女人成巫婆的先天性及其家人的配合支持等。[1] 与这些分类有些不同，在梨乡，一个人成为香道的大致可分为"神启"和后天习得两类。"神启"包括：先天的，指

---

[1] 徐霄鹰：《歌唱与敬神——村镇视野中的客家妇女生活》，第 32–37 页，桂林：广西师范大学出版社，2006。

没有任何征兆，自然得神者；偶然得神者，是在精神失常等偶发事件后突然得神的人；家中有"老根儿"者，其本人不知道，后来被神神找到而被迫得神。后天习得的包括：苦修得神；在某个香道的开导下，因敬拜某一神灵使自己长年不愈的病好而成为香道的；拜师学艺后得神。当然，很多香道的得神过程复杂，同时兼具上述数种情形。在范庄龙牌会有着好名声的惠筱是自然得神，他在得神的同时也开始了苦修。在常信娘娘庙会有着影响的敬汪则主要是苦修。

惠筱，1943 年生人。从 23 岁起，他就给人打香。究竟怎样得神的，他自己也不清楚。就当年的感觉，他说："眼花，一阵一阵的，就跟做梦一样，于是别人说我'有事儿'！"最先，他自己不承认自己是"道儿上的"，而且在相当长的时间都担心蒙骗、糊弄别人。因此，在第一次给人看香之前，惠筱拒绝了很多人的请求。在经常给人看病、看事后，他自觉地在凌晨前后跪香，长年不断。跪香中，他得到了很多神的启示，会了咒语。1933 年出生的敬汪，儿时曾给本村的地主扛小活儿，他 16 岁起在夜间跪香。婚后一年多，他妻子才知道他跪香。一直跪了 44 年香之后，敬汪才开始给人看病。在跪香的过程中，神告诉了他刘秀走国、三皇姑成仙的故事。

在讲述自己给仙家当差的原因时，北平部分"四大门"香头会说自己有"仙根"，即承认自己与四大门有亲统上的关系，甚或本是仙家"童儿"（侍者）临凡到世界上来。[1] 当下沧州农村的香头会强调自己得神治病、看香并非是学来的，而是先天的，主要是导引、精炼原本就在他们身上存在的诸如胡仙这样长久以来在华北广为民众敬拜的灵。[2] 与此相类，"老根儿"是梨乡人的说法，即一个家庭中，曾经有老辈人替神当差，给人看病看事，但因种种原因后辈无人继承祖业，家中曾

---

[1] 李慰祖：《四大门》，第 142 页，北平：燕京大学法学院社会学系学士毕业论文，1941。

[2] Thomas David DuBois: *The Sacred Village: Social Change and Religious Life in Rural North China*, pp.76–82, Honolulu: University of Hawai'i Press, 2006.

有香道的事情慢慢失忆、失传、失语。不会忘却该家人的神神有一天又会重新折腾这个家庭的某个成员，直到该人为它服务为止。人们强调老根儿是他人学不来的。在梨乡，诸如范晓、覃山妻、段光等，很多香道的在未得神之前，都坚决不信，在闹过病或精神失常后，通过别的香道的知道自己家有老根儿后，才不得不伺候神神，听从神神的使唤，给人看病看事。

与当下梨乡一般人家亮堂、现代不同，出生于1942年的范晓的家明显破败、阴暗，挂有名为"五花坛"全神神马的主屋更是阴晦，以至于夏日的午后都需要打开电灯，才能将屋内看得大致清楚。在没有任何家用电器的主屋内，神案两侧的老旧椅子坐上去也叽里嘎啦作响。正是在电灯光下的五花坛前，2003年7月26日午后，范晓对前往造访的我说：

> 丈夫是大队的干部、党员，自己也一直不信这些。29岁时，我就开始生病，吃一口吐一口，死里逃生几次，家穷，仅有的钱都看病了。房子里常四处响当，但又找不到是什么东西，锅里的水经常烧不开，就连锅有时间也莫名其妙地到了院坝里，装面的瓦罐的盖子和身子自己也分开了。闹得没有办法。别人都说是"鬼子"闹的，俺就是不信，不信行好。孩子他爹在院坝里就跪下了，跪下也不成。后来，我的腿瘫痪了，蜷在床上，动不了，哪儿也去不了。没办法，才找了这里面的人看了。说是老辈有这根儿。咱又上医院看不起，没钱，就信了。后来，长明灯点上了。找师父给安上了老根儿后，腿慢慢地也就能活动了，但腿在床上蜷的时间太长了，后来就瘸了。往朱家庄、寺（铁佛寺）上跑了二年后，才开始给人看病。一开始是偷偷地给人看。俺也不知道怎样给人看病，只是给人报的。往寺上跑的时候，也不知道累，不由自主。总往寺上跑，烧香磕头，给谁都磕，初一、十五

到寺上烧香没有间断过，一直闹到 31 岁。

对于附身的现象，医学人类学多有研究。沃德（C.A.Ward）认为附身是解除压力的因应行为，并将附身分为仪式性附身（ritual possession）与边缘性附身（peripheral possession）。[1] 仪式性附身是自发性行为，被附身者在其所处的社会文化情景中并非病人，被附身的时间较短，常得到社会、众人的赞许、支持、尊敬，甚或是学习的对象，不会有人将其视为精神不正常。而且，仪式性附身可以减轻社会文化压力，是一种群体的、典型的、正统的自我防护机制（coping mechanism）。边缘性附身则是个人在压力缺乏适当放松、疏通的状况下，企图通过附身达到治疗自身的目的，附身时间较长。通常，边缘性附身不被社会文化赞许，反被视为生理与精神上的病态行为，是附身者个体的脱困之道，乃非典型的、非正统的防护机制。早就研究萨满教等狂喜宗教的刘易斯（I. M. Lewis）曾将萨满的灵魂附身，也即沃德所指称的仪式性附身的属性归结为"灵为人附"（a spirit possessed by a person），而非"人为灵附"（a person possessed by a spirit）。灵为人附是"萨满履行其职责的基本特征"，是萨满经由刻意的教化过程后，进入狂喜的境界，在神人之间自由来去，因而是可控的、自愿的、群体期待且真实可信的。虽也是一种迷狂状态，人为灵附则是不被群体及当事者本人期待的"一种病态"，当事者的自身之灵受制于外灵。因此，人为灵附是不可控的、非自愿的、也不可信的，即沃德所指称的边缘性附身。与此同时，刘易斯也提及他所区分的可控的附身与不可控的附身二者之间的模糊性。[2]

---

[1] C.A.Ward: "Spirit Possession and Mental Health: A Psycho-Anthropological Perspective", *Human Relations*, vol. 33, no.3(1980), pp.146–163.

[2] I.M. Lewis: *Ecstatic Religion: A Study of Shamanism and Spirit Possession* (third edition), pp.48–49, London : Routledge, 2003.

从宗教人类学和医学人类学的角度而言，仪式性附身与边缘性附身的分类和灵为人附与人为灵附的属性归纳是中肯的。但是，刘易斯不经意指出的自愿附身与非自愿附身二者之间的模糊性更符合感同身受的民俗学的主位认知理念。即，对今天残存的民俗碎片要在历史的脉络和当下的生活环境中，从历时和共时的两个维度，将这些碎片与当下的和过去的民俗事象联系起来进行整体性的、有机的解释。当把附身还归到日常生活世界的时候，我们会发现：无论是否存在经济利益的驱动、个人获取某种权威以摆脱其个人及家庭窘境、卑微、贫贱的私欲，就杜里童身的得神和梨乡香道的得神，尤其是"老根儿"的情况而言，两类附身及其属性都不是截然对立的，而是存在一个动态的转化过程。边缘性附身和人为灵附是仪式性附身和灵为人附的前提、基础。两类看似分明的附身仅是神媒得神和给人看病的不同阶段。

具体而言，一个原本与他人一样是正常人的神媒，在其本人都不知晓也并非愿意的情况下，通常先有一个边缘性附身，人为灵附的过程。在此过程中，原本正常的当事者本人被神灵附体的时间较长，不吃不喝或者乱吃乱喝、大喊大叫或四处奔跑，无法劳作。处于身心错乱、失序的种种非常态的当事者本人及其家人都是痛苦的，也受到邻里怜悯、同情，继而厌恶、贬斥，不为他者认同。通过香、纸等媒介对他人的求助有了成功的仪式实践后，发生在其身上的灾变、痛苦或疾病和相应的被人视为不正常的、不正统的、非典型的、非自愿的、不可控的、个人性的防护机制才会转化为正常的、正统的、典型的、自愿的、可控的和群体性的防护机制。边缘性附身也才成为仪式性附身，人为灵附也才转化成灵为人附。

在梨乡，除范晓经历了类似的过程之外，覃山妻、覃山的岳母、段光等都有着同样的经历。广东清远市浸潭镇，与"问仙佬"常自称是"菩萨托梦"教授经文、画符作法或重修庙宇等不同，"问仙婆"全都有过一段称为"菩萨降"精神非常态的经历。[1]陕北的雷武也有类似的经历，典型地经历了从人为灵附到灵为人附的过程。[2]

对于神媒的产生，李亦园曾分为先天的、文化的和社会的三种，指明在一个有着悠久历史的社会，此三种情况是并存的。[3]先天的指那种先天性有精神异常状态的人，由于其精神易于进入恍惚或狂奋状态，且易于梦幻，所以被认为是神所托请的人。文化的指的是神媒的产生乃相应的文化的结果。当神媒治病成为某种文化中的一部分时，这种文化反过来会对其他成员构成一种暗示或鼓励，因此会产生出更多的神媒。社会的指用训练的办法产生的神媒。如果一个社会缺少先天就有的精神状态异常的人，后天的文化暗示也没有结果时，就由神挑一些候选人经过感官刺激剥夺的办法加以训练。

就梨乡的实际情况而言，上述看似精准的观点仍有值得修正之处。其一，在当下中国乡村，先天的、文化的和社会的三类神媒不仅是并存的，而且是互动的，很少有单单属于哪一类的神媒，从神媒得神的过程和神媒将自己技艺进一步保持和完善的过程来看，更是如此。惠筱在不知不觉中得神后，还主动跪香练习，加强与神之间的沟通和联系。其二，对神媒认同的文化，除了可以鼓励或暗示那些想成为神媒的人之外，还应包括对那些自己不希望成为神媒却迫切地需要神媒出现以帮助解决他们生活中实际困难的常人，神媒及其成功的仪式实践反过来又强化了人们对神媒的认同、需求，并使神媒成为乡土社会中共享文化的基本因子。换言之，既有的文化的鼓励或暗示不是单向度的而是多向度的，而且对神媒认同的文化和神媒的实践之间也是互动

---

[1] 黎熙元：《乡村民间信仰：体系与象征——清远市浸潭镇民间信仰研究》，第76页，广州：中山大学博士学位论文，2001。

[2] Kang Xiaofei："In the Name of Buddha：The Cult of the Fox at a Sacred site in Contemporary Northern Shaanxi"，载《民俗曲艺》2002年总第138期，第84页。

[3] 李亦园：《宗教与神话论集》，第194-196页，台北：立绪文化事业公司，1998。

的、互促互勉的。

因此，香道的得神，由一个正常人成为具有特异能力的人神之媒，不仅是个人出于不同的原因或主动或被动的追寻之果，也是乡村共享和认同的固有文化所允许，并在其激励下生发的。对于社会学家贝克（Ulrich Beck）而言，风险是现代性与发展的代名词。由此，他将后工业社会简称为"风险社会"。[1] 对于大多数中国人而言，今天的中国社会正是机遇与风险同步增长的社会。与城市人相较，在乡下出生、成长的人显然面临更多的风险。当今天的梨乡人在多变的、不可控也不可知的现实生活中遇到种种失衡时，香道的也就成为其避难之所和希望的再生点之一，至少是一个提供了可能性的去处和能暂时获得心理安慰的地方。

对于求助者面临风险的重要性并不意味着香道的在梨乡享有很高的社会地位和声望。相反，香道的都是在"半公开"的状态下进行其仪式实践，并像惠筱、范晓等人所说的那样，多数香道的本人并不愿意成为香道的。由于能为家中带来经济方面的收入，在自己家中，无论男女，一个神媒常处于有力的地位。对于虔信者和忙乱的求助者而言，其地位也很高；对于不信者而言，贬斥则多于赞许，并被视为"骗子"。因此，很多人本意并不愿被神所用而成为"当差的"。一个人成为神媒也就意味着其在村落中社会地位的下降。[2]

另外，从北平郊区一个完全接受西医的乡村医生的生命史，我们同样可以看到他对生活在同一村庄的香头－巫医的鄙视和痛恨。[3] 这种鄙视、痛恨不仅是同行相妒、相争可能引发的经济损失造成的，更

[1] Ulrich Beck: *Risk Society: Towards a New Modernity*. translated by Mark Ritter, London: Sage, 1992.
[2] Li Wei-tsu: "On the Cult of the Four Sacred Animals(Szu Ta Men 四大门)" in the Neighborhood Of Peking", *Folklore Studies*,vol.7(1948), pp.76–77；《四大门》，第 120–122 页，北平：燕京大学法学院社会学系学士毕业论文，1941。
[3] 马树茂：《一个乡村的医生》，第 39–53 页，北京：燕京大学法学院社会学系学士毕业论文，1949。

主要是处于强势地位的意识形态、话语对西医支持、认同的结果。经过百余年的发展，这种认知也部分内化为行好的认知的一部分。但是，不论外界、他者如何评说，每个香道的都强调自己是一心向善，给神、仙家／师父当差，为人做好事，行善行好，给人看香没有任何私欲和功利目的，并十分鄙弃以发财或扬名为目的的香道的。敬汪就曾将一个贪财的徒弟逐出师门。能吸引远近的生活失衡者前来，不是现实生活中香道的这个人，而是灵为人附的这个香道的及其神案。遗憾的是，风险无处不在，失衡一直是生活的常态和本质。

四　仙家坛：有意义的神丛

梨乡行好的人家在其北屋供的巨幅神马，与其正前方的供桌、供桌上的香炉、供品等一道构成了村民所说的"神案"。"案"是梨乡人常用的词汇。家谱叫"家谱案"。在田野访谈中，如果说家谱一般人是不明白其所指的。同样，"神马"也是当地人所陌生的，他们一般说"家中供的有什么什么案"。将已故的祖先或者是信奉的神灵画在布上供奉是梨乡人的传统。《直隶赵州志》（光绪丁酉年版）卷二"舆地志"云："四时祭先，无家庙，祭于寝。列历代神主，或画祖考像于轴悬之。"神马常白布质地，从上到下共有十棚（行）左右的神神。这些神神按一定秩序排列，总数常在百位左右。因为几乎囊括所有神神，当地人俗称"全神"。

全神信仰在华北有着悠久的历史，创立于金代的如意道就是将儒家、道家和佛教的教义参融一炉，在赵县有着广泛的传播。虽是出于维护正统的需要，《辟邪详辩》仍然提供了很有价值的资料：

邪教有《混元无上普化慈悲真经》，内云："无生老母曰，若

有善男信女修斋设醮，上供现献茶，上请三世诸佛、诸大菩萨、
诸大天尊，三界诸教主，及一切龙神、雷公、电母、风神，诸
天列圣，河汉群真，幽冥地府，地藏阎君，救度群蒙，消除重
罪。"……近邪教做会，将天上人间并阴间所有诸神，尽数置一
棚之内，名为全神，而不论尊卑，不分男女，不知伦类之异同，
不察性向之向背。[1]

因此，梁景之认为，在河北、山西民间的全神信仰"是民间宗教
乡土性的集中反映，是民间宗教与传统乡村社会'多神信仰'或'多
神崇拜'创造性整合的产物"。[2] 虽然在形制上完全一样，但今天梨乡
家居中的全神与历史上的全神已经有了很多不同。香道的家中的全神
和一般的行好的家中的全神有着明显不同的意义。就是在同一家庭中，
对于不同的家庭成员而言，全神的意义也不尽相同。

在对中国人和印度人宗教观的比较中，罗伯茨（J. M. Roberts）和
乔健等人提出了"个人的万神"（personal pantheon）和"有意义的神
丛"（meaningful god sets）两个概念。[3] 个人的万神指单个信仰者所知晓
的神的总和。有意义的神丛指在这个人所知道的万神中对他最重要的
神的集合。尽管有意义的神丛对个体信仰者"有着个人的意义和特征，
但在一定意义上，信仰者无须爱或珍爱它们"。一般行好的家中神马上
的神神是不能附供奉者的身体的，主要因为它是祖上传下来的，后人
认为重要才供奉。是否知道神马上神灵的名字已经无关紧要。因此，
一般行好的除圣人（孔子）、释迦牟尼、老君（老子）、关爷（关公）、

[1] 黄育楩：《辟邪详辩》，中国社科院历史研究所编，《清史资料》第三辑，第 110、121-122 页，
北京：中华书局，1982。
[2] 梁景之：《清代民间宗教与乡土社会》，第 295 页，北京：社会科学文献出版社，2004。
[3] John M. Roberts, Chien Chiao, & Triloki N.Pandey: "Meaningful God Sets From a Chinese Personal
Pantheon and a Hindu Personal Pantheon", *Ethnology*, vol.14, no.2 (1975), pp.122-123.

观音（老母）等最常见的神神之外，其他神神的名字则语焉不详。

与之不同，在香道的家中，全神神马中包含了能附体的神神，有的将附体的仙家排列在神马的最下面两棚。虽然同样置身反迷信的语境，香道的对神马名称的熟稔程度仍然高于一般行好的。范晓的五花坛有九棚神。同样是在 2003 年的那个夏日午后，范晓告诉我她的五花坛从上到下每棚居中的主要的神神分别是：1. 无生圣母；2. 老君；3. 如来佛；4. 药王；5. 斑疹、眼光、三皇姑、琼目（剪脐带的）、送生奶奶；6. 送子母；7. 关爷；8. 青仙、三仙、合仙、高仙、京仙、花仙；9. 大圣、龙仙、白仙、长仙、胡仙等。对于八、九两棚仙家，她说："这个案中的仙究竟是什么样的仙，俺也不清楚，心里给我报的是谁就是谁。"

2005 年 7 月，何计家中过会时，在其他行好的帮助下，她给我说出了全神案中的九棚神神的名讳，从上往下、从左至右依次是：1. 宏阳老祖、虫仙、安天老祖、五将、孙大圣；2. 白祖、金仙、白爷、胡司令、大王；3. 大王、青口、药王、北斗、二师父、二师父（捏骨）；4. 五师父、闻古海、胡秀戴、七师父、秀英；5. 秀娥、青山、傻仙、凤仙、七师父；6. 董师父、小金童、闻达明、七祖、狄球；7. 凤英、凤姐、红大仙、白仙；8. 五个仙姑；9. 天地君亲师十方万灵真宰。阴煦供的全神也有九棚。同样，阴煦也只能说出从上到下的主神，无生母、老君、玉皇、三皇姑、送子老母、关爷，最下边的三棚主神都是"师父"。

通常而言，一个香道的虽然有一个主要附体的神神，但看不同的病或事，请的神神是不同的。在不同的庙会看香，他们也有可能主要是请该庙会的主祀神或其所在殿宇、神棚的主祀神。打香时附身的仪式实践对香道的而言，是可控制的、自愿的，更是求助者期待的，并认为是可信的。段光看香时主要是托请孙师父（孙悟空），打官司用包公、寇准、岳飞、海瑞等清官，考试用孔明。同样是孙师父附体，对于敬汪来说，孙师父主要是捉妖时附体。2002 年 7 月 11 日，在他家的神案前，敬汪对我说："看什么病就是什么神，这分了科的，跟医院一样。"经由千百年说书、乡村戏曲等民间文艺的传播，这些由历史人物演化而来的神神同样是乡民熟悉的。

无论经历了怎样的世事变幻，直到 20 世纪末，吴越之地的太保等人依旧能清晰地在大小神龛、祭坛、庙宇唱诵上、中、下三界朝神和民众供奉香火的历代名贤豪杰的名号。[1] 同样，梨乡香道的不仅相对熟悉其全神马上的神神名称，对这些神神级序也是清楚的。2003 年 7 月 24 日，阴煦曾告诉我："有神就有仙，神也有大小和地位的高低。下边的是伺候上边的。"但是，在看香等行好的过程中，下边仙家 / 师父的重要性远远超过上边的神或佛。或者正是如此，香道的家居被行好的形象地称为"仙家堂 / 坛"。在任何一个"堂口"或"坛口"，上边的神佛都是依附于下边的仙家而存在的。换言之，仙家堂是梨乡求助者、行好的，尤其是香道的"有意义的神丛"。不只是仙家堂中的神神如此，赶庙会时的神棚和村庙中神灵表面的级序和它们实际上受到的香火也大相径庭。普通乡民是以"灵"与否为标准，即与自己关联、礼尚往来、亲近的程度为标准，完全忽视神灵在儒、释、道教中的地位。[2] 由此，如后文将具体呈现的那样，家与庙空间生产中有意义神丛配置的同构性，使常识中简单以世俗、神圣区分的"异质"空间的转换不但是一种可能性，更是长期生发的事实。

乡土宗教对神灵世界的拟亲属、拟家庭建构也鲜明地体现在神灵的称谓上。如同在中国普遍发生的那样，在梨乡行好的有意义的神丛

---

[1] 顾希佳：《祭坛古歌与中国文化——吴越神歌研究》，第 169-182 页，北京：人民出版社，2000。

[2] 陈永龄：《平郊村的庙宇宗教》，第 104-105 页，北平：燕京大学法学院社会学系学士毕业论文，1941；李慰祖：《四大门》，第 42-43 页，北平：燕京大学法学院社会学系学士毕业论文，1941；Kang Xiaofei: *The Cult of the Fox: Power, Gender, and Popular Religion in Late Imperial and Modern China*, pp.125-160, New York: Columbia University Press, 2006.

中，男性神神名后通常缀之以祖、仙、爷、公、父之类的字眼，女性神神名后则常缀之以祖、仙、婆、母、娘娘、奶奶、姑（姑）、妞妞之类的字眼，甚或直接再在前面冠之以"老"。这就出现了梨乡行好的口中诸如龙祖、龙仙、龙牌爷、老爷、（老）娘娘、老母、胡仙、胡老道等看似杂乱的称谓。显然，这不是学界已经习以为常的"帝国的隐喻"之类的政治修辞术。如果存在这种修辞学，那也是迷人眼的表象。根据祖传习惯和实践，行好的要建构的是一个亲和力强、其乐融融的拟制的家。不但按照自己现有的生活来想象、建构超自然世界，也将这些神神从虚空、他界拉回大地，纳入自己的日常生活，使神神像亲友邻里——人——一样你来我往，那些与人礼尚往来的神神自然成为重中之重。这也使得高僧、道长等苦心经营建构的阶序分明的神祇世界，朝廷赐封的"皇""帝""妃""后"等神祇都与民众的生活世界显得隔膜，疏远。对民众而言，这些自上而下的冗长、烦琐、不知所云的名号，是"乱套"的，乌七八糟的。在相当意义上，正是对神神泾渭分明的"制度性"命名和"口头禅"叫法使得更接近于乡土宗教本质认知的"怪力乱神"[1] 与"变迁之神""道与庶道"一道摆脱了"帝国的隐喻"的叙事陷阱。

与香道的不同，香道的家人对这些神灵的名号等知识是有限的。一般而言，虽然香道的在其家中处于较为有力的地位，但很少有香道的其他家人再主动学习香道的技艺。对全神神马的伺候而言，一般行好的人家中通常是行好的妇女，且仅仅是例行公事式的在每月初一、十五或年节等特殊的日子烧香。在香道的家中，由于经常要与神神沟通，除看病看事儿，每月初一、十五、新年和过会等特殊日子目的性很明确的给神灵烧香外，香道的每天早晚也要给神神烧一炷香。对于

[1]　Meir Shahar and Robert P. Weller edited, *Unruly Gods: Divinity and Society in China*, Honolulu: University of Hawai'i Press, 1996.

深夜还要跪香的香道的而言，在其跪香时自然少不了烧香。由于每天给人看病看事时都要烧香，有的香道的也就少了早晚例行性地给神灵烧香。

当神马过于陈旧时，人们就要找画匠重新按原样绘制。在此过程中，虽然画的是同样的神，但常常灌注了画匠自己对生活的理解、评判。也因为画匠个人技艺的差异，同一神神的相貌并非如一。2003 年 7 月 24 日午后，大安的岑真刚给人画完的一幅神马中的孔圣人眼睛怒视下方，作凶恶状，一反常态。面对惊奇的我，岑真解释说这是因为现在当官的都是文人，贪污腐败严重，怒视的孔圣人是在监视下界。

不仅全神神马在不同的人家有着不同的意义，全神神马前供桌上的香炉同样如此。阴煦每次给人看病时，要念经将所有的神神都请到。请神时，要给全神烧五根香，给祖师爷（师父）烧一炷香，给两个门神（放哨站岗的神灵）各烧一根香。因此，她神案前的香炉很特别。这个用硬纸盒做成的香炉呈圆形，直径约一尺，边缘叠制留有缝隙的锥状凸起，以便插香。给全神烧的五根香均匀地分布在香炉北半边的这些凸起上，给祖师爷烧的一炷香插在香炉正中，给门神烧的两根香分布在香炉边缘南端的凸起上，中间间隔有两个凸起。显然，这个香炉不仅是插香的地方，其本身就是一个庙宇的缩写，甚或说是阴煦心目中的宇宙。更为重要的是，通过燃烧的香，这个香炉将阴煦有意义的神丛具象化了：核心、至高无上的是师父，其他的神灵都只是配角。因应着这些能动的神神与香道的身体力行，仙家堂/坛也就成为一个微型的庙宇。

这绝非孤例。随机、随性地拟制庙宇及其敬拜是智慧、理性的民众的常态化行为。不仅朝山进香途中年度性临时搭建或完善的茶棚如此，行香走会的会档也如此。清末，行香走会的妙峰山庙会的十三个会档组合起来就是座庙宇，这才有了如下口耳相传的韵语：

开路（会）打先锋，五虎（棍会）紧跟行。门前摆设侠客木（高跷会），中幡（会）抖威风。狮子（会）蹲门分左右，双石（会）门下行。掷子石锁（会）把门挡，杠子（会）把门横。花坛（会）盛美酒，吵子（会）响连声。扛箱（会）来进贡，天平（会）称一称。神胆（大鼓会）来蹲底，幡鼓齐动响太平。

这在首都博物馆藏的《妙峰山进香图》中有着生动的再现。民国之后，人们迅疾将增加的自行车会、小车会、旱船会也融进了这个流动的庙宇中：

金顶御驾在居中，黑虎玄坛背后拥。清音童子紧守驾，四值公曹引大铜。杠子是门掷子是锁，一对圣兽（指狮子会）把门封。花钹吵子带挎鼓，开路打路是先锋。双石扛箱钱粮柜，圣水常在花坛中。秧歌天平齐歌唱，五色神幡在前行。前有前行来引路，后有七星纛旗飘空中。真武带领龟蛇将，执掌大纛在后行。门外旱船把驾等，踏车（指自行车会）云车（指小车会）紧跟行。[1]

正是因为这些实践，有"北京通"之称的金受申曾专门撰文强调这些会档组合起来的敬拜意涵，云：

"狮子"象征庙门前的石狮，所以有守驾的责任，行香时狮子守驾，各会由狮子前经过，狮子殿后起行。"中幡"像庙前旗杆，所以先行（以下略按次第），"自行车"会像五路催讨钱粮使者，"开路"像神驾前开路使者，所以练杖，"打路""五虎

---

[1] 吴效群：《妙峰山：北京民间社会的历史变迁》，第103页，北京：人民出版社，2006。

棍""少林棍"皆为引路使者。"天平"（什不闲）像称神钱者。"挎鼓"像神乐。"杠箱"像贮神钱粮者，所以更有杠箱官。以外"秧歌"（俗称高跷会）、"小车"像逛庙游人。"双石""杠子""花坛"等，既像神前执事，又像赶庙玩意档子。[1]

因为庙宇重建的滞后，梨乡行好的宗教市场显得"短缺"。仙家堂自然成为村子中行好的经常汇聚的地方。通过燃烧的香、纸、许愿还愿，灵为人附的香道的践行的仪式活动对于求助者而言也就有了非常的意义。更进一步，香道的家居因此有可能演化成为一个特定村落（并不一定就是其所在的村落）或地域的宗教活动中心，在仙家堂的仪式实践也就在事实上成为梨乡村落型庙会和跨村落型庙会主要的仪式实践，并相互涵盖和互显。第七章将要述及的，原本在香道的孙娟家中供奉的送子观音和拴娃娃的仪式实践，在近 20 年来就发生了类似的演变，成为铁佛寺庙会现场最吸引信众的仪式之一。

五　失衡：病和事儿

对中医而言，"妖"指称精怪、妖媚等外在的力，"邪"强调的则是对应阴阳五行的内脏以及人体的失衡和不调。至少在清代，中医将自己与巫医区分开来。在清人陈士铎编辑的《辨证录》中，除卷四列有五郁门、怔忡门、虚烦门、癫痫门、呆病门之外，卷十还分列了"中邪门"和"中妖门"。中妖门的六则方子分别是针对狐、蛇、龙、花／树、山魈、水怪等妖媚或精怪。因应特定时代的语境，该书 1965

---

[1] 金受申：《北京通》，第 155 页，北京：大众文艺出版社，1999。

年版本卷十中删除了中妖门内容，仅存条目。[1]但是，在民间，在患者那里，邪与妖的区分是模糊的，甚至二者经常是等同的。

对于神媒治疗或者说咨询的对象，已有的研究多强调是现代医学没有办法，也无法企及的，由鬼怪精灵、良心愧疚等超自然原因引起的对人身心干扰的疾病，即乡村人所说的虚病、邪病。[2]从陕北黑龙大王庙中，参拜者和解释者都要借助的签簿，[3]以及当下西南七曲山大庙、华北苍岩山、香港黄大仙庙、吉隆坡天后宫等庙宇中的灵签而言，人们欲借助神灵、神媒解决的事象远远不仅仅是虚病，它涉及生活中诸种不和谐、不公正、不吉利、不可知以及由此产生的焦虑、紧张和悲伤等心理，人与人之间的不和，以及免灾、延寿、招魂和给孩子护身符等，涉及民众生活中的方方面面。

20世纪末，求助者前往黑龙大王庙求签的主要原因有15类：1.生意，包括远程做生意、买卡车或找生意合伙人等特殊的决定；2.财运，与生意或有关或无关；3.时运；4.流年运气，或上半年或下半年；5.婚期；6.家务事，如夫妻之间的争吵或离婚等；7.年轻人寻找或等待工作；8.考学；9.官司，或期望某人被监狱释放；10.人际关系；11.疾病；12.官运；13.求子；14.寻人寻物；15.调动工作的机会或者其

---

[1] 陈士铎：《辨证录》，北京：人民卫生出版社，1965。

[2] 相关调查可参阅 Bernard Gallin: *Hsin Hsing, Taiwan: A Chinese Village in Change*, pp.257-259, Berkeley: University of California Press, 1966; Adam Yuet Chau: *Miraculous Response: Doing Popular Religion in Contemporary China*, p.55, Stanford: Stanford University Press, 2006; 黎熙元：《乡村民间信仰：体系与象征——清远市浸潭镇民间信仰研究》，第78页，广州：中山大学博士学位论文，2001；Kang Xiaofei: *The Cult of the Fox: Power, Gender, and Popular Religion in Late Imperial and Modern China*, pp.102-106, New York: Columbia University Press, 2006; Thomas David DuBois: *The Sacred Village: Social Change and Religious Life in Rural North China*, pp.66-70, Honolulu: University of Hawai'i Press, 2006。

[3] 罗红光：《权力与权威——黑龙潭的符号体系与政治评论》，第333-388页，见王铭铭、王斯福主编：《乡土社会的秩序、公正与权威》，北京：中国政法大学出版社，1997。

他。[1] 这些求助事象并非陕北人特有。半个多世纪前，许烺光发现人们求助于算命先生、道士和其他巫师的事象包括：1. 寿命的长短；2. 一生中可能遇到的灾难（谋杀、水灾、火灾、暴病、战争、饥荒等）；3. 某一疾病的预测；4. 出门在外（所去的地方已知或未知）的家庭成员（或亲戚）的安全；5. 投机生意、赌博或法律诉讼的结果；6. 工作前景，是否有一个更好的工作，或目前工作的稳定性；7. 晚年的保障（儿子是否靠得住？个人未来如何？）；8. 有关住宅搬迁的意见；9. 盗贼的身份和追回被盗物品的可能性；10. 即将要做的生意的前景；11. 求偶或婚姻的成败；12. 顺利完成学业的前景；13. 家庭成员（或亲戚）返乡的前景；14. 得子的可能性，或胎儿的性别；15. 家乡和自己家庭的安全；16. 友谊的忠诚度；17. 子孙后代的运势。[2]

早在 20 世纪 20 年代初期，通过在成都、北京、天津、上海、苏州和福州等地收集的许愿单，海耶斯（L.N.Hayes）发现中国人向神灵求乞的事象包括婚姻、财富、出行平安，等等。[3] 与上述诸人直接关注香客不同，1929 年朱佩弦是从他看到的 53 根妙峰山圣母灵签内容来反推求签者的心理与所求。按出现频率高低，佩弦的统计分析如下：1. 婚姻，51 次；2. 疾病（或灾病），49 次；3. 见贵（或见贤），43 次；4. 谋事（或谋望），37 次；5. 行人（或走失），34 次；6. 胎产（胎产难或孕生男子贵子），26 次；7. 词讼，24 次；8. 求财，18 次；9. 求官，18 次；10. 失物，18 次；11. 经营，17 次；12. 田蚕，14 次；13. 宅舍，13 次；14. 防小人，

[1] Adam Yuet Chau: *Miraculous Response: Doing Popular Religion in Contemporary China*, pp.101-102, Stanford: Stanford University Press, 2006.

[2] Hsu L.K.: *Science and Human Crises: A Study of China in Transition Its Implications for the West*, pp.119-120, London: Routledge & Kegan Paul, 1952; *Exorcising the Trouble Makers: Magic, Science, and Culture*, pp.138-139, London: Greenwood Press, 1983.

[3] L. Newton Hayes: "The Gods of the Chinese", *Journal of the North China Branch of the Royal Asiatic Society*, 55(1924), p.97.

3 次；15. 出入（或远行），3 次。[1]

由此可知，求助超自然力实际上是中国民众生活文化的传统，并未因科学技术向日常生活的渗透而有本质的改变。将神媒诊断、调节的事象定义为"整体性的、与人际关系有密切关联的"种种非正常状态更为确切。[2]这样，本研究的"事儿"包括风水、阴宅、阳宅、命运（如考试升学、升官发财、娶妻生子、出行）以及人或者家庭不正常的地方，"病"主要是农村人常说的"虚病"，主要是因超自然原因引起的不属于人体生理性方面的疾病，常指精神病、慢性疾病及常见的小毛病，也包括家宅不平安、运图欠佳、家庭纠纷、子女出走、邻里失和等所引发的精神上的不适之感，等等。在梨乡，病和事儿在村民的口中常常混用，在不同的语境中，或相同或各有所指。

2003 年阴历六月初六到二十二这 17 天中，有 74 人前来向段光求助，共求助 89 个事项，详情如下：

1. 小早村李门张氏为家中神不青东边庙
2. 孔小营张门王氏为血压腿全身宅院洞口井
3. 正中太为宅院神仙
4. 疙瘩头李门氏为病宅院腿痛乳房痛
5. 西丁村曹门王氏为买卖顺利
6. 大陆村王西华宅厂病宅院洞小口仙明神案
7. 大安铃门李氏为宅院小口求子
8. 黄退村郭门雪氏小女父马病长
9. 马门张氏为病腰腿
10. 镇邱韩门马氏为全身病痛小女例阴阳宅院

---

[1] 佩弦：《"妙峰山圣母灵签"的分析》，载《民俗·妙峰山进香调查专号》1929 年 69-70 期合刊，第 124 页。

[2] 李亦园：《宗教与神话论集》，第 192 页，台北：立绪文化事业公司，1998。

11. 范庄行存平为李婚合好罗 × 生气

12. 郝庄黄门王氏为病腿气断龙仙破财

13. 秀才营季门张氏为顽童病烧洞口开

14. 南门吴 ×× 女儿吴 ×× 为病神经阴魂外事

15. 唐邱程门郝氏为宅院洞口儿子破小坟

16. 邢门铁氏病痛胃

17. 韩家庄邢门晋氏为病胃气

18. 杨门张氏为气生外妈家

19. 南马庄黄门张氏为病腰腿洞口龙仙破口

20. 贤门楼李门马氏为玩痛病干炎

21. 解家宅马军辉为电房工作是无医费多出腿疾病佛毛山神

22. 纪常庄□门王氏为口炎毒

23. 东平米门赵氏为心头烧

24. 南庄李门程氏为病痛经阴魂

25. 南马庄郭门樊氏为病全家病神仙洞口坟营

26. 赵平冯 × 现在山东惠氏县站门市

27. 南马庄冯 ×× 为全身病婚事

28. 金玉奉为各大洞口

29. 郝庄刘 ×× 求子求才求平安

30. 郝庄□党捡羊为破财宅院坟营顽童结婚顺利

31. 常家庄三大队武 ×× 库还韩家庄邢 ×× 帐

32. 武门刑氏为洞口

33. 韩家庄刘刑氏为坟地波宅院

34. 赵平邱冯 ×× 为家宅买卖门市工作洞口路

35. 千坊村冯 ×× 为买卖农药化肥油病宅院洞口路

36. 曹庄尚门梁氏为顽童眼病求师父

37. 赵梅北胃门赵氏为家宅洞口

38. 宁晋县西曹故杨门赵氏为病求为买卖

39. 宁晋北董王门耿氏为病求师父费心（肺病）

40. 宁晋唐邱二大队刘××为家保平安

41. 宁晋唐邱南马庄郭××为子求师父费心治病

42. 宁晋韩家庄邢××出车祸伤人何××不许坑人车归还邢××

43. 宁晋县胡岳村张××为病全身家人宅院不安

44. 赵平邱官司律师孙××

45. 大夫庄张××大病白亚

46. 各南李×出作志边尖回病

47. 郝庄高门张氏为丈夫工作儿子工作代人要债家中平安求师父费心

48. 宁晋县郝庄村高×为考高中求师父费心（在宁晋实验中学上学　五月初五）

49. 段木庄崔门段氏为本人灾苦归佛道

50. 宁晋县西广村掌门郭氏为儿子胳膊腿身体健康

51. 岳家庄李×起出货保平安 农历五月二十三

52. 辛集市南智邱镇郎口村付×洞口宅院破财灾 家亲

53. 宁晋县后张孟张门王氏为财和人求师父费心要钱

54. 张门王氏为生气离婚女人娟

55. 孔小营孔×出外上班

56. 高庄合段门杜氏为病腿急心

57. 孔小营高门张氏为血压全身病佛门子弟有

58. 洗马庄郝×妻子叫××成鬼务心上安

59. 郝庄李门高氏为房基地快快一定成功十天半月

60. 宁晋县段木庄段×带陕西咸阳医院

61. 辛集市南智邱镇西小王庄高×翟×丢财物 六月初三

62. 辛集市南智邱镇楮家庄杜 × 为脑瘤宅院坟地

63. 洗马庄郝高 × 妻为病腰腿宅院坟茔小口修路保山

64. 大夫庄人民社兰门张氏为家宅不平安

65. 米家庄二大队高 × 为病白癜风

66. 唐家寨唐门马氏为求子生意

67. 大夫庄史门李氏春分为病全身腿仙神坐炉

68. 林子王门陈氏为气阴三魂里身

69. 严村曹门立用刘氏为顽童心神不安

70. 南马庄郭门段氏为车和顺利 初八日

71. 董庄史 × 为当海员

72. 东庄史 × 为包赵 × 地

73. 疙瘩头郑门□氏为家中生气神仙乱炉

74. 大陆村李 × 考校[1]

　　与浸潭镇人通常找本村的巫问仙不同，在这17天中，求助者绝大部分来自梨乡其他村落，本村仅有一人。这也从某种层面说明香道的在本村中的地位和影响的有限性，但这与其"灵"与"不灵"没有必然联系，而是与"菩萨照远不照近"和国人交往远香近臭、远交近攻的一般策略相关，也与主流话语营造的"迷信"语境有关。其中，明确能看出由女性为自己或为家人来求助的有42人。不同的求助事项分配如图5–2所示：

---

[1] 段光写字全是在其看香后自学的。除了人名进行了处理外，其他均按段光存根实录。平时，包括她上小学的孙女，邻里其他会写字的小孩和行好的都是她的助手，或代笔，或告诉她不知道的字的写法。本书中所引数据中有若干"别字"，如"干炎"应作"肝炎"，"帐"应作"账"，原因和段光的情形相似。

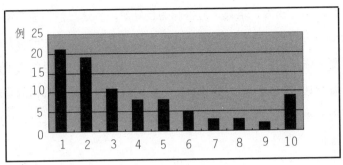

图 5-2 求助事项的分布

图中，横向的数字指求助事项的类别，纵向的数字指每类求助事项的例数，分别如下：1. 与家宅、坟地及洞口（仙家或精灵出入的地方）有关的21例；2. 包括全身痛、腰腿痛、胃痛、肝炎、肺病、脑瘤、白癜风、眼病等带有实病性质的病19例；3. 没有言明症状的病11例；4. 跟心神不安有关的8例；5. 求财（包括生意、出门买卖顺利）8例；6. 求平安的5例；7. 求子3例；8. 家庭纠纷3例；9. 考学2例；10. 其他事象9例，包括求婚姻顺利的、还账的、车祸后想讨回车的、打官司的、出外上班的、急于批房基地的、想找回丢失财物的、为工作的（如当海员）、为承包他人土地的等。2-4项均与虚、实疾病有关，共计38例。

从段光的存根记载可以看出：1. 段光咨询、查看、预测、解决的虽然仍以虚实疾病为多，但涉及乡村生活的方方面面，求平安求子求财求职求学，家庭纠纷、借债还债、车祸解决，等等。2. 虚实疾病常都与家宅、坟地或洞口有着关联，也即生活中的人们常将身体的不适与阳宅、阴宅和与这些地方在人们想象中存在的相关神灵、祖先、仙家、鬼怪联系起来。3. 求助者对其生存空间有着明确的想象和认知，生存空间中人与神、仙家、祖先、鬼怪之间的不和能在香道的那里被查明，并可以通过适当的方式得以调理。4. 对生活中纠纷的解决、宅基地的审批、借账还账、考学、工作等都求助香道的预言，说明人们从自己的角度出发，求公正、吉利的良好愿望。这显然不能简单地归结为梨乡人的愚昧，而是现实社会没有给这些拥有有限生命机会的梨乡人更多畅通的世俗渠道来解决这些矛盾。因此，向香道的求助这些原本看来通过人为的努力和俗世的办法就能解决的事项喻指的是现实生活中的不公正、梨乡人的生命机会以及由此引发的危机感、风险感和紧张感。

中国传统文化的宇宙观或价值观是"致中和"或者说求和谐、均衡，可分为：自然系统（天）的和谐，包括时间的和谐和空间的和谐；个体系统（人）的和谐，包括内在的和谐和外在的和谐；人际关系（社会）的和谐，包括人间的和谐和超自然界的和谐。[1] 以自我为中心，"推己及人"的差序格局是乡土中国的基本特征，[2] 梨乡也不例外。上述的求助事项的属性都是求助者自己看来在空间、个体和人际关系等方面的失衡。我们可以将之简括为空间的失衡、身体的失衡、生命机会的失衡三类。空间失衡即与家宅、坟地及洞口有关的 21 例求助事项，身体的失衡包括与虚实疾病相关的 38 项，生命机会的失衡包括求财、求子、家庭纠纷、考学和其他等求助事项，共计 30 项。如图 5-3 所示：

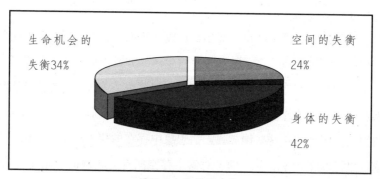

图 5-3　浓缩的失衡

[1]　李亦园：《宗教与神话论集》，第 203-221 页，台北：立绪文化事业公司，1998，《和谐与超越——中国传统仪式戏剧的双重展演意涵》，载《民俗曲艺》2000 年总第 128 期，第 15-46 页。
[2]　费孝通：《乡土中国 生育制度》，第 24-30 页，北京：北京大学出版社，1998。

其中，空间的失衡所占的比重虽小，但在三种失衡中却是决定性的。在梨乡人那里，家宅、坟地及洞口等空间是有机整体。一种空间的失衡不仅影响到其他空间的状态，还与身体的失衡和家庭及其成员的生命机会相连。种种现代医学无法诊断和治疗的虚实疾病，或者是无钱医治的疾病本身被认为是空间失衡的表现或者可能与空间失衡相关。同样，一个家庭的阳宅、阴宅也与该家庭的香火、财运、仕途、和谐，即该家庭兴旺、和睦、平安与否紧密关联，这也即乡土中国风水术的内涵。尽管现代社会是一个有着更多公平竞争的社会，不同阶层的人有着多种渠道改变自己的身份地位及命运，但一个乡村人所生长的空间本身在相当程度上就断绝了城市人先天就有的许多生命机会。在有限的教育资源、医疗软硬条件、梨的内卷化生产、生存资源的有限性和传统观念的影响下，能否通过读书、做生意、参军、生子等改变个体及其家庭的命运也就成为梨乡人的梦想。这也是人们奋力改变命运的同时，还要向香道的求助的原因。因此，在浓缩的失衡中，看似完全是俗世的生活事件居然占了34%。三种失衡之间的恶性循环也就成了今天梨乡香道的存在的温床，并使香道的在自己家中过会成为可能。

新中国成立后，乡村医疗卫生事业有了明显的进展。20世纪60年代，"赤脚"医生基本遍及了全国乡村。[1] 改革开放后，交通的便利、经济状况的改善、乡镇医院医疗设备的引进和人们对现代医疗技术的认同等使村民能较迅速地前往医院治病。但是，从清末倡导破除迷信至今，包括"文革"时期，神媒在乡村仍有着"自己的园地"。与六七十年前相比，当下梨乡香道的少了很多。每个村都有能力不一的香道的，有的村则多达数十个。这些香道的一般都在自己家中过会，

---

[1] 杨念群：《再造"病人"：中西医冲突下的空间政治（1832—1985）》，第361–398页，北京：中国人民大学出版社，2006。

香道的本人也与梨乡某个村落型庙会或跨村落型庙会有着特别的联系。如果得的是虚病或乡镇、县、市等医院没有办法治疗的疾病，人们都更愿意去找这些香道的。就香道的自己而言，他们是认同现代医疗技术的。如果求助者是实病，他们会首先劝求助者去医院，而不是轻易就给人打香。平常，香道的自己的感冒、咳嗽、肌肉损伤等疾病也求助医院。

从求助者开的车、求助者的言行、求助的事象，香道的会准确地断定来人是否是"官"。一般而言，大小为官者是晚上前往梨乡他村求助灵验的香道的打香，或者是派人开车前来将这些香道的接走。"异地为官"的古制在今天的梨乡演化为"异地看香"。作为有着共同文化传承的集体信仰者或者说"民俗人"中一分子的地方官，对大、小传统的遵循成了今天他们明哲保身、营造自己生活环境、经营事业、仕途的策略。这也是今天仍然在官方反对迷信语境下，香道的及其仪式实践在梨乡能半公开存在的原因之一。

这些能通过神给人看病、看事儿的神媒在乡村的广泛存在，意味着人们普遍相信有一种现代医学、科学无法企及的力。70多年前，费孝通对江村的研究就已指出，巫术和科学在农民生活中并不是敌对关系，而是手拉手、臂挽臂地为老百姓所用。谁能在实际生活中解决问题，他们就用谁。[1] 内在的和外在的因素都会影响民众的价值观和宗教实践。人们相信西药、西医的可靠，但这并未动摇原有的价值观与宗教，而是将新观念、新技术游刃有余地融入到了旧框子中。[2]

这一直都是乡土社会的生活真实，也是乡土宗教的本质。在批驳

---

[1] 费孝通：《江村经济——中国农民的生活》，戴可景译，第148-151页，北京：商务印书馆，2001。

[2] Hsu L.K.: *Science and Human Crises: A Study of China in Transition Its Implications for the West.*, pp.79-118, London: Routledge & Kegan Paul, 1952; Bernard Gallin: *Hsin Hsing, Taiwan: A Chinese Village in Change*, p.259, Berkeley: University of California Press, 1966.

马林诺夫斯基所区分的巫术、宗教与科学的绝对界线弊端的同时，也为了发现东西文化之间甚至人类社会更多的共同点，许烺光在关于1942年云南西镇针对霍乱疫情的整治实践的经验研究中写道：

> 如果我们观察某一文化背景中人们的思维模式和文化方式的话，宗教巫术与真正的知识二者不仅是交织在一起，而且在人们的头脑中也没有明确的分界线。因此，为了达到一个目的，人们往往自然而然地在宗教巫术和科学方法两者之间来回，或同时采用两种方法。[1]

由此，他进一步倡导：在探讨人类行为中宗教、巫术与科学的关系时，要将其与决定人类行为的主要因素，即"特定的社会组织和文化模式"联系起来才有意义[2]。

或者可以说，不是人们的实际生活需要香道的出现，而是香道的本身作为当地文化传统的因子，使生命机会有限、生活失衡并充满风险的人们有了向香道的求助、叙说的渴求。不容置疑的是，人们主动去求助香道的而非香道的去找人来求助，看香也仅仅是香道的业余生活。当然，在香头这里花钱少和香头尤其能赢得妇女的共鸣等因素仍是不可忽视的原因。[3]多数行好的异地求助的基本策略使得仙家堂也就成为梨乡一个个不规则分布的信仰中心。这样，尽管一个香道的在本村可能有着核心支持者，其家居也是本村行好的在农闲、夜晚聚集的场所，但不同村落的香道的和求助者之间仍然形成了一种交换市场：

---

[1] Hsu L.K.: *Exorcising the Trouble Makers: Magic, Science, and Culture*. p.7, London: Greenwood Press, 1983.

[2] Hsu L.K.: *Exorcising the Trouble Makers: Magic, Science, and Culture*. p.8, London: Greenwood Press, 1983.

[3] Li Wei-tsu: "On the Cult of the Four Sacred Animals(Szu Ta Men 四大门) in the Neighborhood Of Peking", *Folklore Studies*, Vol.7(1948), pp.69-72.

一个香道的主要求助群体散居在梨乡的其他村落。这是同一个村落中香道的和求助者都高兴的。同村的和香道的之间少了同行惯有的排挤与算计，村人的秘密也较难被同村人快速播布，行好的津津乐道的灵验故事也会层出不穷地产生。

六 灵验：邪乎的看香

香不仅仅是香，还包含神性、神的灵验、民众对神灵的供奉和民众的地方感、历史感。[1] 不仅如此，烧香代表了一个变形的过程，神马前燃香的火焰具有"变形的魔力"。[2] （烧）香指向过去、现在和未来的合一，时间与空间、人与神的合一。虽然梨乡今天没有闽台地区隆重的分香、分炉、分灵等仪式，但透过对同村中行好的凝聚、对异村求助者的吸引、聚合，仙家坛所喻指的单位性和地方感觉结构[3] 仍然十分明显。只有借助香道的家中的香炉燃烧的香，人神之间的对话才能展开。当香燃烧时，特定的神灵会被召唤前来，灵为人附的香道的才能代表神灵说话，才能断定求助者所求事项的是非、吉凶祸福。只有通过燃烧的香，求助者也才相信从香道的嘴中说出的话。因此，观察香的燃势并解释因果的看香才成为梨乡大小庙会最常见的仪式实践。在这种场景下，一炷香或三枝香的燃势也就意味着求助者所处的空间、身体以及生命机会是否失衡和怎样失衡。

在借助香的同时，看香还须黄表纸、金银元宝等多种纸供。对于

[1] Stephan Feuchtwang: *The Imperial Metaphor: Popular Religion in China*, pp.23-24, 126-129, London: Routledge, 1992.

[2] P. Steven Sangren: *History and Magical Power in a Chinese Community*. pp.162-165, Stanford: Stanford University Press, 1987.

[3] 岳永逸：《老北京杂吧地：天桥的记忆与诠释》，第311-313页，北京，生活·读书·新知 三联书店，2011。

求助者而言，只有通过烧一定数量、形制的纸供，神神才会保佑他们及其家人所希望神神庇护的事情。[1]

在梨乡，黄表纸通常约20厘米长，10厘米宽。无论是在仙家堂还是庙会的神案前，看香时，香道的常常会在点上香后，将卷成圆柱状的一张黄表纸竖放从下端点燃，观察其燃势，尤其是燃烧的纸灰是否直直地飞升起来，以此初步判断跪在神案前的求助者是否心诚和神灵的初步感受，即神灵是否接受求助者的求乞。有的香道的将求助者及其求助事项写在黄表纸上做成"表"。表在香炉前焚烧时，求助事项也就上表到神神那里。由于"表"要在神案前烧给神神，而且只有表的灰烬飞升起来时，求助者和香道的才相信神神接受了求助者的求乞、供品，所以"表"在梨乡还有个很形象的称谓——"升文"。在段光那里，给求助者请求增寿的升文母本是这样的：

> 河北省××县××镇××村××门××氏为病增阳寿要求千佛万祖万万佛祖下传各位师父管好病症，南海老母来打救，病好以后金银财宝齐还愿。地下五官师上报会计去掉名姓下报阴间会计增寿盖章永不在[2]犯实病，七师父主管之事，上下联系病症，化解阴魂两事，金龙五星孙师父送文书，主到本官会计盖好章印送回。
>
> 本炉　通天老师○印
> 杜师父○印

2005年7月9日、10日，段光家过会时，有行好的帮助求助者写了下述两张升文：

---

[1] Lee Janet Scott: *For Gods, Ghosts and Ancestors: The Chinese Tradition of Paper Offerings*. p. 22, Seattle: University of Washington Press, 2007.
[2] 实应写作"不再"。

南马庄郭××为车平安求师父费心把车管好顺利平安，是仙归山妖归洞家亲阴魂归坟营师父管事管里清不行正里宝剑不留情勿勿敕令

孙师父、祖师父主管之事

二〇〇五年六月初四日升文

河北省范庄镇曹庄村刘门王氏为全家平安顺利牲口顺利真金银元宝一刀天堂票两刀，油钱10元，一火分之，事成有奖。瘟神孙师父主管。　　　　　　　　　二〇〇五年六月初五升文

表作为一种文体在中国古代是朝臣给皇帝写的奏章的一种，常常是用于较为重大的事件，如诸葛亮给刘禅写的有名的《出师表》。在更早，表是排列事项的一种书写方法或编纂体例，如《史记》中的"十表"。由此可知，当今梨乡的表延续了传统，依然表达的是下对上的关系，是行好的向神灵诉说的书面形式，要神灵知道自己生活世界中的失衡、有着怎样的风险和期盼以及保佑后的答谢之法。当然，表同时也是一个动作，有着人向神灵诉说、表白等多重内涵。或者正是因为如此，在江苏高淳县乡村，人们在祠山神庙中立下的人神契约的凭证文书叫"具恳状"或"具保状"。[1] 2005年2月22日，正月十四，在京西门头沟庄户、千军台古幡会现场，我也看到了类似的表，而且请神表文的署名也有"恳请者"三个字。

在一些特殊的情景下，梨乡神马前黄表纸的燃势也成了判定俗世中人诚心、良善、正直、清白与否的一个标志。龙牌会庙会期间，龙牌会前任会头为了显示自己的清白，上交了过去一年的香油钱，在龙牌前烧黄表纸时就会口念"烧起来烧起来"。[2] 因此，供桌上的黄表纸、

[1] 陶思炎：《南京高淳县的祠山殿和杨泗庙》，载《民俗曲艺》1998年总第112期，第26-27页。
[2] 岳永逸：《灵验·磕头·传说：民众信仰的阴面与阳面》，第114页，北京，生活·读书·新知三联书店，2010。

香是香道的神案中不可缺失之物。与神马、香炉、供桌这些静止的固化物不同，燃烧的黄表纸和香是动态的存在。袅袅上升的香烟、弥漫神案前的香味和飞升的黄表纸或表的灰烬刺激着人的感官，构成了看香的特殊情境，即是特纳所说的阈限（communitas/liminality），[1] 也是一个渗透神圣意味的"神秘剧场"。在梨乡，行好的中间流传着香谱（如图 5-4 所示）。有人传言这些香谱是从柏林寺买来的，但经常也能在庙集或市集上见到类似的香谱。从此类香谱和经常在会中出入的行好的都能简单地看香而言，香的燃势与生活中的种种失衡之间存在着一定的对应关系并有规律可循。即在某种意义上，看香是可以习得的。由于有神神是否附体之别，香道的看香与一般行好的看香也就有"灵验"或者说"准"与否的差别，但多数香道的神神附体的外在表征并不是十分明显。

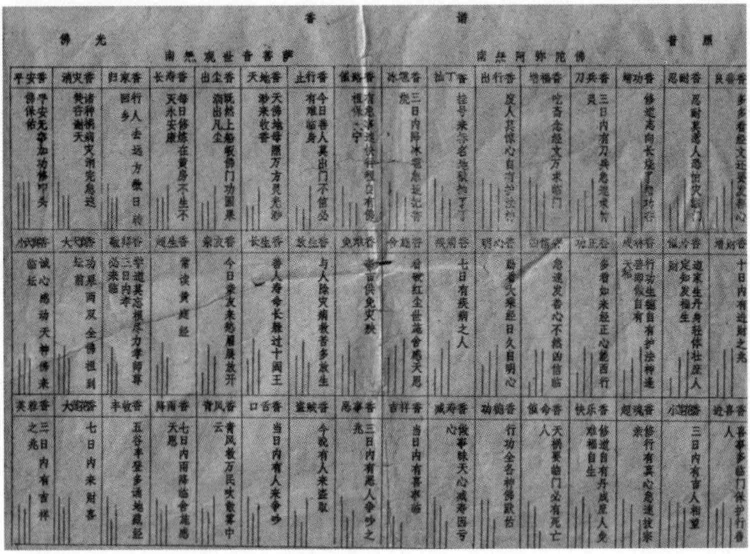

图 5-4　香谱

---

[1] Victor W. Turner: *The Ritual Process: Structure and Anti-Structure* ,Chicago: Aldine Publishing Company, 1969.

在沧州，香头给人看病时首先要断定是实病还是虚病。一般来说，香头点燃的并排的三炷香各有所指。右边的是神香，也叫鬼灵或家仙香。左边的是五大仙，也叫灾香。中间的叫命香，意味着病人的生命力和天生寿命的长短。如果是左、右的香燃得旺，它就说明病人是被鬼或动物精灵所缠绕。如果是中间的香由明到暗交替，就意味着他的生命垂危，在今后的数天将会死去。[1] 同是看香，香道的平时或庙会期间给人看香有三枝和一炷香的不同，且烧一炷香的情形更为普遍。三枝香的燃势之寓意大致与"香谱"所示相同。一炷香则主要看燃势是否均匀，是否有某枝或某几枝香不着，不着的香朝向哪个方向，等等。

香道的看香过程大致如下：1. 求助者将自己所带的香纸等供品放在供桌上后，跪在神案前自报家门和想要看的事或病，包括其真实的姓名、性别、住址等。有的香道的会同时写好表。也有求助者提前预约，通过电话大致说明相关情况。2. 根据求助事项，香道的点燃三枝香或一炷香后，将黄表纸或表捏成筒状竖放在香炉前点燃。如果灰烬没有飞升起来就意味着不吉或求助者心不诚。要求助者必须心诚后，香道的会为之再烧一次黄表纸。求助者也会同时往供桌上功德箱中放上油钱。3. 当纸灰飞升起来，香道的或念咒语或磕头让神神降临附体，并驱遣神神前去查看所求助的事项。4. 根据香的燃势，在神神被附体的状态下，香道的分析病因、事由以及禳解、治疗办法或可能有的趋势。5. 神神"下马"离身后，根据求助者及其求助事项的实际情况，香道的可能会给求助者画符，或赠送一些自制的药丸，必要时会另约时间亲自前往求助者家中。

虽然本着诚信和实事求是的原则，但香道的解说是灵活的，常本

---

[1]　Thomas David DuBois: *The Sacred Village :Social Change and Religious Life in Rural North China*, pp.70-71, Honolulu : University of Hawai'i Press, 2005.

着息事宁人、大事化小、小事化了的原则安慰宽解人。惠筱曾坦诚地对我说：若求助者所问的病实际上是好不了的，就变通地说"咱管不了了"，绝对不会把"死"字说出去；其他的事情，只要是结果不能如人之意，也没有更好的禳解办法，也说"咱管不了"。如事情还有救，在和神神交涉疏通后，香道的会要求求助者许愿，多少没关系，也不需要说出来。愿望实现后，必须如实还愿。在什么地方给什么神神许的愿就在什么地方还。

电话等现代科技手段同样在看香时为人们所用。除提前打电话与香道的预约，部分香道的就直接通过电话将求助者的姓名、住址和求助事项问清后，向神神咨询，看香后再电话告诉求助者大致情况，并不一定要求助者亲自前来家中。2003年盛夏一个夜晚的九点多钟，在我正与段光聊天时，有电话打来。求助者想到段光家中来，让段光给看看关于承包修路的事是否顺利，因此预约。段光没有让其来，只是记下村名、人名和所求之事，并答应给看看，人先不用过来，等看过后再说。放下电话后，段光在供桌上铺一张黄表纸，点燃一根香，用燃着的香在黄表纸上竖写下了所求之事："屈家庄侯×× 为办事修路的事祖师爷孙师傅主管之事六月二十三日升文。"然后，段光在供桌前点燃香，将写好的表烧了。烧完后，段光低头默念。十多分钟后，求助者的电话又打来了。段光告知事情还算顺利，有点问题但不大。求助者当即表示第二天会再来，当面谈。2005年、2008年、2010年、2011年在梨乡，我同样多次遇到类似情形的看香。尽管看香能够异地远程进行，但求助者显然更愿意与香道的当面交流，同时也更为直接、直观地面对神神。许愿还愿的传统使得电话、手机等现代科技巧妙融入进看香这一行好的宗教中，被传统所用，也为梨乡大小庙会预备了基本的参与者。

成功看香的信息在梨乡是不翼而飞的。至少，愿望实现，获得解脱的求助者及其亲友会高兴地传播、推介。面对感兴趣的调查者，香道的在担心这些人走后是否就有人前去将他们"抓起来"的同时，也乐于给调查者讲述这些故事。对于眼见这些事发生却又表示怀疑的村民而言，他们常说的一句话就是："就这么邪乎，你怎么解释得清？""连大医院治不好的病，在他那儿就给人看好了。"因此，关于一个香道的成功的仪式实践故事越多，他的声名显然就越大。对于感恩戴德的求助者而言，他们不仅仅是传播其获得解救的消息，同时也乐于将发生在自己身上的事，尤其是不期而至的奇迹固化下来。除给香道的该付的报酬外，求助者还常常通过送旌旗、牌匾以及桌椅板凳、碗筷、粮食、烟酒等香道的家中过会时用得着的实物来向香道的表示感谢。当然，这或者就是求助者给神神许的愿。一个香道的主屋通常也就成为与该香道的两位一体的神神的功绩、灵验的展览馆、博物馆。有的香道的主屋的墙壁、地上堆满旌旗、牌匾和其他实物，俨然灵验的庙殿。有的还不得不专门再另辟一间屋子，专放彰显灵验的旌旗、牌匾。

至今，地方政府还不时有破除封建迷信的举动，偶尔也会将声名极大的香道的拘捕一些时日。政府这种强制性的阻绝行为适得其反。在乡村人看来，在某种意义上，一个香道的被拘捕过正好说明其"灵验"。因此，在拘捕过的香道的归家后，求助者的数量常更胜于往昔。对于不愿张扬自己的香道的来说，旌旗、牌匾等物化的东西可能处于一种隐形状态，或直接被他们拒绝。无论哪种性格的香道的，他们都会强调自己是在为神神办事，是行好，一点上香就什么也不知道了，不说心里就不舒服，从来都没有聚敛钱财的意思。范晓常反问道："谁让神神找上我了呢？"

在行好的中间，一旦个人或其家庭有什么要求助香道时，人们相互之间常见的说法是"找个人看看"或"已经找人看过了"。这个时候，从语义学而言，"看"在原本就有的看这个动作上，还融合了仔细观察、理解、明白、清楚等多重含义，既是一个动作，也是一个过程，还表达了一种可能有的或已经有的结果。就当事人而言，香道的、附体的神神、求助者都在不停地试探、认识对方，三者两两之间形成一种循环借重和利用的关系。香道的再次被邀请，其声名可能会大振因而被人称颂，至少再次证明自己已有的声望和他人对自己的信任。通过对其能力的肯定或张扬，香道的地点感被强化，成为其所在村落的表征。村落也可能因他而得以张扬，因为灵验的他会成为村落庙会和跨村落庙会组织者要邀请的对象。这时，在"红火""热闹"的庙会现场，[1]人们常说的是："××村的来了！""×××灵！找他看看？！"当然，这一切同时也直指或影射了香道的所依托的神神。在某种意义上，这也促生了梨乡诸如行好的等次生群体的地方感。

前来的求助者，无论是外村的还是本村的，无论是近在咫尺还是远在天涯，他们都经历了一次"朝圣"之旅，或者说一个通过仪礼。他们是对所求助的香道的有过考察、认同后，满怀希望而来，漫步或远足本身也就是一种缓冲过程或过渡阶段。在经过看香这个两可的仪式实践后，求助者自己及其家人的生活可能又会回复到先前的平和状态或达到一个新的起点。显然，这里的朝圣并非一神教通常所指的自我净化、反省和超越的过程，而主要是试图在香道的可控的神神那里得到赐福、善报，[2]是灵就拜的人与神神之间的交易。求助者欲解决自己现实生活中的苦难、失衡，防范风险，使自己的俗世生活归于已有的或想象中应该有的均衡和安宁。这个过程也强化了求助者的地点感，香道的和求助者最终都皈依到某个仙家坛、村庙或神棚内的神案前。虽然不一定常往，但是星罗棋布的仙家坛也就成为村民生活世界中熟

---

[1]　红火、热闹这些方言已经成为深入理解当代中国乡土庙会以及宗教活动的关键词。可参阅：Adam Yuet Chau: *Miraculous Response: Doing Popular Religion in Contemporary China*, pp.147–168, Stanford: Stanford University Press, 2006; Hua Zhiya: "Revitalization of Folk Religion in Contemporary China: A Case Study of Dragon Tablet Festival in Central and Southern Hebei Province", pp.120–143, a Dissertation of City University of Hong Kong, 2011; 华智亚：《龙牌会：一个冀中南村落中的民间宗教》，第101–118页，上海：上海人民出版社，2013。
[2]　王铭铭：《走在乡土上——历史人类学札记》，第176–212页，北京：中国人民大学出版社，2003。

悉的地方。

总之，看香中存在三重互相涵盖的矛盾关系：成功的仪式实践涵盖了不成功的仪式实践；神神的灵验涵盖了香道的失败；灵验的神神涵盖了不灵验的神神。这三重矛盾涵盖的关系可以表示为：

【成功的看香：不成功的看香＝成功的看香】【神神的灵验：香道的失败＝神神的灵验】；【灵验的神神：不灵验的神神＝灵验的神神】＝（神神/香道的）灵验

其中，"："表对立关系，"＝"表涵盖关系。由此，对于梨乡的求助者、行好的而言，他们对神神－香道的灵验是"宁可信其有"，即他们总会将看香视为一种获取平衡的策略与途径。求助者最终的指向都是神神的灵验与灵验的神神，神圣从而涵盖了世俗，香道的家居空间更多彰显出的是神秘的力量。当然，这些都是在已有的文化图示中，在当下生活的激发下，求助者对自己及其生存状况的心灵图景。但是，对于外观的他者而言，要么很容易就得出神圣涵盖了世俗，即看香完全是神圣的宗教学结论；要么很容易就得出看香完全是愚昧、迷信与不可救药，必须清除的政治学结论；要么想当然地得出香道的坑蒙拐骗、聚敛钱财的经济学结论。

进入工业社会以来，快速发展的科技在撕裂源自农耕文明的民俗时，也以其便捷，快速地整合着传统民俗。[1]一般而言，不关涉生死，也不从根本上动摇既存社会组织的科技更容易被人们接受。[2]如前文所述，电话不但融入看香这一传统的宗教实践中，也在部分意义上改

---

[1] Hermann Bausinger: *Folk Culture in a World of Technology*, translated by Elke Dettmer, Bloomington and Indianapolis: Indiana University Press, 1990.
[2] Hsu L.K.: *Science and Human Crises: A Study of China in Transition Its Implications for the West*, p.125, London: Routledge & Kegan Paul, 1952.

变了求助者和香道的、神神之间的交往模式。这样，电话铃声响的频繁程度，多远的人前来求助，梨乡常见的摩托车、微型汽车、小轿车等交通工具也就成了衡量一个香道的"灵验"与否和其声名的量标。2002 年 7 月 11 日，敬汪自豪地说："家里的电话老是不断，没有闲的时候，有时间不得不躲到梨树地中去或者到出嫁的女儿家去。石家庄、天津、保定哪儿来找的人都有，家门前经常停有小车。家中过会时，大小的车辆更是停得老长老长。" 与此类似，在陕北，一个神媒声誉好坏的评判标准包括咨询时间的紧张程度、多远的人前来求助（尤其是陕北以外的人）、经常有多少小车（象征富人或高官的庇护者）列队在其家门外。[1]

电话铃声的频繁程度、求助者的远近、停在家门口交通工具的种类及档次、"灵验"故事的多少及其播布、旌旗牌匾等彰显灵验的固化物、拘捕与否等都成为一个香道的灵验的量标。所有的量标都是以香道的成功的仪式实践为基石，是以被香道附体的神神为基础。在村庙等重建滞后的情况下，一个香道的声名越大，求助者、追随者越多，他的凝聚力也就越强。附体的神神，香道的家中的神案，由香道的操演的成功仪式实践，关于"灵验"故事的播布及旌旗等固化物，远近的求助者、支持者、追随者及其捐赠等，都从各方面为香道的家中过会提供了必要的条件，使家中过会水到渠成。借助家中过会，神神、香道的、求助者、徒弟、追随者及其各自所在的家庭、村落等所有的当事者都能被彰显。这也使家中过会向村落型庙会及跨村落型庙会的生发，和特定情形下村落型庙会和跨村落型庙会向家中过会的回缩成为可能。

---

[1] Adam Yuet Chau: *Miraculous Response: Doing Popular Religion in Contemporary China*, p.56, Stanford: Stanford University Press, 2006.

七 扫坛：作为整体的社会事实

与基于血缘的亲情敬拜不同，家中过会是由没有血缘关系的次生群体围绕特定神神、香道的，年度性定期举行的开放性群体敬拜活动，香道的和被附体的神神是主角，行好的和求助者是主体。随着对庙会调查研究的深入，已经有人注意到了在家居空间举行的非祭祖性的群体敬拜仪式，如祈愿、赊佛、求子、禳灾辟邪等以及不同形式的"会"等活动。

在山东东阿，人们长期都有在家向泰山奶奶祈愿的习俗。江南的赊佛、禳灾等同样是以骚子先生、太保等神媒为中心，在事主家或社主家大张旗鼓地设神筵祭坛。[1] 山东巨野县乡村遍布当地人称为"香桌子"的私人佛堂，能通神的主人在自家的香桌子前为人许愿还愿、解决难题，以乡村女性为主的群体也常聚集在这里休息娱乐、习唱经歌。[2] 2004年春节，王秀梅通过对巨野的重访发现，无论是过去还是现在都有香桌子在自己家中办会的情形，会之规模与办会者的声望、号召力相连。即，香桌子是当地乡村村庙之外的村民更经常前往的、更便捷的群体性活动空间。

近20年来，在广东梅州市杜里镇，走天家的童身将原本在庵、庙中举行的祝福、禳灾驱邪等仪式挪到了家中举行，在家中办"好事"。办好事前，由该童身在各村的护法（或称缘首/护法头）在各自所在的村发表捡钱，童身拿到钱后就准备办好事的用品。办好事的主要仪式动作包括众人在童身的带领下上香祈祷、童身驱邪、童身唱祈祷词、探轿上锻、焚烧财宝纸扎和代表个人请求的表，仪式完之后还有全体

---

[1] 顾希佳：《祭坛古歌与中国文化——吴越神歌研究》，第13-31、40-50页，北京：人民出版社，2000。

[2] 王秀梅：《经歌与乡村女性叙事——以山东省巨野县经歌和乡村女性叙事群体研究为个案》，第6-7、18页，北京：北京师范大学硕士学位论文，2003。

参加者带有"接福"性质的聚餐。[1]虽然杜里有着众多的寺、庙、庵、堂、宫、观等专门的公共祭祀场所，但走天家的童身在其家办好事已经成为主要是当地女性群体参与的主要宗教活动形式。无论在事主家或自己家，童身在家居空间办好事与在庵堂、寺庙举办的庙会仪式活动具有同构关系，几乎是对庙会的复制与缩写。

在梨乡，对于香道的家中围绕附体神神在特定日子举办的有多人参与的群体敬拜实践，与在村庙或村庙所在地举行的庙会说法一样，人们都叫"会"，常说"××家中过会""××家中有会"以及"去××家过会"等。一般而言，无论是香道的自己，还是村中的局外人，人们都习惯于将家中过的会称为"平安会"或"仙家会"。因为多数香道的是女性，且参加者中女性常多于男性，人们也常说"神婆会"。根据仪式进程中是否动响器，家中过会又有响棚会和清静会之别。闲暇时，村中行好的也会聚集在香道的家中聊天、念佛。

根据灵验程度及其声名、徒弟多寡、香道的人品人缘及个人喜好、与本村或他村庙会的关系等量标，家中过会也有着种种不同。有的香道的家中一年过两次会，有的家中过会实际上代表了其所在村的会，并发会启邀请外村的庙会组织参加。马邱兴隆驾会就收有这样的会启："圣秉2003年农历四月初一日女娲老祖会在家坛举办，敬请马邱兴隆驾会届时光临，西大留村女娲庙会何东喆。"家中过会参加者通常来自方圆15公里内的村庄。同村中行好的之间关系好的话，也会互串着过会，他们会围绕某个香道的在本村形成一个核心性群体。一般而言，如果其所在的村有庙会，这个群体及其背后所在的家庭同时也是该村庙会的主要组织者和参与者。除前述香道的个人因素外，也因一些客观条件的限制，以及担心交换和互惠关系无法最终形成，多数

---

[1] 徐霄鹰：《歌唱与敬神——村镇视野中的客家妇女生活》，第99-108页，桂林：广西师范大学出版社，2006。

家中过会并不散发会启，也不接收会启。范晓家中过会没有往外发过帖子。2003年7月26日，她不无感慨地说："咱这是小会，人少，发帖子把别人给请来了，又招待不好，会让别人说的。现在过会都不愿接、发帖子，因为哪儿招待不好都是错。"

总体而言，家中过会的会期春季较多，尤其是正月。我主要调查的十个家中过会，有五个在正月，两个在阴历的六月，其余三个分别在阴历的三月、十月和腊月。在过会前一两天，在行好的帮助下，香道的家居要再次净化、圣化。范晓和何计家中过会都是响棚会。范晓家中的会在梨乡是一个极为普通、不愿张扬的家中过会。如前文所述，朴实、本分的范晓早就在柏林寺皈依。她家土木结构且低矮的房子与主屋中的神案漆黑、油腻浑然一体。屋中也没有炫耀灵验的牌匾，村中年轻人甚至都不知道她的名字。2003年7月，在问了好几个老年人之后，我与学文才找到她家。范晓的家中过会在腊月十六，人数常在三四十人，多的时候上百人。赵县北边的大吕村、豆腐庄都有人前来过会。来者上（给）多少油钱，都是随心。每年腊月十五，一些徒弟、求助者以及相好的邻居就纷纷前来再次圣化其家居。

何计家每年分别在正月初九、初十和六月初六、初七过会。2005年7月11日（六月初六）上午，何计家在相应的位置摆设好了所要供奉的神神的神案，并按照各自的属性、级序和意义进行有别的供奉。这包括院门外北侧的路神，院门的门神，门楼内南墙的火神、南海，影壁上的土地，天井东南角的八仙，北屋西间外侧门东的天地、门西的西北天（管冰雹雨水的神），北屋西间北墙门洞上方的上八仙，北屋西间二进的地母、关爷、全神、财神，西厢房厨房的灶王，西厢房外南端的家庭/亲（家中的亡人）。对于这些神神，香、碗供（主食）、盘供（菜肴）、分别装在杯子中的酒供和茶供数目都有着差别（如图5-5所示）。

图5-5中，除了路神前的香是一炷之外，其余神马前烧的香的单

位都是枝。八仙的供品摆放在一张八仙桌上，桌子四方的条凳上遮有红布，过会期间，不许人靠近桌子。其中，盘供有鸡、猪肘、鱼各一。天地的盘供中也有鱼一条。尤其值得注意的是，全神的盘供包括鸡、鱼、猪肘、香蕉和鸡蛋，另外还专门供有香烟。

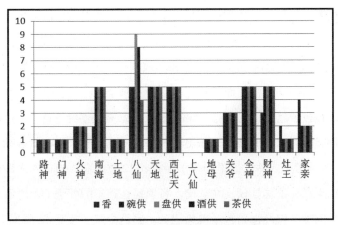

图 5-5　何计家中过会的神神供奉及其差序

家中过会的程序与梨乡其他庙会差不多，诸如开佛门、开坛、上香、上供、请神、送神等。响棚会的每个仪式都伴随有集体性的念佛。清静会绝对不动响器，也少了不少仪程的念佛，人们只是在固定的时间有序地举行相应的仪式。请神时，必须将所有的神神都请到，响棚会由行好的分别前往不同的神案前唱诵相应的佛。清静会则相信开佛门、开坛、上香、上供后，在香道的默祷下，神灵或仙家自己就会前来。尽管不同的家中过会请的是全神，但神的名号、顺序和个数都不尽相同。阴煦家中过会时，请的全神包括：千佛万祖，万万佛祖，满堂的师父，天神地神，家宅六神，天皇地皇，三皇人皇玉皇，太阴太阳，日头月亮，东边八仙，西边唐僧，南边老母菩萨像，北边药王和药圣，五台山老爷，北方老爷，四川老爷，路神老爷。不论是群体还是个人，前来过会的人要将包括"家亲"在内的所有神神都敬拜到。送神则常分院门口和院内天井两处，要将请来的所有神神都送走。与院门口主要是送鬼，烧的纸供要少些不同，院内天井是送神、仙、佛，黄表纸，金银元宝等纸供常堆砌成小山状，要烧20分钟左右。

在这些群体性仪式的间歇，不停有行好的来烧香磕头、看事看病、许愿还愿，拴娃娃、挂锁、扫坛（堂）等。在所有这些活动中，围绕孩子的挂锁、扫坛格外引人瞩目。"锁"是用常见的蓝色或黑色的，长约60厘米的细线穿过中间有孔的镍币或铜钱，再将线的两端打结。扫坛并非是清扫仙家堂，而是在仙家堂清扫孩子，也指扫清孩子与该堂的关系和孩子已经"成人"。严格而言，扫坛是还愿的一种。一个在神坛或师父那里求得的孩子，和由于孩子体弱或者长辈担心孩子难养而"寄"在了坛上或师父这里的孩子，在其12岁之前，当寄养之地过会时，年年都要前往挂锁。在堂前，将锁挂在孩子的脖子上，既谢恩也求神灵或师父继续保佑孩子健康成长。到这个孩子年满12周岁那年，他/她就必须在过会时前来堂上，举行与神神关系终结的仪式，将这个孩子所有的锁在神案前剪掉。

由于"扫"是关键性的仪式动作，前来扫坛还愿的事主家必须预备全新的簸箕、扫帚、毛巾和茶酒菜肴等物。作为"灵附的神圣工具"，簸箕和笤帚尤其重要。[1] 在用笤帚象征性地扫到孩子身体相应的部位时，香道的或协助扫堂的行好的会念佛，以感谢或祈求神神的恩典。至今，虽有细微差别，在梨乡庙会扫坛时传念的佛大致相同。龙牌会龙牌前的"许愿扫堂"佛如下：

> 进了佛门把头抬，观见龙牌坐莲台。龙牌坐在莲台上，赵县贤门楼赵氏顽童扫堂来。你娘怕你不成人，把你寄在佛家门。从

---

[1] Chao Wei-pang: "The Origin and Growth of the Fuchi", *Folklore Studies*, Vol.1(1942), pp.21-26.

小吃的佛家饭，到大不是佛家人。这条手巾织的长，白线蓝线织青长。虽说不是值钱宝，盖到顽童脑顶上。簸箕仙来簸箕仙，簸箕本是柳条编。虽说不是值钱宝，金银财宝往上端。这个笤帚五道苗，九道麻条一起找。虽说不是值钱宝，俺给顽童把堂扫。东扫八仙来祝寿，西扫唐僧来取经。南扫老母佛三像，北扫药王和药圣。上扫青天五侪党，下扫地狱十八层。上扫君来下扫臣，扫扫顽童这个人。扫扫头上明似镜，扫扫身上无灾星。扫了前心扫后心，扫的顽童扎住根。龙牌保你九十岁，一十二岁出堂门。剪子打开五凤镇，笤帚操打打出门。

2005 年 7 月 10 日、11 日（六月初五、初六）段光家中过会时，有一个不满周岁的小孩被祖母和母亲带来寄在坛上，一共有 15 个孩子前来扫坛。其中，6 个孩子（包括一个女孩）是例行性地前来挂锁，9 个孩子（包括一个女孩）12 岁，是最后一次扫坛。本书开篇提及的狗剩就是这些孩子中的一个。

是日上午十点，在狗剩的父母买回毛巾后，狗剩和另一个孩子一同举行的扫坛正式开始，仪式持续共计十分钟。程序如下：1. 三位协助扫坛的中老年妇女先给孩子说注意事项，让孩子在扫坛结束后别回头看，然后将孩子带来的所有锁套在孩子脖子上。2. 两个孩子背对神案，面朝天井跪下。段光点香，一位女性念佛，另外一位女性手拿毛巾随着旋律舞动，其他两位念佛的女性加入舞蹈行列，旁边站立的两女一男应和念佛。在念佛的过程中，舞动毛巾的女性将毛巾搭在了孩子头上后，拿起簸箕舞动数圈，再将簸箕扣在了孩子头上，随后拿起扫帚边念边舞。五个舞者围绕跪着的孩子走 S 形。念佛念到哪里，拿扫帚的女性就扫向哪里，顺序是东西南北四面八方，最后在孩子周身挥扫。3. 念完佛之后，拿掉孩子头上的簸箕、毛巾，一剪剪掉孩子脖子上所有的锁。4. 给孩子饼干，让孩子衔在口中。在段光"快跑"的指令中，口衔饼干的孩子径直快步跑出院门。在院门外吃掉饼干后，狗剩他们回到神案前，分别与母亲一道在神案前磕头。至此，扫堂结束，孩子也与神神、仙家坛结束了所有的关联。

联系前述梨乡的在孩子12周岁前给孩子"换小帖"的事实，我们就不难明白在这些家中过会时，12岁孩子最后一次扫堂更为丰富的象征意义。表面上只是宗教活动的扫堂与梨乡行好的人生观、世界观、养育观、成人观、婚姻制度紧密相连：1. 养儿才能防老，人死后有鬼魂存在，没后代祭祀就会成为孤魂野鬼——家亲，要烧四炷香；2. 生子并不纯粹是两性交配的生理行为，而是与祖上是否积德、阴阳宅风水是否好、神神是否恩赐有关；3. 孩子的健康成长并不仅仅是饭食和营养的问题，还需要神神的庇护；4. 成人就意味着结婚，结婚也意味着成人，所以12岁之前，要给孩子换小帖——象征性的婚姻。从这些意义而言，看似单纯的信仰仪式其实只是梨乡行好的日常生活中的一环，而非与生活无关的"飞地"。因此，扫坛不仅是家中过会时频频举行的仪式，也是以香道的为核心的梨乡村落型庙会和跨村落型庙会经常举行的仪式。

12岁与"成人"、"成人"与婚配的连带关系在中国有着广泛的体现。在今天的山西吕梁地区，一个人的12岁依旧意义深远。在经济条件许可的范围内，父母会给年满12岁的孩子举行盛大的宴请，鸣放震天的鞭炮，向社会隆重地宣示孩子"成人"。2000年、2008年春节前后我前往柳林调查时，在柳林县宾馆都遇到了这类隆重的人生仪礼。也只有"成人"时，人才能婚配。必须要举行跳墙仪式，即斩断与寺庙的象征性关联、终结"和尚"身份之后，旧京的"跳墙和尚"才能结婚。与之类似，在20世纪后半叶的香港，当一个因为种种原因寄养在某位神神那里的孩子长大后要结婚时，其父母必须烧掉在当初寄养时写有将孩子托付给神灵请求其保佑孩子健康成长字句的"三星卡"，并谢神。否则，即使婚配，夫妻关系、生活也必定不顺当，会横生波折。[1]

与尊老一样，爱幼是中国的文化传统。不同年代赋予了不同的内涵、实践。正是这些实践成就了至少一半的乡土宗教，拴娃娃、挂锁、洗三、满月、百日、抓周、扫坛、拜干爹干妈，等等。联系到行好的对有意义神丛的拟亲属称谓，梨乡同样普遍践行的拜干爹干妈的惯习与寄养、挂号在神坛显然同样有着同步互构的关系。无论是此岸还是彼岸，行好的都生活在偌大的拟制的家中。体现领地意识、权力意识的"率土之滨莫非王土"的"家天下"观念不仅是帝王喜欢的，也是百姓自己的。由此观之，莫斯（M. Mauss）的"整体的社会事实"仍然具有深远的穿透力：

> 任何社会事实，即使它似乎是新的或具有革命性的发明，仍然深载着过去。它是由一个在时间上有极深远而在历史以及地理上有很多面关联的环境所产生的结果。因此，即使在最抽象的层面，它仍不能完全与地方色彩或历史模型脱离。[2]

家中过会时，由于有数十人甚或数百人吃饭，平常不很懂香道的所作所为的家人也会帮忙做活。但香道的家人仍然处于次要位置。家中过会的诸多仪式与庞杂活计主要是香道的徒弟和求助者以及本村与该香道的关系密切的行好的完成。无论是响棚会还是清静会，诸如何计和段光的家中过会，会后送神时要烧给神神的绝大多数金银元宝都是过会期间由行好的妇女现场夜以继日叠制的。是日，家中做饭的、磕头的、敲打的、念佛的，看香的等井然有序。会后，供品多数都分给了行好的或邻

---

[1] Lee Janet Scott: *For Gods, Ghosts and Ancestors: The Chinese Tradition of Paper Offerings*. pp.61–62, Seattle: University of Washington Press, 2007

[2] M. Mauss: "Real and Practical Relations between Psychology and Sociology", in M. Mass edited, *Sociology and Psychology*, pp.8–9, London: Routledge & Kegan Paul, 1979.

近的小孩。虽然是在香道的家居中举行，但家中过会不但对有着血缘关系的家族成员无强制性，对各色行好的也没有强制性，它仅仅是围绕特定神神、香道的而形成的松散的群体组织的年度性庆典。

现今，除了香道的，有些不为灵附的行好的家中也开始过会。在范庄，由于龙牌会的盛行和近年来龙牌会组织内部的分化，部分会头家、行好的家中过会有十来个。无论规模大小，梨乡的家中过会都没有在家居内外形成庙市或市场，参加者没有在此买卖商品。这可能与今天交通的便捷、北方乡村市场网络本身已经十分发达和多数家中过会规模较小有关。如果我们将交换不仅仅是限定在物品的交换和商品的买卖上，那么家中过会的交换同样存在，也有一个市场。

针对台湾 1939–1960 年间寺庙、主祀神的变化情况，渡边欣雄写道："如果说寺庙乃是宗教性的'市场'，那么……适应宗教性的需要，诸神们不得不随时交接主祀神职位，而主祀神之座的交接又与寺庙在宗教上的'市场价值'密切相关。"[1] 这里的"市场价值"即指在多大程度上能满足人们的愿望，适应人们的世界观。在梨乡，香道的或行好的互相串通、捧场赶会，也就形成一种"礼尚往来"的契约、机制。同时，与神神之间也形成一种互惠关系，神神也给神神捧场。2005 年 7 月 11 日午后，在众人怂恿下，七师父上身的已经快 60 岁并两夜没睡觉的段光就与另一位来自宁晋的孙师父（孙悟空）上身的女香道的斗法。"七师父"手拿鲜桃撩拨、逗弄"孙师父"。浑身充满力量的孙师父上蹿下跳，总想吃到桃。持续半小时后，孙师父最终没有吃到桃。在众人的羡慕、惊喜与欢笑声中，两位香道的纷纷"下马"，恢复常态。在众人言明"孙师父"的勇武却失败时，孙师父就邀约段光前往参加自己家的会。

不同的家中过会请神时，要将天地三界的神神都请到，但这些神

---

[1] ［日］渡边欣雄：《汉族的民俗宗教——社会人类学研究》，周星译，第 23 页，天津：天津人民出版社，1998。

神在不同的家中过会中的主次地位并不相同。主祀神的位置在不停地交接。香道的将自己主要的家居空间作为神神的祭坛，并将自己的身体献给神神，在可控的范围内给神神当差，彰显神神的"灵验"。神神则使香道的成为一种"非人"——"非常贴近生活的神"[1]，其超常技能是他人可望而不可即的。香道的也因此在特定的地域、人群中赢得声望、地位以及财富。与香道的和神神之间的互惠关系不同，过会的求助者等行好的与神神之间的交换是通过香道的实现的。求助者给神神的供品、给香道的报酬，走出自己的家居来到仙家坛都是为了求得神神的庇护、恩赐。当灵为人附的香道的仪式实践调试了其生活世界中的失衡时，旌旗、牌匾和其他回报香道的实物同时也是给香道的背后的神神的。这样，也就在求助者、香道的和神神三者之间形成了一种互为中介的循环而稳定的结构性关系。

不仅如此，过会时，依托神神的名义，香道的日常积攒的香、纸、蜡烛等在这个时刻被众神共享，而行好的及周围邻居的孩子也分食着水果、饼干、面供、猪鸡鸭鱼等原本给神神的供品。也即，家中过会时，此岸、彼岸各自有着共享、共食，二者之间也有着共享和共食。这种共享、共食的规模越庞大越丰盛，它也就意味着来年更大规模交换的可能性。因此，家中过会的市场既是虚拟的，也是实实在在的。实实在在的是神案前的供品、香、纸，人们的烧香磕头、念佛以及牌匾等可视部分，这些均非市价可以计量的。虚拟的则是这些可视的部分所蕴藏的神与人、人与人之间的不完全等价却心甘情愿、各取所需的互惠关系。

对于自己积极参加梨乡庙会，同时也发帖子邀请他村庙会组织参加自己的家中过会而言，原本香道的、行好的之间的串通就逐渐退居

---

[1] ［日］渡边欣雄：《汉族的民俗宗教——社会人类学研究》，周星译，第25页，天津：天津人民出版社，1998。

到次要位置，而主要是在家中过会和梨乡其他庙会之间形成一种串通、互惠或者说交换关系。在梨乡，人们强调，"寺上是寺上的会，家里是家里的会"。这不仅是举办地点、规模大小的不同，也涉及"公"与"私"的问题，尤其是对那些不愿声张的家中过会和村落中还有其他庙会的家中过会而言。当发帖子邀请他村庙会组织参加自己的家中过会时，这个家中过会与村落型庙会或跨村落型庙会之间的关系已经发展成为一种平等的交往关系。此时，寺上的会和家中的会的分别也就不十分明显了。换言之，当家中的会发展到一定规模时，如果其所在村子没有庙会，或就是有庙会但没有得力的组织者，那么这个家中过会就完全可能成为代表一个村落的村落型庙会。

八　素朴的感伤：人神一体

对于中国宗教的研究，学界长期以来都在西方人理论框架下，争论中国有无宗教或教派、中国宗教的特征、中国宗教与西方宗教的异同等；用来解释基督文化传统的神圣、世俗、狂欢、朝圣等词汇经过早期传教士的写作，不但成为西方关于中国宗教写作的基本语汇，也因为英语的强势早已内化为中国本土学者的自觉，成为理所当然的与不容置疑的。对于乡土中国，特定日子举行的庆典、祭祀、聚会等群体性活动，在神圣与世俗的框架下，将之与平常日子对立起来，强调这些特殊日子的"非常""狂欢"等属性已经成为中国乡土宗教和庙会研究的主流范式。当然，这一二元话语框定的认知书写范式，既迎合了"五四"新文化运动以来对强调三纲五常，讲究秩序的儒家学说的批判，也迎合了要"砸碎旧世界，建设新世界"的革命叙事学的逻辑和在幻觉中集体欢腾的社会事实。

从梨乡人的家中过会现况及其生发土壤，我们可以看出，这些特定日子在特定人家中举行的"会"——行好——不过是人们日常生活就进行的活动一次较为集中的展演，是参与者对平常所得到的神神的恩赐的集体性回报和希望神神的继续恩赐，是人们日常生活的延续而非常中断，也未呈现出与常态生活迥异的反结构特征。

如同平时一样，香道的、可控的神神和求助者都在家中过会这个有些神圣意味的神秘剧场，有说有笑地、一丝不苟地再次成为他们自己，一如既往地行好。在此种意义上，与其说中国宗教有一种平民化倾向，还不如说中国的平民精神原本就是宗教化的。如果将视野放得更开阔些，将时间延伸，拉得长远些，我们会发现中国宗教奉神为人和奉人为神，即人神一体的辩证法。

奉神为人又有两层含义。其一，在观念架构上，也即神的习性上，神神如同人一样，有着自己的喜怒哀乐，七情六欲，要抽烟喝酒要享乐。人不跟它合作，它就像赖皮一样捣蛋、折腾、眦睚必报。人若给它供飨，满足其欲求，它就给人回报，带来爱情、子嗣、福、禄、寿与地位、权势，等等。如至今都拥有广泛受众的《封神演义》《西游记》《聊斋志异》、目连戏等不停被再演绎的经典文艺所再现的那样，不仅天上如同人间，地府也与人间无异。很多神仙都是成双成对地出入：玉皇和西王母、灶王爷和灶王奶奶、土地公和土地婆，等等。一夫一妻、一妻多夫、一夫多妻等俗世有的婚姻制度，神界一样俱全。其二，在敬拜实践层面，勉力将神具化、亲情化为人。神话、传说、故事等口头叙事，庙宇、塑像、圣画像、升文等视觉符号，朝山进香、烧香磕头、勒石刻碑、修庙塑像等体化实践，旌旗牌匾、碑铭等可感可触的灵验符码等合力使神神不是虚无缥缈的，而是实在的，可触可感的，是当地生活中的一分子。

如同下一章浓描的常信水祠娘娘庙会那样，人们将原本匿名的主祀神水祠娘娘在地化、具化为了生活在汉代的当地村姑贾亚茹。除已有的庙宇、神棚、塑像、神马这些空间建构和在这些空间的体化实践、降雨庇护地方的灵验传说，人们还在 2002 年因时应景地将其身世、德行再次以圣画像的方式在庙会期间展示给众人。赶会的所有人都知晓了水祠娘娘原来就是曾经在常信村生活过的姑娘贾亚茹。第七章提及的铁佛寺庙会主祀神之一的三皇姑同样被在地化。迥然有别于妙善，仁慈、忠孝的她是昏君隋炀帝的女儿渐进地成为多数人的共识。

奉人为神同样有两层含义。其一，人本身也可成为神，且并不一定非得像佛道二教宣扬的那样清修或修炼，有好的德行，心善、行好行善即可。不但于天下于国家于社会有贡献的圣贤、伟人（帝王将相）会被芸芸众生奉为神灵，名见不经传但同样有功于宗族、村落、乡村、邻里的凡夫俗子也会被奉为神祇，享受香火供奉。正是因应这样的文化图示，一个灵验神媒的家居有可能演化成为一个社区中共有的神圣场所，即村庙，而且一个灵验的神媒在其死后同样有可能成为神灵，成为人祭拜、祈求和祷告的对象。虽然这些传说可能是人有意附会而成，从今天众所周知的"天后"妈祖到主要是在江南盛行的临水夫人[1]和水神杨泗[2]，我们都可以窥视到由人成神的影子。除已经被广为敬拜的八仙之外，妙峰山的王奶奶无疑是凡人成神成仙的绝佳案例。

清末以来，主要是天津人信奉的王三奶奶是"修行成神的"。她不但在天津的天后宫有一席之地，在京郊妙峰山也有栖身之所。1925年，当顾颉刚等人前往踏查时，那时已经在妙峰山享受香火的王三奶奶尚未如灵感宫中盛装的老娘娘碧霞元君一样"仙化"，还是"青布的衫裤，喜雀（鹊）窠的发髻，完全是一个老妈子的形状"。[3] 仅仅四年后，周振鹤在妙峰山看见的王三奶奶已非"老妈子"模样，"一变而为

---

[1] Brigitte Baptandier: "The Lady Linshui: How a Woman Became a Goddess". in Meir Shahar and Robert P. Weller edited, *Unruly Gods: Divinity and Society in China*, pp.105–149, Honolulu: University of Hawai'i Press, 1996.

[2] 黄芝岗：《中国的水神》，第 1—2 页，上海：上海文艺出版社影印本，1988。

[3] 顾颉刚编：《妙峰山》，第 207、176 页，上海：上海文艺出版社影印本，1988。

菩萨了：头上戴着凤冠，身上披着黄色华丝葛大衫。脸带笑容，肤色像晒透的南瓜蒂腹，红中带黄，盘膝坐。像高约五尺"，而且还有了演绎其籍贯、生平、德行的经卷《慈善圣母王奶奶亲说在世之历史大略》在信众中流传。[1]大致同期，丫髻山的王三奶奶也是一个被京郊香头们信奉的由人修行成神，并直接掌管"四大门"的人神。[2]20世纪中叶，台湾的经济已经相对发达。虽然官民双方之间有着冲突，但在彰化新港，孤魂张玉姑同样被当地民众奉为神祇，广享香火。[3]

普通人也能成神的既往经验、叙述，对神神的拟亲属称谓都在合力证明民众将上层人士制度化建构的神神从虚空拉回大地，让其萦绕自己身边的努力。这进一步促生了奉人为神的第二层含义，也是乡土宗教人神一体辩证法最重要的组成部分，即凡夫俗子、芸芸众生对"自己也是神"的想象或者说幻觉。

在梨乡，不仅是行好的对一个灵验的香道的，人们对一个能干的人都经常会说其"很神"，"神得很"。在这些口语化的表达中，"神"同时就兼具了"灵验"与"神神"双重含义，既是形容词，也是名词或者说动名词。后者实际上就是把一个灵验的香道的等同于了"神"，他不仅是渡边欣雄所言的"非常贴近生活的神"，而且就是"生活世界中的活生生的神"。这一或模糊或清晰的认知正是过去、当下，甚或将来行好的宗教绵延不绝的内在驱动力。

值得注意的是，乡土宗教积德行善、奉人为神的素朴不是孤独存在的，而是儒、释、道三教三位一体的生活化呈现。它与传衍千年的"修身、治国、平天下"以及"穷则独善其身，达则兼济天下"等儒家

[1] 周振鹤：《王三奶奶》，《民俗·妙峰山进香调查专号》1929年69、70期合刊，第70、83-84页。
[2] Li Wei-tsu: "On the Cult of the Four Sacred Animals(Szu Ta Men 四大门) in the Neighborhood Of Peking", *Folklore Studies*, vol.7(1948), pp50-51.
[3] 黄萍瑛：《台湾的孤魂信仰与地方社会——以"张玉姑显灵"事件为例》，载《民俗曲艺》2002年总第137期，第203-236页。

的价值观、圣贤观和"家天下"的世界观共生互促，与道家宣扬的小国寡民、修炼、得道成仙、物我两忘的人生观荣辱与共，与佛家的因果报应的善恶观、转世轮回的生命观唇齿相依。"王侯将相宁有种乎"的呼声使"天下兴亡，匹夫有责"及"家事国事天下事事事关心"等舍我其谁的两肩担道义的正气观、侠义观深入人心。这些孕育了顺从、臣服、阶序、奴性、入世和反叛、抗争、失范、自由、出世同在的"平等"观。与西方主要基于一神教，指向神的平等观不同，乡土中国平等观的起点和终点都是指向人的。事实上，在西人眼里始终不解的跪拜磕头这个国人习以为常的体化实践分明有着"平等""自由"的内涵与诉求。[1]

家居空间的圣化、全神信仰、作为一种文化规则的香道的、生活中的失衡与风险、人神一体的辩证法、人皆可成神的素朴认知，使梨乡"满天星"式的家中过会自然而然。与此同时，当我们把家中过会视为乡土庙会体系的一个层级、一种表现和一部分时，考虑到当下梨乡奉教的、传福音的等其他信仰者和大多普通村民不参与家中过会的事实，即现场出席者的有限性，那么我们今天需要质疑和反思的不仅仅是以往学者所归纳的庙会的狂欢性，集体性、全民性和庙会（严格来讲是庙市）的交换功能同样也是需要反思的。

当香道的和围绕其周围的行好群体想寻求更多的沟通、交换与认同时，诸如娘娘庙会和龙牌会这样规模庞大，红火、热闹的村落型庙会和跨村落型庙会也就成为事实。当外部条件不允许在公共空间的庙会举行时，这些庙会就会如同已经发生的那样，化整为零，分散在圣化的也是日常的家居空间中悄无声息地传衍着，犹如春风吹又生的草根。以香道的为核心的信仰和仪式行为的家中过会也就成为梨乡庙会

[1] 岳永逸：《灵验·磕头·传说：民众信仰的阴面与阳面》，第302–346页，北京，生活·读书·新知 三联书店，2010。

体系和乡土宗教的"息壤",并与村落型庙会和跨村落型庙会形成一种相互涵盖和全息互显的矛盾关系。此时,不仅祭祀圈、信仰圈等地域崇拜的理性认知对梨乡的乡土宗教的适用性需要打问号,桑高仁所归纳的由聚落、村落、跨村落及朝圣的单向度"晋级"也就只是乡土宗教的一部分甚或说一度的表象了。

第六章　村落型庙会、无庙的宗教与心灵图景

一　这个村儿的人

在乡土中国，家居虽是村民生活的核心空间，但并非个体生活的唯一空间。一个人必须走出家门，并获得他所在村落的认同，成为"这个村儿的人"。

一个人取得"村民"的资格和标准存在着地域差异和历时性差异，有着制度性和非制度性的区别，非常复杂。今天，梨乡村民资格的获得的制度性标准是官方的"户口"，但梨乡人一直还传承着非制度性的标准，那就是乡土中国惯有的心理认同。民国时期的寺北柴村人对村民的资格认同是这种非制度性认同的代表：一个人只要出生在这个村，无论是否居住在该村，他都是他所出生的村子的人；但如果他不是在这个村子出生，就是他在村中有地有房并在该村生活，他也不是这个村的人。[1] 在江村和禄村，要成为村子里的人必须在村子里有土地，

---

[1]　［日］中國農村慣行調查刊行会：『中國農村慣行調查』卷三，pp. 35，東京：岩波書店，1985。

生根在土里，或者通过婚姻进入当地的亲属圈子。这些条件的限制使"许多村子里已经有几代历史的人还是被称为新客或客边的"，被当作"陌生人"。[1] 在生活的村庄拥有土地，仍是一个人是否是该村村民——"我村人"的主要判断标准。与小村一样，[2] 梨乡限制外来人入村的主要目的都是为了保护有限的土地资源，因为户口就意味着对集体梨树和土地要求的合法性。

今天户口簿上的籍贯既指出生地又指祖居地的含混，反映了非制度性标准对制度性标准的影响，和后者对前者之脐带割舍不掉的窘境。村民的这种心理认同和浓厚的乡土观念，不但使多数村里人不愿背井离乡而固守乡土，就是走出家门和乡村的"游子"，无论他们行走到哪里，身上带着什么样的光环，贴着怎样的标签，都背负着自己的家和乡，在其内心深处存在着关于家和乡的朦胧而又鲜明的感觉结构，而不仅仅是地理学意义上的方位感。这种感觉结构使游子功成名就时要衣锦还乡、荣归故里，要在老家修房置地办厂助学，要叶落归根。光宗耀祖是在同村人和乡人面前热热闹闹地给祖宗长脸。这种地缘意义上的认同，在华北的杂姓村落更为突出。家居者和游子的感觉结构又反过来形塑、强化着村落认同，成为村落感的一部分。

当一个人要成为"这个村儿的人"时，他所面对的就是他家居所在的村子。家居仅仅是乡土建筑这个大的体系中的一个部分。在一个聚落中，和乡民社会生活的各个侧面相对应，除居住建筑外，还有礼制建筑、崇祀建筑、商业建筑、公益建筑、文教建筑等不同种类，并在聚落中形成有机的大系统。这个大系统"规定着聚落的结构，使它成为功能完备的整体，满足一定社会历史条件下乡民们物质和精神生活的需求，以及社会制度性的要求"。[3] 因此，要全面而深刻的理解梨

---

[1] 费孝通：《乡土中国 生育制度》，第 72 页，北京：北京大学出版社，1998。

[2] 朱晓阳：《罪过与惩罚：小村故事 1931–1997》，第 62–63 页，天津：天津古籍出版社，2003。

[3] 陈志华：《张壁村》，第 II 页，石家庄：河北教育出版社，2002。

乡人的生活，我们必须将眼光从家居移开，看看家居身处其中的梨乡村落，看看梨乡人是怎样对村落空间进行生产和圣化的。

与家居一样，人文地理学者常将村落研究与中国的风水观结合起来，强调的是人心目中的天、地、神、人的和谐、互现与互相庇护。宅址、村址、城址之间是一种全息互显的关系，有着共同的环境模式——风水所特有的空间结构。[1] 也即，中国的古村落展现出的是在风水观指导下的"和谐的人聚空间"。[2] 风水的三大原则是：天地人的合一，阴阳平衡和五行相生相克。当某个方位觉得不适或邪气容易进入或破财时，人们就通常在村落的边缘或内外修建庙宇或建塔镇煞。水乃财源的象征，水环流则气脉凝聚。为此，在山区、丘陵的村落的空间布局特重水口，在水口多修建有庙宇，并有着种种传说。[3] 今天的社会学家也将村落与农村区分开来，强调村落是"农民聚居的地方……是人与自然环境保持生态平衡的一个重要中介环节"。[4]

与之不同，民俗学者是将村落视为民俗传承的生活空间，认为老百姓是"居住在文化的空间里"，[5] 并将构成村落建筑、土地与民众的口头传承结合起来，看到的是一个立体的、动态的，与老百姓思想观念、世界观、日常生活融为一体的在其心灵中存在的空间。因此，我们不能把地理景观仅看作是物质地貌，而应将其视为可解读的，蕴含了在该地理景观中生活的人们的观念、信仰和特征的"文本"。[6] 对此，刘宗迪有诗情画意般的描述，并认为乡土的意义正是铭刻在故老口耳

---

[1] 刘沛林：《风水：中国人的环境观》，第 174–175 页，上海：上海三联书店，1995。

[2] 刘沛林：《古村落：和谐的人聚空间》，上海：上海三联书店，1997。

[3] 岳永逸：《灵验·磕头·传说：民众信仰的阴面与阳面》，第 270–280 页，北京：生活·读书·新知 三联书店，2010。

[4] 韩明谟编著：《农村社会学》，第 84 页，北京：北京大学出版社，2001。

[5] 高丙中：《居住在文化的空间里》，广州：中山大学出版社，1999；金泽：《宗教禁忌》，第 139–156 页，北京：社会科学文献出版社，2002。

[6] [英] 迈克·克朗：《文化地理学》，杨淑华、宋慧敏译，第 51 页，南京：南京大学出版社，2003。

相传的故事与歌唱之中。[1]

二　祠堂·村庙·我们

平坦的地势，日渐密集的人口，耕地的紧张，战乱匪祸，族缘关系、血缘关系和历史传承过程中人们感觉结构的形成等多种因素使梨乡人聚村而居。[2] 梨乡村落较早就有着整体的规划和布局，街道均东西、南北走向，整个村落常呈大写的"井"字形，一般东西长、南北短，常有一条东西主街道和南北主街道，东西向主街道在村落生活中更为重要。在村落四周靠边缘的地方有用来汇聚雨水的大坑。与北方少雨气候相关，大坑除蓄水外，可能也与风水中所讲的"蓄气聚财"有关。从《民国新河县志》"地方考·考之三"中所绘制的西流村、辛章村等村的地图可知，大水坑一直都存在于华北平原村落。[3] 平坦的居住环境使人们对东西南北的方位区分得很清楚。在日常口语中，"村东"与"村西"、"前街"与"后街"等词汇频频出现，其所指已经不仅仅是方位的差异。

梨乡每一个村子都有健全的村委、村党支部等基层政府组织，有这些基层组织规范的办公地点、宣传栏和广播等附属设施，还有供全村人用水的高耸水塔。学校、邮局、银行、税务等部门的分支机构在村子中都有一席之地。间杂其间的是大小不等的商店。这些基层性的服务机构规模大小不一，但大致能满足村民的基本需求。

在较为闲暇的夏日清晨、黄昏，三五或数十个老者（一般都是男

---

[1] 刘宗迪：《古典的草根》，第90–92页，北京：生活·读书·新知三联书店，2010。

[2] 不论是族群、民族还是宗族，族缘在今天是一个被不断建构的东西。就宗族而言，原本没有任何血缘关系，仅因为同姓，人们就可能连宗认祖。所以，这里将族缘与血缘分开罗列。

[3] 傅振伦纂：《民国新河县志》第五、六册，民国十九年（1930）铅印本。

性）聚在村子东西、南北主街道的交叉口聊天，看来往的过客、行人是梨乡常见的景观。有什么趣事、陌生人的进入等通过这些老人的嘴会很快地在村落中传播开去。传统的孝道观念，使在其他地方还不算老的老人们也相对松闲，有闲暇从事、参加相应的诸如庙会等在当地有着传统的群体性生活。

在梨乡，小学生（包括个别村的初中生）都在家食宿。黎明、黄昏时在村子的四处能看见步行或骑自行车上学、回家的孩子。学校的作息时间与梨的生产紧密相连。包产到户后，在地里的农活特别忙的时候，学校会把孩子放回家帮助父母干活。同时，顺应地方传统，比较大的庙会，如龙牌会，铁佛寺庙会，其各自所在的范庄和秀才营的学校都会放假。

民国时期，赵县仅有 5 个集镇，与河北省 4.6 镇 / 千平方公里这个平均水平相比，属于次高类。[1] 与之不同，今天梨乡的村庄基本上都有自己赶集的日子，小的村子间隔的时间要长些，如五天，大的村子集市的日子要密集些，间隔二、三天不等。在东西的主街道两侧，较为集中的分布着村民开的小店铺，销售油盐酱醋烟酒等日常生活用品。村中也有面厂，专门加工、销售馒头、面条。村民也可以用小麦或面粉等实物按一定比例兑换馒头或面条。除此之外，村中也有销售农药、化肥等常用的生产资料的店铺。在赶集的日子，有菜贩专门从外地贩来蔬菜批发、零售，也有人销售新鲜猪肉。有些什么蔬菜、肉类，村委的大喇叭会随时公之于众。范庄是梨乡最大的集市，其集贸市场也是河北省乡村十大集贸市场之一。需要进行选择范围广的交易和商品买卖时，梨乡人多前往范庄。

考虑到梨的内卷化生产和村内婚的增长，从某种意义而言，今天的梨乡生活呈现出的仍是一种"村落自给自足"的生活状态。对于一个

---

[1] 从翰香主编：《近代冀鲁豫乡村》，第 124、127 页，北京：中国社会科学出版社，1995。

家庭中的老人和小孩来说，人们不出村落就基本能解决生活所需。在某种意义上，今天看似十分开放、外向的梨乡村落仍有着华北平原村落的"闭塞性"内涵。[1] 以村庄为界限的社交观依旧是村落生活许多方面的习俗惯例。这较明显地体现在当地人将两个关系好的村庄称为"对子村"。[2] 不仅如此，在过庙会时的互串，每个村的庙会组织不论人多少，前往别村赶会时，会标上首先是"×× 村"，然后才是"×× 会"。

今天，与梨乡大小不等的天主堂比，除范庄的龙祖庙外，很难发现像样的庙宇。就是间或发现一两座小庙，也都低矮阴暗。对当下的梨乡村落景观而言，我们能看到的仅是一个人们生产和生活的所在而已。但作为熟人社会的乡村实则是一个命运共同体。在这个共同体中，在共有的信仰、价值观的支撑下，人们分享生活的利益，也分担生活的不幸。只要把视角回缩到六七十年前，从梨乡老者记忆犹新的村庙以及祠堂等村落景观和他们今天试图恢复村庙的种种努力，我们会更明了梨乡人对村落生活空间的想象和村落空间圣化的一面。

历史上，在华南的村庄人们常散居，家居有院门、院墙，聚落小。与此不同，在华北平原，出于劳动协作与共同防御贼匪的需要，人们聚居一处，形成户数多的大村落，村落以较大的间隔疏散分布，并在村落外围筑有城郭一样的土墙。[3] 梨乡的大安、大夫庄、范庄等几个较大的村庄过去都有寨墙。《畿辅通志》卷七十"舆地略二五"之"关隘四"有载："（赵）州东北有范庄镇，又东北有大安村镇，有寨。"[4] 今天，村庄中年龄在 70 岁以上的老人对这些寨墙的遗迹还有较为真切的记忆。因为太平天国军曾北上，捻军也曾在赵州一带活动，梨乡村

---

[1]　［美］黄宗智：《华北的小农经济与社会变迁》，第 230-234 页，北京：中华书局，2000。

[2]　岳永逸：《日常表达中的华北乡土社会》，载《中国农业大学学报》2009 年第 4 期，第 29-31 页。

[3]　陈芳惠：《村落地理学》，第 72 页，台北：五南图书出版公司，1984；从翰香主编：《近代冀鲁豫乡村》，第 70-71 页，北京：中国社会科学出版社，1995。

[4]　李鸿章等修，《畿辅通志》，上海商务印书馆 1934 年据光绪十年（1884）刻本影印。

落原有的寨墙，晚近大规模的重修可能是发生在同治年间。张震科等撰修的《宁晋县志·建置制》（民国十八年石印本）有载，"同治年间，防匪修寨"。还有老人传闻，在同治年间，铁佛寺被拆毁过一次，不少木料都被运往大安，修建寨墙、寨门。20世纪30年代末，日本鬼子曾在大安修建据点，将大安改名太阳府，并强迫村民在原寨墙的遗址上重修寨墙。

在华南的宗族村落，虽然有可能完全是后人的演绎，但完备的族谱中常详尽地记载着宗族的迁徙、大事、杰出人物、环境风光和村落中的重要建筑等。宗族的大事和重要人物通常也就是村落的大事和重要人物。与宗族相连的宗祠修建得十分考究，"不仅是村民心理场的中心，而且是村落文化景观的焦点和醒目标志"，祀祖、诉讼、喜庆等诸种大事均在此举行，宗祠也就成为"村民们心目中的政治、文化和精神的中心"。[1] 由于华北地区族际战争频繁，人口迁徙、杂居普遍，华北农村少有单姓的血缘村落，多是杂姓村，宗族起源大多只能追溯到明代。即使是明末，华北巨族也已经无法与江南相提并论。对此，顾炎武曾叹息道："今日中原北方虽号甲族，无有到千丁者。户口之寡，族姓之衰，与江南相去复绝……此乃风俗之败，自金、元以来，凌夷至今，非一日矣。"[2]

与认为宗族、血缘、亲族连带是乡土中国结构的基本特征稍异，《惯调》材料说明：华北乡村极少"地缘界线与血缘界线一致的宗族共同体"。[3] 20世纪三四十年代，商品经济的发展，共产党所领导的革命，尤其是40年代中后期的土改，使华北乡村宗族遭到最严厉的打击，冀东农村的族权进一步趋向没落或消失。许多村庄已经没有了族长，族

[1] 刘沛林：《古村落：和谐的人聚空间》，第97、100页，上海：上海三联书店，1997。
[2] 顾炎武：《日知录集释》，第1018页，石家庄：花山文艺出版社，1990。
[3] [美] 黄宗智：《华北的小农经济与社会变迁》，第244页，北京：中华书局，2000。

谱不再是人们生活中的核心，续谱的意识淡薄，续谱活动减少。[1] 近代华北乡村的宗族整体上呈现出如下特征：族聚规模较小，单姓村少；祠堂数量少，建置简单；族田族产较少，经济实力弱；宗族活动较少；势力范围小。[2] 如前文所言，虽然华北乡村很少有江南制度化的宗族，但非制度化的宗族是存在的。改革开放以来，适应经济发展的需要，"新家族主义"在华北乡村同样有着发展。也即，宗/家族观念一直存在于华北人心中，并始终有着相应的体现。

与华北众多村落一样，梨乡人对自己村落、家族的记忆是断裂和模糊的。当今梨乡村落一般都是杂姓村，每个村都有十多个或更多的姓氏。就笔者所访谈的十多个村落中的大姓，如秀才营李姓，大安董姓、何姓，大夫庄蓝姓，曹庄刘姓，范庄范姓，常信贾姓等，其族谱都仅仅是一幅记载着世系表的布，而且仅仅是某一房支的，中间还有许多弄不清楚的空缺。就这些村中的大姓，一般都说是在明朝初年从山西洪洞县老鸹窝迁来的。在河北地区广为流传的众多传说，如《河北人走路为什么喜欢背着手》《洪洞迁民的传说》《老槐树下的故事》《双趾甲》《小脚趾的传说》《"解手"一词的由来》等都叙说着从洪洞移民到河北的集体记忆。[3] 在赵县，地方学者也对洪洞移民的传说进行了推敲和考证。[4]

新中国成立前，梨乡这些大姓都有着自己的祠堂。它们常位于村落或者是该宗族人居住的中心地带，有的规模还比较大，如秀才营李姓祠堂、大安何姓祠堂、大夫庄蓝姓祠堂等。这些祠堂要么在战乱中

---

[1] 魏宏运主编：《二十世纪三四十年代冀东农村社会调查与研究》，第 383-387、367-373 页，天津：天津人民出版社，1996。

[2] 乔志强主编：《近代华北农村社会变迁》，第 163-168 页，北京：人民出版社，1998。

[3] 郑一民、安勇编：《燕王扫北》，第 267-285 页，北京：中国民间文艺出版社，1989。

[4] 河北省赵县地方志编纂委员会编纂：《赵县志》，第 752-753 页，北京：中国城市出版社，1993。关于洪洞移民的学理性探讨，可参阅赵世瑜：《小历史与大历史：区域社会史的理念、方法与实践》，第 96-124 页，北京：生活·读书·新知 三联书店，2006。

被毁，要么就在后来的土改期间被改造成村政府的所在地或挪作他用。常信二大队今天村政府的所在地就是当年的贾姓祠堂。与宗族记忆紧密相关的族碑、墓碑，如今寥寥无几，被用作了修建石津灌渠及其他道路桥梁的建筑材料。

梨乡村庄曾有的村庙要比祠堂多得多。在华北，不同地形的村落有着不同的村庙，跟村落的位置关系、距离远近有着种种不同，对其所在的村落也有着不同的意义。[1]平野义太朗主要是基于功能分析的观点虽有些偏颇，但还是值得引用的。他认为，在华北：

> 早些村落共同生活的中心是庙，以庙为中心保证村落生活的统一，村民把这一村庙作为他们的共同生活的向心力，作为维持他的秩序规范的原动力，为了他们的产业兴盛，防止祸害，都要来拜神的座庙。因此，庙是村落得以成立的根本的向心力，比起村公会和青苗会更早，以庙为中心的烧香庙会成为指导村落生活行政的自治机关的原形。[2]

表6-1　梨乡七村村庙分布表

	范庄	曹庄	秀才营	大夫庄	大安	朱家庄	常信	合计
三官庙	村东	村东		村南	村西	村西	村东南	6
老母庙	村南	村西	村西南	村西	村北、东南各一	村东	村西	8
真武庙	村北	村西	村东	村北	村西		村东	6
五道庙	村东、西各一	村东、西各一	村东、西各一	村东、西南各一	村东、西各一		村南	12

---

[1] ［韩］金镐杰：《山西省吕梁西部地区窑洞民居民俗研究——以柳林县三个窑洞村落为个案》，第29-30页，北京：北京师范大学博士学位论文，2001；王晓莉：《碧霞元君信仰与妙峰山香客村落活动的研究——以北京地区与涧沟村的香客活动为个案》，第54-55页，北京：北京师范大学博士学位论文，2002。

[2] 转引自麻国庆：《家与中国社会结构》，第204页，北京：文物出版社，1999。

	范庄	曹庄	秀才营	大夫庄	大安	朱家庄	常信	合计
关帝庙		村南		村西	村北			3
玉皇庙	村西			村西南	村东			3
土地庙			村东				村东	2
奶奶庙	村东南							1
龙泉寺	村西							1
龙王庙	村东							1
佛爷庙					村东			1
双庙				村东				1
天地庙				村西北				1
火神庙				村西				1
周家庙							村西北	1
姜师父庙							村西北	1
水祠娘娘庙							村西	1
合计	9	6	5	11	9	3	7	50

如表 6-1 所示，人们记忆中的梨乡村庙（当然不够全面）与 20 世纪二三十年代定县、栾城寺北柴村的村庙情况十分相近：最多的是五道庙、老母庙，其次较多的是三官庙、真武庙、关帝庙、玉皇庙。[1]村平约 7 座村庙的这个数量也基本等同于大致同期万全县的村均的 6.8 个村庙。[2]村子越大，历史越悠久，村庙也越多。大夫庄有包括天地庙、火神庙等在内的 11 座村庙，范庄 9 座，大安 9 座，常信 7 座。这些村庙的规模都较小，最多的就三间房，一般都是一间或两间。如果村落有寨墙，这些村庙多数沿寨墙内外分布。村庙的多少和布局蕴含

[1]　分别参阅李景汉编：《定县社会概况调查》，第 417-419、422-431 页，北京：中国人民大学出版社，1986；中國農村慣行調查刊行会：『中國農村慣行調查』卷三，pp. 42-44，152-153，東京：岩波書店，1985。
[2]　Willem A. Grootaers: "Temples and History of Wan-ch'üan (Chahar): The Geographical Method Applied to Folklore", *Monumenta Serica*, 13 (1948), p.217.

了各村人对其所在村落的认知，和后来移民对原有村落重建、加强村落认同的努力，乃天、地、神、人合一的风水观支配下的结果。在不同的村庄，同一名称的村庙有着不同的象征意义。

五道庙是人死后报庙的地方，是人们相信人的灵魂顺利进入阴间的关口和通道。[1] 报庙有两种情况：一是在人刚死，只要给死人穿衣就绪，停灵后，死者的嫡亲子、侄、孙辈就要到五道庙烧纸钱，号哭而归，即"烧倒头纸/钱"；二是在停尸期间，每天黄昏，孝子孝女等都披麻戴孝，列队到五道庙烧纸。烧纸时，男女分队，男先女后，哭号而归，这叫烧"还魂纸/钱"，一直到埋葬为止。因为当地人相信人死后一两天会还魂复活，所以停尸的时间一般是三天。[2] 尽管人们平常是不去五道庙的，但发生在五道庙的事情则是村落中人们评判一个人是否孝道的标准。它强调、凸现的是死亡，是生者对死亡及其之后情境的想象、思考和对死亡的礼遇。曾经的生者和将死者都通过五道庙中得体的行为获得安宁、解脱。或许正是因为在天灾人祸频繁的北方村庄，人们对所面临的频繁死亡的关注，梨乡村庄的五道庙才比土地庙要多得多。

梨乡小村的五道庙一般在现今村子东西大道和南北大道交叉的十字路口，大村通常有两个或更多的五道庙。对于大村五道庙的分布而言，一般是在村子的东头和西头，人们习惯叫东五道、西五道。村子东边的人去世了，就到东五道报庙，西边的人去世了就到西五道报庙。这或者也是今天梨乡人常说"村东""村西"，而较少说村北、村南的原因。在梨乡人那里，村东、村西不仅是说的方位，还有"我们"的

---

[1] 今天的人们已经不清楚五道庙中供的有什么神。对此，寺北柴村的五道庙供的神或许有参考价值，其中有土地、牛王、山鬼、判官和五道神，参阅 [日] 中國農村慣行調查刊行会：『中國農村慣行調查』卷三，pp152-153，東京：岩波書店，1985。

[2] 不同村子的老者叙说大致相同，这在方志中也有相似的记载，参阅河北省赵县地方志编纂委员会编纂：《赵县志》，第529页，北京：中国城市出版社，1993；傅汝凤等纂：《井陉县志料》，第14-15页，天津义利印刷局印，1934。

含义。在村民的感觉结构中，五道庙作为阳间和阴间的中转站在人们的现实生活中也就具有了方位感、群体感。今天，五道庙没有了，但它对村落生活的影响却仍然通过言语留存下来。

大夫庄的得名和来历有着动人的传说。传闻汉代这里闹马蜂，铺天盖地的马蜂见人就蜇，死人无数，刚好村中有一个姓李的大夫在熬制中药，药味使马蜂不敢靠近，从而保住了这位大夫的性命，村子中的人也得以繁衍下来，所以这个村子叫大夫庄。二说，大夫庄名字的由来是因为在某个朝代这里曾经出过一个在朝廷中官职做到大夫的人。据传，这在村中刘姓家谱上有记载。在村民的记忆中，一直都较大的大夫庄村东、村西和村南各有一个五道庙。村中老人讲，过去，大夫庄不死人则已，一死人就是连着死，正如俗语"大夫庄，三五道，你叫我也叫"。显然，大夫庄历史上曾有过很多悲戚和被死亡阴影笼罩的时刻。当把这句俗语和村名传说联系起来思考时，马蜂蜇人的传说应更为可信一些，它模糊地反映了当地人曾有的恐怖的生存状态和对世界再创的记忆。

在行政区划上，现今的大安完全属于赵县。清末京汉铁路的修建促进了集镇的兴起和农村经济的发展，京汉铁路东侧的赵县、元氏、藁城、宁晋、晋县、束鹿等十县连成一片，形成一个棉花高产地带，赵县城和大安镇就是当时棉花的集散中心之一。[1] 也即，从区域经济发展的角度而言，大安的重要性一度超过范庄。有趣的是，直到清末，大安靠西的一大半属于赵州，靠东的一小半（主要是现在的大安一大队）属于宁晋县，是一个半州半县的村子。所以，赵州和宁晋县的方志都把大安归在自己的疆域。《畿辅通志》卷55"舆地略十"之"疆域图说十"的《赵州图》和《宁晋县图》中，大安均归宁晋。在康熙十八年（1679）的《宁晋县志》中，大安属宁晋城北乡，光绪年间

---

[1] 从翰香主编：《近代冀鲁豫乡村》，第137、147页，北京：中国社会科学出版社，1995。

编纂的《宁晋乡土志》中，大安属宁晋二十一区唐丘疃。在光绪《赵州志·清代赵州村庄图》中，大安标在赵州境。在光绪年间的《赵州乡土志》中，大安属于赵州东六区，并记载有初等小学堂一所。至于半州半县的成因，史书、方志上没有任何记载。2003 年 7 月 24 日，大安的董新农（1921 年生人）老人曾谈及，大安这个半州半县村子的形成是明初移民时，现今大安一村人是从宁晋分过来的，而大安其他人都是从赵州分过来的。无论怎样，州里的人向州里缴税，县里的人向县里缴税。这种帝国行政上的区隔早已深深地融入到了大安人的生活中。

大安曾有的两个五道庙，按行政归属的不同，一个叫州五道，一个叫县五道。州五道在大安的中间，村西属于赵州的人在此报庙。县五道在村子东部，村东属于宁晋县的人在此报庙。与大夫庄的五道庙有着毁灭与再生的沉重不同，大安这个赵县东部曾经远盛于范庄的重镇的五道庙不但有着村落人内部的分化，同时还有着帝国行政权力的影响，是帝国权力空间分割施之于民并被民众认可、接受，从而体现在其日常生活中的结果。

东、西五道对村落的地理划分常使村民形成村内不同的小聚落和小群体意识。当然，有的村可能本身就与村内不同姓的人聚族而居有关。据传，梨乡的南庄原本叫冯家庄。今天占了南庄 95% 的李姓是明初从山西洪洞迁来的。李家兄弟迁来后，就在冯家庄的南边安了家。在请"南蛮子"看风水选坟地时，李家由于人少，事事都得顺着冯姓，所以求人多；相反，冯姓不觉得人少，求的是官。于是，南蛮子按他们各自的要求选了坟地。后来，李家果然人丁兴旺，而冯姓始终都只有十多户人家。冯家由于出了个好唱梆子戏的人在戏台上扮演了一辈子的赵匡胤冲了冯家的风水，使冯家求官未果。越来越多的李姓人逐渐形成了一个独立的村子，但却是冯家庄的一部分。冯姓人习惯称其为村南庄儿。随着李家的人与外界接触多了，知道南庄的人慢慢地比冯家庄多了起来。于是，南庄取代了冯家庄而成了村名。[1]

当把这个传说与南庄的村庙和相应的行为结合起来思考时，我们会发现它不仅仅是一个传说，它还是"价值、力量与禁忌的根源，投射了村民的集体认同。与传说相结合的特殊地景，更常作为地标指引方向或作为险恶环境的提醒"。[2] 比其他村庄将两个五道庙分别称之为东、西五道更具体，南庄村西北主要是冯姓人聚居地的五道庙叫冯家五道庙。显然，在五道庙加上"冯家"两个字不只是为了强调它是冯姓人报庙的地方，它更强调处于弱势的冯姓人的自我认同，南庄历史上冯姓人与李姓人势力的消长，和李姓对冯姓夹杂轻视、尊敬的评判。这个五道庙及其名称本身也成了南庄不同姓氏政治斗争平衡术的产物，是乡村政治学的结晶。正是出于相同的原因，在冯姓地域上曾有的老母庙（南海庙）叫冯家老母庙，南庄李姓的南海庙则直接以"南海庙"称之。今天，已经没有庙的冯家老母会也就在几个冯姓会头家中对着神案轮流过会，而不仅仅是被动地前去参加主要由李姓人在张爷庙中举办的张爷会。[3] 历史上，南庄冯姓和李姓之间究竟有着怎样的明争暗斗已不可考，但关于村名的传说、村庙的名称、庙会的举办与参与方式等都给我们留下了曾有的冲突和紧张的印记，体现出的是村落强势群体与弱势群体之间的不均和弱势群体的抗争。

因此，村庙不仅仅是景观，它是作为一个地域单位、一种群体认同、一个信仰组织、一幅心灵图景和一个语汇而存在的，也是村落内不同群体政治争斗并最终获得妥协的结果；不仅影射了村落历史，村庙本身也参与到村落社会的建构过程中。这样，相当一部分村庙中举办的庙会并非是全村人参加。本书的聚落型庙会也正是在此意义上而

---

[1] 李生田、李永辉、刘其印编：《南庄村志》，第126-127页，石家庄：河北科技出版社，1993。

[2] 夏铸九：《公共空间》，第75页，台北：艺术家出版社，1994。

[3] 赵旭东：《权力与公正——乡土社会的纠纷解决与权威多元》，第165、31页，天津：天津古籍出版社，2003。

言。不仅五道庙使梨乡人有着浓厚的方位感、地理感、权力感和归属感，其他村庙也具有相似的意义。清末，已经在地域政治经济中日趋重要的范庄，人们是用"东至三官（庙）西至龙泉（寺）"来指其大小的。

梨乡的村庙中，关帝庙供的是三国名将关羽，老母庙供奉的是观世音菩萨。关帝和观音在老百姓看来是全能的神，在一个村落中，所有的事情人们都会向这两位神灵求祈。不同的是拜祭关帝者多男性，拜观音者多女性。有趣的是，在没有关帝庙的村子，关爷经常是和其子关平作为陪祀神，即观音的护法神，出现在老母庙中。真武庙中的真武大帝能捉妖镇邪，村民有邪魔妖鬼之事常求其保佑。玉皇庙中供的玉皇大帝是中国人相信的诸神中的最高者。在不同的村，对于三官究竟是谁，人们说法不一，通常有下述几种：尧、舜、禹；天官、地官、水官；神农、伏羲、少昊等。此外，村中还有保佑妇女顺利生育的奶奶庙、能普降甘露的龙王庙等。

这些记忆中不完全的村庙及其供奉的神灵涉及村落生活的方方面面。对于这些不同的村庙，人们会根据自己的需要及整个村庄的境况分别举行个体性的或群体性的祭拜仪式。值得注意的是，村庙的象征含义，即与村民精神需求的关系又不尽相同，"男性人神之于村落社会公共秩序的意义比较明显，女性人神之于家庭生活命运的意义比较明显"。[1] 换言之，男性神具有一定程度的外向性，女性神具有一定程度的内向性，多保佑生育、疾病等日常生活中的琐事。由此观之，不论出于怎样的目的，海外学者对观音、妈祖等女性神祇之于中国民众乃至传统文化的意义的过分强调并无多少意义。[2]

大小村庙是村民们群体性信奉的神灵的居所，对于仙家、鬼怪，

---

[1] 刘铁梁：《作为公共生活的乡村庙会》，载《民间文化》2001 年第 1 期，第 48–54 页。

[2] 如 P. Steven Sangren: "Female Gender in Chinese Religious Symbols: Kuna Yin, Matsu, and the Eternal Mother", *Signs*, vol. 9, no.4,(1983), pp.4–25.

主要是华北普遍信仰的五大门，同样有着自己的出入和祭拜之所。除没有异议的胡、黄、白、柳四大门外，第五大门"灰（灰八爷）"有着老鼠或兔子的地方差异。当然，庙宇也常是仙家的居所，甚或是庙会香火兴旺的本因。在一个村庄中，超自然的世界观念绝不仅仅是武雅士所言的对传统中国社会景象的精确反映。黎熙元曾对村庄这一界域中不同神灵的级序、权威和它们各自与村民的关系有翔实的描述、分析。[1] 在华北，以四大门为代表的仙应该是华北民间超自然观念世界中的重要一极，而不仅是武雅士和渡边欣雄等人所强调超自然观念世界中的神、鬼、祖先之三极。直到 20 世纪 40 年代，京郊四大门上身的香头们认为自己仅仅是仙家的仆人，是当差的。四大门中，胡、黄、白、柳排序的先后本身就意味着胡仙的地位最高，柳仙最低。仙家分为家仙和坛仙，家仙低于坛仙。所有仙家通常不敢面对职位比其高的俗世官僚或人，并且仙家也低于庙神。掌管仙家的是住在丫髻山、妙峰山和天台山上的三位听命于碧霞元君的王奶奶。京郊一带信仰四大门的人通常认为丫髻山是四大门信仰的圣地，是新香头举行开顶仪式的唯一合法场所。对于一个新香头而言，拜师仪式仅意味着新香头被其所在的门接纳，开顶仪式才意味着新香头真正地成为王奶奶的下属，并能得到泰山娘娘的庇护与帮助。由此，每年前往丫髻山朝顶也就成了京郊香头的惯行之一。[2]

如前文所述，在梨乡，不论哪类庙会，主要是为仙家当差的香道的扮演了关键角色。因此，梨乡庙会送神实际上也包括了佛、神、仙、鬼等不同层次，只不过分明程度不同而已。就连梨乡外围豆腐庄的皇醮会，在庙会结束时，人们也是先在村外不同的方向送鬼祟、仙家和

---

[1] 黎熙元：《乡村民间信仰：体系与象征——清远市浸潭镇民间信仰研究》，第48-56页，广州：中山大学博士学位论文，2001

[2] Li Wei-tsu: "On the Cult of the Four Sacred Animals(Szu Ta Men 四大门) in the Neighborhood Of Peking", *Folklore Studies*, vol.7(1948), pp.17-21, 24-25, 43-45.

神，最后才在醮棚门前送佛。[1] 过去，铁佛寺周围朱家庄、秀才营等村的坟地多分布在九龙口周围的荒地。九龙口这个今天依然荒凉、伴有黑风的地方就是铁佛寺周围村民认为仙家、鬼怪出没之口，也是人能通过冥币和香与之交流的地方。香道的相信在这个"洞口"有"隧道"一直连接着远在七百多里以外的北京城。现今铁佛寺庙会期间，还有"九龙口"牌位，无论何人在此敬拜都只烧冥币。梨乡诸神并存，职责分明，又相互影响、互相捧场，满足着不同时空不同人群的需要，从而使梨乡乡土宗教犹如万物并存、相互依赖、相生相克的"森林"。

不论这些村庙是否凝聚着村落内部的不同，但作为一个村落的庙宇，它们在整体上整合、调适的是村落内家与家之间和不同群体之间的关系，区分的是村落内与村落外两个世界，强调的是天地人三界的不同和互动，是村民的心灵图景。不少村庙除神诞日等特殊时日，平常是萧瑟的。汉人聚落空间的"中心－四方"的神圣性常常是透过村庙、宗教活动展现其意义的，也即，村庙的象征意义大于世俗意义。[2] 只要这个村庙在这里存在了，平常怎样祭拜，是否举办庙会，让神欢喜反而显得次要。这也是村庙虽不一定举办庙会，但在可能的情况下，村民要反复重修的核心动力所在。

在同一个风水解释和操作模式下，"从国家之都到州府县衙，整个中国大地形成某种风水'分形'格局。"[3] 不仅如此，宅址、村址、城址三者之间是一种全息互显的关系。在这种同构关系中，村落作为一个世俗生活的空间更充分地体现了理想的风水模式——圣化特征。村庙并非村民随意散漫地修建，或者如通常所说的那样是病急乱投医的

---

[1] 王学文、岳永逸：《嬗变的醮会：河北赵县豆腐庄皇醮会调查报告》，载《民俗研究》2009 年第 1 期，第 200–201 页。

[2] 潘朝阳：《"中心—四方"空间形式及其宇宙论结构》，载《师大地理研究报告》1995 年第 23 期，第 83–108 页。

[3] 俞孔坚：《理想景观探源——风水的文化意义》，第 28 页，北京：商务印书馆，1998。

应急行为。当将其放在一个空间体系和村落历史中考究时，我们会发现村庙的修建和神灵的供奉不仅是要解决村落生活中的实际问题，其本质是一个村落的人对自己生活空间的思考和建构，是其世界观的物化。当然，长时段观之，作为村落景观的一部分，这些村庙也反映了人类基因对空间标识物的需求与偏好，是一个群体对领地的声明和捍域行为的物化、瞭望与庇护行为的物化，并以此弥补自然结构的缺陷，从而在心理上构筑一个整合的理想的栖息地。[1]

翻开光绪年间编撰的《赵州志》和《赵州属邑志》及同一时期其他州县的方志，我们会毫不惊奇地发现，在过去梨乡村庙中较多的真武庙、玉皇庙、关帝庙也是州城或县城中所有的。同时，在大夫庄这样较大的村庄，还有一般只有在州县城才会出现的火神庙和天地庙。在中国，州县城的坛庙分布大体一致，不同的坛或庙有着相对比较固定的方位。虽然村庙的分布与州县城中的相应庙宇之方位没有对应关系，杂乱无章（如表6-1），还有着完全是自己村才信奉的神神的庙宇，但部分村庙与列于方志坛庙中的庙宇和相应神灵的雷同依然表达着官民双方在一定程度上的互动与认同。它也说明，传统中国的书写传统－精英文化－雅文化和口头传统－民间文化－俗文化之间的共性以及共享的价值观、宇宙观。但口头传统与书写传统又确实有着不同，村落地方性的神神就彰显着二者之间的差异。相较而言，村庙中的神神与家居中全神神马中的神神有着更多的重合，有更多的地方性。村庙中的神神交织成一张网，满足村民需求的同时也包裹、净化、守望着村落。正如不同家居中神神的个性，相同名称的村庙对不同的村落而言，意义迥然不同，它是这个村的，而不是那个村的。当这些村庙作为村落的景观存在于村民的视野、记忆中时，它已经深深地打上了这个村的印记，并成为村民感觉结构和心灵图景的一部分。

---

[1] 俞孔坚：《理想景观探源——风水的文化意义》，第88-90页，北京：商务印书馆，1998。

像一面高高飘扬的旗帜，梨乡曾有的祠堂及家谱案书写着村落中人们的来源、出身，形象地回答着"我是谁"和"我从哪里来"等哲学层面的问题。与此不同，对外来他者的陌生及由此激发的抗拒意识和已有的对世界的认知，使人们将村庙修建在聚落外围，像一道道屏障守护着整个村落，防护着不利因素的侵扰，将村落内外的世界进行象征性的隔绝。村庙、在村庙中定期举行的仪式、相关的传说就在周围环境的敌意与艰难中形成一种"社会性的空间围场"。[1]

　　简言之，村落的空间是由静态空间和动态空间叠合而成的。与家居类似，祠堂、村庙都是用建筑材料按不同的规则修葺而成。作为建筑实体，家居、祠堂和村庙都是村落景观的一部分，是静态的物质存在。但包括修建过程本身，这些建筑实体所分割和营造的空间则是动态存在的，它们是人神交流、人际交流的场所，言说、呈现的是流动的"我"与"我们"。由于人神交流和人际交流，这些原本静态的空间也就有了不同的意义。如同家居空间，他者眼睛所见的整个村落空间具有明显的象征意味。一个村民在处于其出生的家居这个圣化空间的同时也处于村落这个圣化空间。正因为其象征性和圣化属性，一个村落在很大程度上才像一个家庭那样具有更强的稳定性，具有思维方式、生活习惯等方面的纵向传承性和横向的抗干扰性。由此，在同一村落生活的不同时代的人们也才有着相近的感觉结构与心灵图景，并使每个村庄呈现出独特的个性与底蕴。基于这种绵延、坚韧的群体心性，没有了庙宇，不能建庙，人们也会走出家门在村落的某一个角落行好过会。这就形成了当下梨乡村落"无庙的宗教"的基本景观，临时搭建的神棚、祭坛也就成为行好的拟制的"家"。

---

[1] 夏铸九：《公共空间》，第 63 页，台北：艺术家出版社，1994。

三　轮祭·茶棚会·聚落

梨乡的每个村落都有自己的庙会及相应的组织。根据一个庙会对村落生活影响程度的大小和参与者的多少，村落型庙会又大致可分为存在双向互动的村落内部的聚落型庙会和能代表整个村落的村落型庙会两种。原本代表一个村落的村落型庙会可能会因为村庄的扩大，而渐渐地演变成为一个聚落型庙会，而原本村落内部某一个聚落的庙会则可能会变成代表整个村落的庙会。相对于家中过会而言，无论哪种村落型庙会，其对村落内外都有更多的公开性，并牵涉到村内多个家庭或者大多数家庭的生活。

如同福建溪村长期存在的那样，[1] 轮祭是由不同的人家轮流祭祀某位神神的祭祀制度。今天已经发展成为一个地区中心型庙会的范庄龙牌会是由醮会衍化而来，原本并无固定庙宇，长期由十多位会头（并不同姓）在自己家中伺候龙牌，庙会期间在村中空地搭棚过会，会完之后再将龙牌抬到下年伺候龙牌的当值会头家中。2003 年修建了龙祖庙后，龙牌被固定在了庙中，这使得 2004 年庙会仪式发生了很大的变化，但它同样是由会头按照以往既定的顺序依次在庙中长年伺候龙牌。与龙牌会正好经历了大致相反的历程，南庄冯家庄老母会原本是在冯家老母庙中过会，"四清"运动把冯家庄老母庙拆毁以后，就由几户冯姓人家轮流主持庙会活动。哪个会头当年主持庙会就将南海老母神马挂在其家中，平常其他人去他家烧香上供，在二月十九老母会完之后，老母神马再被请到下一家。[2]

在梨乡，无论是过去还是现在，由村中的十多户或数十户人家轮

---

[1]　王铭铭：《社区历程：溪村汉人家族个案研究》，第 148-150 页，天津：天津人民出版社，1997。

[2]　赵旭东：《权力与公正——乡土社会的纠纷解决与权威多元》，第 31 页，天津：天津古籍出版社，2003。

流伺候一个神马，在特定日子到伺候者家中过会，或者在村中一个较大的公共场地搭棚过会，然后将神马交接给下一年轮值伺候神神的会首这样的庙会形式在梨乡村庄普遍存在。由于这样的会一般不涉及村落中所有的人，而且在村中有着较为明显的地缘界限、群体分野，所以我将其称为聚落型庙会。

清末民初在梨乡村庄普遍存在的朝山（苍岩山）茶棚会与现今轮祭的聚落型庙会有着较深的渊源。虽然梨乡各村庄的朝山茶棚会已基本不再去苍岩山赶会了，但是信仰三皇姑的群体组织却传承了下来。在经济条件许可，有人组织、号召的时候，它就很可能演化为一个聚落型庙会。由于该群体信奉的神灵在村中没有庙宇，轮祭也就成了这种庙会普遍的组织形式。作为梨乡一个普通的村落，曹庄的茶棚会能为我们了解这种由茶棚会演变而来的轮祭的聚落型庙会提供有益的窗口。

曹庄的得名有两种解释：一说，这里很早前是一位姓曹的人的庄园；二说，这个村子适合姓曹的人居住。但不知什么缘故，今天村子中没有一户姓曹的。人们记忆中曹庄的历史也只能追溯到明朝初年。从现存的刘姓族谱可知，刘姓的始祖刘全在永乐年间从山西洪洞迁来，如今在曹庄已经有 18 代人。曹庄现隶属于范庄镇范庄办事处，有耕地6,534 亩，全是梨树地。按照村政府 2001 年的统计，曹庄有 1,019 户，4,586 人，有刘、黄、尹、梁、韩等 32 个姓氏，其中刘、黄、尹是大姓。刘姓人口最多，占全村人口的 60%。

近几年，经济的不景气在一定程度上影响了人们对过会等带有一定"公"性质的群体活动参与的积极性。一部分人更急切地把求救的目光投向神灵，表现得更加虔诚；一部分人则失去信心，或转信其他新传入的宗教。与昔日村庙众多的盛景不同，除醒目的天主堂外，曹庄现仅有重修于 1994 年的村西老母庙和新近由柏林寺出钱在村南修建的观音院。观音院供奉的是观音和善财童子，参与者是曹庄在柏灵寺皈依的善人。曹庄铁佛寺茶棚会、朝山茶棚会和村西老母会的会首基本都在这些善人之列。位于村东北的天主堂是 2001 年由奉教的自己"捧钱"(筹钱)重修，比村南的观音院要气派得多。奉教的在曹庄以王姓居多，基本都是上辈人传下来的，有一百五十余人。今天村子也有人信奉传福音。这分化了一部分行好的从茶棚会、老母会中退出。

与梨乡其他庙会一样，曹庄的庙会有着明显的村东和村西之分。1994 年重修后，村西老母庙于二月十九一直发会启过会，开初几年会赶得很有规模，并请戏班唱戏。近几年前来赶会的主要是贤门楼、解家宅、范庄、董庄、东平、杨户、常信营等一直关系都较好的庙会组织。人少了，也不唱戏了。或者因为老母庙一直在村西的缘故，组织老母会的也主要是村西的人，村东头的人处于从属地位。村东头人积极参与和主导的是他们祖辈上就有的信奉三皇姑的朝山茶棚会、信奉九莲圣母的铁佛寺茶棚会以及三官庙会。

曹庄东头的朝山茶棚会是曹庄东头人祖辈围绕苍岩山三皇姑庙会形成，原本是三皇姑信仰圈的一部分，但它现今也不是东头的所有人都参加。现存的光绪九年(1883)写有会首名单的朝山茶棚会的横幅、光绪二十九年(1903)朝山茶棚会坐棚的门帘和洪宪元年(1916)曹庄刘门宋氏还愿的一疋彩布等实物展示了这个茶棚会部分可溯的历史。"龙飞光绪九年三月十五上山进会"制作的横幅约 160 厘米长，70 厘米宽，内容竖排，共计有 26 人。其中，会首一人，敛首(茶棚会中专门收敛钱物的人)三人，合会 19 人，均来自曹庄东头。会首、敛首为男性，合会中则仅有二位男性，女性常以"×门×氏"称之。另外，横幅上还写有当年秀才营、南花邱、小寺家庄和大安等四个村一同朝山进香四位女性。显然，这是一个以女性为主体的茶棚会。现今茶棚会的组织者老辩的曾叔祖父和祖父均在其中。光绪二十九年朝山茶棚会的坐棚门帘有两米高，一米七八宽，中下方开有拱形门洞。门帘阳面上方画有王敖等上八仙，门帘阴面左侧写有"茶棚会坐地茶棚"，右侧写有"光绪贰拾玖年三月十五日制"。还愿的彩布正中间是"有求必应"四个大字，左、右两侧分别写有"洪宪元年正月十五日进黄彩布还愿""赵州曹庄刘门宋氏为本身病愈许进黄彩布一疋"。

至于 1949 年前前往苍岩山过会的情况，老辩父子曾回忆说，茶棚会一般阴历三月十一出发，第二天赶到距离苍岩山约 90 里地的元氏县王村搭棚过会。山东（苍岩山以东）各村庄赶会的也在此搭建茶棚，棚中设有三皇姑神案。有的香客继续前行上山进香，有的就到此为止。曹庄朝山会曾经在王村修有房子。待每年三月十六会完之后，茶棚中人就把锅碗等不便携带的器物埋在地下，来年去了之后再挖出来使用。随着抗日战争的爆发、局势的动荡和随后的种种运动，朝山赶会的传统中断，曹庄在王村修建的过会的房子也无人问津。此后，曹庄朝山会一直都似有若无地延续着。在不允许人们公开搭棚过会时，三皇姑会供奉的三皇姑神像一直在人家里面藏着。1987 年，在老辩的张罗下，朝山会重新公开运转起来。三皇姑的神马在会首家按年轮流供奉。在三月初九到三月十五的庙会期间，也在当年轮值会首家搭棚过会，一度还发放会启邀请他村庙会前来赶会。虽然 20 世纪 80 年代中后期，苍岩山开始了赶会，梨乡不少人和香会都积极前往，但由于作为风景区的苍岩山价格过高的门票，梨乡人就很少往苍岩山过会了。

1987 年朝山茶棚会的会首有 24 人，都是曹庄东头人，刘姓 20 人、尹姓 3 人、梁姓 1 人。其中，有 11 人也出现在 1988 年的曹庄铁佛寺茶棚会会首名单中。与光绪九年的朝山会成员名单相比，新时期的朝山会成员为清一色的男性。从女性到男性的转变只是表象，正如龙牌会一样，新时期的朝山会男性会首只是承头组织庙会或承担会首之名，真正信奉的则是家中的女主人。近些年，搭棚过会的形式取消了，但朝山会轮祭三皇姑的制度仍然在曹庄东头传承，会首之间交接三皇姑神马时，仍有着简洁的拈香念佛等敬拜仪式。由于朝山会中不少会首同时也是铁佛寺茶棚会中的人，曹庄东头的人们将更多的精力投入到了铁佛寺茶棚会的活动中。

曹庄东头的铁佛寺茶棚会围绕九莲圣母形成，到老辩这一辈至少已经有五辈人。在老辩保存的"民国××年四月十二日立"的"河北省赵县曹庄村茶棚会"的横幅中，共计有会首20人，全是男性。其中，刘姓14人，梁姓、尹姓各2人，何姓、禹姓各1人。会首名字中间都是"洛"，这是成员参与茶棚会20年后，大家共同商议合的字（号）。过会期间，茶棚会的花费也就在合了字的人中分摊。[1]因此，与宗族中的辈分，茶棚会中"洛"这个字是一个茶棚会成员资历、权利、义务和责任的象征，是村民在血缘、地缘基础上形成的但又有别于血缘、地缘的宗教纽带。茶棚会这一宗教群体的固结又参用了宗族组织的基本模式，因而成为围绕特定神祇的拟制的家。

1988年阴历四月十二重新制作的"赵县曹庄村铁佛寺茶棚会"横幅依然按传统的方式写下了会首的名字。是年，会首的总数增加到27人。同样，刘姓是主体，有20人，尹姓3人，梁姓2人，段、武姓各1人。与民国年间会首名单中女性完全处于隐形状态不同，1988年的会首中有了两位女性。这些会首多数是家中老辈人传下来的，年龄最大的80多岁，最小的40余岁。经过十四五年后，如今的铁佛寺茶棚会会首名单已经发生了较大的变化。在会中履行职责、做事的会首计有23户，虽然不乏失传、退会等现象，但三四十岁的年轻人却增多了。

会首通常是父子传承。入赘的儿子不能继承会首，但留在家里招赘的女儿则可以继承会首身份。如果会首去世得早，遗孀只要愿意就可以承担会首之职。此外，老会首故去之后，所有儿子都可以同时继承会首身份。因此，会首的传承在总体上出现一种向男性回归的趋势。新人入会，首要条件同样是"行好/善"，尤其是要长期跟着茶棚走，

---

[1]　关于庙碑中董事、会首或者捐助者名字中间同一个"洛"字的含义，在解放前寺北柴村的人那里也有相近的解释。参阅［日］中國農村慣行調查刊行會：『中國農村慣行調查』卷三，pp. 55–56，東京：岩波書店，1985。

主动做事。在得到茶棚其他会首对其品行和办事能力的认可后，新人才可能成为会首。作为一种身份，会首可以分家式的传承，生活在村东头的不少会首之间就存在着亲戚关系。这样，在血缘、地缘基础上形成的茶棚会反过来又强化了村东头人之间的认同。

铁佛寺茶棚会不仅是在铁佛寺庙会期间前往铁佛寺搭棚行好，在这些会首家中，延续旧制，会首都依次轮流供奉九莲圣母神马。而且，在会首家中轮流供奉的这幅九莲圣母神马不会带到铁佛寺庙会期间的曹庄茶棚中。会首轮值次序是按照 1988 年横幅上的会首的排列先后顺序。九莲圣母神马交接时间是每年四月十二铁佛寺庙会完了之后，茶棚会在铁佛寺拆棚回村之后。

按照惯例，每位会首在每月的初一、十五都要去轮值会首家给九莲圣母上香，信者也会在这些日子去轮值会首家中上香。就轮值会首家自己而言，在供奉九莲圣母的这一年，每天早、晚都要给九莲圣母烧香。早上是在起床梳洗之后烧，晚上是在晚饭后烧。由于会首中没有香道的，平常也就没有人前往轮值会首家中看香。在铁佛寺庙会期间，合会人等都要前往铁佛寺搭棚过会，捧钱捧粮、出力出车，其收支的香油钱和与其他村庙会的交往都主要是在铁佛寺茶棚里。由于茶棚会在铁佛寺还有着请神、送神等一整套的仪式，轮值会头之间交接九莲圣母神马的仪式通常就只念念佛而已。显然，茶棚会在铁佛寺的活动仅仅是茶棚会过会的一部分，当各方面的原因使前往铁佛寺赶会不可能时，就如朝山会曾经做的那样，铁佛寺茶棚会就可能把过会中主要的仪式表演地点从铁佛寺挪移回村中。这也是把铁佛寺茶棚会作为一个聚落型庙会在此描述的原因。

与曹庄东头的两个茶棚会主要是在家户之间小规模传衍不同，大安二大队的老母会是围绕曾有的村庙而形成的轮祭的聚落型庙会。[1] 与

---

[1] 今天，大队、生产队已经淡出官方话语体系，但村民仍然习惯使用这些大集体时的称谓。

冯家老母会相近，今天的大安二大队早已没有了老母庙。人们将过会的地点由以前的村庙移到了轮值会头的家中，会期与梨乡众多的老母会一样是二月十九。作为大安的一个聚落，二大队也是一个多姓行政村，有孙、武、段等姓，但孙姓占了人口总数的80%。传承至少六七辈人的老母会现今在13户人家之间轮值进行。其中，孙姓10人，杜、段、梁三姓各1人。如同曹庄茶棚会那样，老母会会员身份多数是上辈人传下来的，近年也有个别人退会。与会头的名字都是男性不同，参加活动的以老年女性为主。由于汤来的祖父曾经是村中关爷庙会的会头，且汤来本人识字，一直给关爷会、老母会记账，对会中的事比较熟悉，所以老太太们公推他为会首。

过会时，除会中成员外，村中帮会的和行好的都会前往，本村香道的以及外村常来往的庙会也会前来参加。烧香、撂油钱和念佛是过会的主要形式。会头则例行性地捧3斤小麦或2元钱。二月十九中午，除会中成员，所有参加会的人都在轮值会头家中吃饭。从1999年起，每年老母会中给轮值会头帮补5斤油，20元钱。老母会过会不散发会启，始终都是在较小范围进行。这从老母会会账可以看出。收支都仅在数百元。老母会的主要支出就是回访性地参加那些当年来参加了老母会的家中过会和其他村的庙会，给油钱的数目基本等同于对方在老母会过会时给的油钱数目，常在1元到10元不等。由于像居家过日子一样的精打细算、透明，从1996年到2003年，老母会年度结余最多的是1997的135.9元，最少的是2000年的11.2元，8年年均结余69.1元。

对于大安的香道的来说，老母庙是村中的，老母会就不同于自己的家中过会，是村子的，但它又主要局限在村子中的这13户人家中，所以它又是聚落型的。这些香道的也是老母会的中坚力量，不论她们是否想要得到老母会这个组织对其家中过会回报性的赶会，她们的参加使老母会多了神圣性或神秘性。虽然汤来对香道的有保留意见，可老母会又离不开这些香道的。因此，作为一个聚落型庙会的老母会也才前去参加这些香道的家中过会。在与外村庙会之间互相赶会时，这个聚落型的老母会代表的则是大安二大队或者大安的老母会，是村落型的。与此同时，老母会每年例行性的集体进餐也使老母会在一定意义上满足了老年妇女社交的需要。

现今这些轮祭的聚落型庙会与有老辩、汤来这样的有着茶棚会体验、庙会知识和热心、正直的老人有着直接的联系。如果没有这些老人，或者这些老人一旦泄气，这些宗教意味浓厚的庙会可能更加涣散，甚或消解。

四　庙会、传说与村落的循环再生

如果说在某种意义上，聚落型庙会只是今天梨乡村落某一部分或部分人参与的庙会，那么在梨乡还有代表、象征整个村落，完全是整个村落意义上的庙会。1999 年在范庄调查的时候，对我们同样好奇的村民不时地会问："我们村也有庙会，比龙牌会还大，你去吗？"正是在这些村民因好奇和自我夸耀的信息引导下，我才在调查中不停地寻访梨乡其他庙会。在我到过的梨乡村庄，村民都会自豪地问："你走的地方一定多，我们村的庙会怎样？是不是最大的？"当你问一个村民，他们村有什么庙会时，村民首先回答的肯定是围绕某个村庙形成的，在附近村子有一定影响的规模较大的庙会，如梨乡众多的老母庙会、大安关爷会、常信二大队的水祠娘娘庙会，等等。尽管由于人口增长，大安、大夫庄这样的大村今天已经被分割成了好几个行政村，但在大安人和大夫庄人的心中，关爷会和老母会分别是这两村人认同的村落型庙会，是他们村的庙会。

"大安四大门，光顾得唱戏，忘记了请神。" 这句还在口耳相传的俗语言传着大安村曾有的寨墙、村庙与充满喜乐的敬拜。"文革"时拆毁的大安关帝庙没有能够重修，庙会今天也是在有限的范围内进行，但几乎所有的大安人都会自豪地说关爷会曾经是远近闻名的一个大庙会。在大安，人们供的最多的家神就是关爷。

关帝庙的遗址在现今二大队的地界上。拆之前的关帝庙，坐北朝南，有三大间，没有固定的戏台。庙内主供关爷，陪祀周仓、关平，赵遁、王雷。关爷会在十月举行，会期五天，从十九到二十三，二十是正日子。大安七条街，一条街一个关爷会的会头。每年庙会时在七个会头中选一个总会头，组织主持关爷会。过会时，一直请戏。戏班在临时搭建的正对庙门的坐南朝北的戏棚唱戏。开戏前，戏班由男艺人先进庙迎神，给关帝磕头上香，在唱诵中表达对关爷的虔敬和祈求他保佑唱戏顺利之意。庙戏不仅仅是娱神，还娱人，这才有了"光顾得唱戏，忘记了请神"的言说庙庆欢快的俗语。

除"文革"期间关爷会中断外，其他时间庙会一直都在或公开或私下地进行。1975年，在二大队的一些老年妇女的邀请下，汤来开始出面组织关爷会，但规模比以前小得多，都是在家户中搭棚过会，会期仍在十月二十。现在，村子中热心参加关帝庙会的有六七十人，都是二大队村民。二大队老母会的成员基本都在其中。这样，原本是大安村的关爷会今天成了大安二大队的关爷会。由于组织者和财力等多方面因素的限制，恢复后的关爷会一直都没有向外村散发会启，但与汤来领头的老母会一样，过会时，东平、秀才营、大夫庄、曹庄等关系较好的村庄的行好的都会前来赶会，关爷会在这些村子中过会时也必定前往。现今关爷会也不是年年唱戏，最近一次庙会唱戏是在1999年。

二大队的关爷会今天是"一套人马，两块牌子"。该班人马在每年四月初八都前往铁佛寺搭建茶棚，他们给自己茶棚会命名为"赵县大安积善堂茶棚会"。在铁佛寺庙会期间，茶棚中的神马主要是按过去关帝庙的布局来摆放。这样，原本村中关爷会的一部分挪移到了大安人习惯前往的铁佛寺庙会。也就是在这里，积善堂茶棚会与更多的庙会组织有了联系，并在一定程度上弥补了村内关爷会的不足，加强了与他村庙会组织的交流。

与大安关爷会变化相似，曾经代表整个大夫庄的老母会今天也主要成了其所在地高峰大队的庙会。高峰大队有4000多人，有张、刘、蓝等姓，张姓为大姓。老母庙有比较长的历史，在今天高峰的西北角，原建年代已不可考。土改时，由贫协将庙宇、神像毁去。现在的庙会会首福双当年就参加了拆毁庙宇。1999年3月17日在老母庙前，福双讲了他当年毁庙的壮举后，接着说："改革开放后不久，老母给我托梦了。说我当年毁庙，她无处存身，要我重修庙宇。其实，很多年了，我内心一直不安，所以就张罗修复了这个庙宇。"修复后的老母庙仅一间，有三米高，三米五深，三米宽，坐南朝北。庙正中的台基上供奉的神像从西往东是普贤、观音和文殊。知道三位老母名号的村民很少。包括老母庙会的会头在内，一般人都将这三尊老母按序号称之，分别叫大老母（观音）、二老母（文殊）和三老母（普贤），但对各位老母的相貌，行好的心目中则一清二楚。三位老母的前下方东西两侧是护法神关公和关平。室内东西两侧的墙壁上，绘有张天师、眼光娘娘、送生娘娘、送子娘娘、送宝娘娘等八位神灵的画像。

2002年，在庙会组织中主事的元地、福双、月山等都是高峰人。以抽签的方式，他们决定了由元地（1927年生）为老母会正会头，元地的兄弟是前任村支部书记。福双主要是管戏，月山则负责搭棚立幡、拆棚等。会头中还有人民大队的长罩（1927年生）、三中大队的丰恒（1937年生），二人与福双一道负责戏班，安排戏班的吃住等。女会首熙鸾刚接替因年龄大而退会的桂淑，主要管庙里磕头烧香上供、还愿、讨娃娃等。写戏时，福双他们或三人或两人常外出联系。因高峰有一人在县演出公司工作，所以如果县演出公司联系好了合适的戏班，他们就不用外出联系了。记账的则是退休还家的奂乡。

老母庙会的会期是农历的二月十八到二十，正日子是二月十九。现今过会，无论搭建戏台，还是在庙外搭棚，前来的多是大夫庄的老年人。前些年过会规模较大的时候也曾由庙会放焰火。唱戏是今天老母会的重要组成部分，也是人们向神神还愿最为隆重的方式。唱戏地点不固定，在大队驻地、村东、村西都唱过，主要是看哪儿的空地大些。戏班一般二月十七到，在正式开台唱戏之前，同样先唱迎神戏。2002 年唱的九场戏都是还愿戏。写还愿戏的人不能决定唱什么样的戏，主要是承担这场戏的费用。只要交了钱，这场戏就等于是还愿的人献给神的了。写还愿戏的因由各异，主要还是得子、生意发财等。

如同梨乡庙会常见的情形一样，谁因什么愿写了还愿戏，老母庙会都要张红榜公布。如果是庆寿戏，要写红榜贴在唱戏的地方特别说明。人们比较在意自己的名字能否在庙会期间被写出来张榜公布。事实上，这对神、当事人、其他赶庙会的人、庙会组织者等都是好事：当事人有了脸面，神的灵迹得到彰显，在村民以及赶庙会的人有戏看的同时也减轻了庙会组织者的经济负担。因此，很多人都关心写红榜的事，不少人也会围绕红榜谈论。红榜和其他老母灵验的传说一道使大夫庄的不少人为老母会兴奋并积极参与其中。由于唱戏使村子变得有生气，大夫庄的高峰、三中、人民、建全和永进几个村的村政府都表示支持，并会支付少量的戏钱。

会过完后，会计要算账，列清单，用红纸写上十来份，贴到村中各处，以示会头清白。对于忙了数天的会头们而言，所得的回报仅仅是在会完之后吃一顿饭而已。一般而言，老母庙会的油钱收入常在三四千元左右，加上许愿还戏的钱，合计有一万多。虽然这几年没有邀请外村庙会前来参加，老母庙会的支出仍然不少，所余不多。与 20 世纪 90 年代中期相比，今天高峰老母会明显有着向村内慢慢收缩的趋势。2002 年前后，老母会的组织者已经不向他村的庙会组织散发会启，他们自己也很少去别村过会，包括参加龙牌会。这使得原本一个在周围村庄有着好名声的庙会，由于不愿与他村庙会往来，也渐渐不为他人所关注，在梨乡其他村庙会中渐渐缺席，并使老母会成为大夫庄人，尤其是高峰大队的人自娱自乐的村落型庙会。

或者是因为大安人和大夫庄本身其悠久的历史形成的矜持个性，或者是与铁佛寺相邻的缘故，恢复后的大安关爷会一直局限在较小的范围内，大夫庄的老母会也不断地向村内收缩。与之不同，常信二大队的水祠娘娘庙会虽然收入也仅在万元左右，但由于组织者的齐心协力以及地方文化人的参与则有着扩大的势头。

常信在范庄的西北部，距范庄约4公里。据传，常信本名"长村"，规模很大，东西有十里长，因而又叫"十里长村"。传闻当地姑娘贾亚茹因打井水救了落难之中的汉光武帝刘秀，后来遂被封为"昭济圣后"，但村民却习惯称她"水祠娘娘""娘娘"。由于村民们世代虔诚地供奉这位娘娘，村名遂改为"常信"。现存的《大金沃州柏林禅院三千邑众碑记》，有"长信"字样。明朝初年，战乱水灾使被毁的长信初步分割形成了现在的三个村：位于西北的林子，中间的常信，东南边的常信营。[1]因为共享的历史和传说，今天常信和林子两村都在五月二十八和二十九过会，林子的叫集善会，常信就直接叫娘娘庙会。

常信现属谢庄乡。人口增加的常信也分成了两个行政村，常一大队和常二大队。一大队较小，只有靠西北隅的一条街；二大队较大，占据村子靠东的三条街。根据2001年村子重新分梨树时的统计，一大队约1,400人，二大队有3,016人。有意思的是，两个行政村都有自己的娘娘庙会。二大队又分成12片，有贾、刘、安等姓。贾姓人口约占全村人口的60%，不仅人口众多，在村中也居于主导地位。12个片长中有7个姓贾，46个村民代表中有27个姓贾。贾姓祠堂旧址是今天二大队村委所在地。1993年，贾姓重修了"家谱案"。根据"民国

---

[1] 赵县地名办公室编：《赵县地名志》（内部资料），第259、280页，1984。

二十七年正月上旬谷旦重修世簿"记载，"贾姓原籍山西太原府忻州定襄县大冠村人也，大明永乐年间迁于赵县常信村"。按此推算，二大队的贾姓已有 20 辈人了。

改革开放前后，在常信旧有的村庙中，属于二大队的姜师父庙会与水祠娘娘庙会一同重整。随着娘娘庙会的兴旺，姜师父庙会停止举办，但其庙会组织依然存在并参加其他的梨乡庙会。与娘娘称呼相同，常信村民习惯称水祠娘娘庙为"娘娘庙"。娘娘庙的庙址随着村庄历史的变迁经历了三次大的变化。根据村民中今天还流传的传说，最早的娘娘庙是汉代修建的昭济圣后祠，该祠与贾亚茹打井水救刘秀的神井都在林子村，在常信村西南约三公里远的地方，早已了无踪迹。其次，在常信二大队村西约一里地的梨树地中有 20 世纪 70 年代重修的庙。该庙是临时搭建的两间砖砌的坐北朝南的平房，外观简陋，没有任何庙宇建筑的显性特征，很像民居。靠西一间是水祠娘娘殿，娘娘的泥胎塑像两侧有金童玉女，塑像底座前有一口被石板盖上的井，井现已枯。据说，前些年井中还有水，趴在直径约 50 厘米的井口，有缘和心诚的人能从井水中看见娘娘的面容。庙前西南侧有一个二尺多高的用砖砌的蚂蚱（蝗虫）庙，坐西朝东。庙正前方有南海观音庙，与蚂蚱庙同样低矮，坐南朝北。庙前空地上有一块石制供桌的残块，从其隐约的字迹可知此供桌是明朝嘉靖二十六年（1547）一位善人还愿的物品。由于现在这里梨树环绕，空地几近于无，近几年的庙会是在村子东西大街和南北大街交叉的十字街口搭棚举行。这个街口是娘娘庙所在的第三个地方，其北边约100 米就是以前的贾氏祠堂——现在的村委所在地。

近年，娘娘庙会的神棚搭建更为精细。2002 年，娘娘庙会的神棚坐南朝北，呈长方形，南北长约 35 米，东西宽约 10 米，高约 10 米，从北到南分四进。神棚大门上的横额是根据水祠娘娘贾亚茹的事迹性质写的"积德造福"四个字，蕴含了村民对什么是德，什么是福以及福与德之间关系的理解和思考。两根门柱边有两个盛有水的水缸，内放一根长木棍。人们相信，进棚时"搅搅缸不生疮，搅搅瓮不生病"。一进的面积占了整个神棚的三分之一，主神是水祠娘娘，其中还有2002年新绘制的反映水祠娘娘救刘秀传说的12幅神马。在水祠娘娘行身（也是布画像，但后衬有木板）的正前方上空悬挂着毛泽东像。水祠娘娘的行身平时放在村西庙中，庙会期间把它请到神棚中来。二、三、四进的主祀神分别是南海老母和送子老母，张爷和玉皇大帝，释迦牟尼、全神和未来佛。整个神棚中共计有108幅神马，遍及天地三界十方的神神。[1] 尽管庙会期间搭建的神棚比村西的庙宇大了很多，但因前来赶会的人多，整个神棚还是显得狭小。于是，娘娘庙会在棚门口用一根长约两米的条形板凳设置了一个简易的供桌，让前来上香的香会先在此对着娘娘神马上香、念佛，然后再分别进神棚祭拜。

在河北，有一系列"刘秀走国"的传说和同名的地方戏，[2] 并有着"劫难→营救→报恩（建庙）"之基本故事模式和相近的故事主题[3]。贾亚茹成神和娘娘庙修建的传说就是刘秀走国传说的一个异文。在刘秀单枪匹马被王莽兵追赶到常信村西时，人困马乏，昏倒路旁。常信村姑娘贾亚茹在给田间干活的兄嫂送饭途中，遇见了昏迷不醒的刘秀。救人心切的亚茹唤醒刘秀，让他把饭都吃了，并解下自己的裙带系住瓦罐到路旁的水井打水，让刘秀和他的马都喝足后，才匆忙提着空罐回家。刘秀留下了姑娘姓名，许诺以后报答。没吃上饭的兄嫂听亚茹说明实情后非常生气。很快，亚茹在田野路旁遇一陌生军汉的事情就传了出去，并且夹杂了恶言恶语。亚茹不堪家母、兄嫂的重责及流言蜚语，于五月二十九跑到为刘秀打水处的井投井自尽。当上皇帝的刘

[1] 神马分布及名称，可参阅岳永逸：《对生活空间的规束与重整：常信水祠娘娘庙会》，载《民俗曲艺》2004年总第143期，第226-267页。

[2] 康迈千：《王莽赶刘秀》，石家庄：河北人民出版社，1981。

[3] 尹虎彬：《河北民间后土信仰与口头叙事传统》，第90-93、104-105、142-146、158-165页，北京：北京师范大学博士学位论文，2003

秀欲报答昔日村姑的救命之恩，派大将耿纯寻找，得知亚茹已死，遂封亚茹为"昭济圣后"，并传旨修建昭济圣后祠以永久纪念。知晓真情后，村民被亚茹的行为感动，在亚茹自尽的井上建起祠庙，内塑亚茹金身，日夜香火供奉。那口井也被乡亲们视为神井，每遇天旱，远近百姓就到庙内井前祷告祈雨。因此，人们习惯称亚茹为水祠娘娘。每逢亚茹祭日，远近百姓都纷纷前来上香祭奠，逐渐形成庙会。

调查中，老贾（1947 年生）、老全（1918 年生）、生伦（1912 年生）、银海（1924 年生）等都给我讲述了这样的故事。20 世纪 80 年代，张重庆也讲述了类似的传说。[1] 2002 年庙会前，出于发展地方帮扶地方，赵县文化馆时任馆长张焕瑞撰写了《赵县常信水祠娘娘庙的历史文化内涵》一文，其中的传说内容与张重庆的讲述有了很多的不同，尤其是多了贾亚茹、耿纯等人名。[2] 根据《后汉书》等相关古籍和方志，张文力图证明该传说的合理性和贾亚茹存在的真实性。由于其在地方的声望、地位，张焕瑞整理的传说也就成为当今娘娘庙会组织者的蓝本和权威表述。2002 年，绘制的娘娘救刘秀的神马，以及神棚前介绍娘娘庙会的展板及散发的传单都摘抄于张文。

与上述口传、叙写和描画的娘娘传说不同，在老辩存留的民国十四年（1925）手抄本《娘娘经》中，救刘秀的是"水泗娘娘"。经文中的水泗娘娘是被婆婆虐待跳井而亡的苦命媳妇。她在井底修炼二百年后成为神灵，显灵救了逃亡且要喝水的刘秀，刘秀许诺封赠其为"水泗娘"并为之建庙。后来，玉皇赏赐了水泗娘调遣四海龙兵的令箭，她从而成为当地民众广为信奉的水泗娘娘。[3] 梨乡不少村落庙会的

[1] 赵县三套集成办公室编辑：《赵县民间文学集成》第一集（内部资料），第 1-3 页，1986。

[2] 关于该传说的进一步研究，可参阅岳永逸：《灵验·磕头·传说：民众信仰的阴面与阳面》，第 50-84 页，北京：生活·读书·新知 三联书店，2010。

[3] 岳永逸：《对生活空间的规束与重整——常信水祠娘娘庙会》，载《民俗曲艺》2004 年总第 143 期，第 259-261 页。

请神、送神等科仪经文中都曾提到水泗娘娘。如范庄龙牌会"十炷真香佛"中有"九炷香，请龙母，水泗娘娘，请雷公和电母四海龙神"，曹庄铁佛寺茶棚会"全神香"中有"九炷香，请龙母，水泗圣母。请雷公，共电母，四海龙神"。虽不能肯定水泗娘娘与水祠娘娘是同一神灵，但从《娘娘经》和上述水祠娘娘的传说不难发现二者的共同点：民间女子，受非正常或者说不公正待遇，投井而死，救刘秀并得其封赠，能普降甘露，尊称为娘娘，等等。

在常信，流传着不少因干旱在庙会期间来娘娘庙的神井取水求雨的传说。老全、生伦、银海等都讲，以往这一带是沙地，经常闹旱灾。郜家庄、苏家庄、韩村、李家庄、宁晋县胡岳村、小南海的人都曾经在庙会期间来此取水求雨。从神井中取水时，要先给娘娘烧香、跪求，经常是罐（瓶）还没有到井底时就有水了。如果取得满罐水就下大雨，半罐水下小雨，没有水就不下雨。取到水后，人们把水顶在头上径直往自己村子走，不能回头。下雨之后，再用罐子顶着水送回来。娘娘庙神井中的水不但在干旱时能给人们带来丰润的雨水，而且传说在人们生病时，喝了井中的水就能治病。以往，这一带常发生蝗灾。有年蝗灾时，在人们求娘娘保佑时，一只蚂蚱落到了娘娘身上。人们相信这是娘娘显灵要人们修蚂蚱庙，于是就在娘娘庙旁建了一个小蚂蚱庙。庙刚修好，蚂蚱就飞走了。

虽然村民们坚信五月二十九这个会期是祖上传下来的，但从前引传说、《娘娘经》和老人们讲述的求雨传说可知，庙会在盛夏时节举行可能与过去当地恶劣的自然条件、生态环境，尤其是比较频繁的旱灾、虫灾紧密相关。五月二十九正值仲夏，是夏旱和蝗灾容易发生的季节。根据前文所述的当地旱涝灾荒的频繁，再考虑到龙牌会也有求雨的传说，求雨在当地应该是一种比较常见也有着悠久历史传承的弗雷泽（James G. Frazer）所谓的模拟巫术仪式。综合村民把贾亚茹称为水祠娘娘、祠修建于水井旁、求雨的传说、庙会的日期及当地生态史和多自然灾害的事实，娘娘庙会很可能主要是当地人因应变严酷的自然环境，由祈雨仪式生发而来的一个庙会。它最早可能起源于对雨神等抽象自然力量的崇拜，后来再把它与"刘秀逃命"之类的传说粘连了起来。[1]

现今的娘娘庙会有着与龙牌会同样繁杂的组织机构。娘娘庙委会下设了神棚、戏台、伙房、接待、书画、治安、焰火、财会等部门。庙会总负责人称会长、副会长，核心成员叫会员，共计有 100 来人，其中女性会员约占三分之一。在五月二十八庙会正式开始时，所有会员胸前都佩戴着写有"会员"二字的小红布条，小红布条长约 4 厘米，宽约 8 厘米。这些会员的身份多是上辈人传下来的。过去，庙会组织中也有女性会员。与龙牌会相近，女性会员主要在神棚伺候娘娘并接待外村来的香会，娘娘庙会其他部门的负责人基本都是男性会员。2002 年庙会期间，主要会员的分工及会员个人情况如表 6-2：

表 6-2　2002 年水祠娘娘庙会主要会员情况与分工表

姓名	性别	年龄	庙会分工	文化程度	子女数	孙子女数
老贾	男	55	会长	小学	4	3
保生		65	副会长			2
振辉		42		初中		0
双为		45	会计		2	
拴堂		71			5	3

---

[1]　至于这个粘连动作是怎样完成的，仍有待于进一步考察。能意识到这些问题，要感谢刘宗迪博士的提醒和其《狐魅渊源考》一文的启发。他认为在原始巫仪、戏剧、民间故事与民众所祭祀的神灵之间有着这样的关系：原始巫术仪式（傩仪）——仪式戏剧化（傩戏）——戏剧的角色转换成历史人物——巫术戏剧转变为历史戏剧——戏剧被叙述为故事——按照口碑故事重新塑造神灵的形象并举行祭拜仪式。参阅刘宗迪：《狐魅渊源考》，载《攀枝花大学学报》1998 年第 1 期，第 37-41 页。

姓名	性别	年龄	庙会分工	文化程度	子女数	孙子女数
长法		67	收款负责人	高中	3	4
振锁		73	书画展负责人			3
辰友		62			4	6
胖旦		64	唱戏负责人	小学		3
义忠		65		文盲	2	
二衣		60	唱戏服务员	小学		4
振吉		52	玩意负责人		3	0
贵锁		63	庙逢负责人	初中		5
勤秀		63	庙会女负责人	文盲	5	9
振平	女	64				3
令月		63	会员	小学	4	
月花		60		文盲		2
花改		53			6	

另外，还有专人负责庙会期间的伙房，拉碌碡[1] 等耍艺人和治安等。

　　表 6–2 所列的 18 位庙会主要负责人中，年龄最大的 73 岁，最小的 42 岁，50 岁以下两人，平均 60.4 岁。这在一定意义上说明水祠娘娘庙会现今主要是在老年人中传承的，是这些比较闲散的老年人喜好和热衷的事情，50 岁以下的人的参与预示了庙会继续下传的可能。与传统社会的重男轻女思想相符，女性的文化程度普遍偏低，5 位女性负责人中有 4 位文盲，男性负责人中仅 1 位文盲并还有 3 位是高中学历。对于那个年龄阶段的村民来说，庙会组织整体的文化水准也是偏

[1]　梨乡庙会表演拉碌碡的一般是常信营前街碌碡会。拉碌碡的演员分为彩旦、武丑、文丑、老生和小生，由四男一女扮演，彩旦拉碌碡，武丑赶碌碡，老生拉花篮，文丑扛闯铃，小生提画眉笼。表演中，各角色的服饰、舞蹈步伐皆异，各角色并不出声，在大鼓、大锣、铙和水镲等乐器的伴奏下，全靠其体态语言表演某个故事情节，动作以耸肩、半蹲、摆膀等为主。

高的了。参与庙会组织的人文化程度偏高意味着传统的庙会活动在梨乡的存在有着广泛的基础。多姓氏的参与组织说明贾亚茹已脱离其时代和姓氏的限制，在一定程度上被所有的村民看成是整个村落共同的带有祖先性质的地方性神灵。

与女性的虔敬不同，多数积极参与组织庙会的男性并非因为信仰，而是因为他们相信祖宗留下的庙会是不能轻易舍弃的财富和传统，热心张罗庙会是积德行善、做好事、为大家造福。书画展等是当地庙会形成的新特色。作为有着三千多人口的一个大村，不仅是庙会组织中的一百多个会员积极参与庙会，贾姓村民和其他姓氏的村民都积极参与其中。村民们纷纷捧麦子、捐赠香油、白菜等庙会用得着的实物或者直接捐钱、包戏等。庙会开始前，村民会陆续地把自己要捐献的钱、物交到庙会会计那里登记，以便在庙会期间张红榜公布，数量多（价值20元以上）的会单独写红榜。

2002年，包括贾亚茹救刘秀的12幅神马在内，神棚中新增了不少神马。五月二十五下午，由行好的（一般也是会员）给新绘制的神马开光。二十六下午，人们从村西庙中把娘娘的行身请到临时搭建的神棚中。在神马都摆放好之后，行好的（多数是妇女）在乐队的伴奏下，念佛请神，替水祠娘娘将各方神神请来赴会。二十六晚上，已经有人在神棚中烧香念佛。五月二十七，本村村民三三两两地前来神棚跪拜、烧香。当日下午，戏班到神棚迎神后，开台唱戏。在二十八、九两天正日子，不仅大量的本村村民前去神棚烧香、膜拜，邻近各村的庙会组织都会前来进行"回访性"地上香。据不完全统计，每年娘娘庙会要前往附近的约40个村庄参加庙会。梨乡庙会中，虽然个体香客不在少数，但赶会的香会或者说庙会组织明显处于显性位置。前来的香会都是集体搭乘拖拉机或小型农用车，由香会统一支付其成员的交通费、香烛纸炮和向娘娘庙会交的香油钱、斋钱。个体香客多是骑自行车来，间或也有人步行，也有单家独户开着三轮车前来。

与南庄张爷会一样，[1]娘娘庙会对于前来赶会的香会组织有着中规中矩的欢迎仪式。五月二十八早上8:40，负责接待前来上香的香会的娘娘庙会的会员汇聚神棚门口，女性会员手执红绿旗幡、腰系红色、绿色或紫色的绸带，四五位男性会员则分别手拿鼓、钹、镲、锣等乐器组成一个小小的乐队，在一位手端一小簸箕干供（油炸面果、饼干等物），精通接待礼仪的女会员的带领下迎接来上香的香会。一般前迎约30米，带领者双手端着干供，举到额头，脚下和着乐队鼓点走着禹步，单人在前，其他女会员一手挥动腰间的绸带，一手挥动手中的旗幡或者扇子排列成行，跟随其后，乐队则在最后。前来上香的香会，其人员结构与水祠娘娘庙会迎接的队伍结构相似，有领头的，一般成员和乐队，通常在十多人到四五十人之间，都有表明其来源及所属的会旗。

　　双方的带头人相遇时，先象征性地交换一些干供和黄表纸，在鼓点的伴奏下原地走禹步约两分钟后，按照同样的步伐，迎接者后退，被接者前行直至神棚门口。前来上香的香会就在神案前烧香、烧纸、念佛，有一个代表把该会要给的香油钱及斋钱交到娘娘庙会设在神棚门

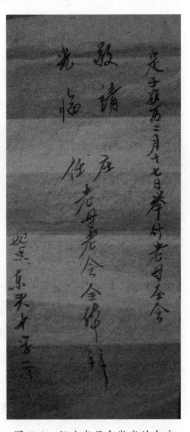

图6-1　任庄老母会散发的会启

[1] 赵旭东：《权力与公正——乡土社会的纠纷解决与权威多元》，第166-180页，天津：天津古籍出版社，2003。

口的接待处，并发散自己庙会的会启（如图 6-1 所示），请娘娘庙会参加自己村的庙会。接待处有三人专门负责登记前来上香的香会的会名、村庄名、人数、油钱数和斋钱。要在这里吃午饭的香会一并由代表在此领取饭票，斋钱以每人二角计算。由于赶会的人多，庙会特地派了三四位魁梧的会员向街道两边疏散人群，以便给迎接仪式保留必要的空间。

2002 年五月二十八、九两天，以庙会组织名义前来赶会，在接待处交了斋钱登记要吃午饭的香会有范庄龙牌会、北龙化西会、南庄冯家老母会、马邱兴隆驾会、东王庄西会、南龙化合会、徐家宅玉皇会、徐家庄老母会、北中马老母会、南庄张爷会、贾市庄芦普会、秀才营铁佛寺东会等共计 39 个。这个数字与娘娘庙会每年要去赶的庙会基本相符。由于这些香会都是本村庙会的组织者，在这些不同村落庙会之间就形成一种默契，相互赶会乃每个庙会组织的责任和义务。在此意义上，庙会也就成为一种可以人为操作的交易。与龙牌会等其他梨乡庙会一样，由于交通的便利，外村前来赶会的香会、香客多集中在上午，主要是 11:30 以前，不再在庙会过夜。香会在集体活动完成后，虔诚者还会在神棚内外向那 108 个神马上香、献供、磕头，许愿还愿。其中，看香是香客在神棚中的主要行动之一。

在二十八、九两天上午，间杂在这些香会之间前来的还有来自梨乡不同村庄的武术战鼓队、拉碌碡等表演性极强的武会。武会人数多在三四十人，敲鼓者一般是男性，其中亦不乏小孩和女性，表演武术的男女皆有，有的甚至是清一色女性。作为一种在特有传统基础上形成的靠业余表演的赢利性群体组织，武会均乘坐卡车，车上悬挂着写有联系电话的会旗，成员有统一的着装。为把自己村的庙会办得热闹些，一个村的庙会组织者经常会多邀请些武会前来表演助兴。由于互动交往而生的荣誉感、安全感以及额外收入，也有不请自到的武会。在两个战鼓队同时到达时，双方暗地里较着劲，鼓声一浪高过一浪，在晴朗的天空回响不绝。这样，原本有些空旷、稀疏的村子顿时拥挤、紧张起来，大街两边的房顶上都站满观看的人群。

2002年娘娘庙会期间，一进有娘娘庙会的两三位女性会员在给香客服务的同时顺便给香客看香。神棚的后三进分别有一个香道的看香，这些香道的在神棚中的位置相对固定。每一进中照看油灯的会员也顺便给香道的帮忙。对香道的而言，庙会这个公共空间相对于家居这个私性空间，更易使其名声得以彰显。对庙会而言，有名的香道的到来会吸引更多的香客，在给庙会带来更多的收益的同时也宣扬该庙会主祀神的灵验，从而使庙会香火更加兴旺。在庙会看香的香客都会向其所在处的功德箱中塞进一定数目的钱。这些钱全归庙会所有，香道的分文不取。因此，香道的与庙会之间是一种互惠的、双赢的关系。

或者是因为场地的限制，在娘娘庙会期间，没有算卦、相面、看手相、抽签等摊位，这就在客观上强化了虔信的香客与香道的交流，也突出了香道的重要性。没事的香客会看看是否平安，将来的财运、气数、命运。有事的香客，不论是生老病死还是家庭不和、邻里短长，都会请香道的为自己打一炷香，以寻求解脱之策。在神棚中看香与在香道的家中看香大致相同。不同的是，由于村落型庙会是公开场合，看的过程中，周围都有不相干的旁观者，这就给香客和香道的提出了更多的要求。香客要敢于把自己的病或事儿说出来，而香道的则应判得准确。

把自己想办的事在神棚中办完之后，香客们就凭饭票前往设在常信学校的伙房吃午饭。午饭是按照梨乡庙会惯有标准做的，干粮和白菜粉条汤。吃过午饭后，多数人纷纷回家。没急事的、路也不远的中老年人就纷纷走向戏台。与50年前娘娘庙会有很兴旺的集市不同，改革开放后恢复的娘娘庙会没有集贸市场。2002年庙会期间，在神棚门口仅有两三个很小的卖饮料、西瓜的摊子。除上午前来的武会和戏班唱戏之外，现今的娘娘庙会也没有其他娱乐项目。戏台因此也就成为比较闲暇的人愿意去和可能去的地方。根据人们赶会的实际情形，娘娘庙会把唱戏的时间安排在下午和晚上。考虑到年轻人不喜欢唱戏，庙委会近几年也请现代歌舞团在二十八晚上表演。现代歌舞是直接娱人，为人而请的，这也在一定程度上吸引了年轻人对庙会的注意。

与范庄龙牌会一样，五月二十九晚上的焰火是娘娘庙会的高潮。焰火燃放通常是从晚上九点开始，持续约半小时左右。五彩斑斓的焰火基本上汇聚了二大队所有的人，包括已经放暑假的学生，并将全村人的兴致、热情激发到顶点。焰火之后，人们纷纷走向戏台、神棚或者是自己的家。随着焰火在夜空的消逝，庙会的高潮也就过去。六月初一，除香道的及在神棚中负责的人坚守岗位外，再没有香会前来，香客也明显减少。初二上午，在神棚中娘娘像前，在十多位女会员围坐叠制元宝同时，两位男性会员清点功德箱中的钱。午后，人们将娘娘行身送回村西梨树地的庙中后，边烧金银元宝等纸供，边念佛送神。念的佛如下：

> 千佛万祖你听见，俺把金银财宝报个全。大元宝，鼓腾腾，敬给佛祖头一名。张北老爷写大字，四四方方写得清。有一种记一种，不叫空白落空名，南无阿弥陀佛、南无阿弥陀佛、南无阿弥陀佛。也有壳，也有瓢，俺给娘娘来送到。一请娘娘神，你来抬金银，俺把金银交给你，该给谁分给谁分。凡人不知道神中的事，光知道磕头报你的恩……千佛万祖数得清，四江四海都有名。是神明归庙中，是鬼祟归坟茔，老的朝前少朝后，静静让让不叫争争抢抢。千佛万祖回家转，问声好来问声安，过年会上才见面，俺这发着大纸钱！

从整个庙会的收支，我们也可以看到村民对水祠娘娘的集体敬拜的心性。2002 年庙会，村民们共捐小麦 616.3 市斤（当年市价约 0.53

元/斤），捐款 496 元。有 7 户人家包戏，计 2800 元。捐款在 20 元以上者，庙会都专门写了一张四开大的红榜贴在神棚前街道两侧的墙壁上。根据最后庙委会提供的资料，2001、2002 两年庙会的收支情况如表 6-3：

表 6-3　2001、2002 年水祠娘娘庙会的收支

	收入				支出	缺损	集市会交款	最终盈余
	油钱	包戏	还愿	总计				
2001 年	2524.80	4000.00	1240.00	7764.80	9224.30	1459.50	3000.00	1540.50
2002 年	3685.00	2800.00	2400.00	8885.00	12478.00	3593.00	3000.00	947.50

（单位：元）

2001 年有 32 户人家还愿。庙戏一场是 400 元。同大夫庄老母会一样，戏是常二大队人许愿还愿隆重的方式。要包一场戏还愿，事主家就向庙委会交 400 元。2002 年包戏的人家比 2001 年少了 3 户。集市会既是工商管理部门的下属机构，也是常信人自己的民间组织，它主要在常信阴历逢二、逢七赶集的日子征收各种摊点的税收，因此集市会可以用上交之后的盈余补充庙会开销的不足。庙会的支出主要包括戏钱，给各档花会的报酬、焰火、伙房的花销和对外来的记者、学者及上级领导等接待的花销。积极操持庙会组织的所有成员都在自己家中吃饭，没有一个人去伙房占便宜。与大夫庄老母会一样，庙戏的花销是整个娘娘庙会支出最大的一部分，约占庙会总支出的 50%。[1] 2002 年娘娘庙会，从五月二十七到六月初三共唱 11 场戏，外加二十八晚上的现代歌舞，总共花去 5000 多元，二十九晚上的焰火也花费 1000 余元。

这两年庙会的收支情况也间接地反映了面对有限的生存资源，村民心中潜存的危机感、焦虑感和不安全感。与 2001 年比，2002 年庙

---

[1]　这个比例似乎是近百年来华北乡野庙会的一般情形，1937 年定县北齐庙会就如此。参阅李景汉编：《定县社会概况调查》，第 437 页，北京：中国人民大学出版社，1986。

会油钱收入增长了约46%，还愿钱在前一年的基础上增长了约94%，包戏钱减少了约43%。油钱数的增加说明前来参加庙会的香会数、香客数的增多，也说明娘娘庙会在2002年比2001年更加兴旺。还愿钱几乎翻了一倍的事实除说明水祠娘娘的灵验之外，还潜在地暗示了在过去的一年，人们日常生活中的不稳定因素的增多和危机感的蔓延。包戏减少3场意味着过去的一年村民的经济收入在一定程度上逊色于往年。现实中潜存的危机不知不觉中使人们把目光纷纷投向了心地善良的老祖宗——娘娘。在村民们看来，娘娘既然能帮助落难中奄奄一息的刘秀，自然也能帮助虔诚供奉她的村民自己。

与2001年比，2002年庙会的支出增长了约35%，缺损增长了约146%，而总收入的增长才约14%。支出、缺损的增长远高于收入的涨幅。收入与支出不成比例的增长也与梨乡庙会暗地里的"夸富"氛围不无关联。庙会组织者总是欲通过更多的花会、更好的戏班和更长时间的焰火等增加、烘托庙会的热烈氛围，彰显庙会香火的旺盛，使庙会组织者和庙会所在村庄都觉得有脸面。由此引发的收入与支出不成比例的增长就为庙会的组织者提出了难题。尽管组织者已经深感到办会的艰难，但仍乐此不疲。娘娘庙委会认为：娘娘庙会在常二大队是村民们需要的和欢迎的，因为它是该村历史文化——地方性知识传承的综合性渠道，是该村区别于他村的标志，正如老贾等在2002年9月给我的信中所言：

> 我们水祠娘娘庙会，自改革开放以来，都是这样举办的，特别是2001年和2002年，两年更为隆重。村民们都说这样举办的庙会好，宣扬的是我村的历史、文化，是本村的实事。在那时，咱村的妇女就有舍己救人、助人为乐的高尚情操。虽然水祠娘娘贾亚茹的事迹已过多年，但村民们愿意宣扬历史，教育后人，继承先人舍己为人、助人为乐的光荣传统。

改革开放后，甘肃大川的孔姓村民把孔姓宗祠发展成一个主祭孔子，远近人都参与的，具有教育意义和旅游价值的庙会，把祠祭与庙祭紧密结合起来，且以后者为主。与此相左，虽然娘娘庙会神棚中没有常二大队任何一个姓氏的祖先牌位，更没有在其中举行过宗族性的祭祀活动，但村民把传说中的水祠娘娘贾亚茹视为自己的老祖宗，反复声称举办庙会是要继承发扬老祖宗的美德。不论初衷是什么，这些庙会言语使娘娘庙会在他者看来多少都有点宗族祭祀或祖先崇拜的色彩。如果说水祠娘娘已经历过从一位主管雨水的自然神到地方性人神的转化，那么她又有着从地方性神灵向祖先神转化的趋势。不论将来的结果怎样，现今的水祠娘娘确实在相当程度上弥补了该村宗族组织较涣散的不足，在其名义下，整个村落重新被统合、组织了起来。20余年来，村子中的绝大多数人在每年的五月二十九前后都围绕着水祠娘娘，以不同的形式感受她的存在和美德。庙会期间，不同姓氏、不同年龄段、不同学历的村民都不同程度地参与进来，贡献着财力、物力和智慧。作为常二大队的村民，他们都会说，"我们村的庙会"怎样怎样。通过娘娘庙会，村民们对外来者重塑、强化着常二大队这个整体的形象。庙会在此时作为一个事件、一个实体、一个象征符号都代表了常二大队。同时，因庙会创设了新的机会，也就加强常信村民之间、亲戚之间、村际之间的交流合作，增进了人与人之间、村与村之间、庙会与庙会之间和神与神之间的情感。

2002 年，神棚中新增加的水祠娘娘救刘秀的 12 幅神马，使该传说和与该传说相连的娘娘庙会都得到进一步宣扬。"连环画"形式使此传说不但吸引了村中的很多小孩，也吸引了村内外成人的注意。通过看这些图文，人们自动接受了有关村落历史（想象的）和做人应有的品德的潜移默化的影响。当年庙会期间，这 12 幅神马成为常信村民引以自豪和外村人关注的共同话题，娘娘庙会成为这个被视为真实的传说最好的载体和传播场所。庙会、传说和村民三者之间两两互动，任何一方都同时升华着其他两方。虽然传说中的汉代姑娘贾亚茹不可能是明初才迁居常信的贾氏祖先，但这丝毫无损于常二大队的村民对贾亚茹的敬拜。与明初有关宦官刚铁的传说被后来的宦官群体通过为其树碑修祠立传将其历史化的策略相近，[1] 贾亚茹救刘秀的传说在常信被村民借庙会这个传承性行为历史化、真实化，日渐成为常信二大队村民的集体表述和记忆。

不论是村干部还是一般村民，人们都说因为信奉水祠娘娘，村里没有打架斗殴的现象。因此，村委很支持娘娘庙会。村干部强调娘娘庙会使自己村子与别的村子不同：村民从来都没有拖欠国家税收和违法乱纪等不良现象，基层工作在这里很容易展开。在常二大队村民的生活中，水祠娘娘不仅被视为村落的祖先神，也是村落的保护神，她保佑合村人畜的平安、物产的丰收。同时，她也是慈祥、和蔼的劝善神、执法神，时时处处规束着村民的言行，成为村民所尊奉的伦理道德规范。与大夫庄老母会不同，虽然两个庙会收支相近，娘娘庙会充分彰显了常二大队的个性并增加了它在梨乡庙会中的影响和地位。

五　当家的：像士兵一样的将军

很多个案证明，无论过去还是当下，如果有一个能干的会首，一个庙会完全可能会出现截然不同的面貌。河北井陉县青横庄杠会中青横庄庄主杨鸿章 [2]、陕北榆林地区黑龙大王庙庙首老王 [3] 都是这样的

---

[1] 赵世瑜：《狂欢与日常——明清以来的庙会与民间社会》，第 324-351 页，北京：生活·读书·新知 三联书店，2002。

[2] 刘铁梁、赵丙祥：《联村组织社区仪式活动——河北井陉县之调查》，见王铭铭、王斯福主编，《乡土社会的秩序、公正与权威》，第 205-257 页，北京：中国政法大学出版社，1997。

[3] Adam Yuet Chau: *Miraculous Response: Doing Popular Religion in Contemporary China*, pp.169-195, Stanford: Stanford University Press, 2006.

人物。老王的父亲是村干部，老王本人中师毕业，当过教师，会木匠、石匠、泥瓦匠、裁缝等多种技艺，精明能干。有着强烈留名愿望，会审时度势的他成为改革开放后黑龙大王庙所在地榆林新兴的地方精英。正因为有老王这样的庙首，黑龙大王庙也才成为一个在区域社会生活中有着相当影响的"产业集团"的核心，既带动了地方经济，增加了政府的财政税收，也促进了基础教育的发展，活跃了基层文化生活，还引入了绿色、环保、生态等时髦理念。为此，围绕黑龙大王的仪式生活也有了充盈、喜乐的生存空间，红火而闹热。

在梨乡，无论哪类或哪个村落型庙会，都有一个主事的、行好的惯称"当家的"或"头儿"，而非对他者宣称的或展板上写就的"理事长""会长"。梨乡村落型庙会当家的与香道的之间存在相离、相切、相交以及重合等多种关系，重合关系非常少见，多数当家的与香道的是相离关系，不存在什么瓜葛。与香道的主要是靠其灵验获得权威与认同相异，梨乡村落型庙会这些非香道的当家的权威的获得主要是因为他们身先士卒做事，正直、勤劳，没有私心，同时也有着相对丰富的关于庙会和神神方面的地方性知识。这些人本身也没有通过组织庙会为自己谋取什么利益或声望的欲求。相反，他们时常都要从物质、精力、经济等方面为庙会付出，付出的程度远胜于众人。在相当意义上，正因为这些庙会当家的平常心也才部分地决定了梨乡村落型庙会没有超大规模的发展，常局限在一定的范围之内。

"当家的"这个口语语汇即形象地喻指着人们将庙会像家一样的经营——庙与家之间的转换，也潜在地规定了其所指代的人物可能有的作为。作为一家之长，乡土中国的绝大多数农民长期都满足于小富即安、知足常乐、与人为善的生活状态。与以阶级斗争为主轴的革命史写作一直都在强调的历朝历代的农民起义的亢奋、暴烈迥然有别，多数农民并无鸿鹄之志式的野心。无论是给其贴上善于算计的理性小农标签还是情深义重的道义小农标签，人们更多祈求的是安宁——稳，能平平安安过下去就行。在这方面，龙牌会仍然是比较典型的例子。自从1998年龙牌会会首之间因矛盾发生裂变以来，当家的争气退位，由振珠接替了当家的位置。所有的会首都认为振珠是好人，也是在其主事期间龙祖殿得以修建。可是，在修建龙祖殿的过程中，由于财力不足，振珠自己不得不垫支了数万元。2004年的龙牌会前的准备工作，因召集不到人，振珠也不得不将自己的大部分时间花费在对龙祖殿前空地平整等琐事上。

曹庄东头茶棚会的存在与当家的老辩密不可分。老辩生于1934年，其曾叔祖父、祖父都是当年朝山茶棚会中的主要成员，老辩因此保留了很多茶棚会的遗物。因自幼随祖父学唱茶棚会中的各种佛，老辩识了字。成年后，他留心收集庙会、茶棚、神神等相关知识，抄录行好的念的佛。虽然除往苍岩山过会基本上没出过远门，但会念佛、又识字的他在同龄人中具有很高的威望。数年的调查中，不论遇到什么问题，茶棚会中的人都会说："去问我们当家的！他识字，他清楚。我们都搞不明白！"此外，老辩还保存了刘姓宗族的族谱，关于刘姓宗族的知识，许多人也都仰仗他。他还是村子东头少林会的成员，有着四通八达的人脉。

改革开放后茶棚会再次兴起以来，老辩一直负责朝山会和铁佛寺茶棚会以及三官庙会的组织。他所做的一切都仅仅是出于行好。与香道的往来并不密切的他始终对香道的持保留意见。为了搭建茶棚、绳索、灯头灯泡等只要家中有的东西，他都会毫不犹豫地拿到茶棚中使用。与其他成员相比，他至少提前十天就投入到了茶棚会的准备工作之中。过会时，他最早起床，最后吃饭，最晚睡觉，时刻关注着茶棚中的每一件事。正因为有他，曹庄铁佛寺茶棚会的规模、形制和完美都让其他茶棚会艳羡不已。这十多年来两个茶棚会的收支情况，老辩不但有很精细、准确的记录，每年还用大的黄布让人把他抄录出来公之于众。当然，他也指使别人，有时也批评别人，但从没有人说他自私自利，人品不好。除其拥有的知识，老辩更靠自己的品行获得大家的敬重。

对老辩行好，其家人提供了坚强的后盾。他老伴从不烧香拜佛，但为了棚里的事，老辩拿走家中的任何东西，老伴从未有过怨言，数十年如一日。同时，老辩虽然只有一个儿子，但精明能干，很早就没有让老辩下地干活，使他有足够的时间从事茶棚会方面的工作。与老辩相似，大安的汤来的祖父是关爷会的会头，识字的汤来本人也一心行好，正直、清白。他对香道的也颇有微词。与老辩和汤来不同，常信的老贾则希望自己担任会长期间，娘娘庙会越过越好，能像龙牌会那样修建起个像样的庙。他觉得这是行好，对村子有益，对村民有益。因为他主动与外界联系接触，也得天时地利人和，娘娘庙会也就出现了不同的盛景。

1947 年出生的老贾世代务农。小学文化的他中等身材，肤色微黑。他有四兄弟五姐妹，因而与村中不少家庭都存在亲戚关系。老贾的大哥是村委副主任，三哥是常信学校的校长，长子在邻乡信用社工作。在庙会组织中，他行得端、坐得正。20 余年参与娘娘庙会的经历使庙会组织内的人都信得过他。娘娘庙会开始前已经是地里活比较多的时候。但作为当家的，2002 年他提前一个月就丢下自家地里的活，开始张罗庙会。直到庙会结束的 40 来天，他都睡得最晚，起得最早。前来调查庙会的人，外村来的在神棚中看香的香道的，他都尽可能地请到自己家中吃饭，担负这些人的生活起居。他一心为公不但赢得常信村委对庙会的支持，香道的也多因他的友善主动前往娘娘庙会助会。多方面的合力使娘娘庙会在他的带动下能越来越兴旺。

小富即安的常人心态，为大家做好事——行好的基本定位，使当家的事必躬亲，兢兢业业，吃苦在前。在此，韦伯（Max Weber）对权威（支配）的法制型、传统型和卡里斯玛型的三分法明显捉襟见肘。[1]
梨乡庙会当家的权威的获得，既非源自官僚阶层的行政权力、香道的
神圣权威，也非耆老型的传统型权威与礼生的知识权威，亦非世袭，
而是源自其一贯的行动和品行，是当家的严于律己的奉献和义务担责
的结果。在此意义上，或者可以说，中国传统文明孕育的平民精神是
宗教的。因此，当我问这问那的时候，人们心安理得地说的一句话就
是："问我们当家的，他清楚！"

六　心灵图景的村落型庙会

如本章对村落景观的勾画那样，村庙长期是华北乡村人文地理学
和社会形态学的基本特征。人们是像家一样经营着庙，使群居的村落
如同扩展、放大的家居一样，融神圣、世俗于一体。在一定意义上，
"无庙不成村"和在西人看来崇拜偶像的社会事实使学界在发现村庙对
于认知中国宗教重要性的同时，也在相当程度上陷入了将家与庙二元
对立并以庙为本位的认知误区，走向了或偏重祠祭或偏重庙祭的两极。
前者又与似乎天经地义的宗族文化连带一处，后者则试图发现宗法制
度之外的社会组织原则以及共同体的有无。因应特定的历史和人文生
态，不但祠堂在梨乡早已没有了踪影，村庙也几乎无处可寻，村落共
同体的学术建构也就成为华北乡土社会研究的梦想之一。虽如此，行
好的仍然如春鸟秋虫的自鸣自唱一样，在家户、在神棚过着自己的会，
践行着自己的宗教。正是因为这个表征，本章叙写的大大小小的村落
型庙会才被称之为"无庙的宗教"。

---

[1]　[德] 韦伯：《经济与历史：支配的类型》，康乐等译，第303~379页，桂林：广西师范大学出
版社，2004。

围绕香道的、当家的行好群体的自发与自觉努力，无庙的宗教使得梨乡潜存于心的图景在行动层面成为一幅幅人文风景画，并对生活空间再度进行着规整与定义。无论程度强弱，这种规整与定义既折射人们当下生活的实况，也隐晦地表达人们的愿景，这全都浓缩在"行好"两个字之中。包括香道的、当家的在内的村中行好的行好，是曹庄茶棚会、大安老母会这些聚落型庙会得以存在的原因。作为村落型庙会，大安关爷会和大夫庄老母会明显内敛，前者几乎雷同于聚落型庙会，后者则不愿意与他村庙会往来。大安二大队老母会的成员多为关爷会的成员给我们展示的是聚落型庙会和村落型庙会之间互相包含的关系。对于无庙的宗教而言，血缘的地缘化、地缘的血缘化交相错杂，合力促生了拟制的大"家"。无论是在家居空间小规模举办的轮祭的聚落型庙会，还是在神棚那样临时搭建的公共空间举办的规模大些的村落型庙会，行好的忽视祠祭与庙祭之隔，按照自己的传统、认知重新营造生活空间，表达愿景。这在娘娘庙会体现得尤为明晰。

明显是受到龙牌会的激励，常二大队行好的也一直在试图借用贾亚茹的传说申请建立刘秀走国博物馆，既使庙会合法化，也推动村落经济与文化的发展。因为没有更多的学者、记者前往调查，并为之鼓与呼，再加之财力有限，刘秀走国博物馆长期都停留在纸上谈兵的状态。2011 年前后，酝酿多年的村庙——刘秀走国博物馆——才进入设计营建图纸的阶段。[1] 虽如此，娘娘庙会却在老贾这样的当家的热心经营下和行好的例行参与下，一如既往地过会。正是追寻发展愿景的这个过程，常二大队的人聪明地从刘秀走国的传说中找到了娘娘庙会存在的合法性，组织者和参与者的齐心协力使得 2002 年前后数年的娘娘庙会格外张扬。常二大队的村庄性格与娘娘－村姑贾亚茹缠绕在了

---

[1] 华智亚：《龙牌会：一个冀中南村落中的民间宗教》，第 206 页，上海：上海人民出版社，2013。

一起。借无庙的庙会与宗教，奉神为人的人们再次重塑了村落的记忆、性格与历史。在经历了一个提升过程的同时，二大队的娘娘庙会也经历了一个具化的过程。附会在一个有名有姓的村姑身上，通过神马、圣画像、印发的传说、红榜等符号和还愿戏、请神、送神等一系列仪式行为，虚化的娘娘立体性地有序具化成为一个村落的老祖宗与保护神——生活中的神。行好的对娘娘庙会的期待既使姜师父庙会自动停办，也使原本同属长村的常一大队和林子村的娘娘庙会黯然失色，娘娘似乎真的是专为二大队而生。

将聚落型庙会和村落型庙会分开描述，并且详细描述娘娘庙会，我想说明的是这两类以家中过会为基础的梨乡庙会之间相互的升降。尽管有约 40 个庙会组织前来参加娘娘庙会，娘娘庙会明显还不是跨村落型庙会，因为它必须主动地也是低姿态地回访这些村落庙会，否则次年的庙会规模就可能缩小。作为区域中心型的跨村落型庙会，是不会散发会启的。届时，其他庙会都会自动前往"朝贺"。由于范庄今天在梨乡的政治、经济、文化和交通中心的位置，龙牌会已经发展成为这样一个跨村落型庙会，但它完全可能会因为其外在的这些优势的消失而再度回缩到家户中，哪怕是已经建起了龙祖庙。事实上，在成功修建了庙宇并有了省级非物质文化遗产声名后的龙牌会并未继续光大，反而式微。下一章我要呈现的是生发在荒郊野外九龙口的铁佛寺庙会这个梨乡人始终坚持前往的区域中心型的跨村落型庙会。

第七章 乡土宗教的生态学：
九龙口铁佛寺庙会

一 空的空间与吾皇万岁的日常表达

　　或者是因为中国人崇"九"和"龙"的缘故，指风水好的"九龙口"是芸芸众生喜闻乐见的地名。铁佛寺的所在地九龙口位于赵县最东端。[1] 作为二州三县四村的交界处，九龙口虽是"三不管"的荒凉地，却有通往东、西、南、北的九条大道汇聚在此。东边到朱家庄的有两条道，东北到秀才营和晋县大、小尚村的一条道；北边到北京的官道，西北到秀才营的一条道；西边到大安的一条道；南边到大夫庄的一条道、到宁晋县小南海的一条官道，东南一条到宁晋苏家庄的道路。这些村子距离九龙口都不远，仅在三四里至六七里之间。这里是坟茔的集中地，是周围乡民埋葬逝去亲人的地方，连接着阳世和阴间。对梨乡父老而言，前文所说的"洞口的事"，与仙家和死去的亲人之间的联系都可以通过在九龙口烧冥钞实现。1999 年，铁佛寺庙会茶棚区

---

[1] 在赵县，除铁佛寺所在地外，赵县城西南赵家庄的宋村西口的白坡寺（又名白佛寺、西林石佛寺）所在地也叫九龙口，其得名就与龙直接相关。参阅河北省赵县三套集成办公室编辑：《赵县民间文学集成》第二集（内部资料），第 39–41 页，1987。

的北端，在赵县大安积善堂茶棚会和千佛殿旧址之间，有一个长宽高都不到一米的小砖屋，里面有一个竖写"九龙口、胡老荣、王老先生、胡老彦"的牌位。2002年这里面仍供奉了一张黄纸上用墨汁写成的"九龙口之神位"的纸马。与铁佛寺其他地方不同，此处只能烧冥钞。

在人们的记忆中，九龙口也与土匪联系在一起。抗战前，土匪常在铁佛寺内外出没，抢夺过往行人，有时也进村抢劫富人。虽然这些土匪多数就是附近村庄的，有着"兔子不吃窝边草"的"仁慈"，但哪怕就是穷人，人们对土匪也心有余悸。通常一个人是不敢在这里行走的，尤其是妇女和小孩。后来被人民政府正法的赵小鬼、李小锁这些土匪仍是今天老人们常提起的名字。

更多梨乡人耳熟能详、老幼妇孺都能讲几句的还是此处是风水宝地的传说。明代，燕王朱棣扫北走至此地时，蓄谋已久并准备在北方定都称帝的朱棣一看此地风水不错，就让刘伯温掐算此地是否适合修建京城。刘伯温掐指一算后说，此地七分富三分穷，可以修建京城，不过可以找找看是否还有更好的地方。于是，朱棣向北射了一箭，一箭射到了七百里之外的北京城。到了那里之后，刘伯温掐算的结果是三分富七分穷，穷人太多。当燕王带着人马又急急地赶回九龙口时，没想到从地底下冒出的三尊铁佛已经占据了这块风水宝地。不便与佛祖争夺的燕王只好把都城建在了北京。[1]

传说是活态的。最初"有人相信"的传说"随着时间的演进，相信它的人就越来越少"。[2]在梨乡，尽管还在讲述这些传说，但人们已经对这些传说的真实性提出质疑。对于铁佛寺及铁佛的来历，当地人

---

[1] 相类似的传说还有《刘伯温和宁晋铁佛寺》。在同类故事的异文中，故事的主人公也可能是朱元璋，而非朱棣。分别参阅河北省石家庄地区民间文学三套集成编委会、藁城县民间文学三套集成编委会编：《耿村民间故事集》（内部资料）第一集，第131—140页，1987；河北省赵县三套集成办公室编辑：《赵县民间文学集成》第二集（内部资料），第16—19页，1987。

[2] ［日］柳田国男：《传说论》，连湘译，第12页，北京：中国民间文艺出版社，1985。

自己也在寻求合理化解释。2003 年 7 月 26 日午后，在大夫庄，一位
20 世纪 70 年代初出生也经常四处赶会的刘姓村民给我讲述了上述"让
都"传说之后，说：

> 事实上，不是那么回事。以前，铁佛寺地势很高，远远地在
> 大夫庄就能看见铁佛寺。周围的这些村庄也能听寺上传来的钟
> 声。这里以前是滹沱河的故道，风沙大。很可能是以往哪个朝代
> 修建的铁佛被埋在了地下，风慢慢刮走了铁佛上面的沙尘，从而
> 使铁佛露出地面。时间长了，人们于是就说铁佛是从地底下冒出
> 来的，与明朝皇帝争风水宝地了！

当把这和梨乡昔日的黑风联系起来时，这种村民自己理性化的解
释显然不乏合理之处。作为滹沱河故道的一部分，在没有大面积栽植
梨树以前，九龙口完全是一片荒凉之地。直至民国时期，这里"大部
分是流沙地，如同海洋一般，无风三尺浪，四周风平浪静，天气晴朗，
唯独这里泥沙荒地，远远望去，上下混浊，天地不辨，因此留下俗语
'铁佛寺的风，浑透啦'"。[1]

秀才营"小黑营"的别名也由此而来。尽管现在周围已经是梨树
地，但九龙口的风依然很大，从四月初八到十二的庙会期间，经常刮
风。在庙会行走一天，人很难保持体面、洁净，常蓬头垢面。庙市上
所有卖的东西多少都会沾染尘土。人们喝水、吃饭后的碗底常有一层
清晰可见的泥沙。这也是 2002 年 5 月，随我来此调查的同门朴广俊在
一周之内体重骤减数斤的原因之一。

传说所展现的铁佛寺最初修建的年代在明初是较为可信的。2003

---

[1] 中国人民政治协商会议赵县委员会编：《赵县文史资料》（内部资料）第一集，第 133 页，
1987。

年 7 月 23 日清晨，我与王学文抄录了秀才营村委院内荒草丛中的两块残碑。其中一块是"修铁佛寺志置田碑记"。根据碑阴文字可知，该碑是赵县曹庄、白舍村、东平村等村善人和晋县杨施主等人为了纪念共同捐资重修一所佛殿而立。断碑碑阳则有"□朝国初年僧人洪亮云游至此……天顺壬午秋阴雨连绵"等字样。天顺是明英宗的年号，碑阴的题款是"大明嘉靖叁拾肆年肆月拾叁日"。

同一天，我们抄录了倒卧在九龙口的唯一一块石碑。该碑是清中叶晋州马风头善人所立。碑文如下：

> 今天下知理善而已矣聖之所以爲聖神之所以爲神純皆而已矣
> 故□之施□（以）捨飯于兹亦以勸人之善而已矣何爲□善燒香者
> 不□奔走不惜資財以致□□于明是善念也吾也爲之茶飯以飲食之
> 以□其饑□（爲）是□善之□燒香茶會上之所禁而吾爲勸之毋乃
> 泪乎不知禁□□章者亦以此終善惡耳本善意以察識□充善亦何可
> 量也是在乎人耳人誠因其不辭奔走者以友而事其親而愛放哀戚知
> 皆盡人人不以爲孝子因其不惜資財者以反而□其家而品以□之此
> □州家家可以□將明而爲□朝廷這所旌即而□神明之所□（從）
> 不燒香而不□其常燒香矣□吾□但不使男女之無別出納之有　庶
> 乎其亦矣又何以不爲燒香□勸爰將善男信女之姓名布施明開于後
> 而勒之石以爲吾當施捨飯于斯雲
> 晋州□□（合會）人等□施捨布施銀貳拾兩
> 晋州馬風頭陳門雷氏等　住持僧　仝立
> 乾隆拾叁年五月初三日

从这块碑文可以看出，此碑为的是宣扬搭建茶棚、烧香拜神和施舍茶饭的意义，张扬的是"上之所禁"而"民之所行"的"善"。在善人、施主要不停重修铁佛寺的殿宇和交通艰难的时代，无视上之所禁而在此搭棚施舍茶粥喻指的是九龙口是善所在的地方，是草根社会"厚人伦、美教化"的空间，是乡民崇尚的生活秩序之所在。大安村民如今还在讲述的一个传说简洁地表达了梨乡人对铁佛寺的向往和趋之若鹜的情结。

传闻铁佛寺的铁佛殿中没有与铁佛相配的铁罗汉（或说只有十八泥塑罗汉）。十八铁罗汉知道铁佛在九龙口现身后，就化作人形匆忙赶去护法，走到大安铃家街东头的佛爷庙时，被一位早起拾粪老头儿撞见。老头儿无意中一语道破天机，说："我看你们的长相，活像十八罗汉。"瞬间，这十八铁罗汉纹丝不动，现了真身。惊慌的老头儿赶忙召集村民将铁罗汉抬进了大安的佛爷庙，并供奉在了那里。从此传说可知，九龙口周围的村庄也仅仅是神神以九龙口为中心的活动场所之一，是佛光普照的地方。细究之，该传说也强调了铁佛寺与周围村庄的关系，即佛所在的中心与边缘的关系。这和以人活动为中心的村庄与没有人烟的三不管的九龙口之边缘关系正好相反：人所在的中心正好是神活动的边缘，而神所在的中心正好是人活动的边缘。正因为九龙口的边缘性、陌生感易于产生神秘感、神圣感，发生在村庄中常见的怪诞事情，一旦发生在这里也就有了更多的神秘和神圣的色彩。它也就容易成为一个圣地，成为人们对神神的祭所。或者正是由于大夫庄、大安、秀才营和朱家庄都将铁佛寺庙会视为自己村庙会的缘故，这四村的村落型庙会也才一直维持在相对小的规模，并如大安关爷会和大夫庄老母会那样还在内缩。

总之，对周围的村民而言，经过数百年的累积，九龙口这个荒野之地，村落外的空间有着多重象征意义。它与天朝的皇帝相连，是天子都曾相中的风水宝地，神秘；与他界的佛祖相连，是佛祖罗汉显身的地方，神圣；与精灵鬼怪相连，是它们出入的洞口，邪乎；与恶劣的自然条件相连，是黑风、黄沙漫天的地方，荒凉；与乱世、暴力、失序相连，是土匪出没的地方，凶险；与美好的希望相连，是人们与神灵鬼怪仙家交流沟通的地方，人们盼望天良、公理、正义在此得到伸张，不和谐的变为和谐；与善行、秩序相连，是人们修建殿宇、置办庙田，搭建茶棚，施舍茶粥，方便他人的地方，乃善、美、人伦之所在。换而言之，九龙口这个近在梨乡人身边又在梨乡人日常生活之外的空间是人们世界观的象征和对村落内、外生活世界的想象与建构，是天堂地狱、阳世阴间、正义邪恶、良善美丑、神圣世俗、神灵鬼怪、黑风黄沙、善人土匪、生者死者和规范失范的浓缩，寄予了人们对生活、社会，对过去、现在与未来的理解、想象与期盼。

九龙口与村落外的世界相连，九条道可以把人引向中国乃至世界的任何一个地方，但"九"的象征意义远远超越它与不同的地方相连。在九龙口，一个人身上存在着皇帝、佛祖罗汉、鬼怪、仙家、和尚、善人、孝子贤孙、病人、匪徒等多种身份的可能，或者存在着向这些角色转化与在这些角色之间转换的可能。这或许是九龙口这个荒郊野地的神圣所在，也是梨乡人数百年来对铁佛寺殿宇屡毁屡建和赶会的执着与坚韧的根由所在。这里的神神绝不是村庙中或家中的神神所能取代的。因此，生活世界中得病而无法医治的范晓们不得不往"寺上跑"，而没有得病的范晓们会向这个神圣的所在祈求更加祥和、顺当的生活。

荒野的九龙口是大导演布鲁克（Peter Brook）深度阐释的"空的空间"。它没有幕布，全方位对来者开放，也没有主客、演观、导与被导之分，所有在场者都是平等的，可以根据导演和观演者需要而任意点染。[1] 原则上而言，让都传说中夸饰的从沙土里冒出来的三尊铁佛是铁佛寺的主祀神。但在这个空的空间，佛教的至高神同样无力阻止其他神神在此安家落户、享受香火。因此，人们记忆中的和当下的铁佛寺都是一个五方杂处的所在，这里汇聚了民众所信奉的神神，附近各村的人们可以把自己家中、村庙中的神神请到这里来祭拜、供奉。这

---

[1] Peter Brook: *The Empty Space*, Harmondsworth: Penguin, 1972.

一切正是乡土宗教的基本生态。

众多老人回忆，铁佛寺以前主要的殿宇有三殿四庙。[1]三殿指铁佛殿、药王殿和九莲圣母殿，皆坐北朝南，是过去铁佛寺建筑的主体。三座大殿中，最北边的铁佛殿是铁佛寺最大的一座殿。据传，其建制与曲阜大成殿相仿，内供三尊大铁佛释迦牟尼、弥勒佛和药师佛，每尊铁佛约有二米多高。铁佛殿的南边是药王殿，内供药王、药圣、药灵，神像泥胎。药王殿的南边是九莲圣母殿，供奉九莲圣母。四大庙是石佛殿、千佛殿、卧佛庙和观音殿，除观音殿坐南朝北，其余皆坐北朝南。石佛殿在铁佛殿北边，供奉三皇姑，神像石胎，两米多高。现在，石胎神像仅存身子。千佛殿在石佛殿东侧。卧佛庙在九莲圣母殿之东，观音殿则在九莲圣母殿之南。

抗战前，铁佛寺只有铁佛、药王、九莲圣母三殿和九座小庙。九座小庙分别供奉癍疹娘娘、瘟神、眼光娘娘、睡宫、麦王、齐天大圣、南海大士、玉兰老母和送子观音。三座大殿在那时还相对完好，九座小庙则形制不一，多数就一间，有的仅半间或依附在某个大殿的一侧，庙门的朝向不一。在日本侵略者来之前，庙内有十来个和尚。铁佛殿路东往北有禅堂五间和厢房三间。另外，在这些庙宇建筑的东侧还有各村建立的土围坯屋，是各村做善事的茶棚会专为接待远近各地前来上香拜佛赶会的香客而修建的。1943年，在八路军的带动下，三尊铁佛被宁晋北朱家庄的民兵砸毁，造了手榴弹。因此，村民们不无戏谑地说："铁佛也是抗日的武器，是抗日的功臣。"虽然今天铁佛寺已没有了殿宇和铁佛，平日的铁佛寺就是一片空旷之地，但关于铁佛寺的种种传说仍在梨乡人中流传。这些传说是铁佛寺流动的生命所在，承载了铁佛寺过去的辉煌、梨乡人对南蛮狡猾的鄙夷，潜藏着对今日残

---

[1] 亦可参阅中国人民政治协商会议赵县委员会编：《赵县文史资料》（内部资料）第二集，第99-100页，1989。

败的不满。

在梨乡人的群体记忆中，铁佛殿之所以别具一格、金碧辉煌，除了传说这个寺院与朱棣或朱元璋有间接关联外，还因其与明代万历皇帝直接相关。据传，万历皇帝的生母李艳妃死在了铁佛寺南边约六七十里地的宁晋小南海（宁晋泊）后，被万历赐封为九莲圣母。每年，万历皇帝都要经铁佛寺到小南海给母亲上坟。人们说，现铁佛寺东侧的南北大道过去就是直接从北京通往小南海的皇道。万历从这儿路过时，要在铁佛寺歇息并参拜佛祖。因此，铁佛殿才有与大成殿相仿的形制。这样，由于与有钱的皇帝联系了起来，铁佛殿的传说也就特别多。

反映地域封闭者与闯入者之间冲突的"南蛮盗宝"型传说在北方普遍流行。传闻铁佛殿的柱子／佛像下边有金蛙、金河马和金鸡。在铁佛寺周围的村庄，南蛮子想方设法骗取了主持和尚的信任，获得咒语而盗走了铁佛殿的金蛙。人们常感慨，如果旧殿不拆，还可以看见柱顶石上金蛙的印记。在药王殿药王的鼻子上曾经长过一棵灵芝草，但人们在过庙会清扫神像时将不认识的灵芝草视为杂草扔掉。在预计其成熟时，一年前路过此地发现这株宝草并精心浇灌过的南蛮子前来摘取。知道宝草被当杂草拔掉扔弃后，他坐在药王像前伤心哭泣。

据说，昔日供奉在禅堂中的万历皇帝御赐的龙牌今天仍被有心人精心地保存着。虽然现在龙牌已经秘不示人，但前些年很多当地人都见过这个龙牌。在大夫庄建全大队，行好的还不时地围绕这个龙牌在二月二过会。据传木制龙牌连底座约有一米四五左右，正面写有"当今皇帝万岁万岁万万岁"，字的左右两侧是两条龙，整个龙牌的造型也是一条龙。在大夫庄，人们都说今天范庄龙牌会的龙牌就是在数年前仿效这个龙牌做的。2002年铁佛寺庙会期间，来自大夫庄的茶棚都供有大小不一的上述形制的龙牌。

与草根社会供奉的神神通常都有着爱国热情，是爱国者一样，铁佛寺的神神在面对外来者的侵略时，也显灵抗击。据传，日本侵略者当年到铁佛寺来的时候，正好赶上庙会。在他们走近石佛殿内三皇姑的神像前时，神像奇迹般地晃了三晃。日本人因此没敢毁庙和在此杀人。20 世纪 80 年代中期，三皇姑神像自己晃动的消息再次传遍了周围村庄，吸引了无数人前去观看。

改革开放后，铁佛寺附近村子行好的自发出钱、出力、出物，按其记忆修复铁佛寺的庙宇殿堂。这在 1998 年达到高潮。三皇姑殿、千佛殿和筋骨奶奶庙等铁佛寺原有的主要殿宇基本上都得到不同程度的重建，并还有行好的根据自己的信仰新修了无生老母庙、善心菩萨庙、三官庙等。不包括散乱的牌位，1999 年 3 月，我在铁佛寺看到的大小庙宇有 23 个（如图 7-1 所示）。

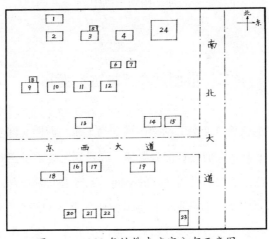

图 7-1 1999 年铁佛寺庙宇分布示意图

说明： 图中序号分别代表：1. 真武庙；2. 三皇姑殿；3. 千佛殿；4. 九龙口（有一石制的胡老荣、王老先生、胡老彦的牌位）；5. 无名小庙；6. 善心菩萨庙；7. 麦王奶奶庙；8. 供奉韦陀之神；9. 三官庙；10. 铁佛殿；11. 无生老母庙；12. 无名小庙；13. 药王殿；14. 观音堂；15. 老君殿；16. 送子观音庙；17. 睡宫神庙；18. 九莲圣母殿；19. 三皇姑殿；20. 小南海庙；21. 筋骨奶奶庙；22. 观音菩萨殿；23. 猴祖神庙；24. 戏台。

作为一个村落之间的公共空间、"空的空间"，从梨乡村民凭借其记忆重修及增添的小庙，大致可以看出不同的梨乡人对九龙口不同的理解，可以说这里是一个华北乡土宗教的陈列馆。作为万神殿，它荟萃了梨乡行好的有意义的神丛。这也使得铁佛寺庙会的吸引力远远超出了一般的村落庙宇。就在1998、1999两年，铁佛寺还曾在九月二十五前后赶过秋会。同样，因为这里供奉的神神的庞杂使得官方难以把握，也就必然导致铁佛寺遭抑制和摧毁的命运。但是，就是2000年毁庙后不久的铁佛寺庙会比之前哪一年的规模都大。没有了庙，人们就在此搭棚，并将更多的神马搬到了棚中。

二 搭棚过会：抢占九龙口

2002年的铁佛寺庙会的活动区域分为了东、西两大部分。西部基本是茶棚，主要是人们进行烧香敬神、许愿还愿的神圣空间，东部是集市贸易所在，乃人们世俗活动的空间，二者之间是戏台，是既娱神也娱人的中介空间。庙会期间，原本空旷的九龙口局促、拥挤起来。以至于多数茶棚、商贩在四月初六一早就到九龙口圈地占地，宣示主权。个别的甚至在初四、初五就前往探视、占地了。

茶棚主要来自铁佛寺周围的村庄，尤其以大夫庄、大安为多。不包括在断垣残壁和神像周围的"庙"，2002年远近行好的共搭建了16个茶棚。茶棚位置与以前各村行好的修建的小庙位置基本相符。茶棚之间的空地也间杂有十多个拆字、算卦、抽签的摊位和卖香、纸、纪念品以及图书的摊位（如图7-2所示）。

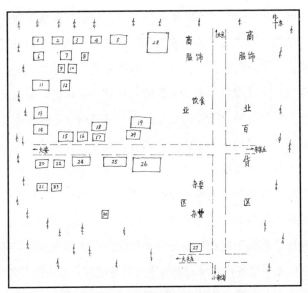

图 7-2　2002 年铁佛寺空间布局示意图

说明： 图中序号分别代表：1.三皇姑宝殿；2.千佛殿；3.九龙口；4.赵县大安积善堂茶棚会；5.赵县曹庄铁佛寺茶棚会；6.秀才营铁佛寺东茶棚会；7.赵县大安兴善会；8.龙牌棚；9.善心菩萨庙；10.赵县大安铁佛寺殿南茶棚会；11.铁佛寺大殿；12.秀才营李家庄无生老母庙；13.赵县大安灵宵宫玉皇会；14.大夫庄茶棚会"众善奉行"；15.药王殿；16.朱家庄茶棚会；17.大夫庄老茶棚会；18.赵县大安老灵宵宫茶棚会；19.晋州盐厂寨茶棚会；20.九莲圣母殿；21.筋骨神庙；22.睡神殿；23.观音殿；24.大夫庄东会南老母会；25.秀才营西茶棚会；26.宁晋县段羊盃菩萨庙；27.大夫庄敬奉路神茶棚会；28.戏台；29.庙宇筹建处；30.猴祖神庙。

像奉宽等人记述的妙峰山庙会那样，沿香道搭建茶棚服务于香客是信众伺候神神，为神神当差、行好的重要方式。[1]从儿时就住棚的锁

---

[1]　奉宽：《妙峰山琐记》，广州：中山大学语言历史学研究所，1929。

吉（1925 年生）、仁章（1920 年生）等老人的记忆和现存清中叶茶房碑可知，茶棚一直也是铁佛寺庙会的组成部分。铁佛寺地处荒野，周围没有人家，附近村庄亦无客栈，而铁佛寺庙会要持续五天。在交通不便的年代，一时聚集起来的人群的吃住就成了问题，茶棚遂油然而生。当然，铁佛寺庙会茶棚的缘起，也可能是因恶劣的自然环境而生发的还愿行为。以前这一带雨少、风大、雹灾、蝗灾等灾害多。人们为了祈求丰年，或者因为瘟疫、灾害祈求神灵保佑，因此许愿在铁佛寺庙会期间为神神搭设茶棚。为替病好后的奶奶还愿，仁章十余岁时在铁佛寺庙会期间就在大安茶棚住棚二年，挑水、干杂活等。也即，过去铁佛寺茶棚的形制和功能与华北其他庙会的茶棚大致一样，土围坯屋的茶棚主要是各村行好的为接待远近各地前来过会的香客而搭建。

直至清末，因受到统治者不同程度的认同与重视，妙峰山茶棚和京城中东岳庙茶棚多得皇室、内宫、官宦等社会各阶层不同群体和个人的捐助、馈赠。[1] 尤其是在清末，这些茶棚会对上层统治者多少都有献媚取宠之动机，希望得到统治者的首肯，因此也就有了"皇会"与"非皇会"之类的分别和相应的行为规则。[2] 与之不同，铁佛寺庙会茶棚会完全是土生土长的"下里巴人"，少有富人的大笔捐赠，多是茶棚会成员把从自己并不富足的生活中挤留出的钱物集中在一起。茶棚会之间的差别也主要是"老会"与"新会"之别和来自村落不同的差别。不同的环境及适应力的差别也使得今天妙峰山的茶棚和铁佛寺茶棚出现不同的境况。仍处政治中心的京城东岳庙就只有一些记载其茶棚会的石碑竖立在那里，妙峰山的茶棚会也凤毛麟角，屈指可数，正日渐演化成一种带有宗教色彩的旅游景观。但是，在寺庙于 2000 年被摧毁的情况下，铁佛寺的茶棚会反而兴旺发达，还有新增加的势头。

---

[1] 东岳庙北京民俗博物馆编：《北京东岳庙与北京泰山信仰碑刻辑录》，北京：中国书店，2004。

[2] 吴效群：《妙峰山：北京民间社会的历史变迁》，第 141-158 页，北京：人民出版社，2006。

2000 年以来，在铁佛寺庙会期间，本意在行好的茶棚完全担负了庙宇的职能。茶棚不仅是一个供茶棚会成员行善，为有往来的香会、香客提供茶水和饭食的地方，更是供赶会的庙会组织和香客求神拜佛、许愿还愿，人神交流对话的所在。除了可数的几尊未被摧毁的神像，在原先的庙宇旧址上搭建的茶棚成为整个庙会的中心。因为茶棚会的部分成员在此过夜，茶棚包括了神棚和寝殿（同时也存放食物）两部分。神棚高大，寝殿矮小，附带还有寝殿外侧的灶台。

茶棚为香客提供休憩、饭食。香客除象征性地给少量的斋钱外，主要以向该茶棚的神神给香油钱的方式回报茶棚。虽然数目十分有限，但每个茶棚就存在了收支、盈亏的问题。经济因素、利益因素的介入及驱动，导致茶棚内成员之间发生矛盾、纠纷，使茶棚会发生裂变，也引起不同茶棚之间、前来赶会的不同的香会组织之间的亲疏远近，从而在茶棚之间形成一些亲疏有别的大的利益群体。茶棚在其宗教职能增加，显得较以往更加神圣的同时，茶棚内外的世俗性纷争也同时增加。这些世俗性纷争反过来又强化和促进茶棚空间布局的完善，神马制作的完备、精美，等等。

大安的茶棚会现已分为了老灵霄宫和灵霄宫玉皇会两个，并都强调自己是老会。大夫庄的茶棚会则分成了老茶棚会"众善奉行"、老茶棚会和东会南老母会，同样都强调自己继承的是原先大夫庄茶棚会的老根儿。同时，大安新增添了兴善会、积善堂茶棚会、铁佛大殿南茶棚会，大夫庄新增加了敬奉路神茶棚会。不论是从原先就有的茶棚会分裂出来的，还是新增加的茶棚会，这些茶棚要么复制的是以前他们自己在铁佛寺修建的小庙，要么是对自己村某个村庙的复制。

大安兴善会茶棚来自大安五大队，是围绕拴娃娃灵验的苏娘（1917 年生）形成的，在铁佛寺庙会期间专门给人挂锁拴娃娃。苏娘的婆家一直供奉送子观音。婚后，她受婆婆影响开始敬奉送子观音并学会了拴娃娃。健康的身体和人丁兴旺的家庭（五子一女，重孙五个）成了她所信奉的送子观音灵验的事状碑。20 世纪 80 年代初，村中常死幼子，苏娘倡议成立兴善会，并由兴善会在大安村中南北大街南边空地上修建了仅一间的供奉送子观音、麦王奶奶和真武的小庙。后来，兴善会又在铁佛寺修建了老母庙和麦王奶奶庙，将村中小庙的神神也供奉在铁佛寺的这两个小庙中。兴善会茶棚就是在这两个小庙的旧址上搭建的，供奉的神神也基本是原先这两个庙中的神神。伴随其成功的仪式实践和适当的契机，苏娘家的送子观音也就完成了从其家中神龛的神神到村庙再到铁佛寺的神神的演变，被更多人膜拜。原本在苏娘家居中的仪式实践也就成为铁佛寺庙会的组成部分和亮点。庙会期间，每天都有人来此挂锁拴娃娃，或是因为拴到了娃娃而来还愿。

属于宁晋县的段羊盂在铁佛寺东南，距离铁佛寺约四里地。段羊盂菩萨庙茶棚是从 1988 年开始才到铁佛寺搭棚过会，这是一个完全因共同信奉的神神而组建起来的茶棚。其现有成员都是因为本人或亲戚的病在医院治不好，在因相信菩萨而病好后才加入的，因此该茶棚会的 60 多位成员并不限于段羊盂，而是分别来自宁晋、赵县、辛集、晋县、束鹿等地。段羊盂村的菩萨庙就是众人合力于 20 世纪 80 年代修建的。由于该茶棚会成员多，远近不同，住棚的人也就特别多，该茶棚的占地面积也就最大。茶棚中供奉的神神除棚门口西边的火神外，只有段羊盂村的菩萨庙中的普贤、南海和文殊三位菩萨。换而言之，该茶棚就是把段羊盂菩萨庙周期性地搬到了九龙口。

如图 7–3 所示，由于有老辩这样的能人，从精细程度而言，曹庄茶棚会是铁佛寺庙会期间搭建得最为完美的茶棚。它完全是仿效庙宇建筑的形制搭建。曹庄茶棚从南到北有四进，棚门口有坐南朝北的两个小殿。不同的殿是仿效相应的庙宇来挂放神马的。三大士殿、三官殿分别按曹庄村西的老母庙和村东三官庙布局。九莲圣母殿、药王殿和铁佛殿分别按铁佛寺旧有相应殿宇布局，西王母殿按经书布置。茶棚中总计有100个不同形式的神马，约170个神神，基本上囊括了铁佛寺和曹庄村庙所有的神神。旧的神马会随着时间推移用新神马替换。添置、替换神马要根据上一年茶棚的香油钱的收入和神马本身的破损程度而定。每个殿的主祀神案前，都放置有一个功德箱。

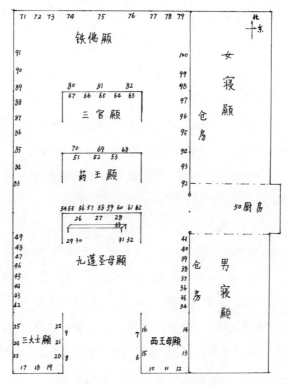

图7-3 2002年曹庄铁佛寺茶棚布局示意图及神神

1.门神　　　2.路神　　　3.门神

4.火神　　　5.毛泽东　　6.增长天王职风（魔礼青）

7.广目天王职调（魔礼红）　　8.多闻天王职雨（魔礼海）

9.持国天王职顺（魔礼寿）　　10.福禄寿星

11.王母娘娘　12.太白金星　13.和合二仙

14. 下八仙　　15. 上八仙　　16. 中八仙

17. 普贤　　　18. 观音　　　19. 文殊

20. 龙女　　　21. 关公　　　22. "三灾八难"前四个场景

23. 煞财童子　24. 二郎　　　25. "三灾八难"后四个场景

26. 大悲菩萨　27. 九莲圣母　28. 幽冥教主

29. "吉庆"　　30. 护法天王　31. 韦陀天将

32. "吉祥"　　33. 毛泽东　　34. 救众生

35. 女采药　　36. 九天仙　　37. 秦广王殿

38. 楚江王殿　39. 宋帝王殿　40. 五官王殿

41. 城隍　　　42. 道武英中　43. 土地

44. 阎罗王殿　45. 卞城王殿　46. 秦山王殿

47. 都市王殿　48. 平等王殿　49. 轮转王殿

50. 灶王爷　　51. 药灵　　　52. 药王　　　53. 药圣

54. 风伯、雨师、雷公、电母

55. "供奉龙孙长子囚牛、二睚眦、三嘲凤、四蒲牢、五霸下、
　　六狴犴、八螭吻、九鼎赝"

56. 琼霄、云霄、碧霄　　　57. 送子老母

58. 眼光娘娘　59. 送生娘娘　60. 瘢疹娘娘

61. "供奉马王、牛王、土母、水泗娘娘、张爷、稷神、社神"

62. 范蠡　　　63. 文官　　　64. 尧皇

65. 舜皇　　　66. 禹皇　　　67. 武将

68. 十八宿之神位　　　　　69. 筋骨菩萨

70. 疙瘩菩萨　71. 瘟神南天门元帅

72. 关帝圣君　73. 如来董　　74. 阿弥陀佛

75. 释迦牟尼　76. 药师佛　　77. 弥勒佛

78. 玉皇上帝　79. 真武帝君　80. 全神

81. 无圣母　　82. 西方三圣　83. 祖鲁班

84.武财神　　85.麦王奶奶　　86.地母

87-91.罗汉　　92.南海龙王敖钦　　93.东海龙王敖广

94.龙母　　95.西海龙王敖国　　96.北海龙王敖顺

97-100.罗汉

　　说明：A.茶棚门口的横额是"南无阿弥陀佛"，两侧门柱的对联是"晨钟暮鼓警醒世间名利客，经声佛陀唤回苦海迷路人"。B.5是彩印画像，33是石膏像。C.29是纸马，横额是"四季和谐"，正中是"供奉山神、西北天、河神之神位"，两边是对联"风调雨顺民安乐，海晏河清世太平"。D.31是纸马，横额是"天下太平"，正中写的是"供奉太阳菩萨三皇五帝、天地三界十方真宰、太阴菩萨五岳大帝之龙位"，两边的对联是"天上金玉主，人间福禄神"。E.54、55、61都是纸马。

　　传统并非是后人继承而得来的一宗现成的东西。每一代传承者都参与到了对传统的生产之中并进一步规定着传统。因此，传统也是一种融入了现代因素和当下思考的循环再生的过程。[1]在梨乡，各村行好的并非简单地传承祖辈人在铁佛寺搭建茶棚的惯习，也非机械地将记忆中曾有的庙宇和神灵搬进茶棚。在当下的情境中，茶棚的内核已经悄然发生转变：虽然这些茶棚仍为有往来的香客提供茶水，也为个别年老的香客提供住宿，仍然是某个村行好的群体组织行好的方式，但从现今铁佛寺茶棚的布局、供奉的神神和茶棚与相关的庙宇的关系看，从前来的香客进香敬拜仪式实践发生的场所看，原本依附于庙宇、庙会的茶棚现在成为庙会的主体。庙会期间，可能有着矛盾的茶棚互为依托，成为一个有机的整体、集合。四月初八到十二，这个集合在空

---

[1]　[美]萧凤霞：《传统的循环再生：小榄菊花会的文化、历史与政治经济》，载《历史人类学学刊》2003年第1期，第99-131页。

的空间九龙口出场才共同形成今天的铁佛寺庙会。

不同村庄中的不同群体同时来此搭棚过会，是出于各自对九龙口和铁佛寺庙会的理解、记忆与认同。1996年以来，在东南端路口搭建的大夫庄敬奉路神茶棚不仅是当地人普遍信奉的路神感召该茶棚会中的几位老人的直接结果，它也是梨乡人还在不停地完善、完美九龙口这个神圣空间和对铁佛寺庙会的祝福。敬奉路神茶棚所在的九龙口东南端的路口是来自苏家庄、大夫庄、大安、曹庄等方向的香会、香客和商贩的必经之地。茶棚会成员基本都来自大夫庄老母会，茶棚所需的花销是老母会出，其所得的香火钱也全归老母会，但敬奉路神茶棚并非老母会的集体行为，而是老母会中个别人身体力行后的结果。1996年，仁庆（1935年生）、台小和梅月（1917年生）最先到此拾柴火、挖灶，怀揣干粮供奉路神。没想到叩拜的人很多，于是搭棚就坚持了下来。第二年不想来的台小在家中无论怎样也睡不着觉，浑身不舒服。结果，在她来茶棚后，人就没事了。梅月曾自豪地对我说："路神给我托梦了，说其他人都可以不来，但我们仨都必须来。"所以，茶棚的搭建每年是由他们三个轮流负责主持，村中信奉路神的人都会主动前来帮忙。

从茶棚复制村内外人们心灵图景中的庙宇的事实和敬奉路神茶棚的搭建，铁佛寺庙会期间的九龙口也可以看作是一个放大了的家居空间或村落空间。不同的茶棚即"分家"之后的结果。路神茶棚如院门的门神或村口的村庙，保佑着所有进出九龙口的人的平安。九龙口也就在铁佛寺庙会期间明确地被这些茶棚圣化，并一年一度地轮回。

从功能主义的角度而言，宗教是庙会的基本功能。后世庙会多是由崇神祈灵发展而来。但在区域社会中，庙会的宗教功能可能会逐渐演化为并更多地表现为文化娱乐与商业贸易等衍生功能。为此，注重这些衍生功能的赵世瑜认为，与明清时期江南市场的发达不同，华北地区欠发达的市场体系更加强化了华北庙会的经济功能，在区域社会中扮演了"中心地角色",在一定程度上弥补了市场体系的不足。[1] 抗战前的铁佛寺庙会就扮演了这样的中心地角色。在光绪《赵州志》中,今天的梨乡仅范庄有集,且仅在五、十日。铁佛寺周围的其他村庄,也仅宁晋苏家庄四、九有集,晋县尚村一、六有集。如今在铁佛寺周围的赵县四村中,仅秀才营仍没有集,大夫庄是三、八集,大安是二、七集,东朱家庄是五、十集。虽如此,因为九龙口的多种空间象征意义,铁佛寺红火的香火,集市贸易一直都是铁佛寺庙会重要的一部分。

新中国成立前,铁佛寺没有固定的戏台,庙会期间唱戏都是临时搭建戏台。有时,还搭建两个戏台,请两个戏班"唱对台戏"。汤来本人在五六岁时还在铁佛寺看过对台戏。[2] 与过去搭建的戏棚都是草棚不同,现在铁佛寺的戏台固定了,砖木结构,在曹庄茶棚的东边,坐北朝南。戏台下没有座椅,人们用土堆积起来的呈东西走向的土脊充当座椅。无论过去还是现在,请的戏都是地方戏,如河北坠子、豫剧、秧歌戏、乱弹、河北梆子、丝弦等。同样,开戏前,戏班须先迎神,到各殿转一转之后,才能开戏。除不准唱粉戏外,所唱的戏目没什么特殊禁忌。与大夫庄老母会和常信娘娘庙会不同,铁佛寺庙会没有人许愿包戏。戏班先迎神再开戏说明这些戏是首先献给神神的,其次才是给人的。戏台作为庙会期间娱神娱人的中介空间,也就连接了神和人。

戏台东边是商贸区。商贸区的中部是饮食区,卖以面食为主的各种小吃。搭建的饭棚大小不一,大的有 30 张桌子,小的只有三五条凳子。虽然条件简陋,但炒菜、卤菜、腌菜,各类酒水等在上规模的乡镇饭馆中有的菜肴在较大的饭棚中基本都有。大的饭棚与茶棚一样,四月初六就来此占地、打桩、搭棚。

---

[1] 赵世瑜:《狂欢与日常——明清以来的庙会与民间社会》,第 187—230 页,北京:生活·读书·新知 三联书店,2002。

[2] 在 1949 年以前的河北乡野庙会,唱对台戏是较为常见的情形。参阅袁学骏、李保祥主编:《耿村民间文化大观》,第 2574—2577 页,北京:北京图书馆出版社,1999。

饮食区的南北两侧是以卖服饰和日常生活用品为主体的商业区。从头到脚穿的、戴的到家庭、个人日常生活所需的物品、器具，在这里都能找到。大小摊位均临时搭建，整个商贸区的规模不逊色于四围乡镇所在地的集市，甚至更大些。北边的商业区以卖布匹、服饰为主，摊位搭建成街道状，共计有南北走向的七条街道。饮食区南边的摊位种类要庞杂些，有卖衣服、鞋袜、帽等服饰的；有卖锅碗瓢盆、瓷器、小玩具的；有吹糖人、卖棉花糖的；有配眼镜、拔牙镶牙、治脚气的；有小孩子玩耍的电动的在空中旋转的马等；还有卖打药的，等等。在商贸摊位东部边缘，庙会期间一直有象棋摊和掷色子、推牌九等摊位。

由西部的茶棚区、中间的戏台、再到东部的商贸区和商贸区边缘下棋等休闲的场所和九龙口四围的梨树地，九龙口是一个神圣空间向世俗空间，由神圣生活向世俗生活逐渐过渡的场域。人们在一个村外的世界建构神圣空间的同时，也建构着世俗的生活空间，日常生活的林林总总在这里都有一席之地。神圣和世俗在乡土宗教中并无截然分明的界限，二者是渐变的，并非断裂性的对峙或遥望。人神一体的辩证法同样出现在跨村落型的铁佛寺庙会这个场域。

三　茶棚：乡土宗教的政治伦理

一般而言，无论过去还是现在，乡土庙会都有一个较为统一的或严密或松散的组织。但铁佛寺庙会不同，它至今都没有一个统一的和参与者都认可的组织。1950 年以前的铁佛寺庙会是由秀才营、大安、大夫庄和东朱家庄四村共管。究竟如何齐抓共管如今没有人能够说清，仅仅是一个真实的"无事件境"记忆。1950 年以后，铁佛寺在行政区划上归属了秀才营，秀才营村官民双方都在进行种种努力使铁佛寺真正成为自己的。改革开放后，秀才营东、西两个茶棚会经常各自代表铁佛寺庙会前往梨乡的其他村庄参加庙会。庙会期间，两个会也通力合作，主动担负一些场地的划分等协调工作。但不仅是大夫庄、大安和东朱家庄三村不承认秀才营东、西会对铁佛寺庙会的组织权，其他村前来搭棚过会的行好的对其组织权都有不同程度的保留意见。由于铁佛寺信仰活动本身的庞杂性和在官方看来的复杂性，官方也力图将其框入发展地方经济的轨道，欲将九龙口发展成为一个"赵县梨园民俗度假村"。目前，以秀才营村委为代表的官方主要是通过对铁佛寺三大殿残存神像前的香油钱收入、写戏和对各个摊位的收费等与庙会相关的经济方面的控制来管理庙会。众多茶棚的搭建，烧香上供、许愿还愿等敬拜仪礼都完全是一种自发状态。这使铁佛寺庙会出现既有人组织有人管，又无人组织无人管的矛盾情形。人们到此过会是自发的，因此铁佛寺庙会的组织不得不再从茶棚会说起。

不论茶棚大小如何，铁佛寺的各个茶棚会都有自己的组织。这些茶棚的成员人数不一，十多人到七八十人不等，分为主事的、一般会众以及帮会三类人。主事的包括会首、会计和出纳。会首又叫会头，即前文所言的当家的。有的茶棚有正、副会首之分，有的茶棚仅一个会首。会计以前又叫敛首，专门收敛钱物。出纳，专门负责茶棚现金以及财物的支出等事宜。有的茶棚会则是一人身兼三职。一般会众，有的茶棚也称会首，有的叫合会。如龙牌会一样，帮会是帮助茶棚的会首干事的，还不是茶棚正式成员。对于历史悠久，传承性和封闭性都较强的茶棚会，后来想加入茶棚会的人，一般都要经历帮会阶段的考验。在这些茶棚中，像曹庄茶棚会这样的老茶棚，其会员身份一般是上辈人传下来的，而大安兴善会这样的新茶棚会往往都是围绕一个核心人物形成，茶棚会的其他成员更愿意自称帮会。无论新茶棚还是老茶棚，帮会、会员和主事的之间都存在一个身份的升迁让渡过程。

在铁佛寺庙会期间，茶棚会中的成员并无明确分工。每个人都是习惯性地按各自的特长、能力主动担负一部分工作。作为主事的，尤其是当家的，他事前必须知道哪些人当年能参加茶棚会，这样以便有统一的调度。通常而言，男性成员主要从事搬运物品、搭建茶棚等体力强度较大的工作；女性成员主要担负茶棚内神马、香炉的摆放，包括照看茶棚内的油灯和香炉等。由于与火紧密关联的灶在中华文明中的特殊性和神圣性，[1] 也由于中午常常有数百口人在茶棚中就餐，做饭的通常是男性成员。但不论何时，茶棚中很少有闲人，有什么活计大家都是抢着干。与水祠娘娘庙会等梨乡庙会组织一样，铁佛寺庙会的茶棚会是一个平等、自觉的共同体。

茶棚会成员和香道的有着多种关系。一般而言，庙会期间，每个茶棚中都会有固定的或临时的香道的。有的香道的就是该茶棚的会首，是该茶棚的核心；有的茶棚中，香道的可能只是茶棚的一般成员；有的并不是该茶棚会的会员，仅仅在庙会期间固定性地在这个茶棚为求助者打香。香道的与茶棚之间的关系如香道的与庙会之间的关系：香道的扬名立万，茶棚的人气和香火会很旺。

与他处茶棚会不同的是，铁佛寺的茶棚会纷纷与其各自所在的村落的庙会有着不同程度的重合关系。在村落中，这些茶棚会是作为一个信仰实体存在的，几乎都有相应的村庙或庙会为依托。除已详述的大安兴善会外，大安积善堂的成员与大安二村的关爷会有着完全叠合的关系，部分成员同时也是聚落型庙会老母会的成员。大安老灵宵宫和大安灵宵宫玉皇会背后对应的是大安（一大队）的玉皇庙。大夫庄敬奉路神茶棚会是大夫庄老母会派生出来的。大夫庄老茶棚会是以范晓为核心，对应的是范晓的家中过会。大夫庄南老母会与村中（五星大队）的观音堂相对应。段羊盉菩萨庙茶棚背后是段羊盉村的菩萨庙。曹庄茶棚会在其成员家中轮值供奉九莲圣母。秀才营西会成员农闲时常在覃山家念佛，烧香敬神，并于正月十九在覃山家过平安会。同时，

---

[1] 杨堃：《灶神考》，载《汉学》1944 年第一辑，第 107–166 页。

秀才营西会也将应该在村中过的二月十九的老母会和应该于三月十五在苍岩山过的三皇姑庙会搬到了铁佛寺过，并于 1997 年在铁佛寺修建了三皇姑庙。

在沿袭传统的同时，在把记忆中的村庙等神圣空间在铁佛寺重建的同时，铁佛寺的茶棚也把家居空间和村落内外过的会带到了铁佛寺。今天的铁佛寺庙会就是由梨乡这些大小不同的会在九龙口借铁佛寺庙会的名的集中展演。在此意义上，铁佛寺庙会涵盖了梨乡的家中过会和村落型庙会。与其说这些茶棚会是行好当差的茶棚，还不如说它们是一个个庙会组织。当它们在铁佛寺搭棚过会时，它们也就把自己的神神和长年有着往来的庙会组织以及行好的（香客）带到了铁佛寺。换而言之，这些茶棚是在九龙口这个空的空间和铁佛寺庙会这个特殊时间相结合的场域中过自己的会。从这个角度而言，梨乡的家中过会和村落型庙会也就涵盖了铁佛寺庙会这个跨村落型庙会。即，梨乡的家中过会、村落型庙会和跨村落型庙会不仅与梨乡人生活的不同级序空间之间存在对应关系，三类庙会之间双向互动的升降变换还是一种全息互显和相互涵盖的矛盾关系。任何一种或一个庙会都不是孤立存在的，而仅是梨乡庙会有机整体中的一个部分。正是潜在的全息互显和相互涵盖的制度性关系，梨乡不同庙会之间的升降转换才成为可能，也使梨乡庙会生生不息。这也是本书反复强调的庙会作为一种文化体系的原因所在。

1950 年以前在铁佛寺搭建的茶棚一般都有着比较固定的香客吃住。锁吉所在的胡岳村的香客一直都在秀才营西会茶棚吃住。庙会期间，前来上香的香客都自带吃住的东西交给茶棚，然后在茶棚住下。从七岁开始，锁吉就一直随祖父在秀才营西会茶棚住棚。在秀才营西会茶棚住棚的香客还有宁晋段羊盂、孙羊盂、南高李和晋县孔孟庄等村的人。胡岳村的人来西会住棚是因为那时西会的会头李小魁是锁吉做厨师的祖父的徒弟。也即，茶棚与住棚的香客之间不是散漫无序的自由组合，而是存在着种种联系，如信奉同样的神神、亲戚、地缘、业缘以及性情相投等单线或多线联系。从现今秀才营西会一年中主要赶会的情况和在西会吃午饭的庙会组织，我们也可以看出秀才营西会对铁佛寺庙会繁荣的贡献。

表 7-1　年度周期中秀才营西会的赶会

序号	时间（农历）	会名	村名	县	距离（里）	备注
1	一月十五	娃娃庙	大寺庄	赵县	8	
2	一月十八	老母会	贤门楼	赵县	18	
3	一月十九	平安会	秀才营	赵县	0	覃山家平安会
4	一月十九、二十	老母会	孔目庄	晋县	12	
5	二月初二	龙牌会	范庄	赵县	15	
6	二月初三	太阳会	赵羊盂	宁晋	8	
7	二月初九	玉皇会	杨扈	赵县	20	
8	二月十五	老母会	胡岳村	宁晋	30	
9	二月十九	老母会	秀才营	赵县	3	铁佛寺上守一天
10	三月十四	三皇姑会	谢庄	赵县	12	
11	五月二十九	娘娘庙会	常信一大队	赵县	30	
12	六月初六	佛爷会	大东平	赵县	12	
13	六月十三	关爷会	司马	宁晋	12	
14	七月初七	虫王会	北高李	宁晋	16	
15	十月十三	平安会	新村	束鹿	50	供金佛，大可家
16	十月十四	张爷会	南庄	赵县	12	
17	十一月初九	苏家庄北会	苏家庄	宁晋	11	挂案过会
18	十一月十五一月十五	老母会	段羊盂	宁晋	5	一年两会，常去的是十一月十五的会
19		天佛会	石佛头	晋县	15	
20			东平乡	晋县	12	

说明：1. 此表根据覃山夫妇口述整理而成，里数仅是约数，并不准确。2. 西会前往别村赶会的基本原则是发会启就去，不发的就不去。有的会，因为路远又没有什么交情的，发会启也不去，如豆腐庄皇醮

会。但有的会，如束鹿新村大可家的平安会，因情意深，路途再远，西会也去。3.该表中贤门楼、杨扈、大寺庄、大东平、谢庄、晋县东平和石佛头等村的会都是前些年去，近几年则基本不去了。

表7-2　2002年四月初九秀才营西会所得油钱

序号	会名	人数	油钱（元）	序号	会名	人数	油钱（元）
1	北高李虫王会	13	7.00	12	南庄张爷会		5.00
2	司马关爷会	10	7.00	13	大寺庄庙会		9.00
3	赵羊盃太阳会	2	2.00	14	常信一大队	16	5.00
4	孔目庄老母会		3.00	15	段羊盃菩萨庙		10.00
5	庄上老母会	10	5.00	16	姚家庄	20	12.00
6	赤羊盃圣母会	6	5.00	17	东台关爷会	10	5.00
7	各子南	25	12.00	18	各南菩萨会	19	8.00
8	小寺庄	16	8.00	19	郭家庄		3.40
9	北口	8		20	李家庄	1	5.00
10	胡岳村老母会	50	23.00	21	林子	3	1.50
11	苏庄北会		5.00	总计			约140.9

说明：这仅是笔者的不完全观察和统计。

表7-1和7-2说明，与西会关系一直交好的庙会在铁佛寺庙会期间都前往西会茶棚给了香油钱。由于秀才营地处赵县最东端，与晋县、宁晋交界，所以与它往来的约一半的庙会都不是赵县的庙会，这些会也基本都对西会在铁佛寺庙会期间进行了"回访"，交了香油钱。显然，因为所在村落不同，以其所在村为中心和已有的行走的偏好、习惯，每个茶棚会的交往（互惠赶会）圈也就有所不同，从而将远近不同的庙会组织和香客都带到了铁佛寺。这也就是尽管铁佛寺庙会没有一个统一的组织也不发会启，其庙会规模一直都较大，维持在相当规

模最为直接的原因之一。

铁佛寺庙会的茶棚供奉的神神十分庞杂，无法简单地归结为哪一类宗教或教派（如表 7-3）。如同家中神案上的神神一样，不同茶棚中的神神对于其会众而言，意义并不一样。能够清楚说出这些神神名字的成员并不多。这些神神或与某个村庙相连，或是老茶棚传下来，或与某次特殊的经历相连，或与某个传说故事联系在一起。虽然不一定能够说出神神名，但这些神神在茶棚会成员中是鲜活的、流动的。行好的没有门户之见，不论是哪个茶棚中的神，他们信奉的是他们认为灵验的神神。如同香会组织有"念佛会"的别称一样，今天茶棚会中很多行好的都在柏灵寺皈依有着正统的"善人"身份，但作为一种标签的"佛""善人"和他们的信仰实践并没有必然关联。由于是在铁佛寺搭棚过会，铁佛寺原本就有的九莲圣母和三皇姑这两位在华北地区有着广泛信众的女神也就成了多数茶棚供奉的神神。

表 7-3　2002 年铁佛寺庙会部分茶棚会供奉的神神

茶棚名	神神
秀才营东会	阿弥陀佛、释迦牟尼佛、药师佛、三皇姑、药王、药圣、药灵
秀才营西会	主祀：九莲圣母，三皇姑，全佛、睡宫之神、筋骨奶奶、猴祖 陪祀：瘢疹奶奶、眼光奶奶、释迦牟尼佛、关爷
大安兴善会	棚内正面：关圣武帝、麦王奶奶、送子观音、三老母（普贤、慈航、文殊）等 棚内两厢：龙王、弥勒佛、真武、三皇姑
大安积善堂	棚内正面：三皇姑、九莲圣母、玉皇大帝；关公、真武、三尊老母、麦王奶奶 棚内两厢：王雷、关平、赵遁、周仓；弥勒佛、财神、送子老母、寒祖；十殿阎君 棚门口：门神、路神、火神
大安老灵宵宫	棚内正面：玉皇大帝、三尊老母和九莲圣母 棚内两厢：武财神、送子老母

茶棚名	神神
大安灵宵宫 玉皇会	棚内正面：玉皇大帝；三皇姑、南海老母、释迦牟尼、九莲圣母、眼光奶奶、龙母 棚内两厢：三尊老母、武财神、文财神 棚门口：路神、火神
大安铁佛大殿 南茶棚会	棚内正面：药师、如来、玉皇大帝 棚内两厢：送子观音、九莲圣母，菩萨宝殿
大夫庄敬奉路神茶棚会	路神
大夫庄老茶棚会 （众善奉行）	棚内正面：西天佛祖、玉皇大帝、九莲老母、龙牌、全神 棚门口：路神、火神
大夫庄老茶棚会	棚内正面：西天佛祖、全神、玉皇大帝、三个老母、九莲圣母、龙牌 棚门口：路神
大夫庄东会南老母会	棚内正面：全佛、三皇姑、九莲圣母、龙牌；送子娘娘、眼光娘娘、观音娘娘、瘢疹娘娘、送生娘娘 棚内两厢：何仙姑、韩湘子、铁拐李、张果老、汉钟离、吕洞宾、曹国舅、蓝采和；财神爷、财神奶奶 棚门口：路神、火神
朱家庄茶棚	九莲圣母、观音圣母
晋州市盐厂寨茶棚会	棚内正面：全神；药王、药圣、药灵、真武大帝；菩萨殿、南海老母、九莲圣母、玉皇大帝、瘢疹奶奶、送子老母 棚内两厢：十殿阎王 棚门口：姜太公、火神、土地爷和路神
宁晋县段羊盃菩萨庙	棚内正面：普贤、南海和文殊 棚门口：火神
李家庄无生老母庙	无生老母

说明：1.秀才营东会主要负责铁佛寺原有的铁佛殿、三皇姑殿、药王殿；秀才营西会主要负责铁佛寺原有的睡神殿、九莲圣母殿、观音殿、筋骨神庙和猴祖庙。2.曹庄茶棚会供奉的神神参看前文。3.三分之一的茶棚都供有毛泽东。

梨乡普遍信仰的三皇姑明显有杜德桥 (Glen Dudbridge) 研究的妙善和于君方 (Yü Chün-fang) 研究的宝卷中的观音的影子。[1] 秀才营西会的三皇姑神马实则是情节连续的圣画像，共有五大幅，每幅长约 3.5 米，宽约 1.5 米，从头到尾完整地绘制了三皇姑成仙的全过程，包括：1. 王灵官；2. 冬施衣；3. 夏施饭；4. 神仙托梦；5. 夜跳皇城；6. 枯树发芽；7. 碾房研磨；8. 虫王分米；9. 金殿辞父；10. 火烧白草庵；11. 跨虎登山；12. 仙人指路；13. 白猿献果；14. 小鬼撒灾；15. 俩皇姑不舍手眼；16. 刘长取手眼；17. 百官贺王病愈；18. 白猿；19. 全手全眼菩萨；20. 苍山皇封三皇姑。这些情节与清末《观音菩萨传奇》中的主要情节大致相符。[2] 但三皇姑在华北地区不仅仅是一位神，还是一个活生生的人，人们相信她是在西山（苍岩山）修炼成仙的。[3] 梨乡流传的种种关于三皇姑的传说以及流传的手抄本经文大致有以下情节：

A. 三皇姑是 a^1 以前 a^2 南北朝 a^3 隋朝荒淫无道的 b^1 皇帝（妙庄王／北周的皇帝字文毓／隋炀帝）b^2 平民的 c^1（三）女儿 c^2（三）姑姑；

B. 三皇姑很老实，没有两个姐姐乖巧，不善于 a^1 讨父皇／侄子 a^2 父母的欢心；

C. a^1 见父皇／侄子无道 a^2 一心向佛，决心出家；

D. a^1 父皇／侄子 a^2 父母 b^1 派人 b^2 让两位姐姐劝解无效；

E. a^1 父皇／侄子 a^2 父母故意出难题，b^1 一夜将十石麦子磨成

[1] Glen Dudbridge: *The Legend of Miao-shan*, London: Ithaca Press, 1978; Yü Chün-fang: *Kuan-yin: The Chinese Transformation of Avalokiteśvara*, New York : Columbia University Press, 2001.

[2] 曼陀罗室主人：《观音菩萨传奇》，北京：大众文艺出版社，1997。

[3] 当然，三皇姑在地化是一个十分复杂的过程，佛教经卷、民间流传的宝卷、说书、地方戏曲等反复演绎的隋唐历史故事、苍岩山的地方风物传说、文人对上述故事的叙写、地方社会的建构等都是其中的一部分，这将另文专述。

面粉，b^{2}分清混杂在一起的十石谷子和芝麻；

F. 三皇姑在他者a^{1}神灵鬼怪a^{2}鸟雀等动物的帮助下完成任务；

G. 三皇姑出家；

H. a^{1}父皇/侄子a^{2}父母继续为难三皇姑，b^{1}追杀b^{2}焚寺b^{3}抛弃女儿不认；

I. 三皇姑在灵物a^{1}白虎a^{2}长毛猴的帮助下，克服困难b^{1}树划破衣服b^{2}与志公和尚争苍岩山（宝剑、绣花鞋、香炉），到达苍岩山；

J. a^{1}父皇/侄子a^{2}父母恶行触怒天庭，玉皇b^{1}降瘟疫于全国b^{2}让恶人生疮，病只能用亲人的手、眼做药才能治好；

K. a^{1}父皇/侄子a^{2}父母找大女儿、二女儿均遭拒绝；

L. 三皇姑用自己的手眼做药，治好a^{1}瘟疫a^{2}疮；

M. a^{1}神灵降恩a^{2}百姓感恩a^{3}皇帝降旨被误传使三皇姑成为千手千眼的菩萨。[1]

历代都有人对三皇姑究竟是谁进行考证，后人常用隋炀帝杨广的长女南阳公主来驳斥三皇姑是隋文帝杨坚的女儿妙阳公主的说法。[2]从依然在传承的故事可知，老百姓们对三皇姑究竟是怎样的出身反而兴致不浓。他们注重、认可的是与品行恶劣的暴君或无情父母恶行

---

[1] 河北省石家庄地区文联编辑：《滹沱河的传说》（内部民间文学资料），第25-37页，1983；河北省石家庄地区民间文学三套集成编委会、藁城县民间文学三套集成编委会编：《耿村民间故事集》（内部资料）第三集，第304-306页，1988；井陉县民间文学三套集成办公室编：《井陉民间文学集成》（内部资料），1986；井陉矿区民间文学集成办公室编：《井陉矿区民间文学集成（第一卷）》（内部资料），第67-105页，1989；石家庄市民间艺术家协会、石家庄市三套集成办公室编：《苍岩山民间故事选1-3集》，石家庄：中国工程师杂志华北印刷厂，1989。

[2] 傅汝凤等纂：《井陉县志料》第一册，第27、56页，天津义利印刷局印，1934。

形成鲜明对照的三皇姑的慈悲善良、法术道行和传统儒家文化赞赏有加的孝行。对行好的而言，三皇姑是一个就曾经生活在这片土地上，与苍岩山的树木花草相连，有血有肉、大慈大悲、救苦救难、护佑众生、庇护一方的神神，一个地地道道的地方神，是与观音截然不同的另一个神。或者确实是因为隐晦地表达出了中国女性寻求主观性（subjectivity）和主体地位（subject position）的意识形态，[1] 众多的三皇姑传说故事和佛才被以中老年女性为主体的行好的反复讲述和念诵。

九莲圣母，又叫九莲菩萨。在官方和民间，都有九莲圣母是明穆宗的贵妃、明神宗生母之说。在《明史》"列传二·后妃二"中，神宗生母李太后是一个重任贤臣、教子有方、深明大义、赏罚分明、笃信佛教、母仪天下的贤明的皇太后。[2] 生前，李太后就被宫中的人尊为"菩萨"。死后，她在宫中的像座为九莲座，故称为九莲菩萨。现在还能在北京城多少感受到一些遗迹气息的万寿寺、慈寿寺、长椿寺等寺庙的修建多少都与这位笃信佛教的太后有关。《明史》列传第八、一百四十一（薛国关）、一百八十八（外戚）都提及九莲菩萨显灵的事：在崇祯皇帝时，因国库空虚，崇祯皇帝向外戚们要钱助军饷，因此吓死了要钱不要命的李太后的侄孙李国瑞。这时，崇祯的五儿子慈焕正好病重，在崇祯前往探望儿子的病情时，这个五岁的小孩突然说："九莲菩萨言，帝待外戚薄，将尽殇诸子。"言毕，慈焕夭亡。[3] 虽然这则李太后显灵的故事主要反映的是皇帝出于保皇位之目的与外戚之间经济上的纠纷，但也从侧面说明了万历的生母李太后与九莲菩萨之间的关系。即在相当意义上，九莲菩萨是宫廷文化、政治斗争和宗

---

[1] P. Steven Sangren: "Myths, Gods, and Family Relations", in Meir Shahar and Robert P. Weller edited, *Unruly Gods: Divinity and Society in China*, pp.150–183, Honolulu: University of Hawai'i Press, 1996.

[2] 张廷玉等纂：《明史》，第3534–3536页，北京：中华书局，1974。

[3] 张廷玉等纂：《明史》，第3658–3659、6540、7680页，北京：中华书局，1974。

教生活互动的产物，主要是为李太后歌功颂德的结果。

从今天依然传世的、印行于"大明万历四十四年十一月十九"的《佛说大慈至圣九莲菩萨化身度世尊经》和《太上老君说自在天仙九莲至圣应化度世真经》可知，在死后不久，李太后已经分别被佛教和道教纳入了各自神系。根据经尾有"当今皇帝谨发诚心印造"的字样，马西沙和韩秉方断言这两部经是万历皇帝亲自为称颂其母的"作秀"之作。虽然真伪有待推敲，但马、韩二人展示给我们的被奉为九莲菩萨的李太后与当时西大乘教的关系则是中肯的。确实，借助万历皇帝"自白"的经卷和西大乘教等教派，九莲圣母在民间被广为传播。[1]

无论正史以及释道二教如何将九莲菩萨美化，民间虽然也将其作为神神供奉，但作为人的九莲圣母，其形象与三皇姑大相径庭。在民间传说中，作为神宗生母的九莲菩萨是一个淫荡、没有廉耻并使年轻的万历皇帝大伤脑筋的女人、母亲。传闻出生在宁晋小南海的她在进宫前就有一个相好。明穆宗去世后，为所欲为的李太后将自己以前的相好饰作和尚，藏匿内宫，终日玩乐。此事闹得朝野不安。为此恼火万分的万历听从了一位太监的计策，哄劝李太后上了泥船到宁晋泊玩耍，巧妙地将生母淹死在了宁晋泊中。这地方就是现在宁晋县的孟家庄。作为人子的万历为了落得个孝顺的名声，在生母死后，又封其为九莲圣母，并在当时宁晋泊的边缘修建了南海老母庙（又叫奶奶庙）。梨乡行好的一般都知道这个故事。2002 年 5 月 21 日，农历四月初十的午后，覃山妻就是在铁佛寺睡神殿内九莲菩萨的神像前给我讲述了这个故事。[2] 至今，梨乡行好的一般都不说孟家庄，而是以"小南海"

[1] 马西沙、韩秉方：《中国民间宗教史》，第 680—683 页，上海：上海人民出版社，1992。

[2] 另可参看《南海老母庙的来历》和《万历淹母建行宫》，分别参阅河北省石家庄地区民间文学三套集成编委会、藁城县民间文学三套集成编委会编：《耿村民间故事集》（内部资料）第一集，第 145—146 页，1987；张鹤龄编：《邢台市故事卷（上）》，第 295—296 页，北京：中国民间文艺出版社，1987。

代称。虽然这个奶奶庙的香火一直都很旺盛，但或者是孟家庄的人更熟悉庙中所供奉的菩萨是怎么样一个人的缘故，孟家庄几乎没有人到庙里烧香上供。"孟家庄的奶奶照远不照近"也就远近皆知。

不论学者怎样归类，分析，在行好的这里，作为儒家所宣扬的慈悲、良善、孝顺之化身的三皇姑与儒家所痛斥的"不守妇道"的九莲圣母一样得到供奉。尽管有着极大的认同和包容，人们认同的主要还是人、神的良善。所以，近百年前的梨乡村庄都有朝山会，而较少有人去距离比苍岩山近很多的小南海赶会。良善或者可以说是梨乡人行为之根本和规则，三皇姑就是良善或者说行好之最高典范。这也是梨乡行好的祖祖辈辈都遵守和奉行的伦理学，而不仅仅是他们的宗教学。或者正是因为如此，"行好／善""行好／善的"也才成为绝大多数梨乡人对世界的分类标准和认知体系的核心，并在其日常言行中不断地强化、实践。

虽然现在的铁佛寺茶棚完全担负了庙宇的功能，但茶棚俗世娱乐色彩与其宗教功能是同步增长的。换言之，茶棚近几年宗教功能的加强并没有影响茶棚世俗化的总体趋势。这在茶棚会成员的构成与活动上有着鲜明的体现。与龙牌会的会头、帮会，水祠娘娘庙会、大夫庄老母会等梨乡庙会组织一样，铁佛寺茶棚会的成员日趋多样。与过去的人多数是出于对神神的虔信而行好不同，现在有相当一部分在外工作的人或曾担任乡村干部，以前并不信神的人，年老赋闲在家后，由于其识文断字又见多识广，并且多少都有儿时茶棚会行好的记忆，对这一传统有着认同，慢慢地也就成为茶棚会的成员，而且通常是主要成员。

其次，茶棚会中还有部分人是被家中虔信的女性成员强行拉来参加茶棚会的。这些人的参与虽然不会干涉、阻止其他虔诚的会员及香道的信仰活动，但至少不会增强茶棚的宗教色彩，并使茶棚会组织或者说庙会组织发生渐变。近几年来，几乎在铁佛寺庙会的每一个茶棚中，都有人声明自己并不信神，来此搭棚，参加茶棚的活动，主要是为了活动活动、强身健体，大家在一起乐呵乐呵。"经常出来动动，唱唱，心情也愉快，不然老待在家里也不是个办法，何况在茶棚中也是为他人做善事？"这样的言论已经成为今天铁佛寺茶棚会的声音之一。

如今，前来铁佛寺上香的远近香客每天仍以万计。除茶棚会的部分成员（多数是会头）和极个别年龄很老的香客，像以往那样在茶棚住棚的成批香客基本没有了。发生这种变化的原因是多方面的。首先，交通条件的改善使大多数前来赶会的人在一天之内往返成为事实。其次，信仰群体也在缩小。以往，香客是整体性的村民，各个年龄段的，男的、女的都有，小孩会随着爷爷奶奶还愿住棚。现在，信仰群体以50岁以上的老年人——村子中的半劳力为主，有的老人还是以看戏为主。青年人则多数是来看热闹、买卖东西或闲逛。再次，前来赶会的香会组织赶会的方式也发生了一定变化，通常是会里包车前往，成员的香油钱、交通费等都是会里统一支付，交一定的费用在各自比较固定的茶棚吃一顿午餐是通行的做法。还有，就茶棚本身而言，因为茶棚神性功能的递增，神棚空间的扩大，茶棚以往主要提供茶饭和住宿的接待功能由于居住的面积成反比地收缩而减小，这也就在事实上限制了住棚的人数。

茶棚之间虽然存在着裂变，但在总体上是互相认同的。这种认同不仅表现在对不同神神的认同上，还表现在庙会期间茶棚之间的游棚和下午、晚上闲暇时，不同茶棚会成员互相串棚念佛、舞蹈等方面。

四 念佛响棚：圣化茶棚的表演

自20世纪五六十年代以来，因应第二次世界大战后政治霸权、科技强力的社会变迁，世界图景中的民俗学认知论、方法论发生了基本转型。静态的视角、传统与现代的简单对立、将民俗剥离于具体语境的研究前提都受到巨大质疑。在以前的联邦德国相继出现的民俗学主义、科技时代的民俗，美国的真、伪民俗之争、作为表演的口头艺术，日本的都市民俗学、现代民俗学，关于史诗的口头程式理论等都是民俗学认知论前行中的"异文"。在所有的这些流派中，因为译介的关系，以理查德·鲍曼为代表的表演理论[1]近年来颇得中国民俗学界的青睐。但是，本书更愿意使用社会学家欧文·戈夫曼的"日常生活的自我呈现"[2]来与表演对应。即，我同意戈夫曼的基本认知：表演不仅仅是舞台上下、荧屏内外、话筒前面、镜头里面所谓"演员"的事情；老人小孩、红男绿女、总统平民、将军士兵、配偶子女、师徒父子等每个个体都是演员；个体因时应景、扮演不同角色的所有交际言语、行为都是表演，是个体或群体常态性地对自我认同的宣誓与强化。

　　虽然茶棚、戏班和商贩一道共同吸引了许多人来赶会，但茶棚明显是基础和主体。每个茶棚在铁佛寺庙会期间的表演相当复杂，包括庙会前的准备，庙会期间茶棚内部的表演和茶棚之间的表演，庙会结束时的送神、拆棚等。这里主要以2002年曹庄茶棚会为例说明铁佛寺庙会期间茶棚会的表演。庙会前的准备有两个阶段。第一阶段是在村中要做好的准备工作，包括茶棚会首的心理准备、搭建茶棚器具（含运输工具）的准备、供品、钱粮的准备；第二阶段是庙会开始前在铁佛寺搭建好茶棚，做好香客烧香上供以及休憩的种种准备。

　　曹庄茶棚会的主要器物平时都存放在村东三官庙旧址上修建的两间库房里。开庙前的一星期左右，在老辩的张罗下，茶棚会的会首们会聚集在库房中，召开搭建茶棚的准备会，对能参加的会众及帮会按

[1]　Richard Bauman: *Verbal Art as Performance*, pp.1–58, Wave and Press, Inc, 1977.

[2]　[美] 欧文·戈夫曼：《日常生活中的自我呈现》，黄爱华、冯钢译，杭州：浙江人民出版社，1989。

惯例进行大致分工。曹庄茶棚会搭建茶棚的器物主要有 14 张桌子，50
条板凳，35 根直径十余厘米、长约两丈的斑竹，篷布，两口大铁锅，
数百碗筷，六口装神马等物品的木箱，两口存水的大缸，住棚人员的
被子等常用物品及其他器具。运送这些东西至少需要 4 辆"石家庄"
牌拖拉机。如果会首或帮会家的车不方便，给村子中其他车方便的人
说一说，大家都会同意帮忙运送并拒收运费。

　　四月初四、初五（阳历 5 月 15、16 日），人们的准备工作明显紧
张起来。初五的小雨也没有阻止人们准备工作的进行。三五个女会众
在库房中缝补篷布破损的地方，老辩等男性会首则清理桌子、板凳、
竹竿等器具，对搭棚用的部分木头柱子进行修理。老辩几乎整天都待
在库房中，灯头、灯泡等东西他都细心检查，该添置的就添置。参加
的会首、帮会都会把自己要"捧"的麦子（一般为 10 斤）交给收管钱
物的敛首。除麦子外，还有会众捐钱、油、白菜等物品。

　　茶棚中所用的干供是四五个女会首在轮值会首广珠家中炸制的。
制作面供之前，要先给茶棚会供奉在广珠家的九莲圣母神马烧香。油
炸面供是用小麦面粉和水揉搓到一定程度后，将薄的面片压在纸剪的
镂空状的图案上，然后放在滚沸的油锅中炸制。这些长年都要用的剪
纸图案多样，造型不一，有龙、凤、梅花鹿、亭台楼阁等，各自都有
其象征意义，或福禄寿或富贵荣华等。在初六、初七搭棚的两天，参
与搭棚的所有人吃的干粮也由女会首们在广珠家做好。庙会期间香客
食用的干粮是茶棚会直接用小麦到村中专门做馒头（机器制作）的家
户那里兑换。由于每年都去搭棚，对于通常有多少赶会的香会和香客
在自己茶棚中吃饭，需要多少干粮，会首们心知肚明。

　　2002 年农历四月初六凌晨 4:30 左右，没有指挥，没有领袖，曹庄
装车的男性会众纷纷起床，在库房前的街道上将所有的器具装车。两
小时装车完之后，会众们回自己家吃早饭。7:30 左右，八九个女会首
都聚集在广珠家主屋的九莲圣母神案前，烧香磕头，口念"阿弥陀佛"

"陀佛"，祝愿神神当天出行一路平安，也保佑合会大小平安，一切平安。7:50，人们准时出发。

不像其他比较小或者简单的茶棚在初六当天就能搭建好，曹庄的茶棚是在初七中午才彻底完工。当然，有的茶棚是四月初六下午或初七早上才来。不论什么时间来，一般到初七中午都会把棚搭建好。搭建好的茶棚，仅仅是用人造的器物对自然空间进行了简单的分割，仍然是一个世俗空间，无法接受香客的跪拜。为了使茶棚成为一个具有神性的神圣空间，每个茶棚还要举行开光、挂神牌、开门、安炉、点灯、燃香、上茶、上供、请神、安神等一系列的仪式将茶棚圣化，使其真正地成为一个神圣空间。这一系列仪式又叫"响棚"。其中，开门、请神、安神是必备的仪式。开光只是对当年茶棚中新增加的神像举行。由于初七已经有少量的香客前来烧香，所以各个茶棚举行这些仪式都赶在香客上香之前。

与梨乡其他庙会相同，茶棚中所有仪式的举行都是在香烟的萦绕下，在香烛的照耀下，在飞升的纸灰下，在乐队的伴奏下，以行好的念佛为主。换而言之，在一定意义上，香烟、香烛、灰烬和音乐是梨乡庙会"祭神仪式的主要内容和主导符号"。[1]曹庄茶棚会的乐队通常包括铛一人、手鼓一人、头钹二人、二钹二人、镲一人、镉一人，计八人。由于精力、体力和对不同佛的熟稔程度等原因，不同的仪式，带领众人念佛的持铛者会有所不同。念佛的人数不等，除照顾神案前的香、烛的人员外，一般当时茶棚中对念佛感兴趣的人都会参加，有一部分人也趁机学习念佛和学习乐器的敲打。

在曹庄茶棚，挂神牌的佛如下：

---

[1] 薛艺兵：《神圣的娱乐：中国民间祭祀仪式及其音乐的人类学研究》，第363~367页，北京：宗教文化出版社，2003。

持铛者诵：

善人立坛前，神牌往上悬，神牌高挂起，供奉到佛前。

众人唱：

这炷神牌往上悬，伽蓝护法紧护坛。伽蓝护法护坛内，行好善人紧靠前。齐宝林来砌宝台，宝林宝珠宝花开。用手打开无缝锁，还得佛家钥匙开。开经卷来头一册，我佛面前诉明白。俺把神牌高挂起，千佛万祖听经来。

如当年有新神马，则要给新神马开光。不同的神棚、神马，开光佛有着差异。1996年敬奉路神茶棚会给路神神马开光佛是：

一炷真香举起来，俺把神牌挂起来，挂牌请的真佛祖，合会善人开光来。手拿仙针开头光，开开头光亮堂堂，一气走了十万里，合会善人开光来。手拿仙针开耳光，开开耳光请八方，一气走了十万里，合会善人开光来。手拿仙针开眼光，开开眼光走四方，一气走了十万里，合会善人开光来。手拿仙针开简光，开开简光闻供养，一气走了十万里，合会善人开光来。

手拿仙针开口光，开开口光吃供养，一气走了十万里，合会善人开光来。手拿仙针开手光，开了手光拿供养，一气走了十万里，合会善人开光来。手拿仙针开胸光，开了胸光亮堂堂，一气走了十万里，合会善人开光来。手拿仙针开膀光，开了膀光穿衣裳，一气走了十万里，合会善人开光来。手拿仙针开足光，开了足光走道场，一气走了十万里，合会善人开光来。这个盆儿圆又圆，俺给佛家来洗脸。这个手巾花又花，拿给佛家把脸擦。这个拢子长溜溜，常给佛家来梳头。这个镜子圆溜溜，照到佛家好脸容。

开光之后是开门。开门时，先燃香点烛，乐队奏乐，众人正式开始念佛。但茶棚不同，各个茶棚开门的具体时间及念佛都有差别。曹庄茶棚会开门是在初七下午 3:03 开始，一直持续到 3:52。开门前先是燃香、点烛。在乐队奏乐 4 分钟后，众人念佛。持铛者振起（女，1939 年生）行好已经整整 20 年。因为老辩的收集整理，曹庄茶棚会的开门佛要复杂些，有"开门香"与"大开门"的差别。

考虑到时间等因素，也是乡土宗教随意性和即兴性特征所决定，响棚中，安炉、点灯、燃香、上茶、上供等仪式并不一定念佛。请神和安神是响棚必备的程序，只有把神神请来并安顿好，响棚才算完成，茶棚的圣化也才算结束。请神要把茶棚中供奉的每一位神神都请到，所以，曹庄茶棚会的请神佛就比其他茶棚要长些。另外，对于不同的神神，茶棚中还专门有该神神的请神佛或者是送神经文。小茶棚以及供奉的神神比较少的茶棚唱诵的请神、送神的佛专指性也就强一些，不会像大茶棚那样笼统。同时，在茶棚中，某个神神的佛或者会作为一种娱乐在庙会期间演唱，其仪式性功能已经不复存在。

从响棚这一复杂仪式过程及念佛可知曾有的种种宗教对今天梨乡庙会的影响。在九龙口这个空的空间，天地三界诸神同样是来无影去无踪，该来的时候就来，不该来的时候就不来。人们相信通过他们的呼唤、吁请，在每年农历四月初八到十二这五天，神神会欢聚于此。人们会把这里看不见的东西南北中所有方位的门都打开，让神神来往畅通无阻，而且只要开了门，神神就会憩息在此，安享人们的供奉，聆听人们不一的心事与心愿，抚慰众生。因此，"开门"不仅是打开神神前来的无形的门，同时也开启神神与人的交流之门；不仅是打开茶棚的有形之门，也开启神神与人的心智之门。一个原本处于村外的荒僻之地，一个用竹竿篷布搭建的世俗空间在人们已有的群体认知、记忆的基础上，加之当下的仪式动作，即经历群体性的表演之后也就成为人们在家外、村外的神圣空间。

简陋而繁复的茶棚遮挡的不仅仅是九龙口的风沙，响棚之后，它也遮挡了人们想象中一切邪恶、不吉，并能接纳、化解人间的种种不幸、失衡与风险。在这里，前来叩拜的香会和香客又一次通过香、纸、磕头重复着家中过会和村落型庙会中的一幕幕，每个茶棚在庙会期间都是香烟弥漫，充盈着念佛声、锣鼓声、求祈者的哭泣声、还愿者的欢笑声。在茶棚中，人们虽也遵守一定的秩序和行为规范，但那都是从敬拜神神的角度出发，这里少有世俗身份、地位、财富的限制，所有的人都同时将自己直接呈现在神神面前。因此，人们的行为也就相应地呈现出自由、自在、平等和博爱的氛围。神神与庙会中动情的庙戏、庙市中丰富的物品一起，让人们的心灵得以尽可能地舒展和放松，甚或短暂地忘却自我。

乡村中这家外、村外的神圣时空的建立与传统都市社会中对"杂吧地儿"的想象性建构有异曲同工之处。围绕这些街头艺人的表演和天桥附近杂然纷呈的旧货市场、茶馆、妓院，内、外城人或以身试法躬耕于天桥，或心向往之却满嘴仁义道德，天桥成了多数下层北京人的向往之地，成了边缘性和中心性同具的，家和胡同里弄之外的第三生活时空。在这里，演者和观者、嫖客与妓女、乞丐、兵痞、缝穷妇等各色人等的行为都少有顾忌。他们无所谓颜面。作为在不同定程度上被既有的社会制度抛出的人，他们用自己的肉体、性情、技艺、堕落、豪放、任性、邪恶、美德书写并生产着天桥。在天桥，人们的平等性、自主性、自为性要比内城的人多得多。只不过，在天桥这块杂吧地儿，人们对天桥的生产是依托在自己同类身上完成的，每个人都能在天桥生活的他人身上看到自己的影子，明了自己的潜意识。[1] 在九龙口，尽管有现实生活的影射，人们对神圣空间的生产却是依托神神

---

[1] 岳永逸：《空间、自我与社会：天桥街头艺人的生成与系谱》，北京：中央编译出版社，2007；《老北京杂吧地：天桥的记忆与诠释》，北京：生活·读书·新知 三联书店，2011。

来完成的，人们的所有动作都是围绕冥冥中存在并能左右人命运的神神。无论是天桥的人还是九龙口的神神，二者对人们常态生活之外的第三时空的结构性作用是相同的，天桥的人即九龙口的神，九龙口的神即天桥的人。这或者可以称为人神一体的异地辩证法。

五 游棚上香的小农理性

如前文所述，铁佛寺庙会的茶棚来自不同村庄，有不同的历史、组织，不同数目的会首、成员，自己的神神，较固定交往的香会、香客。换而言之，相对于其他茶棚，每个茶棚自身都呈现出一定的封闭性、独立性，尤其是那些以前是一个茶棚，后来因种种原因分离的，以及那些因香道的而神秘色彩浓厚的茶棚。作为单个个体，或者说一个行动单位，这些茶棚呈现在他者面前都是铁佛寺茶棚会，与其他前来的庙会组织一样都是来赶铁佛寺庙会的，是客体。同时，这些茶棚又是铁佛寺庙会的主体，它接待容纳赶会的其他群体和个人。茶棚外现的封闭性、保守性并没有阻止、妨碍茶棚之间的相互交流、沟通，只不过亲疏有别。茶棚之间的认同是相互之间的游棚。在初七到初九，不要说没有矛盾的茶棚之间，就是有宿怨或新仇的茶棚之间，按照旧有的规矩，每个茶棚都必须游棚。当然，每个茶棚游棚的时间、先后顺序不尽相同。除秀才营东会、西会以庙会"主人"的身份在四月初七下午就在茶棚区按顺时针方向拜所有的茶棚外，其他茶棚在游棚时都有亲疏远近之分。2002年庙会期间，秀才营东会游棚是在初七下午2:50开始，在3:30左右结束。

游棚的队伍组成与前往他村赶庙会的队伍相同，都是在一个会首的带领下进行，人数常在十人左右。会首走在游棚队伍最前面，手捧（提）装有黄表纸的簸箕（篮子），随后是该茶棚的会旗，由镲、钵、镲、鼓等组成的乐队。到一个茶棚时，游棚者径直走进所游茶棚的主殿，会首率先跪在该茶棚主祀神神案前，将装有黄表纸的簸箕（篮子）高举过头顶，被游茶棚的会首就从这个簸箕（篮子）中拿出几张黄表纸点燃，然后把自己神案上的黄表纸拿几张放回跪着的前来游棚的会首的簸箕（篮子）中。在双方乐队的伴奏下，游棚的人高喊"阿弥陀佛""陀佛"等佛号。等黄表纸燃得差不多时，所有游棚者都会跪下磕头，然后出棚。关系较亲近的茶棚，在游棚时，烧过、交换过黄表纸后，游棚者一般会比较长时间地念佛。2002年，曹庄茶棚会是在四月初八上午8:30到一直与自己相邻的且关系友善的大安积善堂茶棚游棚的。参与游棚的15人中有7位女性会首，念佛长达20分钟。

游棚的象征含义是丰富的。它既是茶棚会之间一年一度地重新认同，也是不同茶棚的神神之间的认同；既是对该茶棚过去的认同，也是对该茶棚现在及将来的认同；既是对当下该茶棚空间所具有的神圣性的认同，也是对茶棚背后的村落、村庙和相关庙会的认同。这一切都凝聚在交换和燃烧的黄表纸中。通过黄表纸的交换、传递、燃烧，一个茶棚的神圣、灵验、香火等也就多次在各个茶棚之间游动，没有了寺庙的铁佛寺庙会也就打破了帆布覆盖的茶棚的界限而再度成为一个没有世俗间隔的一体的神圣空间。显然，游棚也有助于有隔阂的茶棚之间的沟通，是进一步交流或改善关系的契机。

考虑到交换和希求回报的因素，如果说游棚还是茶棚之间的一种制度性行为的话，那么从初八开始，在香客很少（个别年老的香客会在自己一直有往来的茶棚住下）的下午和晚上，关系比较亲近的茶棚之间互相串棚念佛、演练经舞则更多是世俗性的、随意性的，主要是茶棚之间娱乐、交往和互相学习的一种方式。规模不大的茶棚、没有装设电灯的茶棚中的人通常会到比较大型的茶棚"串门"。当然，也有虔诚者认真地在神案前念诵他们自幼就熟悉的佛。这时，常常会云集很多人。这些活动常持续到凌晨。铁佛寺庙会期间的夜晚，除了这些茶棚，比较大型的饭棚和戏班的留守人员之外，没有其他的人。与白天的熙熙攘攘、喧哗相比，在稀疏的星星和新月惨淡经营下的铁佛寺冷清而萧条。不时从这个或者那个茶棚中传出的念佛声和鼓乐声使九龙口有了生气，使诸如我这样的陌生人不觉寂寥。

与水祠娘娘庙会、龙牌会等梨乡庙会相似，铁佛寺庙会的个体香客只占香客很少的一部分。大部分来上香的人都是铁佛寺远近村落的庙会组织。由于铁佛寺是三县交界处，虽然前来的主要是梨乡的庙会组织，但也有相当一部分庙会组织来自晋县、宁晋、藁城、辛集、束鹿。即以九龙口为圆心，周围五六十里远的地方都有庙会组织和香客前来上香赶会。另外，也有个别从正定、井陉、保定来的香客。

多数前来的庙会组织有自己定点的茶棚。无论群体还是个体香客，通常要将所有残庙和茶棚都走到的。由于人流量大，也就形成了较为固定的上香的路线：在整个茶棚区基本是按顺时针方向走，在南部茶棚区内是按逆时针方向行进，大致是：大夫庄敬奉路神茶棚会→段羊盂菩萨庙→秀才营西茶棚会→睡神殿→九莲圣母殿→筋骨神庙→观音殿→猴祖殿→大夫庄南老母会→大夫庄老茶棚会→朱家庄茶棚会→药王庙→大夫庄老茶棚会（众善奉行）→赵县大安灵宵宫玉皇会→赵县大安铁佛殿南茶棚会→善心菩萨庙→铁佛殿→李家庄无生老母茶棚→三皇姑殿→千佛殿→九龙口→赵县大安兴善会→赵县大安积善堂茶棚会→赵县曹庄茶棚会→赵县大安老灵宵宫→晋州市盐厂寨茶棚会。当然，也存在反方向行进和随意走的情形。其中，画线的地方是肯定会去的，没有画线的神棚可能就存在一定选择性。值得注意的是，在必往的庙殿中，仅仅曹庄茶棚会不是铁佛寺原有的残庙。它赢得庙会组织和香客的前往，与该茶棚形制的完整密切关联。将这条路线走完后，人们或在自己定向的茶棚中与老友聊天、歇息，或走向戏台、商贸区。

与龙牌会、水祠娘娘庙会上的情形相似，前来赶会的香会组织有会首、会旗和乐队，他们通常只给自己有互惠往来的茶棚会香油钱，并在该茶棚中歇息、午餐。香油钱的数目大致等同于该茶棚上一年给该香会所组织的庙会的香油钱数。对于其他茶棚，一个香会组织只是上香、烧纸而已。铁佛寺的茶棚对前来自己茶棚上香的香会除礼节性地打招呼外，不迎也不送。据说铁佛寺庙会过去还有高跷、秧歌等表演性极强的武会，但现今除唱戏外，再无其他表演。同时，铁佛寺庙会也没有娘娘庙会、龙牌会那样在正日子夜晚燃放的焰火。这些赶会的香会组织在群体性活动完之后，就化整为零，许愿还愿，各忙各的。无论远近，前来赶会的香会常在下午两点左右就启程回家。

2002年四月初九上午10:15-11:15，前来曹庄茶棚上香有常信营后街西会、赵县贤门楼佛爷会、赵县曹家柏舍三山会、范庄龙牌会、杨扈南门公善会、车庄西会、杨扈北门老母会、杨扈西门玉皇庙、孝友老母会、郑郭妈妈会、董庄西会等11个香会，有来自宁晋霍营、各子李家庄、段羊盃、李家庄、北李町、南李町、大东平、小东平、林子、常信二大队、赵羊盃、孙小营、西丁村、孙羊盃、大陆村、王家庄、藁城县贾石庄等村子的香客，共计有330多人。无论是庙会组织还是个人，只要给茶棚功德箱中塞了香油钱，就可以在该茶棚中吃饭，所以香油钱事实上又可以说是斋钱（通常每人5角）。在曹庄茶棚，很少有给10元以上的香油钱的。茶棚提供的午餐与梨乡的其他庙会一样：干粮和汤食。

显然，在一个茶棚中出入的香客的多少，中午有多少人在茶棚吃饭是茶棚是否人气旺、人缘好、红火热闹和神神灵验的象征，是关乎一个茶棚面子的事情。这样，正如同梨乡庙会之间一样，铁佛寺的茶棚之间也存在着竞争、攀比和夸富之风。但由于有限的地盘、资金、人力和很少的香油钱，铁佛寺的茶棚会并没有无限扩大的情形，每个茶棚都限制在一定的规模。如表7-2所示，对一个茶棚会而言，其总收入通常就在数百元，减去随后一年对给油钱的庙会的回访性上香，收支平衡已经不错了。即使有节余，也仅仅百十元左右。这样，这些茶棚会在把自己交好的香会组织带到铁佛寺庙会、扩大铁佛寺庙会规模的同时，也在一定意义上减少了铁佛寺庙会作为一个整体的香火钱的收入和铁佛寺庙会扩大再生产的可能性。而当下梨乡经济的萧条，老人手中零花钱的有限，梨乡庙会组织之间给香油钱的惯例等因素也在相当意义上决定了这些茶棚会的收支。虽然主观上茶棚是"行好"，给上香的人提供方便，完全不会在乎来棚里的香会、香客给的香油钱数目，但当亏空过大时，茶棚会主要成员的经济实力也不能补足时，一个茶棚会可能就不来寺上搭棚过会。有限的收入反过来又限制茶棚的扩大化经营，并将每个茶棚局限在一定的规模内。这样，现今铁佛寺茶棚的规模也就决定了铁佛寺庙会的规模。

整个铁佛寺庙会的经济收入分散，原有残庙的功德箱中的油钱被收归秀才营村委。除强制性地收取各摊铺的税费外，秀才营村委对庙会缺乏有力、有效的领导和组织。这就部分导致了这个草根性庙会一直不可能像陕北榆林黑龙大王庙会那样发展成为一个拥有自己学校、植物园等多种产业的经济实体。因此，如果说铁佛寺的茶棚会存在庙会经济，那同样是与传统社会相近的小农经济，到一定程度时就会出现内卷化的特征或势头，并限制茶棚的扩大。尽管是个跨村落型庙会，"独联体"式的结构使铁佛寺庙会长期以来局限在有限的规模，而没有无止境地扩展，及至大规模的资本营运。这也正是梨乡庙会经济学的一般特征，并与一种共谋状态下的梨乡庙会政治学互动。

六 心诚则灵？挂锁拴娃娃

在铁佛寺庙会期间，独来独往的个体香客基本是被湮没在络绎不绝的香会组织的上香洪流中。除求子的中青年妇女外，个体香客多是老年妇女。这些老太太清瘦并有些佝偻的身影、褶皱的衣服、古铜色额上深陷的皱纹、花白又有些板结的白发、蹒跚的脚步，不由自主地让人对暮年倍感凄凉。她们上香最为虔诚。在每一个神神、牌位前，她们都一丝不苟地摆上量不一定多、质不一定好的供品（通常是饼干），再五体投地地磕头。不知是生活的艰辛、人生的沉重还是老者的睿智，也不知是神神的"蒙蔽"还是虔诚使然，哪怕是在行走中，老太太们都默然如石雕，没有些许的笑意与欢畅。有的香客还会把神案上的供品拿走一些，跟自己放在那里的数量相仿。行好的普遍认为吃供品是吉利的。带着福气的供品也就在香客之间传递、流通，成为庙会的主动参与者。

在梨乡庙会现场行走的日子，从龙牌会到铁佛寺庙会，从水祠娘娘庙到豆腐庄皇醮会，从段光的家中过会到何计的家中过会，经常都有行好的老人善意地将神马前的各类供品塞进我的手中。按照城市人的标准，这些经常满是灰尘，有的甚至刚刚被苍蝇亲吻过的供品是不洁的，但我经常为这些善良的人们感动莫名。

对个体香客而言，传宗接代的子嗣香火是乡土宗教和庙会的永恒主题，并无传统现代之别。对于拥有盛誉、风光八面的泰山等圣山庙会如此，[1] 梨乡庙会同样如此。因应香客不同的欲求，铁佛寺庙会也发展出了专业性的茶棚。最为引人注意的莫过于前文提及的大安兴善会这个从苏娘家户走出来的茶棚。因为苏娘本人的多子多孙，再加之其常年在家中和村内拴娃娃灵验的好名声，2002 年前后，很多人都在铁佛寺庙会期间前往兴善会茶棚挂锁拴娃娃。锁的形制如前文所述，由茶棚会自备。据传，已经有百多人在此求得了孩子。这使得兴善会在事实上成为一个专司求子的茶棚会。2002 年庙会期间，兴善会茶棚挂锁拴娃娃的仪程都是在年事已高的苏娘的指导下由帮会完成。

首先，在棚内送子观音的神马前，帮会点上香，求子者在供桌上

---

[1] 叶涛：《泰山香社研究》，第 281-287 页，上海：上海古籍出版社，2009。

放下自己的香纸等供品后，跪下向兴善会的帮会说明情况，如是谁在什么情况下因什么原因求，求男还是求女。初八上午10：19，晋县东营的一中老年妇女来替女儿求子。因为嫁到宁晋的闺女结婚后四年都没有孩子。

其次，帮会用一根香挑着一个锁，镍币垂在下端，靠近送子观音神马中的娃娃像，向神灵转述求子者的情况。如果神灵应许，香挑着的锁顶端的线就会自然地粘贴在娃娃像上，刮风也不会掉。在帮会挂锁的同时，求祈者一直都虔诚地跪在地上，双手合十胸前，默祷神灵保佑并许愿。苏娘和帮会都强调："只要心诚，肯定一次成功。如果心不诚，无论情况多特殊，锁也粘不上。"同时，她们会补充说："这里的神很灵、心善，很少有人求两次的！"3分钟过去后，看见锁挂在了神马上，跪在地上的东营那位妇女长长地出了一口气。

再次，在锁粘贴在神马上之后，求子许愿者如果是要直接回家，帮会就会把锁用香挑下来，系在许愿者外衣胸部的扣眼上，让镍币藏在衣服里面，同时叮嘱求祈者只能一直往家走，不能回头，也不能与人说话。如果求祈者还有其他事要办，就可以一直让锁挂在神马上，临走时再如上法取下来系好回家，途中禁忌同上。东营的这位妇女就是在买完东西后，12点钟才来到棚中，将锁取下带走回家。到家之后，把锁取下来，放在枕头下边的床垫下。挂锁求子算是完成。

还愿时，求子者不一定要带上求子许愿时的这个锁，帮会会另给娃娃一个锁。除给神神兑现求子时的承诺外，如果求的是儿子，还愿者还得再还四个布娃娃。这些布娃娃是帮会当场用自己准备的白布先缝成娃娃状，再填上废旧的棉花或者海绵。缝制一个布娃娃一般要用二尺三四宽、七寸长的一块新白布。会完拆棚时，这些布娃娃都将烧给神神。还愿一直要还到12岁，之后就不再还愿。在兴善会这里，孩子满12岁这一年还愿叫还大愿，也即前文所述的狭义的扫坛。

还大愿时，人们必须准备笤帚、簸箕、手巾和五碗供，并将12个锁都带上。碗供中，每碗都有粉、豆腐、肉、海带、白菜和顶端有红枣的馒头。还愿时，先摆供，由帮会烧香。在烧香的时候，孩子一直跪着，帮会会给孩子几块供过的饼干。随后，帮会把 12 个锁扔在地上，用笤帚扫进簸箕中。此时，孩子本人可以拿走其中的一个镍币，其余锁都当场烧掉。至此，在从兴善会茶棚这里求得的这个孩子与兴善会的送子观音和兴善会也就关系两清了。就在东营那位妇女成功挂锁之后，有两家人前来还大愿。

诚如众多民俗书籍描述的还在实践的压枝（押子）、偷灯等求子仪式一样，这些仪式的合理性等理性问题没有答案，只能存疑。但也就是在直面段光、何计等人的家中过会的挂锁、扫坛还愿时，在明白这些神秘的宗教仪式与行好的人从哪里来、成人观、婚姻观、世界观等的连带关系时，我也明白了梨乡家与庙之间的辩证关系。在少村庙的家居中举行这些关系到人根源认知的仪式时，家就是庙。当人们把家中的生活失衡，尤其是诸如子嗣香火这样的根本问题带到庙上、寺上，找茶棚会的"当家的－香道的－神神"拿主意想办法解决时，"茶棚－庙"就是家。家何时是庙、庙何时是家，全在行好的一念之间。显然，家庙让渡的辩证法是以奉神为人和奉人为神的人神一体的辩证法为基础，并混搭一处，互文互现的。而前文述及的家、庙、村、城全息互现的同构关系不仅存在于空间格局上，还存在于人们的心灵图景中。此时，人与家、庙、村、城之间主、客体的分野也模糊了，这正是乡土宗教的生态与生态学。

四月十二庙会结束时，茶棚会在拆棚前，都要送神。只有把神神都送走了，才能拆棚。一般而言，现在多数茶棚会送神都有去繁就简的趋势。除了主祀神，很少一个一个送神神了。送神前要先在神案上摆上供品，烧香，然后在乐队的伴奏下念佛。送神仪式的隆重程度和过程的长短繁简，茶棚之间同样存在着差异。2002 年，曹庄茶棚会是在十二上午 9:00 送神的，经文如下：

诵：

一天道场圆满，代众磕头谢恩。远路风尘都劳心，常常感恩不尽。老师欠身离座，惊动一切主神。学攀指归到山林，长幡八升离尘。西江月题过，佛音重宣真经。是诉佛香问参，南无阿弥陀佛。

唱：

山上点灯山下明，咱把佛家送一程。天神还回天上去，地神还回地狱门。云神还回云里去，洞神还回一洞门。山神还回山上去，庙神还回一庙门。海神还回海里去，路神还回一路中。东山送到东山去，南山送到南山中。西山送到西山去，北山送到北山中。东庙送到东庙去，南庙送到南庙中。西庙送到西庙去，北庙送到北庙中。东海送到东海去，南海送到南海中。西海送到西海去，北海送到北海中。东路送到东路去，南路送到南路中。西路送到西路去，北路送到北路中。无云街前一盆花，千佛万祖送到家。剩下师父你报走，坐在炉里劝妙法。四面八方都送完，保佑合会得平安。

与曹庄茶棚会不同，秀才营西会送神要繁复得多，它也是 2002 年最后一个送神拆棚的。四月十二上午 11:50，秀才营西茶棚会的人们在其茶棚门前的露天地上摆放好了一张供桌，会首们纷纷从茶棚会屋中往桌上端供品，包括梨、苹果等果供，饼干、馒头和油炸面供，以猪肉为主的肉供，还有白酒等。酒是倒在三个杯子中的。11:56，众人开始坐在供桌北侧，在锁吉老人带领下念佛。12:17 念佛跳舞，一开始边念边跳，后来就只跳不念。随着鼓点节奏的加快，舞蹈的动作也越来越快，到 12:32，节奏渐趋平缓，舞蹈动作也减慢了下来。13:00 开始，在锁吉老人带领下，先在茶棚会屋内的神像前，再到睡神殿、九莲圣母殿、观音殿念佛。14:05 返回露天的供桌，烧金元宝，念佛，到

15:00 结束，拆供拆棚。就在送神的过程中，南风突然转成北风。西会会首们很是高兴，他们相信神神都驾着南去的风，去了南边的宁晋小南海了，因为四月十五就是小南海的奶奶庙会了。

七　找乐：庙戏与闲人

与茶棚区的神圣、庄严不同，庙会期间的戏台和商贸区则是另一幅执着的景象，或为了看戏，或为了买卖东西，或纯粹就为了找乐、试试运气，等等。

近些年来，秀才营村委对庙会的控制日渐加强，对铁佛寺庙会的管理成为村委的一项日常工作。因此，近几年戏班唱戏费用都由村委支付，写戏在铁佛寺也变得复杂起来。戏班必须应付好秀才营村委领导、秀才营东西会会首、庙会中负责接待戏班的人和台下的观众等多个群体。虽地处华北，但前来梨乡庙会唱庙戏的民间戏班之写戏和生活情况与浙江台州大体相同。[1] 2002 年在铁佛寺庙会写戏成功的是赵县青年坠子剧团。该剧团有 30 多人，主要成员都来自赵县韩村镇杨家庄。与在梨乡唱庙戏的其他戏班一样，该剧团也是一个业余戏班，仅一人曾在职业剧团唱过戏。农闲时，戏班四处赶会唱戏。农忙时，戏班成员各自回家劳动。该剧团一直都带着行业神——大师兄——一个开过光的塑料洋娃娃，开箱化妆前要先将大师兄供起来并有一定的祭拜仪式。

2002 年，青年坠子剧团在四月初七下午来到铁佛寺。四月初八上午 7:50，戏班迎神，8:10 结束。迎神是在庙会负责接待戏班的专人带

---

[1]　傅谨：《草根的力量——台州戏班的田野调查与研究》，第 179-191 页，南宁：广西人民出版社，2001。

领下进行的。与娘娘庙会期间戏班迎神的都是男演员不同，铁佛寺庙会期间参加迎神的三个演员都是女性，另有乐队成员四人，包括唢呐、笙、大锣、小钹各一人。迎神行进时，乐队在前，演员在后，走近神像时，乐队就自动让开。行进路线按逆时针方向，从北往南依次是：千佛殿、三皇姑殿、铁佛殿、药王殿、睡神殿、九莲圣母殿和观音殿，也即一直公认的铁佛寺几个主要的殿宇。在每一个殿宇的神像前，迎神过程相似：三位演员并排齐呼"阿弥陀佛"，整冠掸尘、鞠躬；再唱诵"王子去求仙，坦诚如九天，洞中方几日，世上几千年"等迎神诗；然后跪下三拜，口中念念有词，大意是祈求神保佑唱戏平安、一方平安以及国泰民安等；最后站起来再呼"阿弥陀佛"。这是相对草率的迎神。在每个殿宇前，都有老人不满地问："怎么这么快就完了？也不唱几句？"

迎神完之后，戏班的戏就由喜欢看戏的人享用了。铁佛寺庙会一般从四月初八到十二都有戏，但 2002 年的十二那天没有戏。由于晚间主要是各茶棚会的部分成员在此，所以现今唱戏是在白天，上、下午各一场，上午 8:00—11:00，下午 2:00—5:00。每场戏的名字写在小黑板上，挂在戏台前台西侧。唱戏时，戏台下土脊上早就坐满了观众。后来者就站着观看，有的站立在自己的车（拖拉机、自行车等）上，还有的就远远地坐在西南侧废墟累积的土堆上。观众都是一些老年人，其中一部分是专程赶来看戏的。年轻人常常是远远地站一会儿就走开了。与娘娘庙会看戏的盛况一样，不时刮起的风并没有影响这些年长者看戏，直到散场，戏台下面的人一直都是满满的。下午，当茶棚中不太忙的时候，茶棚中成员也会走到戏棚下看戏。

如前文已经辨析的那样，庙市仅仅是庙会一个不稳定的质素和副产品，一旦庙市脱离信仰活动发展成为纯粹交易性的集市，那么它就是集市，与庙会已经没有关系。如果说过往的铁佛寺庙会的庙市确实在相当程度上弥补了当地基本市场之不足并反过来成为铁佛寺庙会传承的动因，那么现今在交通已经非常发达、市场体系已经形成的情况下，曾经在铁佛寺庙会期间占有重要位置的集市交易今天主要是贩卖轻工业商品的商人赚钱的一个机会。梨乡的主要产品梨是不会在这里交易的。所以，当感觉税费过高，不少商贩也就当即或次日撤离。对周围村子前来赶会的人来说，有相当一部分人既不是来行好也不是来买东西，仅走走瞧瞧，找乐而已。

商业区的多数摊主都是在四月初七或者初八早早地就来，在可以摆摊的范围内选一块地方，做上标记，晚来的就只有向外围圈地方。一旦圈定，这些位置也就固定下来。贩卖香、纸和冥钞以及算命等摊贩则散布在茶棚之间的空地上。整个商业区所卖的商品基本都是轻工业产品，农副产品极少。商贩主要是铁佛寺邻近村庄、集镇和县城的，也有个别来自石家庄以及河南。2002年庙会期间，初八到初十的商业区的摊位每天大约都在1200个左右。除了个别很远的摊主外，铁佛寺方圆七八十里地的摊主都是自己开车前来。因此，庙会期间的拖拉机特别多。这些摊主早上三四点从家出发，五六点就陆续到了铁佛寺，到七点基本上都把货物摆放好。八点以后，后来的摊主的车就很难进入到商业区的中心地带，因此各人在什么时间出发，十分清楚。下午三四点钟开始，人渐渐减少时，商贩们也就开始收摊。五点半，除饭棚外，商贸区就一片狼藉了。

在商业摊位东部边缘，庙会期间一直有象棋摊和掷色子、推牌九的摊。附近村子中好下棋的人每年庙会期间都汇聚在这里，自古如此。这些人平常要是碰见了都会说："唉，四月的会上呀！"即相约在铁佛寺庙会时见面。庙会期间这些活动的盛行，与铁佛寺周围秀才营、大安、大小尚村等村中的风气有关。下棋是当地人的一大爱好。

铁佛寺周围村子的人都熟悉这个传说：在民国时期，秀才营一对父子都非常喜欢下棋。有一次，父子俩去地里用驴套水车，结果到了地里才发现没有带驴疙瘩（往驴脖子上套的物件），没有这东西，活就没法干了。父亲叫儿子回去把驴疙瘩拿来。都快到晌午了，还不见儿子的身影。父亲等不住了，把驴拴在树上回村找儿子，结果还没进村就看见儿子在下象棋。原来儿子根本就没有回家，下象棋下迷了。父亲的火气一下就上来了："叫你回家拿驴疙瘩套水车去呢，你还在这儿下象棋呀？我要叫你……"父亲举起拳头就要打儿子。儿子连看也没看他爸一眼，说："báo（别）来，báo（别）来！马踩着车啦！"他父亲的手顿时放下了，说："等我来给你看看，是怎么回事？"两人就一块下起棋来了。

由于四月初八到十二的庙会正好还不是地中活真正忙的时候，所以当地好下棋的村民一定要在庙会期间到寺上去下，要在寺上见。这些人不赌博，输了就买包瓜子，双方一边嗑瓜子一边再接着下。这是铁佛寺庙会期间常能见到的景象。庙会期间一直就有的赌博同样也吸引了大量的人。由于庙会人多，好赌之人是不会放弃这个机会的。另外，还有一部分"闲人"就是在各种场所四处游荡，当中不乏看姑娘和小媳妇的，也不乏酒后滋事打架的人。[1]

这些对生活有着自己理解和嗜好的人，其生活经常处于两可状态。稍微纵容自己的性情，他们就可能会使自己的生活迥异于身边勤恳劳动的村民，并为自己落得个不好的名声——闲人。显然，这些人无论是否已经成为闲人，他们赶会的本意都是无意于行好和买卖东西，他们是在铁佛寺庙会这个特定的场域继续挥洒自己的性情与运气。这些情形对经常前来参加庙会的梨乡人和长年在附近村庄生活的人来说是熟悉的，也是默认的。2002年四月初九午后，传来了商业区打架见血的消息。我身边的老人淡然地说："其实，这些以前都有，一直都有，正常！过庙哪有不见红的？"显然，这些并非"陋习"，仅仅是家庭、

---

[1] 与妇孺、士子相比较，鲁迅更认为"游手好闲的闲人"才跑到庙前或衙门前去看热闹。参阅鲁迅：《鲁迅全集》第2卷，第269-270页，北京：人民文学出版社，2005。

村落的日常生活中与行好的一样的各色人等将自己的生活延续或者说挪移到了庙会，并成为铁佛寺庙会惯有的表征。当然，这里不排除血祭神神的朴素理性。

与龙牌会期间，范庄的学校放假一样，在铁佛寺过会期间，秀才营的学校也放假。对于进行现代科学、理性教育的学校而言，这是不得已的。如果不放假，学校就不会有人来上课，孩子们都会去庙上。就是被关在教室里，他们也心不在焉。人们常说："自古以来，寺上过会时，村子中没有人不去的。"因此，学校就特意将庙会期间的课挪到庙会之前或之后的周末补上。这些孩子在庙会期间四处转悠，就像今天的多数老人对庙会的记忆来源于其儿时的经历一样，今天的庙会也通过他们新奇的眼睛留下了印象。

2002年四月十二下午四点，除了烈日下默观的我，九龙口又恢复了原状，了无一人，断垣破壁，一片狼藉。天上是火热的太阳，地上是滚烫的沙土。随着不时刮过的北风，尚未燃尽的大小元宝与香灰在空中起落曼舞。

八　伸缩自如的灰市

虽然庙会期间的上午，人声鼎沸、摩肩接踵、红火热闹，但当地人的口头禅是"一年不如一年"。如此自评的原因是复杂的：九龙口的多重属性、庙宇的建毁、官方的强行介入、庙会乏力的组织、茶棚会各自为政的小本经营、对商贩偏高的税费、内卷化的梨生产和梨乡人近几年收入的减少，等等。其实，虽然乡土叙事学早已将九龙口、铁佛寺与皇帝粘连一处，但铁佛寺庙会似乎不配有更好的命运。至少在20世纪以来，一直都是在一种压抑的状态中或者说逆境中生存，在不同的年代仅仅是压抑程度和不利程度的差别。非要套用的话，完全是近些年有些炙手可热的宗教三色市场理论中所言的"灰市"。但正如梨乡众多的庙会一样，铁佛寺这个始终都未能发展成为一个诸如苍岩山、妙峰山那样的朝圣中心的草根性庙会一直都在倔强地传衍着。行好的运用自己的智慧，既使它成为梨乡乡土宗教的总体呈现，也是梨乡庙会的总体呈现，上演着人神一体的辩证法和家与庙的辩证法。当下以茶棚形式再现的各色神神，大小庙宇、庙会纷纷汇聚于此，在理性小农不乏情感化地精心经营下，呈现出参差起伏的赛局图景。在茶棚门口高高矮矮醒目会旗的流动、飞舞中，在远远近近、长长短短的念佛声中，乡土宗教的生态与生态学也就在铁佛寺庙会这个庙会、这个庙会集合体、庙会丛得到充分的展现。

九龙口这个集风水宝地、坟茔、洞口、寺庙于一体的空的空间，是谁都可以占有并导演自己的故事的，存在着多种可能性。但是，铁佛寺庙会期间的九龙口不再是个空的空间，而是被在场或不在场的人神、官民齐抓共管的全景敞视的叠合空间。从神到人、从官到民、从会首到香道的、从行好的到闲人、从唱戏的到看戏的，各色人等都在演绎着自由与不自由、观与被观、信与不信、灵与不灵的辩证法。在这个全景敞视的空间，由茶棚、戏台、庙市，再向梨树地和周围村落的空间布局，是从村际之间的圣地到村落，从神圣到世俗的双向演化的结果。铁佛寺庙会不仅在复制、建构曾有的、现有的神圣空间和生活，它同时也让家内、村内的日常生活在此延伸，清晰地呈现着行好的心灵图景。

无论这个灰市的色度如何，只要关于九龙口、皇上、娘娘、铁佛寺、神神、香道的、茶棚会的传说故事还在传衍，只要梨乡人的生存状态、生命机会没有根本的改变，只要他们的世界观承袭以往，只要社会存在风险、人生充满不如意，那么铁佛寺庙会就会像变形虫一样变色、变形，上演自己的叙事学、生态学和行为艺术。当外部环境相对宽松时，与村中过会以及家中过会有着多种关联的茶棚会，或是为了念佛敬神，或是为了活动筋骨、锻炼身体，或是为了与他人的交往而排除晚年的落寞，或是兼而有之，他们都必然前往搭棚过会，甚或修建或大或小的庙宇。只要这些茶棚会前来搭棚过会，当家的、香道的、行好的，商人、戏子、基层政府官员、闲人、看相的、算卦的、镶牙的、卖打药的、耍把式卖艺的、老人、小孩等各色人等，香烛纸炮、簸箕、扫帚、毛巾、牌九、象棋、骰子，碗筷、大缸、电动木马、地方化的可乐、锅碗瓢盆、自行车、拖拉机、小汽车、推土机等林林总总的物件也都有理由来此聚首，形成一道道错杂的人流与物流，一幅幅似动非动、似静非静并暗藏玄机、春色的"社会拼图"。反之，当外部环境绝对不允许铁佛寺庙会在九龙口这个空的空间上演时，通过随时可搭建可拆除的茶棚会，铁佛寺庙会就会回缩到周围的村子中、家户中，不露声色地化整为零，化为无形。

第八章　作为一种文化体系的乡土庙会

　　在详述自然生态、历史人文、婚姻制度和乡土宗教的赛局图景等梨乡庙会生发文化场景的基础上，因应乡土宗教人神一体和家庙让渡的辩证法，五、六、七三章从梨乡不同圣化也是全息互显和互相涵盖的级序空间出发，描述了这些空间和生发在其中的庙会，二者之间的关系如图8-1所示：

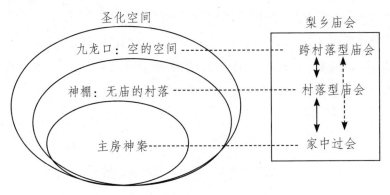

图8-1　圣化空间与梨乡庙会

　　因为这些不同级序世俗空间的圣化属性，在特定时日，相应的庙会也才在一种平稳的状态下自然地进行，由世俗生活演进到神圣生活，没有突兀之感。庙会也成为乡土宗教、世俗生活的延续和集中体现，并非日常生活的断裂。同时，我也尝试说明如今在梨乡并存的三种不同级序庙会之间的双向升降关系，即每种类型的庙会不是孤立存在，它们都是在传统基础上的当代传承，分别作为梨乡庙会体系中的一部分而存在，具有极强的伸缩性，存在全息互显和相互涵盖的矛盾关系。正是全息互显和相互涵盖的关系，梨乡不同庙会之间的升降转换才成为可能，也使梨乡庙会及其依托并显现的乡土宗教生生不息。

阿格妮丝·赫勒（Agnes Heller）曾指出："宗教总是日常生活的组织者，而且常常是它的主要组织者。从根本上说，是经济活动决定生活方式和生活节奏，但是，除此而外，正是宗教塑造了为生存需要所支配的生活方式和生活节奏。"[1] 庙会生活虽不完全等同于宗教，但与阿格妮丝·赫勒所指的宗教一样，梨乡各类庙会都有着悠久的历史传承，过会是梨乡人一直就有的一种生活方式和日常生活中的一部分。实际的生活生产条件和人们拥有的生命机会都使梨乡庙会以不同的形式得以传衍。传统社会的多种信仰、前往苍岩山的茶棚会不仅留存了很多信仰群体，也使家中轮祭成为梨乡的一种过会形式。在没有庙宇的情况下，今天人们搭棚过会也就自然而然。当然，搭棚过会的形式也与华北曾经盛行的醮会密切相关。原本公开的乡野庙会在外部条件不许可的情况下，也就在家居这样的私性空间中传承。由此，梨乡庙会也就成为不同群体不同形式参与的多声部重奏与变奏的交响曲。

一　宗教的人：参与者和缺席者

对于世俗经验而言，空间是均质和中性的，其不同部分之间没有本质的不同，是不可逆的。对于有着宗教体验的人——宗教的人（homo religiosus）——来说，空间则是非均质的，当神圣以任何显圣物表证

---

[1]　［匈］阿格妮丝·赫勒：《日常生活》，衣俊卿译，第101页，重庆：重庆出版社，1993。

自己的神圣的时候，它既是空间均质性的中断，更是一种绝对实在的展示，也展示了它与所属的整个广垠苍穹的对立。因此，对一块土地的占领仪式，都是在重复着占领者所认为的"宇宙起源的过程"，"安居一处土地就是在建构一个世界"，也是对安居土地的"圣化"。[1] 在此意义上，我强调梨乡人生活空间的神圣性和圣化过程，而且梨乡人生活空间的世俗性和神圣性始终都交织在一起并同台出现。一念之间的家庙让渡的辩证法也就成为梨乡庙会行动的潜在前提与基本布景。

平常，家居空间是人们活动最多也最为频繁的场所。虽然对于现今梨乡多数家居而言，仅在节庆或红白喜事等人生仪礼时，同处一寓的神神才得以部分彰显，但对于虔诚的信奉者而言，对于家中过会的家居而言，家居就不仅仅是人生活的场所。在梨乡，家居至今都是人神共处的社会空间，不同神位的不同设置表征着人们对世界的认识。神神既是家居生活的旁观者，更直接是修房、过会、分家等事件的出席者、参与者。

较之常人，作为梨乡文化的基本因子，香道的与神神有着更多成功的沟通与交流。生命机会有限的行好的与自家神神交流则有着或多或少的阻绝。在其生活失衡时，他们自动地将目光投向了香道的。香道的家居空间不仅具有神圣与世俗的双重属性，同时也有了私与公的双重属性。相对于其他家居，香道的家居得随时向他人敞开。伴随香道的家居空间经常在世俗与神圣之间，在私与公之间的转换，香道的家居也就有着不同配置，香道的家中的神马、香炉和供桌上经常摆放的香、纸等也就不同于一般行好的家中相类似的实物。当一个香道的成功仪式实践吸引了更多人参与其家中过会时，这个家居空间的私性逐渐让位于公性，世俗性逐渐让位于神圣性，进而演化成一个村庄或

---

[1]　[罗马尼亚] 米尔恰·伊利亚德：《神圣与世俗》，王建光译，第 1—31 页，北京：华夏出版社，2002。

者一个社区的神圣活动空间。反之，它可能回复到一个普通的、世俗的、私人的生活空间。由于梨乡人整体上所具有的生命机会和梨的内卷化生产，也由于香道的是可以习得的，行好的家居在理论上也就存在着上述转化的可能性。这也是诸如冯家庄老母会、大安二村老母会等围绕村庙的庙会在庙宇没有时，能回复到家居中轮流过会的原因所在，是龙牌、九莲圣母神马和三皇姑神马长年在会头家居中轮祭的原因所在。

龙牌会由在会头家中过会、在村中的空地搭棚过会和今天将龙牌固定在龙祖殿中过会，苏娘家的神案及其仪式实践向村里小庙和九龙口的位移等，都说明神圣空间是可以作为一个整体挪移和再造与重现的。这样，人们在将龙牌从主房移向神棚、龙祖殿时，将水祠娘娘行身从村西梨树地中的小庙抬到村中心的神棚时，将放在箱子中的神马摆放到铁佛寺庙会期间搭建的茶棚时，人们也就可以通过以念佛为主体的响棚等系列仪式将一个地点再造成或临时或固定的圣化空间。但将一个什么样的家居之外的公共空间转化成神圣空间，或原本家居之外的神圣空间会发生怎样的转换则是复杂的。诸如村庙旧址、村落中心地，尤其是九龙口这样空的空间都具有先天的优势。同时，它也与各个庙会组织的构成、行动能力、所供奉的神神等因素密切相关。

对于今天农耕文明、工业文明、信息文明等多元文明并存的时代，曾经作为整体并与中国悠久农耕文明相伴的民俗是以碎片的形式留存，并有机地播布于当下城乡生活之中。从向神神求助的事儿与病可知，乡土宗教基本是恒定的，未因社会的巨变而发生本质变化，也并未发生从"信的时代"（the age of religion）向"怀疑的时代"（the age of doubt）的整体转型。[1]异质群体或有意或无意参与的庙会依旧是一个神

---

[1] 刘创楚、杨庆堃：《中国社会——从不变到巨变》，第68页，香港：香港中文大学，1989；李亦园：《宗教与神话论集》，第242-290页，台北：立绪文化事业公司，1998；吕理政：《传统信仰与现代社会》，第207-208页，台北：稻乡出版社，1992。

圣与世俗参差并存的场域。按照行动主体言与行之间升降变化的结构关系，通常意义上的信仰者大致存在四种类型：理智依附于系统宗教理念但行动上少有表现的理智型信仰者（intellectual believer）；完全轻信所有宗教理念的真正信仰者（true believer）；完全忽视任何宗教可能的真实和有用性的无信仰者（non-believer）；完全基于实用原则的行为上的信仰者（practical believer）。[1] 很明显，这四种信仰者共享着具有潜在的宗教情结或者说具有宗教属性的人格存在，即米尔恰·伊利亚德所指称的"宗教的人"。不是哪一类信仰者，正是宗教的人是乡土宗教永久的行动主体。在梨乡庙会现场，以行好的为主体的宗教的人有着现场参与者和现场缺席者之别，两类又各有积极和消极之分。

对于庙会现场的不同参与者对庙会现场不同的时空体验，康豹和黄美英都曾指出，虽然庙会仪式确实包含有脱离、过渡与融入三阶段，但特纳的象征仪式理论所强调的阈限之反结构却不具有普遍性，因为鲜明的等级关系仍然存在于中国庙会现场，庙会的组织和仪式活动仍然掌握在精英或者男性手中。[2] 这也即赵旭东在解读梨乡的龙牌会时辨析出的"否定的逻辑"。当今梨乡庙会虽然同样不完全具有符合特纳反结构社会的表现，但现场参与者与上述分析仍存在不同。象大夫庄老母会、常信娘娘庙会、龙牌会等较大的梨乡庙会组织要复杂些，而家中过会、大安老母会和铁佛寺的茶棚会等组织则相对简单。不论哪类庙会组织，其核心成员通常在数人到数十人之间，这些人在庙会期间都有着明确的分工，与其他地方的庙会没有什么不同，也与周越所强

[1]　Steven Harrell: "Belief and Disbelief in a Taiwan Village", pp.104-120, PH.D. Dissertation, Stanford University, 1974.

[2]　Paul R. Katz: "Plague God Cults in Late Imperial Chekiang: A Case Study of the Cult of Marshal Wen"，见林如编，《寺庙与民间文化研讨会论文集》，第459-504页，台北：天恩出版社，1995；黄美英：《香火与女人——妈祖信仰与仪式的性别意涵》，见林如编，《寺庙与民间文化研讨会论文集》，第531-552页，台北：天恩出版社，1995。

调的乡土社会的红白喜事有着相类的组织原则。[1]梨乡庙会组织的成员大致包括行好的、香道的和地方精英三部分。

以香道的为代表的行好的是庙会组织中的主体成员，是庙会现场各类仪式活动的核心。正是因为其积极膜拜才带动了行好的、地方精英及其家人的参与。因此，可以将香道的称为积极参与者或积极膜拜者，但香道的不一定是庙会组织中的成员。承担龙牌会等梨乡庙会会头之名的是男性，可相当一部分男性并不信奉龙牌等神神，真正信奉这些神神的是他们家中的长者或老伴。与老辩、汤来、老贾等当家的一样，这些人之所以积极组织其所在村的庙会，是因为他们把其视为祖宗留下的东西来继承的，出头组织过会是因同村人的邀请、对家人信仰的敬重和自己的喜好。他们将庙会组织（包括庙宇修建等）作为一件有益于他人和所在村落的大事来做，是行好。在村里村外，这些会头是人品、人缘都很好的人，包括香道的在内的行好的都愿意以其为头。因此，虽然积极组织庙会，与虔信的行好的相较，这部分庙会组织中的人，我们可以称为消极膜拜者。正是消极膜拜者的出面组织、张罗，庙会最终能从一种表述变成一种成规模的实践。也正因为积极膜拜者与组织者的身份没有完全叠合，梨乡庙会的组织在表现出更多的松散性特征的同时，也显得更加灵活，并具有极强的适应性与伸缩性。

消极膜拜者还包括在主流社会中有着一定身份、地位和文化的人，即地方精英。脱离其特有的身份、地位后，地方精英也参与到庙会组织中。因为其见多识广、识文断字，地方精英主要承担着财务和外事（接待）等方面的工作，以此替补性地满足其社交、安全、地位等社会性需要，而非拜神。不论出于什么样的动机，地方精英的介入在一定程度上渐变着作为一个信仰群体的庙会组织的宗教属性，并把更多的

[1] Adam Yuet Chau: *Miraculous Response: Doing Popular Religion in Contemporary China*, pp.124–146, Stanford: Stanford University Press, 2006.

世俗成分带入到庙会组织中。兔乡等分别被其各自所在的庙会组织视为说话有道理，说得对的人。他们成为掌握了其所在村庙会或茶棚会的权威发言人，积极膜拜者反而可能处于一种失语状态。因此，在外人看来一体的庙会组织实则是一个有着不同特点、职业、动机和心灵图景的个人组成的"异质性群体"。[1]

乡土宗教的赛局图景使得梨乡庙会只是村中部分人参与的事情。作为庙会现场的缺席者，虽然不出现在庙会现场，尤其是不出现在庙宇和神棚内，奉教的及其当下的信仰状态、行为却成为行好的积极参与和举办庙会的结构性力量。在任的乡镇干部、党员等有着身份和顾忌的人也是作为庙会现场的缺席者而存在的。梨乡播布的惩戒传说，如今政策不再将一个干部是否破除迷信作为考核的主要量标的变化，已经日渐盛行的作为民间文化、非物质文化遗产的民间信仰等学术普通话、媒介话语以及官方用语等使得在梨乡民俗文化氛围中长大的基层党政干部多数时候都对庙会处于一种默然的状态，偶尔还会表态支持。显然，没有这种默然以及支持，庙会也很难顺利展开。如果将奉教的称为"积极缺席者"，那么作为"民俗人"或者说群体信仰者中的一员而存在的部分在任的乡镇基层干部和党员就是"消极缺席者"。

对于梨乡庙会的行动主体，相较而言，现场参与者是积极主动的，现场缺席者则是消极被动的。二者尽管存在对立，相互之间却是一种涵盖关系：积极膜拜者涵盖了消极膜拜者，积极缺席者涵盖了消极缺席者，最终庙会的现场参与者涵盖了现场缺席者，积极膜拜者涵盖了所有其他的人。这种关系可以表示如下：

〔（香道的 / 行好的：赋闲在家的地方精英）＝香道的 / 行好

---

[1] ［法］古斯塔夫·勒庞：《乌合之众：大众心理研究》，冯克利译，第133-136页，北京：中央编译出版社，2000。

的）：〔（奉教的：在任的有顾忌的民俗人）＝奉教的〕＝香道
的／行好的

　　正因为这种涵盖关系所彰显出的表征，不但政府官员、不熟悉乡
土生活的知识分子，相当一部分研究民间文化、宗教的人也常把在梨
乡等乡野生发的庙会简单地与"迷信"等同起来，进行想当然的政治
学与宗教学命名，甚或对没有将庙会预定为"迷信"的研究予以棒喝。
　　就梨乡庙会现场参与者的性别而言，虽然男性多为庙会组织者，
但庙会现场明显是女性多于男性，尤其是在神棚内外。这时，女性又
涵盖了男性：

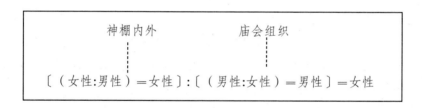

神棚内外　　　　　　庙会组织

〔（女性：男性）＝女性〕：〔（男性：女性）＝男性〕＝女性

　　庙会现场参与者中的女性群体，也是积极膜拜者的女性群体已经
引起学界的广泛关注。古代妇女的闲暇娱乐活动与宗教生活联系在一
起，二者之间有着相类似的动机和社会背景，妇女的闲暇活动往往就
是诸如庙会这样的宗教活动，围绕这些活动形成了元宵、七夕等女性
享有的独特的亚文化。[1] 或者正是因为受父子链条的男性权威支配的妇
女的人格构型状态[2]，面临着较男子更多压力、约束并部分内化为自

---

[1]　刘宗迪：《七夕》，第 91–93、第 145–151、180–200 页，北京：生活·读书·新知 三联书店，
2013。

[2]　Hsu L.K.: *Under the AncestorsShadow: Chinese Culture and Personality*, p. 270, London: Routledge
& Kegan Paul, 1949.

觉的传统社会妇女"对宗教活动就更为积极"[1]。也即，通过宗教活动的参与，现实生活中处于与男子不均等的弱势地位的妇女的身心能得以调适。

对于当下乡村社会中为何女性多从事宗教活动，研究者常表达了类似的观点。在妈祖信仰与仪式的性别意涵研究中，黄美英指出，积极、虔诚地从事宗教活动的女性仍是在宣扬贞节德行和孝道的汉人父系文化的框束下，再现和强化的是汉人社会中妇女本已有之的弱势地位。[2]对龙牌会中的女性研究也出现了类似的观点。从女权主义的角度，刁统菊认为，女性固守龙牌从事仪式活动却对龙牌会的组织没有发言权是在汉族父系社会文化背景下，女性在宗教仪式实践方面的体现，展现出的是女性从属于男性的社会地位和男女在父权文化下的一种尊卑格局。[3]与之相反，博格后来的研究表明，女性在龙牌会并非处于被支配的从属地位，而是龙牌会的主体与主导。[4]也即，龙牌会等梨乡庙会体现的汉族父系社会文化恰好是表象而非本质。

显然，庙会期间的分工是按照每个人的兴趣、能力，尤其是行好的心，而并非按照性别，更与男权－父权或女权－母权无涉。反而可以说，庙会这种群体性庆典更多体现出的是，在所信奉的神神面前，作为俗世之人的男女共享的平等的氛围和精神，强调的是一种主动和自觉，即梨乡人常说的"随心/性"。换言之，梨乡庙会组织与男女分工的本质强调的是平等、自觉和一种主人翁的精神，与善、德的生命观、价值观和伦理观紧密相连。由于上述原因，本研究才强调庙会组

---

[1] 赵世瑜：《狂欢与日常——明清以来的庙会与民间社会》，第 284 页，北京：生活·读书·新知三联书店，2002。

[2] 黄美英：《香火与女人——妈祖信仰与仪式的性别意涵》，见林如编，《寺庙与民间文化研讨会论文集》，第 531－552 页，台北：天恩出版社，1995。

[3] 刁统菊：《女性与龙牌：汉族父系社会文化在民俗宗教上的一种实践》，载《民族艺术》2003 年第 4 期，第 104－108 页。

[4] Mikkel Bunkenborg: "Popular Religion inside out: Gender and Ritual Revival in a Hebei Township", *China Information*, vol. 26, no.3(2012), pp.359－376.

织和茶棚会组织的共同体和俱乐部性质。或许也正是基于此，王斯福才以龙牌会为例，讨论中国乡村社会中的"农民与公民"的问题。不少对中国"公民社会"兴致盎然的学者也才对乡野庙会恩宠有加，寄予厚望。

如前文言，神圣与世俗空间参差并存的梨乡庙会这个叠合的空的空间也是全景敞视主义的。不同的参与者在庙会不同的空间从事着不同的活动，相互依托的同时也相互制约。行好的主要活动在家居、神棚和庙宇的神案前，其念佛、圣化神棚、烧香、磕头、看香等都是日常生活中发生在家居中相类似活动的位移与集中展演。同时，行好的也会抽空前往戏台，从神圣空间自然进入世俗空间。到庙会找乐的闲人、求利的商贩则主要活动在庙会的世俗空间。像铁佛寺庙会期间，闲人"寺上见"同样是其世俗生活的时空位移。在庙会期间，这些世俗生活也就与在村内、家内的相同活动有着不同的象征意义。有鉴于此，本研究认为梨乡庙会是作为人们日常生活的一部分和一种生活方式而存在的，是梨乡自在和自为的一种文化体系。

由于交通的改善，庙市在梨乡庙会已经不是必备的部分。不但家中过会没有传统意义上的庙市，像大夫庄老母会、水祠娘娘庙会这些大型的村落型庙会也没有庙市。庙戏虽是庙会娱乐的主体，但为了吸引年轻人，传统的鼓舞、武术表演、拉碌碡及拉洋片等和现代歌舞在庙会中都有自己的地盘。由于吹打、唱诵在乡村祭仪中的重要性，薛艺兵曾指出："音乐在民间祭祀仪礼中的作用主要是引导、串联和表现仪式程序，其意义在于通过一定的音响效果创造一种环境氛围，从而在人们心理上形成一种可与神灵沟通的神圣空间。"[1] 换言之，重要

---

[1] 薛艺兵：《神圣的娱乐：中国民间祭祀仪式及其音乐的人类学研究》，第361页，北京：宗教文化出版社，2003。

的不是音乐本身，而是与祭祀相关的音乐行为。在此基础上，这里反而要强调念佛和吹打等音乐形式同时所具有的让表演者身心得以锻炼和愉悦的世俗娱乐功能。如曾经的庙戏主要是娱神一样，神圣性也仅是乡土庙会中的音乐属性之一，而非其全部。尤其是不同的表演主体，对他们自己吹打或念佛的行为本身理解是存在差别的。在挂锁、扫坛等仪式现场，念佛的同时经常夹杂着行好的欢快笑声，以及对念错佛的行好的善意的揶揄。正如我后来在龙牌会的专项研究中指出的那样，因为梨乡至今少有让多数人参与的娱乐活动，部分香客是把念佛这些带有一定仪式色彩的活动作为有益身心的休闲与健身活动的。即，梨乡各类庙会都存在的在神案前的唱诵、舞蹈既是敬拜、礼仪，也是娱乐和休闲，并成为梨乡庙会主要的外显部分。对于一个经常四处赶会的香会而言，敬拜他村庙会的神神是一种规约性的制度与惯习，这意味着他村庙会组织对自己的回报——前来参加自己村的庙会。

二　乡土叙事学：村落的国家

今天，在技术层面与表象上，尽管已经有了民间文化、非物质文化遗产的命名，长期位列"灰市"的窘境使得梨乡庙会基本还处在尽可能争取存在的合法性阶段。当一个庙会作为一个村落的中心事件吸引了多数人的注意力并被视为有益于村落时，村落中不同的人都会为庙会贡献自己的力量。这时，一个庙会也就有着多种表述。赵宗福将一个庙会的解释文本分为了地方文化精英、神职人员和以农民为代表的纯下层民间三个层次。以农民为代表的纯下层民间，所表述的是祖辈相传的口耳之学，具有地方化、合理演义化、无限神圣化、复合化、模糊化等特点；神职人员则以相应的宗教经典为主体表达方式，接近于民间话语。[1] 其实，学术普通话也是庙会解释文本的一部分。与前两者不同，在兼顾政策话语、政治术语的同时，地方文化精英的解释文本逐渐向学术普通话靠近，或用知识界通行的词语更新方言俚语，或用学术普通话语法重新组合传统词语。

龙牌会所供奉的龙牌是勾龙这一如今已经成为龙牌会起源之正统说法，是 20 世纪 90 年代初，退休在家的和范庄在外工作的文化人在龙牌会的民间模糊表述基础上穿凿附会的结果。由于这个神话传说已经被固化在龙祖殿前的石碑上，后来的调查者就较少再去追问敬拜者所知晓的龙牌之缘起。这样，原本新造至少是牵强附会的神话故事被他者片面地当作了范庄人的信史，并进一步拔高，认为龙牌会是"祖龙崇拜""图腾崇拜"的活化石、活标本。学者的调查研究又及时回归范庄，作用于范庄。范庄的文化人不停地吸收着学者的说法，他们向学术普通话靠近的表述又直接影响到当地行好的表述。近些年来，会头菜荐就多次强调，龙牌会弘扬的是龙文化，是中华民族的传统美德，是真的、正的、善的。龙牌会发扬的是龙的精神现已经成为范庄人的共识。这样，新时期新造神话传说经过地方文化人和外来学者的共同努力，融入国家神话体系，龙牌会也因此获得了一定的社会合法性。2003 年"龙祖殿"的成功修建就是官民妥协、共谋的结果。虽然修建经费完全是行好的集资和向单位、个人募捐所得，但龙牌会已经被范庄镇政府在言语宣传层面作为振兴范庄经济的龙头，还制定出了龙文化博物馆二、三期工程的宏伟蓝图。龙牌会也就成为一架古式钢琴，在范庄被不同人用不同的调演奏着。如此，也才有了龙牌会跻身河北省省级非物质文化遗产名录等后续"传奇"。[2]

---

[1] 赵宗福：《甘肃省泾川王母宫庙会及王母娘娘信仰调查报告》，载《民俗曲艺》2002 年总第 137 期，第 141-163 页。

[2] 华智亚：《龙牌会：一个冀中南村落中的民间宗教》，第 220-236 页，上海：上海人民出版社，2013。

龙牌会看似顺利的生存空间的获得，鼓舞着梨乡其他庙会。2002年前后，老贾和他的乡亲们尽心操持，就是希望娘娘庙会能发生类似的演变。在发展地方经济的愿景下，村政府和地方上的文化人都不同程度地参加了这一努力的行列，希望以庙会为依托建"刘秀走国汉文化博物馆"。与范庄人将龙牌这个男性神提升为范庄人的祖先，再进一步拔高到中华民族祖先的逻辑演进一样，常信人也将水祠娘娘这个女性神说成是自己的老祖宗。联系水祠娘娘贾亚茹救刘秀并被刘秀封为"昭济圣后"的传说，水祠娘娘也成为"母仪天下"的国母。但是，水祠娘娘救刘秀仅仅是刘秀走国传说中一个十分普通的异文而已。因为刘秀是皇帝、天子，有着正统性，常信人就极力挖掘这个传说的潜在价值，为娘娘庙会谋取合法性甚或发展的可能。有趣的是，因为有着时任县文化馆馆长的身份，张焕瑞引经据典、收集整理的贾亚茹救刘秀的传说亦被娘娘庙会奉为权威，成为娘娘庙会起源的普通话。村民关于娘娘庙会起源的其他不同表述自动隐匿了起来。经过2002年以来的仪式化实践，娘娘是村姑贾亚茹已经被常信人深信不疑。由于舍己救人同样是今天的主流意识形态所认同的主导价值，这个与时俱进的神话传说也就自然地纳入了梨乡，尤其是常信行好的国家神话体系与心灵图景。

　　作为日渐盛行的"普通话"，地方精英以及学者对龙牌会，娘娘庙会等相关的神话传说规范化叙述明显有失真之处。但是，当其成为各方都接纳的一种文本之后，也即发明这个"传统"后，每年庙会期间的重新讲述和再现与原初多样的神话传说的象征意义则并无多少差别。等于范式的神话讲述的是神圣的历史，讲述的是讲述者看来发生在时间源头的事件。在梨乡，通过这些规训并被广泛认同的神话传说的讲述，庙会不仅获得世俗意义上的合理性，它同时也使庙会时间成为可逆的神圣时间——"一种被显现出的原初神话时间"。每一个宗教节日和宗教仪式"都表示着对一个发生在神话中的过去、发生在'世界的开端'的神圣事件的再次现实化"。[1] 庙会期间，对庙宇的装饰、神棚的搭建，更替旧神马等再造宇宙的行为都是人们在重温相应神神原初的故事，神圣时间在这里再生，圣化空间也就与神圣时间合一到神案前香炉燃烧的香、纸和充斥庙宇、神棚的念佛声、锣鼓声中。庙会所有的参与者都不同程度地脱离日常生活时间，定期与诸神同在，成了与神话事件发生时同时代的人，重新回到原初时间。梨乡这些庙会起源的神话传说作为一种范式同时也赋予庙会本身神圣性。但不同的现场参与者对这种神圣时间的体验是不同的，庙会也就成为神圣和世俗时间并存的地方。

梨乡庙会的会期基本上都是沿袭旧制。就时间分布而言，春季的庙会占了绝大多数。这与当地人今天的生产周期、生活周期大致相符。围绕这些庙会，行好的多了一个庙会生活周期。正是这些穿插在农闲时期的庙会，行好的生活有了强烈的节奏感和韵律感，而不仅仅是无意识地延续农耕文明的春祈秋报。定期的庙会使行好的生活空间并没有因为是在平原就疏朗，反而呈现出一种相对紧凑的状态。梨乡众多的、频繁的庙会使行好的时常回复到一种神圣的体验之中，有了一种与他人有别的庙会生活。

如果说对这些应景的"新"神话传说的认同是庙会行动主体为其群体性的活动拓展更多空间的惯用技艺，那么在不同村庄流传的相应神神灵验的传说则维系着神神本身的威严和不可亵渎，成为变动不居、处乱不惊的人神一体辩证法的丰碑。龙牌对曾经砸毁它的赵庆印的惩罚，变作发怒的火龙制止了鬼子对龙牌会的破坏，铁佛寺三皇姑神像的晃动使鬼子退却，大夫庄老母庙中的老母奇迹般地使重新信奉她的孩子病好等，都是对庙会合理性的具化叙事。对神神"灵验"的演绎

---

[1] ［罗马尼亚］米尔恰·伊利亚德：《神圣与世俗》，王建光译，第 32 页，北京：华夏出版社，2002。

不仅仅是传说。宗教的人还身体力行地对代表神神的不同形制的神马进行生产，使之具化，成为生活中可观可感，伸手可及的活生生的神。

现今龙祖殿中的龙牌是1996年用厚重的木板新做的，花费近万元人民币。包括底座，龙牌高2.45米，宽1.18米。在范庄人的有限记忆中，这已经是第五次制作的龙牌。最初的龙牌是纸折的，然后才改为木制的。平日放在阴暗库房中，庙会时放在龙祖殿一角的一排木制龙牌，按时间的推移逐渐长大，从二尺多高到四尺多高不等。与龙牌会的规模影响相匹配，茁壮成长的龙牌彰显的是龙牌的灵验和当今它作为一个区域中心型庙会的经济实力与在梨乡庙会中龙头老大的位置。大夫庄"秘藏"有铁佛寺遗存的龙牌的人强调，范庄今天的大龙牌不过是他们所保留的龙牌的翻版。显然，这种表述只不过强调的是大夫庄人所拥有龙牌的古老、灵验以及对龙牌会当下红火的羡慕妒忌恨的复杂心态。

无论是三皇姑、九莲菩萨还是新生的贾亚茹，对于梨乡庙会常见的画在布帛上的神马，随着其老旧破损，人们都会照旧样重新绘制。对于行好的而言，重新绘制神马、更换新的神马是对神神再熟悉、再认知的过程。虽然行好的个体存在宗教知识的差异，但这些神神及与之相关的事迹仍然通过神马的更换得以完成形式上的延续。为了特别张扬所信奉的神神，人们常将其神话传说以连环画的形式做成神马，供奉在庙会期间的神棚中或庙宇中。龙牌会、铁佛寺庙会的多个茶棚都有类似于秀才营西会那样展现"三皇姑成仙"全过程的神马。水祠娘娘庙会在2002年将贾亚茹救刘秀的整个过程绘制成12副神马，开光后供奉在神棚中。这样，梨乡更多的人也就知道三皇姑和水祠娘娘。神神的神性被这些表现其言行的神马定格，神马也将神圣世界简化，更确切地将时间回复到原初，宇宙也得以再创，无声地滋润着膜拜者、观光者、调研者和在同一村落中生活的人。当然，对神神的固化和认同更多的是通过人与神直接交往的仪式表现出来的。这些体化实践包括对前来赶会的香会的迎接、茶棚会之间的游棚、能顺利地将锁挂在神马上的拴娃娃、念佛跪拜、扫堂还愿、在神马前燃烧的香、纸和表、张贴的红榜、神马左近的牌匾、旌旗、还愿的庙戏、碑铭，等等。

　　同样值得微观细读的是，在重修于1994年的曹庄村西老母庙壁上工笔善书的《重修老母庙记》。"庙记"交代了这座据称最早修建于唐贞观年间的老母庙的缘起，张扬的是曾长时期被埋于地下的老母塑像。1961年，在老母庙被毁时，老母塑像埋藏在了地下。改革开放后，人们经过很多努力都没有能找出塑像。1989年，在万般无奈的情况下，23岁的"痴女"（傻子）韩月子"窥地画圈"，使佛光再现。作为显圣物的老母塑像"出土"后，灵验无比。"庙记"云：

> 几年来，白叟黄童，凡有所请，无不灵验。馨欸瞬间福及生灵可见，数例奇患，顷刻痊愈。顶礼膜拜者，门无虚日。庙祝三妇，侍迎香客，累喘不息。庙神之灵何地蔑有，而菩萨灵异若是。国家兴旺，庶民安宁，梨果满园，屡丰告庆。然时有恶徒意臁，遂匿，搜于室，徙而闭关秘匙，以影代之。仍日增月盛，叩谒相寻。

　　灵验使长年埋于地下的塑像再次得到曹庄人的顶礼膜拜。重修的简陋小庙担负起了老母住所并捍卫老母安全的神圣职责。值得注意是，这个偏居一隅的灵验老母庇护的不仅是梨乡，还有国家的兴旺，天下庶民的安宁。如同前述的龙牌－国父、贾亚茹－国母、自动的三皇姑石像吓退日本兵等乡土叙事学的换喻技艺一样，曹庄护国佑民的老母叙事将国家及其话语置于了村民自己的语法规则和逻辑中：国家不是遥远的、与己无关的空洞语词，不再仅仅是帝王将相、贤达名流与精英雅士的，而是曹庄行好的可触可感的国家，是行好的心灵图景的基色与天然组分。经过双重换位、倒装后，"国家的村落"成为"村落的国家"。于是，一个华北腹地生生不息的乡土庙会不仅是地方的庆典，还有了无论精英文化是否认可的国殇、国祭的内蕴。换言之，对与土地相依为命的乡民而言，长期被主流话语斥之为"淫祀"以及"迷信"的乡野庆典不是别的，正是合情、合理、合法并不可能被外力禁绝的"正祀"。在其传衍过程中，有无自上而下的"恩准"和"命名"其实并不重要。通过这些承载群体记忆、地域文化的周期性体化实践，乡民表达、强化着他们自己的国家。不是国家的村落而是村落的国家和乡土宗教人神一体的辩证法、家庙让渡的辩证法一道铸就了诸如行好的这样芸芸众生忧国、忧民、忧己的"中心—四方"的"家天下"的世界观、宗教观。这既是中华文明延续千年的核心内驱力，也是至今国人共享的大一统意识、家天下意识永久持续的丰厚土壤。

三　民间之神与官方之鬼的复调

在一定意义上，铁佛寺庙会是由家中过会、村落型庙会复合而成的跨村落型庙会。我将主要以它为例，说明多种力量参与的梨乡庙会组织的复杂性与松散性。1949 年以前，由秀才营、大夫庄、大安、朱家庄四村轮流组织铁佛寺庙会的具体的过程已不可考。1949 年之后，铁佛寺所在地的政府基层组织一直都力图控制庙会。为此，官方与民间、国家与社会在这里展开了一系列暗含妥协的冲突式对话，即巴赫金意义上的"复调对话——多声部说话"[1]。这种复杂的对话方式，使与庙会相关的表演一直存在着官民各自的公开语本和隐蔽语本。

---

[1]　[俄] 巴赫金：《小说理论》，石家庄：河北教育出版社，1998。

公开语本是指被支配者和统治者的公开交往，是权力的展示，是双方之间的主导语本，是统治或者反抗的策略、技术，基本作用是确认、隐蔽、粉饰和抹黑。隐蔽语本又称作面具语本，它是衍生性的，其言论、姿态或者行为只是因为与公开语本一致、矛盾或变化才有意义。权势群体的隐蔽语本是公开表演的后台操作，下层群体的隐蔽语本则是反抗策略和技艺形成和运用的场所，是自发的、随机的、零碎的。在官方的公开语本和下层群体的隐蔽语本之间存在着四种关系：彻底受控的下层话语，安全；针锋相对的，危险；时公开时隐蔽的，不顺从也没有直接威胁；公开的反抗。[1] 在铁佛寺庙会的复调对话中，除公开的反抗尚未出现外，官方与民间、国家和社会始终各自都同时在用两个声部说话，两张脸孔表演，相互都在不断的试探中斗争和妥协，改变自己的技术与策略。

县、乡、村等代表国家权力的基层政府一直都试图参与和渗透进铁佛寺庙会。这种参与和渗透在不同的时期有不同的表现，是一个渐进同时也微妙的过程。双方都表现出自己的韧性。政府的干预最初是强制的。土改后，没有任何商榷的余地，铁佛寺庙会被官方明令禁止。改革开放后，国家的一些基本方针发生变化，但在基层政府的眼中位于边缘的铁佛寺同时是危险的，以至于 20 世纪 80 年代初期，有公安人员在庙会期间鸣枪示警，禁止过会。与之相对，行好的依然我行我素地前往铁佛寺过会，还在庙宇的废墟上反反复复地为他们信奉的神神修建形制简陋的小庙。在 20 世纪的最后十年，行好的建庙掀起高潮，各村的茶棚、行好的纷纷到铁佛寺建庙，范围远远超过了铁佛寺周围四村，于是有了 1999 年的庙宇群。在特殊的历史背景下，民众这种冷眼向阳式的固执也给其执着带来毁灭性的灾难，那就是 2000 年官方对庙宇群的强力摧毁。

---

[1]　James Scott: *Domination and Arts of Resistance*, New Haven: Yale University Press, 1990.

与以往不同，这次民众对国家的暴力的公开语本是沉默，退让，但其隐蔽语本仍然强劲有力："夜晚推的，大家都不知道，只是到了第二天才看见，要是在白天，可能就不那么容易推了，多可惜呀！"这也成了2000年更多人前来过会的动因。是年，人们纷纷在庙宇的废墟上搭建起更多的茶棚过会。这就是民众的政治学和日常抵抗，他们对官方暴力采取了暂时性的规避：我不说什么，但我继续赶我的会。围绕着"民间之神"和"官方之鬼"，官民双方展开了较量和斗争。虽然方向相反，但双方都要为这些"神－鬼"正名，都含蓄地显示出对神鬼的敬畏与惧怕。与此同时，官方把自己换喻为"神"，是正、真、善、雅的，将民间换喻为"鬼"，是邪、假、恶、野的。正是因为乡土宗教的人神一体的辩证法，千百年来，官－神与民－鬼之间的规训与反规训、控制与反控制的拉锯战也才在九龙口这样空的空间悄无声息地进行着。

　　在这种官民的当代对抗中，双方都充分地表现出他们的智慧、策略与艺术。官方这个强者对夜晚这个时间的选取，既避免了不必要的冲突，同时本身也就有些"理亏""示弱"之意。在无声的交流、对撞中，夜晚这个强者的弱武器使民众这个弱势群体多少有些心理的慰藉。而民众在使用自己的弱武器——不阻止你推庙毁像（也无法阻止）——的同时也使用了强武器，哪怕就是露天磕头、搭棚也要把庙会赶得更热闹红火些显示出强大的力量。在当年热闹红火的庙会面前，官方并未出面采取什么进一步措施阻止庙会，即此时官方的公开语本转变为退让和默许，而且散布出这样的消息：政府要重新组织修建铁佛寺，要修得像柏灵寺一样，要把这里开发成一个赵县梨园民俗度假村。正是通过言语的抚慰，官方进一步深入到铁佛寺庙会的内部也在无形中获得了成功。在毁与建的过渡轮回中，官民双方在继续赶会的前提下，在修复一个更好的铁佛寺图景下，达成了一种共识和妥协，获得一种暂时的新的平衡。已经存在数年的庙会指挥处（庙委会）就是这种冲突和平衡的产物。

作为官方的代表，秀才营村委是直接参与铁佛寺庙会的官方力量。庙会指挥处共有四名成员：东西两会的会头和村委委派的两人。两会头一起负责庙棚中的事务。村委的两人分别负责庙会期间的集市和安全保卫，并监管整个庙会。东西会会首都不是香道的。作为非制度型的民间权威，他们长年从事、参与茶棚会和四处赶会使他们对自己的茶棚会和远近的香会都较熟悉，在行好的中说话有影响力、号召力。对行好的和茶棚而言，与其说他们是庙委会中的领导成员，不如说他们是庙委会安定人心的一面旗帜。就这些会头自己，他们也不愿意主动失去对庙会的组织领导权，那是长期都属于他们的象征资本。因而，庙委会中的会头的现有身份也比以前复杂，多了"官方人"的属性。在不同的时间、场合，对不同的人说话，他们就扮演着不同的社会角色。村委派来的两人尽管是官方的代表，是科层制权威的象征，但茶棚会首、行好的都会对这"外来人"有一定程度的抵触心理。除了以这四人为核心的庙委会，庙会期间，还雇佣有秀才营村中的十五六个年轻人，协助收取集市各摊位的"税"和治安工作。如前文所言，现今基层政府对庙会的组织管理也就主要体现在了收税和治安两方面。庙会期间铁佛寺几个主要殿宇香油钱的收支、戏价、商铺的税额和电力的输送与电价等决定权都掌握在村委手中。2002 年四月初八上午，县有关领导参加，并有县广电局的记者摄像的"赵县梨园民俗度假村"的奠基仪式让行好的很是激动了一些日子。

从铁佛寺戏台上对联的变化也能看出官方对铁佛寺庙会的成功渗透。1999 年，戏台的对联是"文成武就虚富贵，男婚女配假风流"。这副当初看似不经意地写在这里的对联似乎就是针对庙戏本身而言的，指向的是一个"戏"字，有调侃的意味——戏是假的，演员只能假戏真做。对联似乎还有警醒世人的意味——人生就像一场戏，不必太认真，不如真戏假做。从接受美学的角度而言，该对联还在提醒台下多数不识字的观众"看戏时，要从戏中走出来"，不要完全浸淫其中，不要太在乎戏内容的好坏和演员演的好坏，不要太生气、也不要太高兴，总之不要太动情、太冲动，从而有"间离"的美感。因为唱戏与生活一样，都是真真假假、假假真真。或者正是因为这副对联太具有哲理性、普遍性，没有什么地方特色，又显得太随意、太不认真、太不严肃，体现不出"正统""积极""向上"的观念，2002年庙会开始前，戏台上的对联换成了"千年古寺重放异彩，万代文化永存光辉"。从内容上讲，新对联有着鲜明的地方特色和"积极健康"的内涵：重建千年古寺，发扬传承了万代的文化，开发民俗旅游、提高百姓生活而重放光芒，等等。这些完全与国家的大政方针不谋而合，其语汇也都是有着鲜明时代特色的经典表述。同时，铁佛寺本身的性质也在表述中发生了变化。铁佛寺是千年古寺，其庙会是永存光辉并必然重放异彩的传统文化。

与龙牌会、娘娘庙会一样，铁佛寺庙会似乎也正是先通过其解释文本纳入现代民族国家神话体系来谋取其正统性与合法性。虽然还是在自己唱自己的调，但是这种官民双方都能接受的表述依然顺理成章地"爬"到了戏台两侧的柱子上。所以，戏台对联更替暗示的是与之相关联的庙会权属的更迭。如果说前一副对联更具有民间的随性，是社会的，是民众自己对人生、对生活、对戏剧的感受、体验、完美直觉和心灵图景，那么后一副对联则有着浓郁的官方色彩，是国家的、国族的，是农村中处处可见的"只生一个好"之类国家大政方针在民间的演绎、延伸和标语式的宣传。民间社会似乎又一次退却了，这或者也因为包括茶棚会会首在内的老百姓把希望放在了"千年古寺重放异彩"的许诺上。

伴随国家力量的有效渗透，乡土宗教一如既往地迷醉在文化碎片循环再生的链条之中。或者正是因为如此，包括秀才营村东、西会在内的各个茶棚会是高度自治和独立的，他们都是按茶棚会的运作机制、惯例各行其是：各搭各的棚，各敬各的神；各自接待前来茶棚中上香、歇息的香会和香客；香道的在茶棚中照常看香；茶棚会成员则是平等、自由的。

四　乡土庙会的小农经济学

通过供品、黄表纸、香和油钱，梨乡不同庙会之间的互惠赶会建构着梨乡的社会空间，也形成梨乡特有的人文地理学和社会生态学。游棚和对香会欢迎仪式上主、客之间黄表纸的交换、油钱的回赠和对庙会主祀神灵唱诵的各种仪礼都有着福祉流动和交换的象征意义。如今，梨乡没有围绕一个神神的信仰圈，却有一个由所有庙会共同参与形成的庙会市场。龙牌会、水祠娘娘庙会、铁佛寺庙会等个案都说明，梨乡所有庙会组织都有着能把自己村庙会办到相同规模的可能。当把庙会组织作为一个集体性的经纪人时，我们就会发现，对外而言，一个庙会也就是这些不同经纪人之间的交易，各个庙会集合而成的梨乡庙会这个大的庙市就如一个大的股票市场或证券交易所。显然，抱着参与才会赢——信则灵，退出肯定不会赢——不信则不灵的复杂心态，没有哪一个庙会组织会轻易退出这个市场，更没有哪一个庙会组织自愿消亡，但由于各自为政和众神平等的局限，梨乡庙会始终只呈现出遍地开花、星火遍地却并不燎原的态势。

当然，梨乡庙会这个庙市又与股市这个以经济利益为第一原则的工具理性产物有着本质的不同。梨乡庙会以信不信、灵不灵、行不行好为核心，是神神和行好的互动的体化实践和心意相通、梨乡的生活制度、生产制度、自然生态和社会生态的整体呈现，被价值理性所左右，与人们的精神生活紧密关联。可以视为经纪人的庙会组织亦非纯粹被利益驱遣、唯利是图的股民，而是有自己世界观、价值观和伦理道德观与心灵图景的宗教的人。作为一种传统制度，梨乡庙会对各个庙会组织具有约束力和强制性。庙会组织对各自庙会的经营和对他村庙会的参与，是主动、自愿的，但也是身不由己甚或被动的。当主动和被动二者之间呈现出不同的赛局时，相应的庙会规模也就有着大小之异、张扬和内敛之别。

赶庙会是梨乡行好的，尤其是老年人精神生活的一种需要。虽然电视等现代娱乐、休闲工具在梨乡已经十分普及，但自古以来就喜欢面对面交往的乡民只要有可能还是喜欢参加众人都参与的团体性活动，庙会中指向过去的庙戏对怀旧的老者更有着不同的意义。包产到户以来，以家庭为单位的生产方式全面取代了大集体生产方式。在有相当多自主性的同时，各自为政的生活在一定程度上使人们的生活较之以往枯燥了，在群体生活中满足个体之社交、安全、地位等基本社会性需要在一定程度上受到抑制。虽然劳动中有更多的姻亲以及宗族之间的互助，但这种亲族连带在华北本身就较薄弱。这样，适应性、伸缩性都强的庙会在梨乡成了现今中老年人自愿参加的最主要的群体活动。庙会中，人们主要追求的不是名利，而是奉献、行好。面对共同的神灵，人们少了世俗的束缚，拥有的更多的是一种平等、自由与舒展，行动者完全是"随心"行事。因此，尽管成员异质性在增强，但梨乡的庙会组织主要不是依靠松散的亲族连带，也不是依赖望而生畏的等级连带，而依赖的是许烺光用来指称俱乐部的契约连带。[1]庙会组织内部成员的多元化、异质性使以前行好的或者茶棚会之类的信仰群体多了些俱乐部的味道。经过百年演进，因应经济的发展和老龄社会的全面来临，"庙产兴学"已经在部分意义上发生了向"庙产兴老"的转型。

值得注意的是，"庙产兴老"是当下中国普遍发生的事实。2002

---

[1] [美] 许烺光：《宗族、种姓、俱乐部》，第215页，薛刚译，北京：华夏出版社，1990。

年春节，当我回访远在西南四川故乡一些"复兴"的小庙时，在庙宇正殿的门侧，除了我们通常能想象到的颂扬神灵的对联之外，一般都还多了一块牌匾，那就是"某某乡/村老人活动俱乐部"。南京高淳县的不少乡村小庙也同样挂有"老人俱落部""老人西会"及"骨灰纪念堂"等牌子，成为时下"乡野老人和妇女们又一社区性活动空间"[1]。联系到敬老、爱老的儒家传统，20世纪80年代启蒙者不无尖刻批判的老人文化与老人政治，以及耆老享有神般的文化地位，那么无论是以俱乐部来代称还是定名为社区性活动空间，无论这是乡野小庙的生存策略还是基层政府规范化管理的政绩，发生在乡野小庙的由敬神到娱人或由供神到祭人的"世俗"转化，遵循的仍然是乡土宗教人神一体和家庙让渡的辩证法。

庙会组织之间的互相"捧场"式的串通不但满足了人们的心理需求，同时也促进了梨乡庙会的普遍繁荣。对中老年人而言，他们作为庙会活动的主体、中心，获得了极大的心理满足；对不关乎神神痛痒的青少年而言，自己村庙会作为现今村落生活的重大庆典，也是其被父母少管束，可以四处闲逛的时候。老少双方虽出发点完全不同，但他们都对自己村庙会有着浓厚的兴趣，得到极大的满足与愉悦。

与奉教的之间潜在的对峙，使梨乡的行好的之间都将自己视为一类人，也使他们觉得自己有义务支持他村行好的庙会。行好的作为一个群体面对的是所有"不"行好的人。这样，只要可能，一个庙会组织就会四处赶会，对于他村庙会的神神的了解反倒是次要的了，关键是要有前往称颂和敬拜的行为。在此种意义上，一个梨乡的庙会不仅是其所在村行好的庙会，也是梨乡所有行好的庙会。各个庙会组织——行好的之间的互动往来既是梨乡庙会的共性，也是梨乡庙会的潜在规则。换句话说，梨乡庙会在结构上是一样的：遵循乡土宗教人

---

[1]　陶思炎：《南京高淳县的祠山殿和杨泗庙》，载《民俗曲艺》1998年总第112期，第23-38页。

神一体和家庙让渡的辩证法，梨乡庙会在行好的和行好的之间，在行好的和神神之间渐次、有序地展开、上演。

神马是神神的物化，神棚－村庙是供奉神马的建筑，村落是神棚－村庙所在地。虽神马、神棚－村庙、村落各有所指，但其终极都指向神神，并与人的感觉结构关联。神灵验，神马也会常更换，村庙可能会得以重建，神棚搭建会更趋完美，庙会也就兴旺红火，庙会兴旺红火村落的运势就旺，村民也就荣光无限，如此周而复始，循环往复。最终，当庙会组织将庙会的兴旺红火与村落的声誉、脸面、个性视为一体的时候，原本神与人之间的关系就转换成人与人之间的关系，每个庙会组织都会尽力想方设法把自己村落庙会搞得红火热闹些，无形中形成一种攀比、"夸富"之风。

调查中，不同村的庙会组织都有人很真诚地问："你走的地方多，我们这个庙会规模怎样？是你见过的最大的吧？！"为了使自己的庙会具有一定规模，一个庙会组织很在意自己与其他庙会组织之间的关系。它也促使一个庙会组织的不断完善，并在神棚的搭建、庙宇的建造（如果可能的话）、会期、神像的塑造或神马的制作、庙会语言、仪式行为等方面互相攀比，互相规范、约束，形成一种在远方的他者看来类似于狂欢的氛围和有章可循的结构与程式。但如果庙会支出与收入的差距亏空过大，超过了庙会组织与村民的承受力，对最终宣扬的是神神灵验的庙会规模和狂欢氛围的追求就变成了梨乡庙会一种潜在的淘汰和再生机制，在淘汰一些旧有庙会的同时又不断地生发着新的庙会组织和庙会，并促进一些庙会的繁荣。

一般的家中过会较少邀请其他庙会参加，所以常是小规模的。因为类似的原因，大夫庄老母会已经演化为村内庙会。尽管处于梨乡政治、经济和文化的中心，由于龙牌会内部的分化和修建龙祖殿引发的财力透支，龙牌会这两年也在内缩，以至于2003年几乎请不起戏班，2004年没有了戏班。因此，从组织的角度而言，在自己积极主动地参加他村庙会的同时，每个庙会组织会带有一种强制式的热情邀请其他庙会组织参加自己的庙会。一个庙会组织在散发会启时，会再三叮嘱收会启的人"一定要把会启交给你们主事的，一定要来，时间是……"这种礼尚往来的交往规则就是龙牌会近些年来规模缩小的原因之一。龙牌会的会头们经常自豪地说"我们从来不发放会启"，但前来参加龙牌会的庙会组织是希望龙牌会对他们回访的。当龙牌会长年不去参加每年都来参加龙牌会的庙会时，即仅仅是剃头挑子一头热时，这个庙会组织也就完全可能因面子不去赶龙牌会了。这也就不难理解2002年的龙牌会没有按梨乡庙会惯例给前去赶会的庙会组织提供斋饭时，行好的怨声载道。

庙会组织／茶棚会对经济利益的追逐是淡漠的，就是有，也是在敬奉神神的名义下进行。如果庙会组织／茶棚会内部的所有成员都秉持着敬奉神灵、行好的心，真正看淡包括金钱、名声、脸面、身份等利益的诱惑，将庙会／茶棚会所得都归于庙会／茶棚会，那么这个庙会／茶棚会可能就很兴旺发达；反之，庙会组织／茶棚会内部会因名利而产生矛盾甚或分裂，一个庙会／茶棚会可能很快由盛而衰。龙牌会近年来的式微，大夫庄茶棚会、大安茶棚会近些年来的分裂和娘娘庙会的崛起分别可以视为正、反两方面的案例。梨乡庙会小农经济学的本质特征不仅将大小的梨乡庙会都限定在一定的规模，还使其并未因"夸富"倾向而无止境地发展。

总之，作为梨乡这一带村落中人们的惯习、文化制度与心灵图景，庙会强化着梨乡村庄的凝聚力和整体感与村民的感觉结构。作为梨乡人共享的文化，庙会也生产着自己，并使梨乡有着鲜明的地方文化氛围和结构。庙会组织不仅是当地人以行好的为中心的组合，有着明显的俱乐部的因子，它还一直都掺杂有广义上的经纪理念。作为一个集体性的经纪人，庙会组织把庙会作为关涉村落脸面的中心型事件来经营，庙会组织之间的互动也就成为梨乡庙会再生产的机制之一。

第九章　流言、黑洞与大地的风

一　中国人宗教的流言

清末以来，破除本土原有宗教，尤其是"迷信"，进而刷新、重构乡土中国是奋发图强、重振家国的革新者、启蒙者、革命者和执政者的主流意见。在时间制度方面，将旧历视为"迷信"的"参谋总部"并强力废除，推行基督纪年的西历，以至于将废历年节视为"社会的礼俗"，认为其"必有其所以存在的理由""必是能与当时当地之社会环境相适合"的声音成为另类。[1] 与之一体、齐头推进的是在空间制度层面，以"兴学"的正义掏空大小庙宇，进而直接摧毁村庙——本土宗教的操演场。敢拔庙中城隍神像胡子的孙中山、吕纬甫成为清末以来的开风气之先的两个经典意象。同时，对寄身于乡土这种时空制度中的个体以文明、卫生、科学、民主、平等、自由、理性等语词启蒙、净心，使之感觉到自己成为平民、公民与人民。因应数百年来欧风美雨的沐浴和不乏严厉的自我规训，在"宗教"尚未完全演化成今天词典中的定义，未成为不同类型、不同背景、不同目的的宗教学家

---

[1]　杨堃：《废历年节之社会学的意义》，载《鞭策周刊》1932年一卷一期，第10-11页。

的专业领域时，会书写能书写的知识分子差不多都有自己界定的"宗教"。在诸多社会科学都号称自己是"人学"的当下，偏重冷冰冰理性思考的这些"人学"不但不关注日常生活中的个体，也不大理会重情感并书写常人的作家、诗人所认知的宗教。

老道的周作人常常声称自己不懂宗教，但不经意中却一语道破了被多数宗教学者和行政管理者忽略的宗教的命门——"情感"。早在1921年，周作人就指出，与文学相类的宗教也"是情感的产物"，且宗教"当初最重要的情感是保全生命"，"是希望将来的"。因此，原本就不同类的科学"也就不能与文艺宗教连着说"。[1] 专攻哲学并认为人更应该哲学化而非宗教化的冯友兰说得更直白。他认为中国知识分子不是"宗教的"，而是"哲学的"，"不大关心宗教，是因为他们极其关心哲学"。[2] 不大关心宗教，不关心情感，不动情、不懂情也就成为居上位者的通病。

特立独行、多才多艺的张爱玲的写作、爱情、人生都是部"传奇"。她着意描摹最多的是中国现代文学主流的另类形象之外的另类形象——日常生活中的凡人。这位才华横溢的奇女子也曾专门撰文探讨过中国人的宗教。1944年，在《中国人的宗教》这篇小文中，年仅24岁的她认同冯友兰中国的知识阶级"不是宗教的"论断，并强化说中国的知识阶级一直是"对一切都怀疑"的无神论者，"社会上最高级的份子几乎全是不信教的"。[3] 在悄然延续着周作人关于宗教的情感认知的同时，她也扬弃了周作人"中国人的确都是道教徒"或萨满教徒的论断。对于她用力最勤，观察、叙写最多的那些在家国之外并分明有着切肤之痛、悲哀、苍凉的市井小人和乡野村妇、村夫，张

---

[1] 周作人：《宗教问题》，见钟叔河编订，《周作人散文全集·第二卷》，第331-335页，桂林：广西师范大学出版社，2009。

[2] 冯友兰：《中国哲学简史》，涂又光译，第5页，北京：北京大学出版社，2013。

[3] 张爱玲：《流言》，第137、153页，北京：北京十月文艺出版社，2012。

爱玲不怀疑其宗教性，认为，佛教的地狱和道教的天堂参差混搭成的乡民的宗教"是许多不相联系的小小迷信组合而成的——星相、狐鬼、吃素"。[1]

在界线不甚分明的"虔诚"与"玩笑"之间，人与神佛鬼魅仙怪交互叠印，占据同一时空，造成一个拥挤的宇宙。在这个原本就拥挤不堪也一大半是一厢情愿的宇宙中，因强力嵌入的外教而崩塌、凸显的"关系"乃中国宗教的本质：

> 近代的中国人突然悟到家庭是封建余孽，父亲是专制魔王，母亲是好意的傻子，时髦的妻是玩物，乡气的妻是祭桌上的肉。一切基本关系经过许多攻击，中国人像西方人一样变得局促多疑了。而这对于中国人是格外的痛苦的，因为他们除了人的关系之外没有别的信仰……中国的下层阶级，因为住得挤，有更繁多的人的关系、限制、责任，更亲切地体验到中国宗教背景中神鬼人拥挤的、刻刻被侦察的情况……中国人集中注意力在他们眼面前热闹明白的、红灯照里的人生小小的一部。在这范围内，中国的宗教是有效的；在那之外，只有不确定的、无所不在的悲哀。[2]

显然，才女张爱玲细读出了乡土宗教一些关键的内涵。即，它不在人生之外，而是即时实践出来的"人的关系""人生小小的一部"，是眼前的"热闹明白"与"悲哀"，而非清寂晦涩。当然，出身大富人家、喝洋墨水、都市存身并有着完美直觉的她同样有着知识分子共有的局限：对乡土、乡民的隔膜与想象。本书关于梨乡庙会和乡土宗教有些烦琐的浓描应该挑战了张爱玲"星相＋狐鬼＋吃素"和"地

---

[1] 张爱玲：《流言》，第138、139-149页，北京：北京十月文艺出版社，2012。

[2] 张爱玲：《流言》，第152、155页，北京：北京十月文艺出版社，2012。

狱 + 天堂"两道简单的加法算式。懂得"拿来主义"、活学活用、为我所用、与时俱进的乡民始终有着自己的情感、理性、道德和逻辑，有着自己的韧性和执着，宠辱不惊，兴亡不废。

二 研究的黑洞与陷阱

无论是在殖民主义横行的年代还是在后殖民主义泛滥的时代，无论是在日薄西山的封建帝国晚期还是在民族国家兴隆的当下，中国的前行和发展都伴随着西方强势话语的渗透。这使得西人的研究和源自西方学术话语规训下的研究在中国有着霸权。不但本土实践被不同程度地片面译写，本土学者一度曾经有的本土化理论建设也被后来者抛弃。[1] 这种状况在宗教研究领域同样突出。

很多著述确实在描述中国宗教，也是用中国的材料研究，但这些似乎他观的"客位"描述与研究，是在基督教、天主教大面积东进过程中居高临下地审视。直到目前，"将西方的假设和范畴凌驾于非西方的传统之上，人为地创造出实际上并不存在的宗教"[2] 仍然是相当一部分西方学者研究中国宗教的阴魂。五百多年来，传教士描画出的儒、释、道三教中的儒教的宗教性质至今都是争议的焦点。未描述研究之前，乡土宗教就已经被视为"邪教""异端"与"迷信"。[3] 随后，当社会精英主动认同来自西方的科学、文明、理性等标准时，"迷信"也就

[1] 王铭铭：《走在乡土上——历史人类学札记》，第1-34页，北京：中国人民大学出版社，2003；杨念群：《"理论旅行"状态下的中国史研究——一种学术问题史的解读与梳理》，见杨念群、黄兴涛、毛丹主编，《新史学：多学科对话的图景》，第106-131页，北京，中国人民大学出版社，2003；庄孔韶：《乡土中国人类学研究》，载《广西民族学院学报》2006年第1期，第17页。
[2] Jordan D. Paper:*The Spirits Are Drunk: Comparative Approaches to Chinese Religion*, p.2, Albany: State University of New York Press, 1995.
[3] Henry Doré: *Manuel des superstitions Chinoises: ou Petit indicateur des superstitions les plus communes en Chine*, Chang-hai: Imprimerie de la Mission Catholique, 1926.

成为乡土宗教的标签，[1] 中性的表述也是"原始"和"落后"。正如第一章已经指明的，尽管不少现代启蒙者"眼光向下"，身体力行地"到民间去"，但这种似乎自观的"主位"表述，不但有着精英对民众自身感觉的漠视和浪漫想象，还在不知不觉中迎合着西方人对乡土宗教积习已久的幻觉。19世纪晚期以来，不论是学术研究、政府立法、处于灰色地带的乡土宗教一直都在迷信、宗教与文化之间徘徊、游弋。

对于以基督教为基本参照的乡土宗教的认知范式，除前文不时辨析的"弥散性（diffused）"之外，还有立足于"家"的神、鬼、祖先互动的三极模式和立足于"庙"的朝圣模式。两者或者可以分别简称为家庭宗教与庙宇宗教。

无论是作为一个社会单位还是生活空间，家始终都是研究中国文化与宗教的重要一极。早在六十多年前，许烺光就使用了"家庭宗教（family religion）"一词。尽管这个术语在其学术帝国中不是一个关键词。对许烺光而言，家庭宗教的核心就是祖先敬拜。作为基督文明的认同者，他用有名的"祖荫下"三个字隐晦地表达了家庭宗教消极的一面。他指出，西镇的祖先敬拜是一种日常化的行为，"家庭是宗教的一部分，反之宗教也是家庭的一部分"，且奇迹、灵验并非家庭宗教的关键。[2] 虽然学术旨趣与许烺光大相径庭，也迥然有别于许烺光的消极，作为重要的比较神学家，裴玄德一直强调基于家的宗教对于人类宗教和文明的重要意义。为此，他认为中国的敬祖，即家庭主义（familism）是积极的，值得肯定的，也是中国人应该引以为自豪的，

[1] 这只要看看《破除迷信全书》的目录就能略知一二：风水、卜筮、看相、垂象、成佛、成仙、妖祥、左道、邪说（人物、节令、器物、地域及其他邪说）、多神（大神、河海神、泰山神、佛道神、家庭神、杂神）。参阅李干忱编：《破除迷信全书》，上海，美以美会全国书报部，1924。以子之矛攻子之盾，按照此逻辑，深识中西宗教、迷信之趣的江绍原在李干忱这个目录后幽默也是严肃认真地加上了"基督教迷信：童女马利亚生子，耶稣复活，世界末日说等"。参阅江绍原：《中国礼俗迷信》，第2页，天津：渤海湾出版公司，1989。

[2] Hsu L.K.: *Under the Ancestors' Shadow: Chinese Culture and Personality*, p. 242, London: Routledge & Kegan Paul, 1949.

并以此为基础创建与基督教认知范式并驾齐驱的认知人类宗教的新范式。[1]

正是在林耀华、许烺光、弗里德曼等人对中国宗族组织、祖先崇拜的研究基础上，即以家庭敬拜为核心，乔大卫和武雅士明确总结出乡土宗教神、鬼、祖先"三国鼎立"的模式。这在王斯福等人的研究中发扬光大，有了过分强调"中国政治秩序的被动隐喻"[2]的"帝国的隐喻"等醒人耳目的命题。但是，这一今天在学界得到普遍认同并套用的乡土宗教书写范式，明显忽视了至今在中国民众生活中与神、鬼、祖先有机并存的、鲜活的另一幅乡土宗教地图：北中国的胡、黄、白、柳、灰"五大门"信仰，江南的五显/通信仰[3]，西南盛行的巫蛊信仰和在青藏高原被藏传佛教先声夺人而旁落的苯教。正如本书反复征引的李慰祖、康笑菲等人的研究所表明的那样，显然与萨满教关联颇紧的五大门在东北、华北、西北都广为盛行。信奉者相信这些在神灵体系中有自己位置的仙家既不属于神，也不属于鬼和祖先。这些仙家不但影响着个体、家庭、社区的生活，通过香头，它们还经常左右表面上是供奉神佛的庙会的香火。梨乡的香道的实践与庙会也多少印证了这一点。

主要根据中国台湾的经验，与基于日本学者研究影响而成形的祭祀圈和信仰圈理论有异曲同工之处，承袭基督文化的"朝圣"范式则格外关注庙。正如"无庙的宗教"一章已经梳理过的，因为村庙迥异

---

[1]　Jordan D. Paper:*The Spirits Are Drunk: Comparative Approaches to Chinese Religion*, pp.61-68, Albany: State University of New York Press, 1995; "A New Approach to Understanding Chinese Religion", *Studies in Chinese Religion* [Taipei] ,vol. 1, no. 1(2013), pp.1-32.

[2]　Meir Shahar and Robert P. Weller edited: *Unruly Gods: Divinity and Society in China*, p.3, Honolulu: University of Hawai'i Press, 1996.

[3]　Richard von Glahn: "The Enchantement of Wealth: The God Wutong in the Social History of Jiangnan", *Harvard Journal of Asiatic Studies*, vol.51, no.2(1991), pp.651-714; Guo Qitao, *Exorcism and Money: The Symbolic World of the Five-Fury Spirits in Late Imperial China*. Berkeley: University of California Press, 2004.

于基督世界的人文地理学特征和其作为公共生活空间的开放性，村落四围、城市四围的寺庙及其宗教实践[1]在中国宗教研究中一直是与家庭宗教并驾齐驱的另一极。以至于20世纪40年代，在杨堃博士的指导下，陈永龄就明确地使用了"庙宇宗教"一词。家居之外的庙祭，尤其走向"五岳"这些圣山和政治文化中心的庙的敬拜更是关注的重中之重。[2]于是，基督教等一神教有的"朝圣"就成为解读庙宇宗教的关键词。但是，用"'pilgrimage'这个基督教仪式概念来'译写'中国民间仪式活动，实际上就是从一个更大的关系体系中有选择地挑出某些方面（或层次）来与世界性的支配文化一一对应"。[3]

与西方的"圣"不同，中国的"圣"常与圣上（皇帝）、圣人（先贤）相连，它指向的是俗世中拥有权力、知识、品德修养、智慧、礼仪的精英，而非拥有超自然力量的"神"。对乡土宗教而言，作为信仰对象的"神"与"灵验"紧密相连，与"圣"则关联甚少。所以本土表述中，信众常常说和做的是"朝山进香""行香走会""行好/善""许愿还愿""灵验"和"红火热闹"。一神教的教徒的朝圣要经历的脱离、过渡、融入三个阶段，尤其是处于过渡的阈限（communitas）意在与神靠近，自省并超越自我，人从属于神，并进而形成与世俗生活迥然有别的神圣生活。与此不同，朝山进香、行香走会确实有神圣的意味，但它并未与日常生活脱离。践行着人神一体的辩证法和家庙让渡的辩证法的信众是"大爷高乐，耗财买脸"，许愿还愿，要求得神的恩赐、回报。在建立的"人凭神，神依人"的神人互惠关系中，外在于人的神又从属于人。这使得中国民众的朝山进香、行香走会基本是日常生活的延伸而

[1] John Shryock: *The Temples of Anking and Their Cults—A Study of Modern Religion*, Paris: Geuhner, 1931; Susan Naquin: *Peking Temples and City Life,1400-1900*, Berkeley: University of California Press, 2000.

[2] Susan Naquin and Chün-fang Yü edited: *Pilgrims and Sacred Sites in China*, Berkeley: University of California Press, 1992.

[3] 王铭铭，《走在乡土上——历史人类学札记》，第177页，北京：中国人民大学出版社，2003。

非断裂，并有着鲜明的布尔迪厄所指称的实践和惯习所具有的"游戏（game）"本质。[1] 海纳百川的乡土宗教的形式、内容与意涵之间就显现出多种随意、任性的组合、错位与混搭，流动性、不确定性、伸缩性和适应性成为其本质。虔诚与戏谑、跪拜与斗殴、禁欲与放浪常常同台共舞。因此在庙会现场，既有着香客爬香、拜香、翻砖、提灯挂炉、披枷带锁之类虔诚的"苦香"，[2] 也有着杠箱官之类粉墨登场的娱乐、玩笑与嘲弄，[3] 还有着在神灵名义下，身体丰满并盛装的性感女子对男性引诱的两情相悦，即古语所云的"奔者不禁"[4]。除了戏台下的痴迷、九龙口"寻欢作乐"的闲人、斗殴见红的"恶人"外，挂锁、扫坛、看香等梨乡庙会仪式也常笑声连连，与拉家常同出一辙。

如果再深究之，我们就会发现分别基于家与庙的这两种耳熟能详的乡土宗教的认知范式之间有个巨大的"黑洞"，那就是本书浓描的家中过会——在香道的家居空间，非血缘群体围绕特定的灵验的神神定期举行的敬拜实践。正是在此学术传统下，乡土宗教的绝大多数学者要么将香道的这类人归之于仪式专家或专门的神职人员，要么将其仪式实践视为是针对个体的私对私的行为，在分门别类地对"得神"的过程、治疗实践、社会名誉进行描述、分析的同时，也将人与其行为、人与人群及社会历史对立起来。这自然导致对这些具有联结作用，作为媒介和纽带的仪式专家家居空间的公共性的疏忽，也必然忽视发生在这个"公私合营"空间的草根性仪式实践随着与主流意识形态博弈的不同形态，忽视由此而生的乡土宗教和庙会升迁沉浮的形态学特征和动力学特征。

---

[1]　P. Bourdieu: *The Logic of Practice*, pp.66-68, 80-82, translated by R. Nice, Cambridge: Polity, 1990.

[2]　金蝉雨：《妙峰山指南》，第 15-16 页，北平：名胜导游社，1936。

[3]　金勋：《妙峰山志》（手抄本），第 32、38 页，中国科学院图书馆藏（时间不详）。

[4]　参阅顾希佳：《东南蚕桑文化》，第 180–182 页，北京：中国民间文艺出版社，1991；Julie Broadwim: "Intertwining Threads: Silkworm Goddesses, Sericulture Workers and Reformers in Jiangnan, 1880s-1930s", pp.95-96, a dissertation of University of California, San Diego, 1999.

可喜的是，21 世纪以来，突破二元话语的桎梏，注重实践、强调过程的动名词已经成为英语学界中国宗教与庙会研究的主流。从周越的做宗教（doing religion）到造宗教（making religion）[1]、协商宗教(negotiating religion)[2] 都是如此。然而，伴随文化遗产、旅游经济、全球化、现代性，相当一部分新的突围为了解释当代中国宗教和庙会的复兴，依旧不同程度地采用了自上而下的外在视角。从果到因的逻辑推演，使得国家、政治、经济、文化、公共空间、市民社会、风险社会、功利、机会主义等当仁不让地成为复兴论、重整论的关键词，并因为对宗教自由的强调，也更关切意识形态层面的宗教和专业人士的宗教。

在某种意义上，与原初社会相比，人类社会的文明进程似乎确实是一个神圣衰减和去圣化的过程。这在只能作单项选择题、排他性强、唯我独尊的一神教盛行的地域尤其突出。在多神崇拜或者说多种信仰、宗教并存的地方，也即能做多项选择，包容，总是有可替补选择的地方反而并不明显。不灵验的老旧神神会如祖宗牌位一样越来越靠后，因景应时、赋予新意的旧神和滋生的新的灵验的神神会在众人的瞩目下成为新的明星。遗憾的是，宗教学的去圣化理论也在英语强势的裹挟下，作为一种不容置疑的霸权话语在中国大行其道。由此观之，在去圣化理论规训下的中国宗教与庙会复兴论或者是一个假命题。与此同时，普通信众的宗教实践和其主体性与能动性仍然没有引起足够的重视。或者，这就是本书关注呈现人神一体辩证法和家庙让渡的辩证法的非典型的梨乡庙会，尤其是家中过会的意义所在。

乡土有乡土的逻辑！要贴近乡土宗教和庙会的本质，我们就必须

---

[1] Yoshiko Ashiwa and David L. Wank edited: *Making Religion, Making the State: The Politics of Religion in Modern China*, Stanford: Stanford University Press, 2009.

[2] Shuk-wah Poon: *Negotiating Religion in Modern China: State and Common People in Guangzhou, 1900-1937*, Hong Kong: The Chinese University Press, 2011.

抛弃先入为主的形形色色意识形态的偏见，抛弃看似便捷也温情脉脉但骨子里却充满强权的穿着各种马甲的霸权话语的"软控制"，直面乡与土，否则就会被"先入为主的障碍物蒙蔽了事实"[1]。八十年前，黄华节（黄石）写的下述素朴的句子仍深有余味：

> 首先你得看清楚这个社会的物质环境……其次，要看明白当地社会的整个组织……有了这样的观察，还有最要紧的一着，是缜密审察构成整个文化的各部分，是怎样的互相联结。必如此然后算是认识一地方的文化。这是预备的工作。讲到宗教研究的本务，你要明白民间宗教的实在情形，就得跟着老百姓一道儿跑——跟民众一同去上庙，一同去进香，一同去赶庙，一块儿参加迎神赛会……总之，凡是宗教活动的场所，你都得亲自到场。在这些场所里面，我们有几件事要作，第一是观察，第二是体验，第三是访问，第四是谈话……站在一旁，用明敏的眼光，冷静的头脑，从头至尾观看一个宗教仪式或一种宗教活动的过程……有时你非得亲自去体验，决不能领悟崇拜者的经验及其精神的状态，和内心的变化。[2]

三 行好之风

1920 年，在《乡村与道教思想》这篇小文中，周作人认为改变"乡民的思想"（"国民的道教思想"）可参照原始拜物教变迁的两条路径："其一，发达上去，进为一神的宗教；其二，被科学思想压倒，渐

---

[1] 李慰祖：《四大门》，第 1 页，北平：燕京大学法学院社会学系学士毕业论文，1941。

[2] 黄华节：《怎样研究民间宗教？》，载《民间》1934 年一卷十期，第 15 页。

归消灭。"旋即，他直接否认了第一条路径，而对第二条路径怀抱希望："有人根据了第一条路，想用基督教来消灭他，这原是很好的方法，但相差太远，不易融化，不过改头换面，将多神分配作教门圣徒，事实上还是旧日的信仰。第二条路更是彻底了，可是灌输科学思想的方法很有应该研究的地方，须得专门的人出来帮助。"六年后，周作人在重新检视自己这篇旧文时，发出了"什么都变得快……所没有改变的就只是国民的道教思想"的感慨，并叹息上述"两种办法都是不可能的"，因为"'彻底'是绝没有的事，传教士的科学运动是没有用的，最好的办法还只是普及教育，诉诸国民的理性。所可惜者，现今教育之发展理性的力量似乎不很可信，而国民的理性也很少发展的希望"。[1]

1934 年，深知宗教三昧并身体力行参与定县平民教育运动，专司宗教生活调查研究的黄华节同样发出了与周作人相似的叹息，并在"机能论"（功能论）的主导下开了药方。云：

> 为什么破除迷信的工作没有一点效力呢？因为迷信与现存的文化各方面，是紧密的互相牵连，互相勾结着的缘故。要打到神权，先要树立科学的权威；要破除迷信，先要提高文化的程度。假如老百姓的经济生活改善了，生产技术改好了，农村不年年闹水旱土匪兵燹之灾了，教育普及了，政府和社会都组织好了……总而言之，生活各方面都改变了，谁还高兴初一十五花几大枚去烧香烧纸？谁还愿意对泥雕木塑的偶像磕头？[2]

周作人提出继而否定的两条路径大致应和着"宗教救国论"和

---

[1] 周作人：《谈虎集》，第 241-243 页，北京：北京十月文艺出版社，2011。
[2] 黄华节：《怎样研究民间宗教？》，载《民间》1934 年一卷十期，第 17 页。

"宗教亡国论"两种论调，前者要光大宗教，尤其是弘扬基督教，后者要消灭宗教，视宗教是非理性的，低级的。黄华节大抵也持后一种观点，即认为随着社会的进步前行，尤其是民智的开启，老百姓的宗教终归会被教育、理性消灭。反向观之，周作人的绝望、冲淡依旧醍醐灌顶。基本与传统文化，尤其是日常生活习俗脱节的中国学校教育已经整体性地发生了从义务教育到素质教育、人文教育、人本教育的转型。但是，如同本书呈现的事实这样，（相当一部分）"乡民的思想"似乎依旧没有本质的变化，学校教育发展理性的力量似乎还是"不很可信"。症结何在？

无论是周作人还是黄华节，前贤们似乎都忽视了至关重要的一点，即在精英看来需要教育改造并也可以被教育改造的乡民不但有着自己的情感，实则还有着自身的理性、逻辑与抉择。而无论是乡民的情感、理性、逻辑还是抉择，都断然不是可以用低下、愚昧和需要被教育、被改造、被帮扶、被发展的"迷信"、理性来指称的。宗教与科学，"迷信"与理性绝不是一种单线的优胜劣汰的进化论关系。乡民也好、国民也好，他们不是别的，而是有着自己的感知、直觉、认同和心灵图景的一个个能动的生命主体，有着夸父逐日、愚公移山、精卫填海式我行我素，也无风雨也无晴的执着与喜乐。

在梨乡，在乡土中国，包括过会在内的"行好"既是自古就有的风气，是古语所言的"风尚""风俗"，也是世代在梨乡生活的乡民因应当下语境，对儒、释、道、耶等精英文化根据自己的理解，在日常生活的运用和实践。行好以及过会在梨乡能蔚然成风，皆得力于孟子所言的天时、地利、人和，是多种因素的不同配置以及叠合、互动的结果。这些因素包括梨乡流变的生态环境，现有的以产梨为主的经济形态，多种信仰并存的充满张力的有限空间，梨乡人常有的生活失衡和过会传统，香道的成功的仪式实践，灵验和惩戒传说的播布，眼光向下看的文化人对乡民的关注、影响，主流意识形态控制的相对松动，乡土宗教人神一体的辩证法和家庙让渡的辩证法，庙会的伸缩性、适应性，等等。

这一复杂的场景也使得当家的、香道的、行好的、地方精英、学者、记者、基层官员、奉教的以不同形式参与到了梨乡庙会中，每一个群体都为庙会贡献着自己的力量，互为"第三者"[1]，在利用庙会时也被庙会塑造，成为庙会的人、宗教的人。作为神媒，香道的通常是一个庙会的核心所在，他们不但自己家中过会，通常也与某个庙会有着较为固定的关系。以老龄群体为主的行好的通常是庙会的积极参加者和组织者，也是互串赶会的主体，对神神的仪式性唱颂使他们不同程度地回到原初时间，与神同在，同时也欢愉了自己的身心。地方精英和文化人则不同程度地丰富着梨乡庙会的表述，并在某种程度上影响着这种表述，在乡土宗教、乡野庙会和主流意识形态的裂缝间搭建着一座座承重力不同的桥。有的地方精英兼具有行好的身份，作为庙会组织的成员，也使庙会组织的宗教性有着不同程度的淡化。受身份和政策规约的在任基层官员同时也是乡土的人、民俗中人，他们也受着惩戒传说的制约和灵验传说的蛊惑，文化认同上的双重标准所引发的矛盾使他们在庙会现场处于缺失状态，是庙会的缺席参与者。同样是庙会现场的缺席者，处于"红市"的奉教的则是源于不同信仰之间的张力与参差的赛局，间接地催生梨乡庙会。

这些使得梨乡人部分地延续了对自己不同级序生存空间的圣化和相应庙会的传承，一如既往地践行着神人一体的辩证法和家与庙的辩证法。"老根儿"的神秘、灵验的看香、挂锁扫坛等仪式实践对日常生活风险、失衡的调适，使香道的在相当意义上成为"活生生的神"，与其背后的神神一道，自然成为大小庙会的向心力所在。家中诸神的供

---

[1] 岳永逸：《灵验·磕头·传说：民众信仰的阴面与阳面》，第 92-95 页，北京：生活·读书·新知 三联书店，2010。

奉，主房神案的设置，年节等特殊时日对神神的供奉，使如今表象上看来世俗的生活空间同样有着圣化的本质，家如庙。伴随梨内卷化的生产，梨乡人生存危机感的加强、有限的生命机会、生活的失衡和香道的成功的仪式实践，家中过会也就在梨乡普遍存在，并已蔓延到部分一般的行好的家中。

曾有的村庙在老人心中的记忆和人们试图修复村庙的种种努力，都表征着人们对村落这个空间的圣化。在传统的朝山会、乡野庙会的余俗下，聚居、相对闲暇，同样也面临风险和失衡，并对现代传媒少有认同的老年人自然聚合在一起，或家中轮祭某一神神，或张罗着村落层面上的庙会，在满足他们自己社交、安全和地位等社会性需要的同时，也祈求着家人和村落的祥和平安。庙会组织因此有了俱乐部的性质，"庙"如家。村落型庙会也与家中过会形成互动。有的家中过会由于香道的努力，渐渐地成为代表村落的庙会。当一个村落型庙会的组织者像水祠娘娘庙会那样有着明确的理念和目标时，村落型庙会的规模也可能达到一个跨村落型庙会的程度，不断外显。反之，象大夫庄老母会那样，一个大的村落型庙会完全可能在梨乡其他的庙会中处于失语状态，而使庙会成为村落内的庆典，不断内敛。

对村落外世界的想象和对世界的认知，使梨乡人对九龙口赋予了多重含义，成为梨乡人的心中的一个结，在空的空间和全景敞视的空间之间悄然变脸、换形。尽管官方和民间围绕这里长时间存在对立，不同村的人仍然将家中过会、村落型庙会都挪移到了这里，使铁佛寺不论有无庙宇，都成为一个事实上的跨村落型庙会。荒野上如家的"庙"也举行着家居中举行的仪式实践。人们一年一度地将这里圣化，神圣与世俗并存，官民并存，铁佛寺庙会也就成为多声部重奏的一首经久不衰且变奏迭出的交响曲。家中过会和村落型庙会通常都是针对某一群体信奉的神神，或某个村落有着浓郁个性色彩的神神展开的，就是同一名字的神神在不同行好的心目中，在不同的梨乡村落中也有着截然不同的意义。庙会组织互惠赶会和祭拜这些神神主要是因为相互之间赶会而祭拜的，而不是因祭拜而赶的。在此意义上，铁佛寺庙会不仅是一个庙会，还是一个庙会集合、庙会丛。

当深入到家居层面考察梨乡这样一个生态区域的庙会时，我们就会明白当下梨乡庙会的生命力所在。梨乡庙会是由不同级序圣化空间庙会形成的集合，是一个有机的整体，不同类型的庙会之间是一种全息互显和相互涵盖的矛盾关系。仅仅观察某一类型的梨乡庙会或某一个梨乡庙会都可能会对梨乡庙会进行片面而偏颇的解读。家乃乡土宗教和庙会的最后避难所。在无村庙时，人们将神马供奉在家中，在家中过会或轮祭。当条件允许时，家中的会可能会走出去并慢慢扩大。事实上，由于对香道的认同的文化传统已经使香道的作为文化基因而存在，也由于香道的是可以习得的，在理论意义上，家中过会也就有了在梨乡所有的行好的人家践行的可能。因此，正是梨乡还在传承的文化、传承该种文化的大多数家庭、日常生活无法杜绝的风险和失衡、作为一种文化体系和心灵图景的乡土宗教与庙会本身共同促进了当下梨乡庙会的繁荣。换言之，物质生产、当政者的态度、经济发展、非遗标签、全球化、精英的俯就、功利主义、机会主义、去圣化等复兴论者津津乐道的关键词都不是庙会传衍的内因，仅仅是显在的外因。

因不同的个性，梨乡庙会组织作为一个集体性的经纪人互惠赶会引发了梨乡庙会的繁荣并决定了规模大小的不同。积极膜拜者与庙会会首身份的不完全重合、庙会组织异质性群体的属性和群体性对名利的淡漠也在一定程度上限制了庙会组织的凝聚力，梨乡庙会组织也就相应显得松散、自由，完全是一种自发的状态。心安理得、小富即安、积德行善等经纪人道义小农和理性小农的叠合心性使得梨乡庙会不可能有超大规模的发展。在行好的那里，庙会和宗教都没有发展成托拉斯和资本主义的诉求，使之仅仅是"日常生活中的自我呈现"。无论是从庙会的空间、时间分配，还是同一庙会参与者和不同庙会参与者的异质性行动，梨乡庙会虽然有着神圣与世俗的差别，常与非常的不同，但并非截然对立，而是并存、混融与叠合的。如鼓声、香烟、纸灰充斥空间的神秘氛围、神灵附体的异态、闲人嗑瓜子下象棋、老者在戏台下的痴迷等并存一样，日常生活的延伸、神圣世俗的交杂并存使得庙会被大多数人认同并以各自的方式参与，成为一个名副其实的"社会剧场"。因此，梨乡庙会既难以因外力而断绝，也很难因外力而骤然膨胀。作为一个自足的肌体，在既有的文化机制下，梨乡庙会也就有了生命和生生不息的能力。

与已有的对华北宗族、集市、社会史、民间习惯法等研究有别，本书之所以特别彰显庙会与乡土宗教，是因为已有的这些研究对庙会与宗教有不同程度的忽略、漠视，对乡土宗教与庙会存在诸多误读。但是，梨乡庙会虽然很多，很普遍，过会却仅仅是部分人的事情，人们也不是天天就一门心思过会。梨乡庙会仅仅是所有梨乡人生活世界中有机的一部分。因此，当我强调庙会与宗教时，我的研究本身也就存在诸多不足。如果说庙会是一年一度吹拂在梨乡的季节性的"风"，那么"只有生活于乡村大地上的人们，才知道风对于生活的意义"[1]。

作为研究"风"之人，如果不沐浴"风"中，远离田野的旁观者式的观察、研究与推测可能就仅仅是一种努力的痴人说梦和门外杂谈而已。本研究的描述与思考完全是在我持续的田野作业基础上进行的。作为专题式的民俗志，如果本研究言传了些"风"韵，那么这完全要归于"风"本身，而不是我自己。

在不同自然条件下，风有大小之分、强弱之别、冷暖之异，有喜人的春风、爽人的夏风、却步的冬风。无论哪种风，在与物相遇时，人们都会形成是风随物动而非物随风动的错觉。在此种意义上，过会行好与行好的之间的关系就如风与物的关系。因应不同的自然环境、

---

[1] 刘宗迪：《古典的草根》，第7页，北京：生活·读书·新知 三联书店，2010。

社会环境、人文环境以及相应的心境而过会行好时，行好的人仅仅是行好之风中的物而已。所以完全可以说：行好如风。下面三幅后续的梨乡庙会场景或者既能说明本研究的"风"之特性，也能说明行好如风的"本真性"。

场景一：外热内冷的龙牌会

2006 年，在多方的努力下，龙牌会成功地申报为河北省省级"非物质文化遗产"。为此，龙牌会庙会组织专门在龙祖殿前立碑纪念，罗列了不少经常到龙牌会调查、贡献颇多的中外学者的名字。同时，也将"龙牌会的由来"刻写在了与"省级非物质文化遗产"碑毗邻的石碑上，名为"范庄龙祖殿记"。在龙牌会举办前的几天，赵县政协再次将主要发表在 20 世纪 90 年代的数篇关于龙牌会的文章编辑为《赵州文史（5）·龙文化专辑》，并在龙牌会期间向外来的调研人员散发。由于已经是非物质文化遗产，2008 年中央电视台科教频道的专题摄制组不辞辛苦地在龙牌会现场前后拍摄了一个多星期，准备向全国介绍、宣扬这个非物质文化遗产。

也正因为成为政府相关部门认可的非物质文化遗产，以前在庙会期间供奉的毛泽东的神马没有了。我在现场对此进行追问时，当地有人说这是"上边"要求的。在"非物质文化遗产"这个新的声名下，这个悄无声息的拆除行动本身有着"上"与"下"的共谋，即希望龙牌会能走上非物质文化遗产这个"正规"，没有太多的杂音。显然，信仰、迷信、文化、遗产等语词在生活的现场仍然互相拒斥，相互踩捏、欺瞒。因此，新时期在梨乡第一个大张旗鼓并成功地修建了庙的龙牌会、赢得了省级非物质文化遗产并正在向国家级非物质文化遗产挺进的龙牌会并未能够使庙会本身昌隆。在这些新的声名下，龙牌会似乎反而更加衰微了。在龙牌会期间，专供前来上香的外村香客就餐的大伙房前些年做饭的 8 口大锅在 2008 年只剩 4 口了，也就是说外村前来的香客差不多减少了一半。

当年庙会期间，除了二月初一上午有 18 档花会、鼓会相伴的龙牌巡行仪式颇为热闹之外，拥挤的还是初一、初二上午的龙祖殿及后则神棚。在 2005 年几乎每个神殿中都有一个打香的香道的，现在也减少了，长期坚守的仅仅两人。但是，这些香道的仍然是吸引焦虑、生活失衡的香客的所在。尤其是二月初二下午从外村来的一个年龄仅仅十七八岁的香道的更是引人瞩目。如同一道调查的赵旭东教授后来所说："这个少年成为今年龙牌会的亮点。"[1]

时至今日，2008 年中央电视台科教频道拍的专题片终究没有播出。2010 年、2011 年，在龙牌会现场，为香客煮斋饭的大锅依然是 4 口；虽然有些稀稀拉拉，来来去去的媒体人和高校师生仍然坚持对龙牌会的调查；仍有行好的要这些外来人给他们照相、摄像，还希望能马上在电视上播放出来；地方精英仍在为龙牌会成为国家级非物质文化遗产努力，在庙会期间与外来人座谈、讨招儿。说不定很快龙牌会就会跻身国家级非物质文化遗产名录，说不定它永远也就止步于河北省级非物质文化遗产名录，甚或被"除名"。

场景二：外冷内热的铁佛寺

2008 年 3 月 7 日，在调查龙牌会的间歇，我与从事教育经济学和教育督导评估的妻子一同骑自行车来到九龙口。和此前从未来过华北

---

[1] 岳永逸：《灵验·磕头·传说：民众信仰的阴面与阳面》，第 167-168 页，北京：生活·读书·新知 三联书店，2010。

乡野庙会现场的妻子的惊讶不同，面对行好的又在这块边缘、是非之地盖起的高高矮矮的 20 座小庙，我只是默然！曾经激动人心的"梨园民俗度假村"石碑不见了踪影，更无度假村的任何气息。尽管盖庙的群体以及庙内外的形制都有变化，九龙口的景观恍如回复到 1999 年。2010 年 4 月，在苍岩山上调查苍岩山庙会时，从宁晋来朝山的行好的兴奋地告诉我，铁佛寺的三尊铁佛将重回九龙口。是年 5 月，在铁佛寺庙会期间，前往铁佛寺调查的学弟华智亚来短信告诉我："铁佛寺也见萧条。三尊铁佛说是一个藁城人运来的，正在建大殿。"

如今，两座大殿已经在九龙口屹立。或者是因应乡土叙事学中九莲菩萨李艳妃和她皇帝儿子万历之间的恩怨情仇，或者是因应行好的"土豪"个人的重口味与欲望，一座大殿像天坛里的祈年殿，内供道教诸仙，另一座大殿像故宫中的太和殿，内供佛祖罗汉。2014 年，刘铁梁教授继他 2011 年的梨乡行后对范庄龙牌会又一次进行了回访，并再次造访了九龙口。3 月 5 日，刚刚从赵县回京的他对我说：

> 今年龙牌会还算不错，有范庄本村的年轻人抬神轿。范庄已经不是传统意义上的村庄，而是有着政治、经济中心地位的集镇。集镇留下了部分年轻人，这实际上为龙牌会这样的宗教活动提供了基础。奇怪的是九龙口，那地方真邪乎！毁呀建的，不知多少回了。这不，两座大殿又修起来了！

无论是当下屹立的大殿，还是曾经有过的铁佛、小庙，谁也无法断言这些乡村景观是会骤然消失还是永久存留。有一点不容置疑，他者的毁与行好的建在过去是，在将来也会是九龙口的基本旋律。行好的观念中的晨钟暮鼓和实有的教堂钟声都将会在这片天空混响，袅袅的余音也都将随风而逝。

场景三：香道的存根

2010 年 3 月 17 日下午，在段光的家里，我再次抄录到了半月前来找她求助而看病看事的 96 条存根。这些存根写在 4 张黄表纸上，以下是其中一张黄表纸上的 24 条。除其中人名外，其他均照原样抄录：

1. 赵县东大卓服装厂王×找人

2. 黑龙江省海伦县爱民乡爱华四组肖××、王×求子

3. 北李疃赵门曹氏在南怀舍镇开种子门市，2010 年正月 30 日开业，买卖兴隆、事业顺利

4. 霍家庄霍门王氏在石家庄开信息部，发达成功顺利

5. 南马庄张×张×为求儿女

6. 小王庄冯××车为儿子婚姻结灾

7. 杨户南门孟××张××求子正月 21 日

8. 辛集褚家庄刘××病毒瘤手术成功女 43 岁

9. 范庄村张××为婚姻顺利年前结婚

10. 宁晋县东王家庄程门赵氏为二儿子婚姻快专顺利宅院大儿子外心两个

11. 唐邱乡牛××梁××赵××位跑车顺利　牛××正月 27 日手术下午 1 点

12. 辛集市南智邱镇褚家庄耿××为求婚姻

13. 宁晋霍家庄霍门张氏为头动，为儿子一家解灾难为大儿子婚姻定

14. 宁晋讲理村王××

15. 高庄合乔门张氏为求买卖顺利发财平安

16. 宁晋县唐邱白门申氏为求儿子一对做买卖顺利

17. 宁晋县孔小营米××白××为针织厂保平安顺利

18. 南马庄冯门郭氏求孙子

19. 曹庄刘门米氏为儿子婚姻保车平安正月 17

20. 常信贾小川为宅院坟地洞口井

21. 宁晋县石柱 王×× 为丈夫快回家不叫在外留浪

22. 宁晋县小枣村李×× 为儿子婚姻之事另有老人病二事

23. 辛集市南智邱×× 城马许求婚

24. 辛集市南智邱×× 城马×× 为保一家平安

　　面对这同根相生、移步换形的三朵"并蒂莲"，本书诠释的乡土宗教与庙会既可以套用沟口雄三关于中国"公共空间"的定义，也可以套用他关于中国"民间性空间"的定义，尽管他的本意是要重绘中国、日本思想史、历史，尤其是近代化历程的谱系。即，乡土宗教与庙会是"一种官民联动的空间，它或是溢出体制和制度之外，或是反过来，与体制和制度保持着联系，同时依靠官与民的紧张关系构筑而成的、某种可名之为'联动空间'的场域"，也是"没有被记录下来的，或隐藏于记录背后的看不见的空间"，"是流动而不定形的场，是伸缩自在的关系，是一种营造"。[1]

---

[1] ［日］沟口雄三：《中国的冲击》，王瑞根译，第 244、243 页，北京：生活·读书·新知三联书店，2011。

附录：梨乡庙会时空分布表

县	乡镇	办事处	庙会及组织	合计
赵 县	范 庄 镇	范庄	南庄张爷会（10.14-16）、南庄冯家老母庙会（2.18）、孝友老母会（2.19）、孝友村真武庙会（3.3）、常信营夕阳红、常信营铁手菩萨会、常信营关爷会、范庄龙牌会（2.2）、曹庄老母会（2.17-18）、曹庄东头铁佛寺茶棚会（4.8-12）、曹庄东头朝山茶棚会（3.15）、曹庄三官庙会	12
		杨户	杨户东门（1.14）、杨户南门三官庙会（1.19）、杨户北门天齐庙会（2.22）、杨户玉皇会（2.9）、杨户北门三义庙会（2.20）、任庄（东头）老母圣会（2.16）、任庄老母会（2.17）、解家宅保善会（仙家会）（2.15-16）、贤门楼老母会（1.18）、贤门楼意合会、贤门楼大兴古寺	11
		大夫庄	大夫庄（高峰）老母会（2.19）、大夫庄（五星）老母会（1.19）、建全龙牌会（2.2）、人民玉皇会、大夫庄如意道、（高峰）铁佛寺敬奉路神茶棚会（4.8-12）、铁佛寺大夫庄（建全）老茶棚会"众善奉行"（4.8-12）、铁佛寺大夫庄（三中）老茶棚会（4.8-12）、铁佛寺大夫庄（五星）东会（4.8-12）	9
		大安	秀才营老母会（2.19）、秀才营铁佛寺东会（4.8-12）、秀才营铁佛寺西会（4.8-12）、大安关爷会（10.20）、大安二村老母会（2.19）、大安玉皇会（6.15）、小寺庄真人会（3.7）、大安（二村）积善堂（4.8-12）、大安（五村）兴善会（4.8-12）、大安（一村）老灵宵宫（4.8-12）、大安（一村）老灵宵宫玉皇会（4.8-12）、朱家庄铁佛寺茶棚会（4.8-12）	12

县	乡镇	办事处	庙会及组织	合计
赵县	谢庄镇	谢庄	谢庄北会／三皇姑菩萨会（3.15）、谢庄南会（3.15）、小东平玉皇会（9.8-9）、大东平佛爷会（6.5-6）、大寺庄合会永兴福寺、大寺庄如意道、安家庄西会、董庄西会／菩萨会（三皇姑）（3.11-12）、郜家庄东会（1.30）、郜家庄西会（1.29）、小郝庄（1.25）、大郝庄会（6.24）、董庄东会（3.11）	13
		北中马	北中马老母南会（2.17-19）、北中马老母北会（2.17-19）、田庄关爷会（10.17-18）、田庄大合会（祭拜观音、如来10.17）、东王庄西会／老母会（2.17-19）、南中马西会（2.18）、南中马东会（2.19）、孙家庄文昌会、大马圈（10.25）、马庄玉皇会（10.19-20）	10
		圪塔头	圪塔头皇天大醮会（2.20-21）、圪塔头老母会（2.22）、北龙化东会（1.15）、北龙化西会玉皇会（7.15）、北龙化后街佛爷会（11.1-2）、南龙化合会、林子菩萨会（3.8）、林子村集善会（5.19）、林子村集善会（5.28-29）、常信一村娘娘会（5.28-29）、常信二村娘娘会（5.28-29）、常信二村姜师父庙、常信二村庙会（仙家会）（10.15-16）、姚家庄老师傅庙（9.8-9）	14
	韩村镇		苏家町一村醮会（7.13）、北苏家町老母会（9.15-16）、李家庄菩萨会、黎村佛爷会、各子北会（2.11）、各子南会（立夏）、各子杨家庄东会、各子李家庄菩萨会、各子李家庄菩萨会老母会、大马醮会（1.17）、宋城（2.5）、何家庄东会（3.14）	12

县	乡镇	办事处	庙会及组织	合计
赵县	南柏舍镇		高庄关爷老母会、北李家町老母会、南李家町进善会、徐家宅东会／玉帝庙会（7.15）、唐家宅菩萨会、北柏舍老母会、徐家宅玉皇会、东柏舍关爷会（2.12-13）河西宅老母会（2.18-19）	9
	前大章乡		王家庄老母会、豆腐庄皇醮会（6.29-7.1）、双庙（8.13-15）、四德老茶棚（3.24）	4
	王西章乡		南寺庄合会	1
	赵州镇		停柱头观音圣诞庙会（2.18-19）	1
晋州市			武邱老佛爷会（10.14-16）、孔目庄西会（1.18）、孔目庄南会（1.18）	3
藁城县			贾市庄西街菩萨会（三皇姑3.16）、马邱兴隆驾会（三皇姑3.19-23）、贾庄老母会（2.19）、南古庄东会（2.15）	4
宁晋县			边村三官会、大康庄真武会（3.3）、米家庄龙玄会（2.2）、赵羊盃太阳会（2.3）、胡岳村老母会（2.15）、司马关爷会（6.13）、北高李虫王会（7.7）、苏家庄北会（11.9）、段羊盃老母会（1.15、11.15）	9

说明：1. 此表是根据多年来对龙牌会、常信水祠娘娘庙会、豆腐庄皇醮会、马邱兴隆驾会和铁佛寺庙会等几个庙会调查的结果统计而成，仍不完全。2. 梨乡及其临近村落经常互串赶会的庙会及组织共计约124个，但并非每个组织都前往其余的123个庙会组织赶会，它们之间同样存在选择。3. 括弧内注明的日期都是该庙会的正日子或会期，乃阴历。

参考文献

（一）地方文献

蔡懋昭纂修. 赵州志. 上海古籍书店 1962 年影印宁波天一阁藏明隆庆元年 (1567) 刻本

蔡寿臻、查辂辑. 赵州石刻全录. 同治年间刻本

程遵纂修. 直隶真定府赵州志. 上海书店 1990 年影印宁波天一阁藏明正德十年 (1515) 刻本

丁世良、赵放主编. 中国地方志民俗资料汇编·华北卷. 北京：书目文献出版社，1989

东岳庙北京民俗博物馆编. 北京东岳庙与北京泰山信仰碑刻辑录. 北京：中国书店，2004

傅汝凤等纂. 井陉县志料. 天津：天津义利印刷局印，1934

傅振伦纂. 民国新河县志. 民国十九年 (1930) 铅印本

河北省石家庄地区民间文学三套集成编委会、藁城县民间文学三套集成编委会编. 耿村民间故事集（内部资料）第一集，1987

河北省石家庄地区民间文学三套集成编委会、藁城县民间文学三套集成编委会编. 耿村民间故事集（内部资料）第二集，1988

河北省石家庄地区民间文学三套集成编委会、藁城县民间文学三套集成编委会编．耿村民间故事集（内部资料）第三集，1988

河北省石家庄地区文联编辑．滹沱河的传说（内部民间文学资料），1983

河北省赵县地方志编纂委员会编纂．赵县志．北京：中国城市出版社，1993

河北省赵县三套集成办公室编辑．赵县民间文学集成（内部资料）第一集，1986

河北省赵县三套集成办公室编辑．赵县民间文学集成（内部资料）第二集，1987

井陉矿区民间文学集成办公室编．井陉矿区民间文学集成（内部资料）第一卷，1989

井陉县民间文学集成办公室编．井陉民间文学集成（内部资料），1986

康迈千．王莽赶刘秀．石家庄：河北人民出版社，1981

立法院编译处编．中华民国法规汇编．上海：中华书局，1934

李鸿章等修．畿辅通志．上海商务印书馆1934年据光绪十年(1884)刻本影印

李生田、李永辉、刘其印编．南庄村志．石家庄：河北科技出版社，1993

民国学院编．北平庙会调查报告．北平民国学院印行，1937

山东省立民众教育馆编．山东庙会调查（第一集）．山东省立民众教育馆出版，1933

石家庄市民间艺术家协会、石家庄市三套集成办公室编．苍岩山民间故事选1-3集．石家庄：中国工程师杂志华北印刷厂，1989

四川省梓潼县民间文学三套集成编委会编．中国民间文学集成梓潼县资料集（内部资料），1987

孙传栻纂修．直隶赵州志．光绪二十三年(1897)刻本

天下第一伤心人．辟邪纪实．清同治元年（1862）刻本，同治十年（1871）重刻本，光绪十一年（1885）刻本

天下第一伤心人．辟邪实录．丙寅春（同治五年，1866）辽东居士重刊

田振庄编．晋县文史资料（内部资料）第四辑，1991

王立仁主编．中山民俗．北京：中国民间文艺出版社，1990

王永信、杜学德、戴月．赵都民俗趣话．北京：中国民间文艺出版社，1989

王召棠纂．晋县志料．晋县修志局编印，1934

万任撰修．宁晋县志．康熙十八年（1679）刻本

阎永龄等纂．赵州志．康熙十二年（1673）刻本

佚名纂修．赵州乡土志．民国抄本

袁学骏、李保祥主编．耿村民间文化大观．北京：北京图书馆出版社，1999

袁学骏主编．耿村民俗．北京：中国民间文艺出版社，1990

张鹤龄编．邢台市故事卷（上）．北京：中国民间文艺出版社，1989

张震科等撰修．宁晋县志．民国十八年（1929）石印本

赵县地名办公室编．赵县地名志（内部资料），1984

赵县统计局．赵县统计年鉴2001年，2002

郑一民、安勇编．燕王扫北．北京：中国民间文艺出版社，1989

中国人民政治协商会议赵县委员会编．赵县文史资料（内部资料）第一集，1987

中国人民政治协商会议赵县委员会编．赵县文史资料（内部资料）第二集，1989

（二）中文著述

阿格妮丝·赫勒．日常生活．重庆：重庆出版社，1993

阿兰·科尔班．大地的钟声：19 世纪法国乡村的音响状况和感观文化．
桂林：广西师范大学出版社， 2003

爱弥儿·涂尔干．宗教生活的基本形式．上海：上海人民出版社，1999

爱里亚斯．什么是社会学．台北：群学出版有限公司，2007

埃文思·普里查德．努尔人：对尼罗河畔一个人群的生活方式和政治
制度的描述．北京：华夏出版社，2002

巴赫金．小说理论．石家庄：河北教育出版社，1998

蔡志祥．打醮：香港的节日和地域社会．香港：三联书店（香港）有
限公司，2000

曹雪芹、高鹗．红楼梦．北京：人民文学出版社，2000

常人春．老北京的风俗．北京：北京燕山出版社，1990

陈芳惠．村落地理学．台北：五南图书出版公司，1984

陈士铎．辨证录．北京：人民卫生出版社，1965

陈万镒等．看庙会．上海：新文艺出版社，1958

陈永龄．平郊村的庙宇宗教．北平：燕京大学法学院社会学系学士毕
业论文，1941

陈志华．张壁村．石家庄：河北教育出版社，2002

褚潇白．圣像的修辞：耶稣基督形象在明清民间社会的变迁．北京：
中国社会科学出版社，2011

从翰香主编．近代冀鲁豫乡村．北京：中国社会科学出版社，1995

刁统菊．女性与龙牌：汉族父系社会文化在民俗宗教上的一种实践．
民族艺术，2003(4)

董晓萍．说话的文化：民俗传统与现代生活．北京：中华书局，2002

董晓萍．田野民俗志．北京：北京师范大学出版社，2003

董晓萍、欧达伟．乡村戏曲表演与中国现代民众．北京：北京师范大
学出版社，2000

渡边欣雄．汉族的民俗宗教——社会人类学研究．天津：天津人民出

版社，1998

杜赞奇．文化、权力与国家：1900—1942 年的华北农村．南京：江苏人民出版社，2003

杜赞奇．从民族国家拯救历史：民族主义话语与中国现代史研究．北京：社会科学文献出版社，2003

方慧容．"无事件境"与生活世界中的"真实"．见杨念群主编．空间·记忆·社会转型——"新社会史"研究论文精选集．上海：上海人民出版社，2001

费孝通．乡土中国 生育制度．北京：北京大学出版社，1998

费孝通．江村经济——中国农民的生活．北京：商务印书馆，2001

费孝通．费孝通文集 第 11 卷．北京：群言出版社，1999

奉宽．妙峰山琐记．广州：中山大学语言历史学研究所，1929

冯友兰．中国哲学简史．北京：北京大学出版社，2013

傅建成．社会的缩影——民国时期华北农村家庭的研究．西安：西北大学出版社，1993

傅谨．草根的力量——台州戏班的田野调查与研究．南宁：广西人民出版社，2001

弗里曼、毕克伟、赛尔登．中国乡村，社会主义国家．北京：社会科学文献出版社，2002

高丙中．居住在文化的空间里．广州：中山大学出版社，1999

高丙中．民间文化与公民社会：中国现代历程的文化研究．北京：北京大学出版社，2009

高占祥编．论庙会文化．北京：文化艺术出版社，1992

沟口雄三．中国的冲击．北京：生活·读书·新知三联书店，2011

顾颉刚编．妙峰山．上海：上海文艺出版社影印本，1988

古斯塔夫·勒庞．乌合之众：大众心理研究．北京：中央编译出版社，2000

顾希佳．东南蚕桑文化．北京：中国民间文艺出版社，1991

顾希佳．祭坛古歌与中国文化——吴越神歌研究．北京：人民出版社，2000

顾炎武．日知录集释．石家庄：花山文艺出版社，1990

郭于华．传统亲缘关系与当代农村的经济、社会变革．读书，1996（10）

郭于华主编．仪式与社会国家．北京：社会科学文献出版社，2000

郭于华．倾听底层．桂林：广西师范大学出版社，2011

韩丁．翻身——中国一个村庄的革命纪实．北京：北京出版社，1980

韩明谟编著．农村社会学．北京：北京大学出版社，2001

何柏达．安远庙会——以城隍庙会为例．见罗勇、劳格文主编．赣南地区的庙会与宗族．国际客家学会、海外华人研究社、法国远东学院，1997

红光等．赶庙会．上海：新文艺出版社，1958

华智亚．龙牌会：一个冀中南村落中的民间宗教．上海：上海人民出版社，2013

黄华节．怎样研究民间宗教？．民间，1934（1.10）

黄美英．香火与女人——妈祖信仰与仪式的性别意涵．见林如编．寺庙与民间文化研讨会论文集．台北：天恩出版社，1995

黄萍瑛．台湾的孤魂信仰与地方社会——以"张玉姑显灵"事件为例．民俗曲艺，2002（137）

黄育楩．辟邪详辩．中国社科院历史研究所编《清史资料》第三辑．北京：中华书局，1982

黄芝岗．中国的水神．上海：上海文艺出版社影印本，1988

黄宗智．华北的小农经济与社会变迁．北京：中华书局，2000

黄宗智．长江三角洲小农家庭与乡村发展．北京：中华书局，2000

江绍原．中国礼俗迷信．天津：渤海湾出版公司，1989

杰克·古迪．烹饪、菜肴与阶级．杭州：浙江大学出版社，2010

金蝉雨．妙峰山指南．北平：名胜导游社，1936

金镐杰．土楼的民俗研究——以闽西、闽南地区方、圆土楼为主．北京：北京师范大学硕士学位论文，1998

金镐杰．山西省吕梁西部地区窑洞民居民俗研究——以柳林县三个窑洞村落为个案．北京：北京师范大学博士学位论文，2001

金受申．北京通．北京：大众文艺出版社，1999

金勋．妙峰山志（手抄本）．北京：中国科学院图书馆藏，时间不详

金泽．宗教禁忌．北京：社会科学文献出版社，2002

卡斯腾·哈里斯．建筑的伦理功能．北京：华夏出版社，2001

康豹．"宗教与地方社会"专辑（Ⅰ）前言．民俗曲艺，2002（137）

康豹．"庙会与地方社会"专辑"导论"．民俗曲艺，2005（147）

康豹．"神职人员与地方社会"专辑（Ⅰ）引言．民俗曲艺，2006（153）

柯文．历史三调：作为事件、经历和神话的义和团．南京：江苏人民出版社，2000

李丰楙．由常入非常：中国节日庆典中的狂文化．台湾"中外文学"1993(22.3)

李丰楙．台湾庆成醮与民间庙会文化：一个非常观狂文化的休闲论．见林如编．寺庙与民间文化研讨会论文集．台北：天恩出版社，1995

李丰楙、朱荣贵主编．仪式、庙会与社区：道教、民间信仰与民间文化．台北："中研院"文哲所，1996

李干忱编．破除迷信全书．上海：美以美会全国书报部，1924

李乾朗．台闽建屋工匠习俗．见："财团法人中华民俗艺术基金会"编辑．两岸民俗文化学术研讨会论文集．台北：台湾"政府文化处"出版，1999

李景汉编．定县社会概况调查．北京：中国人民大学出版社，1986

李景汉．妙峰山"朝顶进香"的调查．社会学杂志，1925（2.5-6）

李慰祖．四大门．北平：燕京大学法学院社会学系学士毕业论文，

1941

黎熙元. 乡村民间信仰：体系与象征——清远市浸潭镇民间信仰研究. 广州：中山大学博士学位论文，2001

李向平. 信仰但不认同：当代中国信仰的社会学诠释. 北京：社会科学文献出版社，2010

李亦园. 宗教与神话论集. 台北：立绪文化事业公司，1998

李亦园. 和谐与超越——中国传统仪式戏剧的双重展演意涵. 民俗曲艺，2000（128）

李银河. 生育与村落文化·一爷之孙. 北京：文化艺术出版社，2003

梁景之. 清代民间宗教与乡土社会. 北京：社会科学文献出版社，2004

梁永佳. 地域的等级：一个大理村镇的仪式与文化. 北京：社会科学文献出版社，2005

林美容. 由祭祀圈来看草屯镇的地方组织. "中研院"民族学研究所集刊，1986（62）

林美容. 由祭祀圈到信仰圈——台湾民间社会的地域构成与发展. 见张炎宪主编. 中国海洋发展史论文集第三辑. 台北："中研院"三民所，1988

林美容. 彰化妈祖的信仰圈. "中研院"民族学研究所集刊，1989（68）

林耀华. 义序的宗族研究. 北京：生活·读书·新知三联书店，2000

林用中、章松寿. 老东岳庙会调查报告. 杭州：浙江省立民众教育试验学校，1936

刘创楚、杨庆堃. 中国社会——从不变到巨变. 香港：香港中文大学，1989

刘沛林. 风水：中国人的环境观. 上海：上海三联书店，1995

刘沛林. 古村落：和谐的人聚空间. 上海：上海三联书店，1997

刘其印. 龙崇拜的活化石. 民俗研究，1997（1）

柳田国男. 传说论. 北京：中国民间文艺出版社，1985

刘铁梁. 村落集体仪式性文艺表演活动与村民的社会组织观念. 北京师范大学学报，1995（6）

刘铁梁. 村落——民俗传承的生活空间. 北京师范大学学报，1996（6）

刘铁梁. 民俗志研究方式与问题意识. 北京师范大学学报，1998（6）

刘铁梁. 村落庙会与公共生活秩序. 见"财团法人中华民俗艺术基金会"编辑. 两岸民俗文化学术研讨会论文集. 台北：台湾"政府文化处"，1999

刘铁梁. 作为公共生活的乡村庙会. 民间文化，2001（1）

刘铁梁. 村落庙会的传统及调整——范庄"龙牌会"与其他几个村落庙会的比较. 见郭于华主编. 仪式与社会变迁. 北京：社会科学文献出版社，2002

刘铁梁. "标志性文化统领式"民俗志的理论与实践. 北京师范大学学报，2005 (6)

刘铁梁. 庙会类型与民俗宗教的实践模式——以安国药王庙会为例. 民间文化论坛，2005（4）

刘铁梁、赵丙祥. 联村组织社区仪式活动——河北井陉县之调查. 见王铭铭、王斯福主编. 乡土社会的秩序、公正与权威. 北京：中国政法大学出版社，1997

刘锡诚编. 妙峰山·世纪之交的中国民俗流变. 北京：中国城市出版社，1996

刘晓春. 仪式与象征的秩序——一个客家村落的历史、权力与记忆. 北京：商务印书馆，2003

刘志军. 乡村都市化与宗教信仰变迁：张店镇个案研究. 北京，社会科学文献出版社，2007

刘子倩. 承包"泰山"利益链、疯狂的寺庙、寺庙承包：多头管理监管难. 中国新闻周刊，2012（2）

刘宗迪. 狐魅渊源考. 攀枝花大学学报, 1998 (1)

刘宗迪. 古典的草根. 北京: 生活·读书·新知三联书店, 2010

刘宗迪. 七夕. 北京: 生活·读书·新知三联书店, 2013

罗红光. 权力与权威——黑龙潭的符号体系与政治评论. 见王铭铭、王斯福主编. 乡土社会的秩序、公正与权威. 北京: 中国政法大学出版社, 1997

吕理政. 传统信仰与现代社会. 台北: 稻乡出版社, 1992

玛格丽特·米德. 萨摩亚人的成年: 为西方文明所做的原始人类的青年心理研究. 杭州: 浙江人民出版社, 1988

麻国庆. 家与中国社会结构. 北京: 文物出版社, 1999

马西沙、韩秉方. 中国民间宗教史. 上海: 上海人民出版社, 1992

马林诺斯基. 西太平洋的航海者. 北京: 华夏出版社, 2001

马塞尔·莫斯. 礼物. 上海: 上海人民出版社, 2002

马树茂. 一个乡村的医生. 北京: 燕京大学法学院社会学系学士毕业论文, 1949

马歇尔·萨林斯. 文化与实践理性. 上海: 上海人民出版社, 2002

迈克·克朗. 文化地理学. 南京: 南京大学出版社, 2003

曼陀罗室主人. 观音菩萨传奇. 北京: 大众文艺出版社, 1997

米尔恰·伊利亚德. 神圣与世俗. 北京: 华夏出版社, 2002

米歇尔·福柯. 规训与惩戒: 监狱的诞生. 北京: 生活·读书·新知三联书店, 2003

欧大年. 中国民间宗教教派研究. 上海: 上海古籍出版社, 1993

欧达伟. 中国民众思想史论. 北京: 中央民族大学出版社, 1995

欧文·戈夫曼. 日常生活中的自我呈现. 杭州: 浙江人民出版社, 1989

潘朝阳. "中心-四方"空间形式及其宇宙论结构. 师大地理研究报告, 1985 (23)

潘朝阳. 台湾宗教现象地理学研究之回顾. 思与言 1996 (34.2)

佩弦.“妙峰山圣母灵签”的分析.民俗，1929(69−70)

全汉昇.中国庙市之史的考察.食货半月刊，1934(2)

乔志强主编.近代华北农村社会变迁.北京：人民出版社，1998

石军良.民间信仰仪礼文化空间中的图像文本研究.石家庄：河北科技大学硕士学位论，2012

水文祥等.庙会花开十里香.上海：上海文艺出版社，1958

宋孟寅编.庙会文化研究论文集.兰州：甘肃人民出版社，1994

邰爽秋编.庙产兴学问题.上海：中华书报流通社，1929

唐军.社会变革中的家族生长：从事件入手对当代华北村落家族群体的一项实地研究.北京：北京大学博士学位论文，1997

陶立璠.民俗意识的回归——河北省赵县范庄村“龙牌会”仪式考察.民俗研究，1996（4）

陶思炎.南京高淳县的祠山殿和杨泗庙.民俗曲艺，1998(112)

王铭铭.社区历程：溪村汉人家族个案研究.天津：天津人民出版社，1997

王铭铭.象征的秩序.读书，1998（2）

王铭铭.走在乡土上——历史人类学札记.北京：中国人民大学出版社，2003

王思斌.婚姻观念的变化与农村社会亲属化.农村经济与社会，1990(5)

王斯福.农民或公民？——中国社会人类学研究中的一个问题.见王铭铭、王斯福主编.乡土社会的秩序、公正与权威.北京：中国政法大学出版社，1997

王晓莉.碧霞元君信仰与妙峰山香客村落活动的研究——以北京地区与涧沟村的香客活动为个案.北京：北京师范大学博士学位论文，2002

王秀梅.经歌与乡村女性叙事——以山东省巨野县经歌和乡村女性叙事群体研究为个案.北京：北京师范大学硕士学位论文，2003

王学文、岳永逸. 嬗变的醮会：河北赵县豆腐庄皇醮会调查报告. 民俗研究，2009（1）

汪曾祺. 受戒. 北京：北京十月文艺出版社，2011

王子今. 门祭与门神崇拜. 上海：上海三联书店，1996

王卓然. 北京厂甸春节会的调查与研究. 北京高等师范学校平民教育社，1922

韦伯. 经济与历史；支配的类型. 桂林：广西师范大学出版社，2004

魏宏运主编. 二十世纪三四十年代冀东农村社会调查与研究. 天津：天津人民出版社，1996

卫惠林. 鄞都宗教习俗调查. 四川乡村建设学院研究实验部，1935

吴效群. 妙峰山：北京民间社会的历史变迁. 北京：人民出版社，2006

戏曲演唱资料第二辑. 小两口逛庙会 二人转. 北京：中国戏剧出版社，1958

夏铸九. 公共空间. 台北：艺术家出版社，1994

萧凤霞. 传统的循环再生——小榄菊花会的文化、历史与政治经济. 历史人类学学刊，2003(1.1)

许烺光. 宗族、种姓、俱乐部. 北京：华夏出版社，1990

徐珂编撰. 清稗类钞. 北京：中华书局，1984

徐霄鹰. 歌唱与敬神——村镇视野中的客家妇女生活. 桂林：广西师范大学出版社，2006

薛艺兵. 神圣的娱乐：中国民间祭祀仪式及其音乐的人类学研究. 北京：宗教文化出版社，2003

杨堃. 灶神考. 汉学，1944（1）

杨堃. 废历年节之社会学的意义. 鞭策周刊，1932（1.1）

杨懋春. 一个中国村庄：山东台头. 南京：江苏人民出版社，2001

杨念群. 中层理论——东西方思想会通下的中国史研究. 南昌：江西

教育出版社，2001

杨念群．"理论旅行"状态下的中国史研究——一种学术问题史的解读与梳理．见杨念群、黄兴涛、毛丹主编．新史学：多学科对话的图景．北京：中国人民大学出版社，2003

杨念群．再造"病人"：中西医冲突下的空间政治（1832–1085）．北京：中国人民大学出版社，2006

叶郭立诚．北平东岳庙调查．台北：东方文化书局，1970

叶涛．泰山香社研究．上海：上海古籍出版社，2009

尹虎彬．河北民间后土信仰与口头叙事传统．北京：北京师范大学博士学位论文，2003

游建西．绅士与苗民对基督教文化的不同态度．二十一世纪，2003（8）

俞孔坚．理想景观探源——风水的文化意义．北京：商务印书馆，1998

岳永逸．对生活空间的规束与重整——常信水祠娘娘庙会．民俗曲艺，2004（143）

岳永逸．空间、自我与社会：天桥街头艺人的生成与系谱．北京：中央编译出版社，2007

岳永逸．田野逐梦：走在华北乡村庙会现场．南宁：广西人民出版社，2007

岳永逸．日常表达中的华北乡土社会．中国农业大学学报，2009（4）

岳永逸．灵验·磕头·传说：民众信仰的阴面与阳面．北京：生活·读书·新知三联书店，2010

岳永逸．老北京杂吧地：天桥的记忆与诠释．北京：生活·读书·新知三联书店，2011

岳永逸：《多面的胡仙与另一只眼——评〈胡仙敬拜：帝国晚期和现代中国的权力、性别与民众宗教〉》，开放时代，2011（9）

岳永逸．忧郁的民俗学．杭州：浙江大学出版社，2014

岳永逸主编．中国节日志·妙峰山庙会．北京：光明日报出版社，2014

张爱玲．流言．北京：北京十月文艺出版社，2012

张茂桂．社会化的冲突性：理论与实际．"中研院"民族学研究所集刊，1985（60）

张柠．土地的黄昏：中国乡村经验的微观权力分析．北京：中国人民大学出版社，2013

张青仁．个体的香会——百年来北京城"井"字里外的社会、关系与信仰．北京：北京师范大学博士学位论文，2013

张士闪．乡民艺术的文化解读：鲁中四村考察．济南：山东人民出版社，2006

张廷玉等纂．明史．北京：中华书局，1974

张小军．阳村的境社与宗族：一个文化场的观点．民俗曲艺，2002（138）

张珣．文化妈祖：台湾妈祖信仰研究论文集．台北："中研院"民族学研究所，2003

张振涛．冀中乡村礼俗的鼓吹乐社——音乐会．济南：山东文艺出版社，2002

张之洞．劝学篇．郑州：中州古籍出版社，1998

赵世瑜．眼光向下的革命——中国现代民俗思想史论（1918—1937）．北京：北京师范大学出版社，1999

赵世瑜．狂欢与日常——明清以来的庙会与民间社会．北京：生活·读书·新知三联书店，2002

赵世瑜．小历史与大历史：区域社会史的理念、方法与实践．北京：生活·读书·新知三联书店，2006

赵旭东．乡土社会中的权威多元与纠纷解决——一个华北村落的法律人类学研究．北京：北京大学博士学位论文，1998

赵旭东．权力与公正——乡土社会的纠纷解决与权威多元．天津：天

津古籍出版社，2003

赵旭东．本土异域间：人类学研究中的自我、文化与他者．北京：北京大学出版社，2011

赵宗福．甘肃省泾川王母宫庙会及王母娘娘信仰调查报告．民俗曲艺，2002（137）

郑合成．安国药市调查（上）．社会科学杂志，1932（3.1）

郑合成．安国药市调查（下）．社会科学杂志，1932（3.2）

郑合成．陈州太昊陵庙会调查概况．河南杞县：河南省杞县教育实验区，1934

钟敬文．婪尾集．北京：新世界出版社，2002

钟敬文．钟敬文文集·民俗学卷．合肥：安徽教育出版社，2002

周希斌主编．尧舜之风今犹在：洪洞羊獬"三月三接姑姑迎娘娘"远古走亲传统习俗．北京：中国戏剧出版社，2006

周锡瑞．义和团运动的起源．南京：江苏人民出版社，1998

周星．浙江民间的建房礼仪．见福田アジオ编．中国江南の民俗文化：日中農耕文化の比較．1992

周星．乡土生活的逻辑：人类学视野中的民俗研究．北京：北京大学出版社，2011

周振鹤．王三奶奶．民俗周刊，1929（69-70）

周作人．宗教问题．钟叔河编订．周作人散文全集·第二卷．桂林：广西师范大学出版社，2009

周作人．谈虎集．北京：北京十月文艺出版社，2011

朱青生．将军门神起源研究：论误解与成形．北京：北京大学出版社，1998

朱晓阳．罪过与惩罚．天津：天津古籍出版社，2003

庄孔韶．乡土中国人类学研究．广西民族学院学报，2006（1）

左玉河．拧在世界时钟的发条上：南京国民政府的废除旧历运动．中

(三) 外文

Ashiwa, Yoshiko and David L. Wank edited, *Making Religion, Making the State: The Politics of Religion in Modern China.* Stanford: Stanford University Press, 2009

Baptandier, Brigitte. "The Lady Linshui: How a Woman Became a Goddess". in Meir Shahar and Robert P. Weller edited. *Unruly Gods: Divinity and Society in China.* Honolulu: University of Hawai'I Press, 1996

Bauman, Richard. *Verbal Art as Performance.* Wave and Press, Inc, 1977

Bausinger, Hermann. *Folk Culture in a World of Technology.* translated by Elke Dettmer, Bloomington and Indianapolis: Indiana University Press, 1990

Beck, Ulrich. *Risk Society: Towards a New Modernity.* translated by Mark Ritter, London: Sage, 1992

Berling, Judith A. *A Pilgrim in Chinese Culture: [Chin lin]: Negotiating Religious Diversity.* Maryknoll, N.Y.: Orbis Books, 1997

Bourdieu, P. *The Logic of Practice.* Translated by R. Nice, Cambridge: Polity, 1990

Broadwim, Julie. "Intertwining Threads: Silkworm Goddesses, Sericulture Workers and Reformers in Jiangnan, 1880s–1930s". a Dissertation of University of California, San Diego, 1999

Brook, Peter. *The Empty Space.* Harmondsworth: Penguin, 1972

Bunkenhorg, Mikkel. "Porous Persons and Empty Disorders: Producing Healthy People in Rural North China". a Dissertation of University of

Copenhagen, 2009

Bunkenborg, Mikkel. "Popular Religion inside out: Gender and Ritual Revival in a Hebei township". *China Information*, 26.3(2012)

Chan, Selina Ching and Graeme Lang. "Temples as Enterprises". in Adam Yuet Chau edited. *Religion in Contemporary China: Revitalization and Innovation*. London and New York: Routledge, 2011

Chao, Wei-pang. "The Origin and Growth of the Fuchi". *Folklore Studies*, vol.1(1942)

Chard, Robert L." Folktales of the God of the Stove". *Hanxue Yanjiu* (Chinese Studies), Vol.8, No.1 (1990)

Chard, Robert L.. "Ritual and Scriptures of the Stove God". in Johnson David edited. *Ritual and Scripture in Chinese Popular religion: Five Studies*. Berkley: Institute for East Asian Studies, University of California Press, 1995

Chau, Adam Yuet. *Miraculous Response: Doing Popular Religion in Contemporary China*. Stanford: Stanford University Press, 2006

Chau, Adam Yuet. "Modalities of Doing Religion". in David A. Palmer, Glenn Shive and Philip Wickeri edited. *Chinese Religious Life*. New York: Oxford University Press, 2011

Chau, Adam Yuet. "Modalities of Doing Religion and Ritual Polytropy: Evaluating the Religious Market Model from the Perspective of Chinese Religious History". *Religion,* 41. 4(2011)

Cohen,Paul A.. "The Post-Mao Reforms in Historical Perspective". *Journal of Asian Studies*, 47.3(1988)

Cooper, Gene. *The Market and Temple Fairs of Rural China: Red Fire*. London: Routledge, 2013

Dahrendorf, Ralf. *Life Chance: Approaches to Social and Political Theory.*

London: Weidenfeld and Nicolson, 1976

Doré, Henry. *Manuel des superstitions Chinoises: ou petit indicateur des superstitions les plus communes en Chine*. Chang-hai: Imprimerie de la Mission Catholique, 1926

DuBois, Thomas David. *The Sacred Village: Social Change and Religious Life in Rural North China*. Honolulu : University of Hawai'i Press, 2005

Dudbridge, Glen. *The Legend of Miao-shan*. London: Ithaca Press, 1978

Dumont, Louis. *Homo Hierarchicus*. Chicago: University of Chicago Press, 1970

Feuchtwang, Stephan. "City Temples in Taibei under Three Regimes". in Elvin, M. and Skinner, G. W. edited. *The Chinese City Between* Two *Worlds*. Stanford: Stanford University Press, 1974

Feuchtwang, Stephan. *The Imperial Metaphor: Popular Religion in China*. London: Routledge,1992

Gallin, Bernard. *Hsin Hsing, Taiwan: A Chinese Village in Change*. Berkeley: University of California Press, 1966

Gamble, Sidney. *Ting Hsien: A North China Rural Community*. New York: International Secretariat, Institute of Pacific Relation, 1954

Geertz, Clifford. *Agricultural Involution: The Process of Ecological Change in Indonesia*. Berkeley: University of California Press, 1963

Geertz, Clifford. *The Interpretation of Cultures: Selected Essays*. New York: Basic Books, Inc., 1973

Goodrich, Anne Swann. *The Peking Temple of the Eastern Peak*. Nagoya: Monumenta Serica, 1964

Grootaers, Willem A. "Temples and History of Wan-ch'üan (Chahar): The Geographical Method Applied to Folklore". *Monumenta Serica*,

13(1948)

Guo, Qitao. *Exorcism and Money: The Symbolic World of the Five-Fury Spirits in Late Imperial China*. Berkeley: Univercity of Califomia Press, 2004.

Hansen, Valerie. *Changing Gods in Medieval China, 1127–1276*. Princeton: Princeton University Press, 1990

Harrell, Steven. "Belief and Disbelief in a Taiwan Village". a Dissertation of Stanford University, 1974

Harrell, Steven. "The Concept of 'Soul' in Chinese Folk Religion". *Journal of Asian Studies*, 38(1979)

Hayes, L. Newton. "The Gods of the Chinese". *Journal of the North China Branch of the Royal Asiatic Society*, 55(1924)

Heidegger, Martin. *Poetry, Language, Thought*. New York: Harper & Row, 1971

Hsu, L.K. *Under the Ancestors' Shadow: Chinese Culture and Personality*. London: Routledge & Kegan Paul, 1949

Hsu, L.K. *Science and Human Crises: A Study of China in Transition Its Implications for the West*. London: Routledge & Kegan Paul, 1952

Hsu, L.K. *Exorcising the Trouble Makers: Magic, Science, and Culture*. London: Greenwood Press, 1983

Hua, Zhiya. "Revitalization of Folk Religion in Contemporary China: A Case Study of Dragon Tablet Festival in Central and Southern Hebei Province". a Dissertation of City University of Hong Kong, 2011

Hung, Chang-t'ai. *Going to the People: Chinese Intellectuals and Folk Literature, 1918–1937*. Cambridge: Harvard University Council on East Asian Studies, 1985

Hymes, Robert. *Way and Byway: Taoism, Local Religion, and Models of*

Divinity in Sung and Modern China. Berkeley: University of California Press, 2002

Jing, Jun. *The Temple of Memories: History, Power, and Morality in a Chinese Village.* Stanford: Stanford University Press, 1996

Jones, Stephen. *In Search of the Folk Daoist of North China.* Aldershot: Ashgate, 2010

Jones, Stephen. "Revival in Crisis: Amateur Ritual Association in Hebei". in Adam Y. Chau edited. *Religion in Contemporary China: Revitalization and Innovation.* London & New York: Routledge, 2011

Jones, Stephen & Yibing Xue. "The Music Associations of Hebei Province, China, A Preliminary Report". *Ethnomusicology*, 35 .1(1990)

Jordan, David K. *Gods, Ghosts, and Ancestors: The Folk Religion of a Taiwanese Village.* Berkeley: University of California Press, 1972

Kang, Xiaofei. "In the Name of Buddha: the Cult of the Fox at a Sacred Site in Contemporary Northern Shaanxi". 《民俗曲艺》, 138(2002)

Kang, Xiaofei. *The Cult of the Fox: Power, Gender, and Popular Religion in Late Imperial and Modern China.* New York: Columbia University Press, 2006

Kapferer, Bruce. *A Celebration of Demons.* Berg Smithsonian Institution Press, 1991

Katz, Paul R. "Plague God Cults in Late Imperial Chekiang: A Case Study of the Cult of Marshal Wen". 见林如编. 寺庙与民间文化研讨会论文集. 台北：天恩出版社，1995

Knapp, Ronald G. *China's Living Houses: Folk Beliefs, Symbols and Household Ornamentation.* Honolulu: University of Hawai'i press, 1999

Lang, Graeme, Selina Chan and Lars Ragvald. "Temples and Religious

Economy". inYang Fenggang and Joseph B. Tamney edited. *State, Market, and Religions in Chinese Societies*. Leiden, Boston: Brill, 2005

Lawrence, Susan V.. "Democracy, Chinese Style". *Australian Journal of Chinese Affairs*, 32(1994)

Lefebvre, Henri. *The Production of Space*. Oxford: Blackwell, 1991

Leong Y.K & L.K.Tao. *Village and Town Life in China*. London: George Allen & Unwin Ltd, 1915

Lewis, I.M.. *Ecstatic Religion: A Study of Shamanism and Spirit Possession*. third edition, London: Routledge, 2003

Li, Wei-tsu. "On the Cult of the Four Sacred Animals(Szu Ta Men 四大门) in the Neighborhood Of Peking". *Folklore Studies*, Vol. Ⅶ (1948)

Liu, Xin. *In One's Own Shadow: An Ethnographical Account of the Condition of Post-reform Rural China*. Berkeley: University of California Press, 2000

Mauss, M.. "Real and Practical Relations between Psychology and Sociology". in M. Mass edited, *Sociology and Psychology*. London: Routledge & Kegan Paul, 1979

Naquin, Susan. *Peking Temples and City Life,1400–1900*. Berkeley: University of California Press, 2000

Naquin, Susan and Yü Chün-fang edited. *Pilgrims and Sacred Sites in China*. Berkeley: University of California Press, 1992

Nedostup, Rebecca. *Superstitious Regimes: Religion and the Politics* of *Chinese Modernity*. Cambridge: Harvard University Asia Center, 2009

Oakes, Tim and Donald S. Sutton edited. *Faiths on Display: Religion, Tourism, and the Chinese State*. Lanham: Rowman & Littlefield Publishers, 2010

Overmyer, Daniel L.. *Local Religion in North China in the Twentieth*

Century: The Structure and Organization of Community Rituals and Beliefs. Leiden; Boston: Brill, 2009

Paper, Jordan D.. The Spirits Are Drunk: Comparative Approaches to Chinese Religion. Albany: State University of New York Press, 1995

Paper, Jordan D.. "A New Approach to Understanding Chinese Religion". Studies in Chinese Religion [Taipei], 1.1(2013)

Po, Songnian and Johnson, D. Domesticated Deities and Auspicious Emblems, the Iconography of Everyday Life in Village China. University of California Press. 2002

Poon, Shuk-wah. Negotiating Religion in Modern China: State and Common People in Guangzhou, 1900−1937. Hong Kong: The Chinese University Press, 2011

Pred, Allen. "Structuration and Place: On the Becoming of Sense of Place and Structure of Feeling". Journal for the Theory of Social-Behavior, 13.1(1983)

Rioux, Yu Luo. "Pilgrim or Tourist? The Transformation of China's Revolutionary Holy Hand". in Tim Oakes and Donald S. Sutton edited. Faiths on Display: Religion, Tourism, and the Chinese State. Lanham: Rowman & Littlefield Publishers, 2010

Roberts, John M., Chien Chiao, & Triloki N.Pandey. "Meaningful God Sets From a Chinese Personal Pantheon and a Hindu Personal Pantheon". Ethnology, 14.2(1975)

Said, E. W. Orientalism. London: Routledge and Kegan Paul,1978

Sangren, P. Steven. "Female Gender in Chinese Religious Symbols: Kuna Yin, Matsu, and the 'Eternal Mother'". Signs, 9.4(1983)

Sangren, P. Steven. "Traditional Chinese Corporations: Beyond Kinship". Journal of Asian Studies, 43(1984)

Sangren, P. Steven. *History and Magical Power in a Chinese Community*. Stanford: Stanford University Press, 1987

Sangren, P. Steven. "Myths, Gods, and Family Relations". in Meir Shahar and Robert P. Weller edited. *Unruly Gods: Divinity and Society in China*. Honolulu: University of Hawai'i Press, 1996

Scott, Lee Janet. *For Gods, Ghosts and Ancestors: The Chinese Tradition of Paper Offerings*. Seattle: University of Washington Press, 2007

Scott, James. *Domination and Arts of Resistance*. New Haven: Yale University Press, 1990

Shahar, Meir and Robert P. Weller edited. *Unruly Gods: Divinity and Society in China*. Honolulu: University of Hawai'i Press, 1996

Shryock, John. *The Temples of Anking and Their Cults—A Study of Modern Religion*. Paris: Geuhner, 1931

Turner, Victor W..*The Ritual Process: Structure and Anti-Structure*. Chicago: Aldine Publishing Company, 1969

van Gennep, Arnold. *The Rites of Passage*. Chicago: University of Chicago Press, 1960

von Glahn, Richard. "The Enchantement of Wealth: The God Wutong in the Social History of Jiangnan". *Harvard Journal of Asiatic Studies*, 51.2(1991)

Wang, Sung-hsing. "Taiwanese Architecture and the Supernatural". in Arthur Wolf edited. *Religion and Ritual in Chinese Society*. Stanford: Stanford University Press, 1974

Ward, C.A."Spirit Possession and Mental Health: A Psycho-Anthropological Perspective". *Human Relations*, 33.3(1980)

Wolf, Arthur P. "Gods, Ghosts,and Ancestors". in Arthur P. Wolf edited. *Religion and Ritual in Chinese Society*. Stanford: Stanford University Press,

1974

Yan, Yunxiang. *Private Life under Socialism: Love, Intimacy and Family Change in a Chinese Village, 1949–1999*. Stanford: Stanford University Press, 2003

Yang, C.K.. *Religion in Chinese Society: A Study of Contemporary Social Functions of Religion and Some of Their Historical Factors*. Berkeley: University of California Press, 1961

Yang, Fenggang. *Chinese Christians in America: Conversion, Assimilation, and Adhesive Identities*. Pennsylvania: Pennsylvania State University Press, 1999

Yang, Fenggang. *Religion in China: Survival and Revival under Communist Rule*. Oxford: Oxford University Press, 2012

Yang, Fenggang and Wei Dedong. "The Bailin Buddhist Temple: Thriving under Communism". inYang Fenggang and Joseph B. Tamney edited. *State, Market, and Religions in Chinese Societies*. Leiden: Brill, 2005

Yü, Chün-fang. *Kuan-yin: The Chinese Transformation of Avalokite's vara*. New York, Columbia University Press, 2001

Zhao, Xudong & Duran Bell. "Miaohui: The Temples Meeting Festival in North China". *China Information*, XXI.3(2005)

中國農村慣行調查刊行会. 中國農村慣行調查報告（六卷）. 東京：岩波書店，1985。

岳永逸，王耀鳳.「信仰か、餘暇か：妙峰山廟會百年の流れ」. 比較民俗研究，No. 28（2013）

索引

主房 71, 110 – 112, 115 – 117, 281, 284, 320

坠子 243, 273

周作人 84, 308, 316 – 318, 345

朱棣 226, 232

宗教的人 9, 31, 282, 285, 288, 295, 299,
　　303, 319

宗族 11 – 13, 17, 21, 24 – 26, 78, 79, 82, 102,
　　168, 176, 179 – 181, 196, 217, 220, 222,
　　303, 312, 322, 336, 338, 342, 344

坐棚 194

做宗教 16 – 18, 53, 315